Margareta Kreimer · Richard Sturn · Rudolf Dujmovits (Hrsg.)

Paradigmenwechsel in der Familienpolitik

AF168124

Margareta Kreimer · Richard Sturn
Rudolf Dujmovits (Hrsg.)

Paradigmenwechsel in der Familienpolitik

VS VERLAG

Bibliografische Information der Deutschen Nationalbibliothek
Die Deutsche Nationalbibliothek verzeichnet diese Publikation in der
Deutschen Nationalbibliografie; detaillierte bibliografische Daten sind im Internet über
<http://dnb.d-nb.de> abrufbar.

Gedruckt mit freundlicher Unterstützung der Karl-Franzens-Universität Graz.

1. Auflage 2011

Alle Rechte vorbehalten
© VS Verlag für Sozialwissenschaften | Springer Fachmedien Wiesbaden GmbH 2011

Lektorat: Dorothee Koch | Sabine Schöller

VS Verlag für Sozialwissenschaften ist eine Marke von Springer Fachmedien.
Springer Fachmedien ist Teil der Fachverlagsgruppe Springer Science+Business Media.
www.vs-verlag.de

Das Werk einschließlich aller seiner Teile ist urheberrechtlich geschützt. Jede
Verwertung außerhalb der engen Grenzen des Urheberrechtsgesetzes ist ohne
Zustimmung des Verlags unzulässig und strafbar. Das gilt insbesondere für
Vervielfältigungen, Übersetzungen, Mikroverfilmungen und die Einspeicherung
und Verarbeitung in elektronischen Systemen.

Die Wiedergabe von Gebrauchsnamen, Handelsnamen, Warenbezeichnungen usw. in diesem Werk
berechtigt auch ohne besondere Kennzeichnung nicht zu der Annahme, dass solche Namen im
Sinne der Warenzeichen- und Markenschutz-Gesetzgebung als frei zu betrachten wären und daher
von jedermann benutzt werden dürften.

Umschlaggestaltung: KünkelLopka Medienentwicklung, Heidelberg
Gedruckt auf säurefreiem und chlorfrei gebleichtem Papier
Printed in Germany

ISBN 978-3-531-18114-1

Inhalt

Familienpolitik zwischen Krise und Paradigmenwechsel

Richard Sturn[1]

1 Aktuelle Familienpolitik: Vom Nischenthema zu den Mega-Debatten

Bis vor wenigen Jahren schien die Hauptachse der Familienpolitik in Deutschland und Österreich klar festgelegt zu sein. Sie war bestimmt durch das Spannungsverhältnis zwischen einer eher konservativen Ausrichtung an sanft „modernisierten" Versionen der Er-nährer-Familie *(male breadwinner)* und der eher sozialliberalen Orientierung an der Vereinbarkeit von Beruf und Familie. Diese ideologische und interessenspolitische Gemengelage war nicht eben der Boden für den großen familienpolitischen Wurf. In der Praxis war Familienpolitik tendenziell ein Betätigungsfeld für PolitikerInnen der zweiten und dritten Reihe. Für viele Progressive hatte der Begriff Familienpolitik einen altbacken-miefigen Touch. Der familienpolitische Diskurs war denn auch deutlich erkennbar getragen von eher kleinteiligen klientelpolitischen Aspekten eines wahlarithmetisch wichtigen Nischenthemas. Nur gelegentlich traten größer angelegte Gestaltungsideen und Ansätze einer umfassenderen Sicht auf die Probleme zutage. Damit hängt zusammen, dass die Interessenvertretung für Familien als schwach und fragmentiert charakterisiert werden konnte (z. B. Dingeldey 2002).

Selbstverständlich waren die jeweiligen Positionen immer an jene mehr oder weniger klaren gesellschaftspolitischen Vorstellungen gekoppelt, die mit den eingangs genannten Positionen einhergehen. Diese waren jedoch teilweise im Sinn von Klientelinteressen eng geführt, vor allem aber fehlten gemeinsame Koordinatensysteme, welche die verschiedenen familienpolitisch relevanten Subdiskurse problem- und lösungsorientiert zusammengeführt hätten. Mit anderen Worten: *Lange Zeit fehlten die diskurspolitischen Voraussetzungen für die Neuverhandlung eines familienpolitischen Gesellschaftsvertrags,* der einen Ausgleich legitimer Interessen mit der Lösung aktueller und absehbarer Probleme verknüpft hätte.

Mit Ausnahme der im letzten Drittel des 20. Jahrhunderts kaum mehr abweisbaren, aber in den verschiedenen Subdiskursen wiederum ganz unterschiedlich wirkmächtigen regulativen Idee der Gleichstellung von Frauen entwickelten sich auch normative Vorstellungen kaum zu übergreifend wirksamen Koordinaten der Diskussionen um das Design von Familienpolitik. Und *Gleichstellung* bot im Bereich der Familienpolitik *jenseits rechtspolitischer Entwicklungen* (denken wir an die Entwicklungen des Familienrechts im letzten Drittel des 20. Jahrhunderts) bloß eine vage Orientierung mit vielfältigen Anpassungsmöglichkeiten, einschließlich der völligen Ausblendung von Gender-Aspekten in manchen familienpolitischen Subdiskursen.[2] Symptom des eben skizzierten insgesamt fragmentierten

---

[1] Ich danke Rudolf Dujmovits und Margareta Kreimer für nützliche Hinweise.

[2] Anders gesagt: (Fast) niemand bestreitet Gleichstellung als legitimes Leitmotiv, aber was sie politisch impliziert, wird so verschieden aufgefasst, dass sich einschlägige Debatten (etwa zwischen Konservativen und Feministinnen) typischerweise rasch erschöpfen. Dies schließt als Möglichkeit sowohl reine Alibi-Politik als auch die Entwicklung von Rahmenbedingungen ein, die einer eher rhetorischen Modernisierung (Angelika Wetterer) Vorschub leisten. Diese können u. a. (un)beabsichtigte Folge einer Politik sein, die sich am Leitbild der Neutra-

Zustands waren vielfach parallel oder sequentiell geführte Diskussionen, die weder konzeptuell noch hinsichtlich ihres Problembezugs integriert waren. Der sequentielle Charakter geht darauf zurück, dass die unterschiedlichen Diskussionsstränge anlassbezogen politische Konjunkturen erlebten: Mal entzündeten sich die Diskussionen an Urteilen der Verfassungsgerichte, welche zum Beispiel die Steuerfreistellung der Existenzminima von bestimmten Familien im Einkommenssteuerbereich nicht erfüllt sahen (Sturn 1992), mal waren sie Teil einer allgemeineren Sozialstaatskritik, welche eine mangelnde Effektivität des Sozialstaats u. a. daran festmachte, dass dieser das Geld „von der rechten in die linke Tasche der Bürger" umverteile und dabei die Förderung zu wenig auf jene konzentriere, die es „wirklich brauchen" (mit der Stoßrichtung eines Abschmelzens von Familientransfers mit zunehmendem Einkommen) usw. Dabei war die Tatsache nicht im Blick, dass es sich hierbei in Wirklichkeit der Sache nach nicht um verschiedene Diskussionen handelt, sondern bloß um unterschiedliche Aspekte und politische Gewichtungen innerhalb derselben Diskussion – nämlich der Diskussion um die Gestaltung des Steuer- und Transfersystems, deren familienpolitische Zweckmäßigkeit jeweils abzuwägen ist.

Die Voraussetzungen für eine substantielle politische Neuverhandlung eines familienpolitischen Gesellschaftsvertrags im Lichte der sich schon lange abzeichnenden großen Probleme wurden auch durch jene Tendenz *nicht gestärkt,* welche die Sphäre dessen möglichst weit ausdehnt, was als verfassungsrechtliche Voraussetzung eines solchen Aushandlungsprozesses Geltung hat. Es liegt in der Logik politischer Prozesse, dass einzelne Interessengruppen danach trachten, möglichst viele Normierungen im Sinne ihrer Interessen als Prämisse aller Aushandlungsprozesse festzuschreiben und gleichsam in einen Politik-externen Raum des als natürlich Akzeptierten oder des verfassungsrechtlich Gegebenen zu transferieren. Ich zweifle nicht daran, dass es solch einen Raum geben muss. Wenn allerdings versucht wird, die Reichweite dieser Prämissen immer weiter auszudehnen, bleibt immer weniger Raum für problemorientierte politische Aushandlungs- und Abwägungsprozesse.

Zugespitzt formuliert: Sollte ein Paradigmenwechsel in der Familienpolitik aufgrund neu entstandener Problemlagen geboten sein, dann wird er nicht durch Verfassungsgerichte herbeizuführen sein. Er wird politisch zu gestalten sein. Die Sehnsucht nach einer unpolitischen Familienpolitik korrumpiert letztlich die Perspektiven für einen kohärenten familienpolitischen Diskurs. Für Österreich zeigen die Beiträge Rudi Dujmovits' und Margareta Kreimers in diesem Band, dass solche Inkohärenzen in einem Auseinanderklaffen zwischen politischer Programmatik und tatsächlichen Maßnahmen gipfeln – aber nicht nur in Richtung „uneingelöster Wahlversprechen". Es gibt Anzeichen, dass die sozio-ökonomische Realität auf Maßnahmenebene den politischen Diskurs überholt, der seinerseits von einer ambivalenten Modernisierung auf der Ebene individueller Einstellungen nicht zu trennen ist. Als Fazit aus all dem liegt folgende These nahe: Die etwa für Deutschland

(1) weithin diagnostizierte Ineffektivität der Familienförderung, die sich generell auf die mangelnde Treffsicherheit gerade der steuerlichen Familienförderung bezieht (u. a. Steinbrück 2010),

(2) die diagnostizierten Koordinationsdefizite im Reproduktionsbereich (u. a. Dingeldey 2002) und

---

lität von Familienpolitik orientiert – worauf ich noch zurückkommen werde. Gleichwohl ist Gleichstellung in einer Weise wirkmächtig geworden, sodass sie in manchen Bereichen Parameter und nicht nur regulative Idee für Politik ist.

(3) das Zurückbleiben der Geburtenraten im historischen und internationalen Vergleich (z. B. Deutsche Bank Research 2006), aber z. T. auch hinter den bekundeten Kinderwünschen von Frauen

hängen mit der skizzierten Fragmentation des familienpolitischen Diskurses und damit einhergehenden Inkohärenzen von Familienpolitik auf der Programm- und Maßnahmenebene zusammen. Vergleichbares gilt für die Kritik, die aus verschiedenen Perspektiven an der österreichischen Familienpolitik geübt wird (vgl. die Beiträge von Franz Prettenthaler und Cornelia Sterner, Gerhard Wohlfahrt sowie Martina Agwi et al. in diesem Band).

Seit einigen Jahren hat indes der gesellschaftliche Diskurs über familienpolitisch relevante Themen vermutlich insgesamt etwas an *Kohärenz,* ganz gewiss aber sehr stark an *Gewicht* gewonnen: ***Familienpolitisch relevante Themen stehen im Zentrum mehrerer thematisch überlappender Groß- und Mega-Debatten: Bildungskrise, Sozialstaatsreform, Demographie und Migration.*** Diese Großdebatten sind dadurch gekennzeichnet, dass sie nicht punktuell und in spezifischen Zirkeln und Strömungen, sondern über Jahre hinweg und in so gut wie allen in Frage kommenden Foren und auf vielen Ebenen ausgetragen werden: vom Bierzelt bis zum Feuilleton, vom wissenschaftlichen Diskurs verschiedener Disziplinen bis zum Genre des Sachbuch-Bestsellers. Bisweilen werden auch in einer breiteren Öffentlichkeit einige der Zusammenhänge zwischen den Problemen thematisiert, die diesen Debatten zugrunde liegen. *Last but not least:* Die Reichweite und der Stellenwert dieser Großdebatten wird dadurch illustriert, dass nicht nur die üblichen Verdächtigen, sondern beispielsweise Ökonomen in prominenten Positionen wie Norbert Walter (als Chefökonom der Deutschen Bank) und Thilo Sarrazin (als Bundesbank-Vorstand) sich dieser Themencluster mit familienpolitischer Stoßrichtung nicht nur angenommen haben, sondern es geradezu zu ihrem Hauptthema machen – und dieses in einer Zeit, die gewiss nicht arm an finanzwirtschaftlichen Problemstellungen war und ist!

Auch die familienpolitische Diskussion im engeren Sinn ist ein Stück weit mehr problemorientiert geworden. Damit meine ich nicht zuletzt die Tatsache, dass Bewegung in lange Zeit festgefahrene Diskussionen wie jene um das Ehegattensplitting bei der Einkommensbesteuerung in Deutschland gekommen ist.[3] Vor allem aber ist das ansatzweise Aufbrechen alter ideologischer und klientelpolitischer Engführungen in der Familienpolitik zu nennen; ein Aufbrechen, für das in Deutschland *Ursula von der Leyen* steht.[4] Es ist bemerkenswert und faszinierend, dass von der Leyen einerseits diskurspolitisch den inneren Zusammenhang zwischen verschiedenen familienpolitisch relevanten Materien (Bildung, Arbeitsmarkt, Migration) stark macht, und andererseits sich gerade durch ihre prägnant vorgetragenen Vorstöße in Richtung einer mehr problemorientierten Familienpolitik für die *erste Reihe* der Politik qualifizierte. Familienpolitik wird sozusagen zur Chefsache. Letzteres ist indes wohl kaum ohne jene weiterreichende Entwicklung vorstellbar, die es nunmehr viel deutlicher erscheinen lässt als noch in den 1990er Jahren, dass Familienpolitik kein „wichtiges Nischenthema" im oben skizzierten Sinn ist, sondern der politische Dreh- und Angelpunkt einiger gesellschaftlicher Groß- und Megadebatten (bzw. der darin artikulierten Probleme). Oder anders gesagt: Möglicherweise verbreitet sich zur Zeit die Einsicht, dass

---

[3] Die Union diskutiert seit einigen Jahren Varianten eines Familiensplittings nach französischem Vorbild, während die SPD für ihre 2011 in Aussicht gestellte steuerpolitische Neupositionierung Änderungen in Richtung Individualbesteuerung zur Diskussion stellt.

[4] In Österreich haben sich der ehemalige ÖVP-Klubobmann Andreas Khol und auch Familienminister Reinhold Mitterlehner im November 2010 erstmals mit einer vergleichbar weit reichenden, inzwischen aber etwas relativierten Neupositionierung zu Wort gemeldet.

eine *integrativ und problemorientiert aufgestellte Familienpolitik jener Angelpunkt* ist, in dem diese Großdebatten – jenseits feuilletonistischem und populistischem Theaterdonner – in *politisch strategiefähige Konzepte* münden *könn(t)en.* Denn die hier angesprochenen Großdebatten gravitieren um eine Reihe von Themenclustern, deren Bestandteile durchwegs einen Bezug zum Problem der familialen Reproduktion von Gesellschaft aufweisen: Demographie, Rentenfinanzierung und Sozialstaat, Fertilität, Migration und kulturelle Reproduktion (man denke an die Leitkultur-Diskussion), Geschlechtergerechtigkeit, Bildungsprobleme und Chancenoptimierung für die heranwachsende Generation.[5] Es liegt in der Logik mancher der erwähnten medialen Kontexte, dass diese Debatten mitunter politisch brisante Verzerrungen hervor treiben. Bei allen damit verbundenen Risiken können diese Großdebatten jedoch einen familienpolitischen Mehrwert bieten: Sie können helfen, das Risiko von desintegrierter, klientelpolitisch enggeführter Familienpolitik plastisch hervortreten zu lassen, wenn es gelingt, die Zusammenhänge zwischen den verschiedenen Großdebatten klar zu machen.

Die aktuellen Mega-Diskussionen können somit aus zwei Gründen nützlich sein: Sie führen nicht nur erheblich näher an die grundlegenden Probleme von und für Familienpolitik heran als frühere Diskussionen, sondern sie zeigen auch auf, dass die Familienpolitik in Deutschland und Österreich trotz der im internationalen Vergleich relativ hohen Fördervolumina in der Krise ist – und zwar nicht bloß wegen finanzkrisenbedingter Probleme der öffentlichen Haushalte, sondern schon seit geraumer Zeit und aus einer Reihe weiterreichender Gründe: *Familienpolitik hat nicht nur Finanzierungsprobleme, sondern Designprobleme.* Teilweise sind jene Großdiskussionen ja durch die Folgen dieser Designprobleme motiviert. Die Vielschichtigkeit dieser Problemsymptome und die nachhaltige Intensität der politischen Diskussion – Themen wie Migration und Geburtenraten sind seit vielen Jahren ein Dauerbrenner – sind klare Indizien dafür, dass familienpolitisch nicht alles im Lot ist. Es zeigen sich die Risiken einer Familienpolitik, die auf einer bloßen Addition von Partialmaßnahmen (als Antworten auf bestimmte Partikularinteressen ohne systematischen Bezug zu den Problemen, die in den Großdebatten verhandelt werden) beruht.

Ob wir einen Paradigmenwechsel in der Familienpolitik brauchen, und wenn ja, welchen, kann aber aus all diesen Diskussionen und Diagnosen nicht abgeleitet werden. Die Entwicklung eines praktikablen Designs für moderne Familienpolitik bedarf nämlich weiterer Inputs. Vor allem ist eine *Zusammenschau aller der in diesen Debatten aufgezeigten Problemhorizonte* erforderlich, und zwar auf Basis einer Analyse der Ursachen, welche die *Politik in Marktgesellschaften überhaupt zu gestaltenden Eingriffen in die Reproduktionssphäre motiviert:* In verkürzendem ökonomischem Jargon formuliert, auf Basis einer Analyse der Ursachen für *reproduktives Marktversagen.* Daraus ist zunächst abzuleiten, welche Rolle nicht-marktförmige Institutionen (in erster Linie die Familie und politikförmig gesteuerte Institutionen) im *Gesamtkontext der Organisation reproduktiv relevanter Arbeitsteilung* im Hinblick auf Leistungen in den Bereichen **Caring, Erziehung und Bildung** (im folgenden kurz **CEB**) spielen. Einige Grundmotive einer derartigen Arbeitsteilung werden wohl für alle Marktgesellschaften gelten, wohingegen sich andere als endogene Entwicklungen in der sozioökonomischen und kulturellen Dynamik ergeben werden. Daraus lässt sich die folgende Vermutung begründen: *Sowohl die Erscheinungsformen re-*

---

[5]   Auf einer übergreifenden Ebene gehört auch die Ökologie zur Reproduktionsthematik. Darauf werde ich hier aber nicht eingehen.

produktiven Marktversagens als auch die institutionellen Antworten darauf werden im Verlauf der marktgetriebenen Arbeitsteilungsdynamik nicht konstant bleiben.

Dieser Band beschäftigt sich primär mit der Frage nach Eckpfeilern einer Familienpolitik, die aktuellen Problemen und Herausforderungen gerecht wird. Inwiefern eine solche Politik einen Paradigmenwechsel darstellt – und inwieweit seine Realisierung zu erwarten ist, wird auf Grundlage dieser Überlegungen sowie von Problemdiagnosen im Hinblick auf die Familienpolitik der vergangenen Jahrzehnte diskutiert. Der Versuch einer gründlichen Beantwortung der Frage nach dem Design einer zukunftsfähigen Familienpolitik setzt nämlich Überlegungen und Analysen auf vier Ebenen voraus:

Erstens gilt es, auf die vielfältigen *Problemsymptome* einzugehen, welche die politischen, feuilletonistischen und teils auch wissenschaftlichen Großdebatten unterschiedlicher Seriositätsgrade – von Sarrazin bis Sloterdijk – beherrschen. Dies wird in diesem Band. anhand der (In)Effektivität familienpolitischer Maßnahmenbündel im Hinblick auf Verteilungsfragen (Beitrag Martina Agwi et al.) sowie der Anreizprobleme sozialstaatlicher Designs diskutiert: Franz Prettenthaler und Cornelia Sterner diagnostizieren in ihrem Beitrag für Österreich eine in Hinblick auf potentiell betroffene Familientypen sehr große Reichweite jener Anreizprobleme, die im Beitrag Gerhard Wohlfahrts mit Blick auf die unvermeidlichen Trade-offs bedarfsgeprüfter Transfers perspektiviert und akzentuiert werden .

Zweitens ist es für die Analyse künftiger Politikoptionen zweckmäßig, die *Wahrnehmung* dieser und anderer Probleme im politischen Diskurs verschiedener Ebenen und durch die Betroffenen zu reflektieren und mit faktischen Entwicklungen zu kontrastieren. Was hat sich in den letzten beiden Jahrzehnten in Deutschland und Österreich im Bereich Familienpolitik getan? Diese Frage wird sowohl auf der Ebene tatsächlich realisierter (und nicht realisierter) Maßnahmen (vgl. den Beitrag von Margareta Kreimer in diesem Band) diskutiert als auch auf der Ebene der Entwicklung von Problemwahrnehmung und Programmatik in den verschiedenen politischen Milieus (vgl. den Beitrag von Rudolf Dujmovits) in diesem Band) zu beantworten versucht. Faktische Koordinationsprobleme im Reproduktionsbereich gehen damit einher, dass sich so etwas wie ein reflektives Gleichgewicht in den problemrelevanten Diskursen noch kaum abzeichnet.

Drittens aber ist eine sozio-ökonomisch informierte Analyse dieser Probleme vonnöten. Im Beitrag Margit Schratzenstallers werden diese Probleme aktualitätsbezogen aus ökonomischer Perspektive diskutiert.

Viertens hat die Analyse von Familienpolitik typischerweise eine normative Dimension. Sie wäre unvollständig, wäre sie nicht zumindest anschlussfähig in Bezug auf die Frage: Was wäre eine „gute" Familienpolitik? So nutzen Prettenthaler/Sterner einschlägig relevante Aspekte des Prinzips horizontaler Gerechtigkeit für ihre Diagnose verteilungspolitischer Schieflagen. Sigrid Leitner schlägt vor dem Hintergrund sozio-ökonomischer Rahmenbedingungen und normativer Leitmotive Kriterien für ein *Good practice*-Modell von Familienpolitik vor und diskutiert einige Perspektiven seiner Umsetzung.

In den folgenden Abschnitten des vorliegenden Einleitungsaufsatzes wird nun versucht, die Rolle von Familienpolitik in Marktgesellschaften – zwischen funktionsbezogener Systemrelevanz und normativen Leitideen menschlicher Lebensformen - etwas grundsätzlicher zu bestimmen. Zunächst wird versucht, eine Antwort auf die Frage zu skizzieren: Weshalb brauchen offene Gesellschaften, deren Ökonomie durch die Logik dynamischer Märkte bestimmt ist, Familienpolitik – genauer: politisch gestaltete reproduktive Ermöglichungsstrukturen und Koordinationsmechanismen? (Abschnitt 2) Der dritte Abschnitt beschäftigt sich mit diagnostischen Koordinatensystemen zur Einordnung unterschiedlicher familienpolitischer Paradigmen, um Anhaltspunkte für die Beantwortung der Kernfrage zu gewinnen: Welches Paradigma von Familienpolitik ist offenen Gesellschaften in den ersten Jahrzehnten des 21. Jahrhunderts angemessen bzw. nicht angemessen? Dabei wird die familienpolitische Brauchbarkeit des zweidimensionalen Koordinatensystems von (De)kommodifizierung und (De)familisierung mit Blick auf die zuvor identifizierten Grundprobleme bzw. -funktionen Ermöglichung („Verteilungspolitik") einerseits und Koordination von CEB-Leistungsprozessen („Allokationspolitik") andererseits kritisch in den Blick genommen. In Abschnitt 4 wird gezeigt, dass die angemessene Berücksichtigung der gerade genannten Grundfunktionen eine politisch wichtige Einsicht für die Beantwortung folgender Frage erschließt: Welche Gründe sprechen dagegen, einen Paradigmenwechsel in der Familienpolitik vom Leitmotiv der Neutralität oder „Wahlfreiheit" – also der gleichmäßigen Förderung aller Familienformen – her zu denken? Der abschließende Ausblick akzentuiert einige Schlussfolgerungen.

2   Zur Systemrelevanz von Familienpolitik: Weshalb bedürfen moderne Marktgesellschaften überhaupt einer Familienpolitik?

Um die heterogenen Diskurse mit familienpolitischem Problemhorizont einzuordnen und den oben erwähnten Großdebatten einen gemeinsamen Rahmen zu geben, müssen wir hinsichtlich zweier Fragen Klarheit schaffen. Erstens: *Auf welchen Ebenen ist die Reproduktion menschlicher Gesellschaften mit Koordinationsproblemen verbunden, die nur durch Menschen-gemachte Normen, Institutionen und Mechanismen zu bewältigen sind?* Der Hintergrund dieser Frage ist, dass die Reproduktion menschlicher Gesellschaften nicht rein biologisch zu fassen ist. Sie umfasst die Reproduktion von Kultur, Zivilisation und eines ganzen Komplexes individueller und sozialer Produktivkräfte (in ökonomischem Jargon: von Humankapital, Sozialkapital und kulturellem Kapital). Daher ist zu vermuten, dass sich als Antwort auf diesen Mehr-Ebenen-Komplex reproduktiver Koordinationsprobleme ein Mehr-Ebenen-Gefüge von Normen, Institutionen und Mechanismen herausbilden wird. Diese Koordinationsprobleme reichen von der Koordination von Erwartungen im Kontext reproduktionsbezogener Aspekte von Lebensentwürfen[6] bis zur Koordination im Kontext der Organisation und Leistung von CEB-Arbeit (z.B.: Was soll die Schule leisten? Was die Familie? Wie werden verschiedene Leistungsprozesse koordiniert? Welche Formen geschlechtsspezifischer Arbeitsteilung gibt es, und was ist deren Funktion? Wo und weshalb besteht die Gefahr von Koordinations- und Leistungsdefiziten?)

Zweitens: Welche systematischen Probleme ergeben sich im Prozess marktwirtschaftlicher Arbeitsteilungsdynamik für familiale Reproduktion – und inwiefern sind diese systematischen Probleme (nur) durch politisch gesteuerte Institutionen und Mechanismen lösbar? Der Hintergrund dieser zweiten Frage ist, dass die moderne marktförmige Arbeitsteilungsdynamik das Potential hat, die Wirkungsweise jenes Mehr-Ebenen-Gefüges auf Reproduktionsprozesse in dramatischer Weise zu verändern.

Die Antworten auf diese Fragen vermitteln Einsichten in den grundlegend systemrelevanten Charakter von Familienpolitik. In der Tat wurde und wird in vielen Diskurssträngen

---

[6]   Dingeldey (2002, 15ff) konzeptualisiert etwas den *Gender Contract* als Koordinationsmechanismus.

der systemrelevante Charakter von Familien- und Sozialpolitik übersehen. Diese Systemrelevanz beruht:

- auf den Rückwirkungen der Koordination des Reproduktionssystems auf sozioökonomische *outcomes;*[7]
- auf dem *Potential des Marktsystems zur Änderung der Funktionsweise und der Ergebnismuster reproduktiv relevanter Koordinationsmechanismen, Institutionen und Normen* (vgl. v.a. Abschnitt 4);
- auf der Tatsache, dass Familien- und Sozialpolitik in Marktwirtschaften im Wesentlichen immer als – mehr oder minder gelingende – *Antwort auf solche Probleme* zu verstehen ist – Probleme, die aus Wechselwirkungen zwischen Märkten und reproduktiv relevanten Koordinationsprozessen menschlicher Gesellschaften resultieren.

Betrachten wir das Hineinwirken von Marktdynamik in die Reproduktionsbedingungen etwas genauer. Ein zentrales Element dieser Bedingungen ist die *soziale und familiale* Arbeitsteilung in Bezug auf CEB-Leistungen. Zum einen sind viele der damit verbundenen Leistungs*prozesse* mit *Öffentliche-Güter-Problematiken* verschiedenster Ebenen verbunden, beginnend mit der Ebene haushaltsspezifischer öffentlicher Güter. Zum anderen beruht die Dynamik moderner Wirtschaft auf der Dynamik einer sich auf allen Ebenen (vom Mikrobereich der Produktion bis hin zur globalen Ebene) ständig fortentwickelnden Arbeitsteilung: Die moderne ökonomische Arbeitsteilung ist zukunftsoffen und nicht statisch – das ist die Pointe von Adam Smiths berühmter Theorie der Arbeitsteilung. Insbesondere erzeugt diese Marktdynamik ständig neue Bedingungen für die marktförmige Nutzung der Arbeit von Männern, Frauen, Jugendlichen, Kindern, Menschen unterschiedlicher Qualifikationsgrade und -typen usw. Die Änderung dieser Bedingungen impliziert eine Änderung der Opportunitätskostenmuster für CEB-Arbeit unterschiedlicher Familienmitglieder. Vor diesem Hintergrund wäre es in hohem Maße erstaunlich, wenn die *Bedingungen von CEB-Arbeitsteilung* und damit auch die Funktionsweise der „Lösungsmechanismen" reproduktionsrelevanter Koordinationsprobleme über sehr lange Zeiträume konstant blieben.

Schon Adam Smith hat gesehen, dass dem nicht so ist. Vielmehr birgt die *Arbeitsteilungsdynamik endogen Tendenzen zu Reproduktionskrisen.* Mitunter hängen diese Reproduktionskrisen mit neuen Formen der sozialen Spaltung und der Diskriminierung zusammen, die zu den ungeplanten Effekten der Arbeitsteilungsdynamik gehören. Aus einer solchen Perspektive ist Familienpolitik die *Antwort* auf solche Krisenpotentiale und sollte in einer längerfristigen Perspektive die Funktionsfähigkeit reproduktiver CEB-Arbeitsteilung im Blick haben. Eine solche Politik wird trotz ihrer Bedingtheit durch Systemprobleme typischerweise *gestaltenden Charakter* haben und explizit oder implizit einen *normativen Überschuss* aufweisen. Denn gerade bei solch komplexen Koordinationsproblemen sind Freiheitsgrade im Hinblick auf die Lösungsarrangements zu erwarten.[8] Einer dieser Freiheitsgrade betrifft die *Verteilung von Vorteilen,* etwa im Hinblick auf die Geschlechter. Würden diese Freiheitsgrade nicht existieren, wären Diskussionen um Gerechtigkeit der Familienpolitik oder Kritik an asymmetrischer Macht in Familien wenig praxisrelevant.

---

[7]   Dingeldey 2002 untersucht diesbezüglich Arbeitsmarktsstruktur, Armutsrisiko und Reproduktionsrate.
[8]   Dass solche Freiheitsgrade zu erwarten sind, lässt sich u. a. aus spieltheoretischen Analysen der zugrundeliegenden Koordinationsprobleme erschließen („multiple Gleichgewichte").

Aber noch ein zweiter Gedanke führt zu derselben Schlussfolgerung, nämlich dass Familienpolitik nicht eine vollständig von vorliegenden Problemkonstellationen bestimmte Angelegenheit ist, sondern ein Gestaltungselement mit Raum für normative Diskussionen enthält. Der Reproduktionsbereich menschlicher Gesellschaften ist nicht als heteronom bestimmtes Anhängsel der Ökonomie aufzufassen (ein Gesichtspunkt der etwa in den Schriften Sigrid Leitners ganz allgemein und speziell in ihrem expliziten Bezug auf die normative Seite des Problems in ihrem Beitrag zu diesem Band von Bedeutung ist). Die Bedeutung der Reproduktionssphäre für das menschliche Leben geht über die biologische Reproduktion hinaus, umfasst die Ausbildung von Identitäten und spezifischer Wertbeziehungen und hat eigene Logiken. Fazit: Politische Gestaltung wird insgesamt am besten als *responsive* Gestaltung im Lichte diagnostizierter Probleme aufzufassen sein – nicht als Gestaltung aufgrund rein normativer Setzung oder als Ergebnis eines reinen Machtspiels.

Im Sinn des eben Ausgeführten dürften zwei weitere Gesichtspunkte einleuchten, die für Diskussionen um Familienpolitik wichtig sind. Erstens: Die Dynamik der Märkte lässt sich nicht durch ein starres (traditionales oder politisch gesetztes) normatives Korsett ein für allemal eingrenzen (dies gilt auch für andere Bereiche politisch implementierter Regulierung). Ideen, die Reproduktionssphäre zu schützen, indem ganz bestimmte familiale Muster durch ein politisch gesetztes Maßnahmenbündel gestützt werden, sind immer nur unter bestimmten kontingenten Bedingungen realisierbar, deren dauerhaftes Vorliegen in säkularem Zeitrahmen in einer dynamischen Wirtschaft unwahrscheinlich ist. Zweitens: Problembezogene politische Antworten auf die kontingenten *Bedingungen der Arbeitsteilung im Reproduktionsbereich (Caring, Bildung, Erziehung)* sind nicht zureichend unter der Metapher des Generationenvertrags zu diskutieren. Wenn man schon die Metapher des Vertrags bemüht, wäre hier ein ganzes Geflecht von Verträgen mit zu denken: Zwischen den Geschlechtern, den verschiedenen (Sub-)Kulturen und Familienformen – und auch zwischen den sozialen Schichten.

Der systemrelevante Charakter von Familien- und Sozialpolitik wird in erstaunlich vielen Diskursen übersehen. Es wird auch heute oft davon abstrahiert,[9] dass solche Politiken nicht in einem sozio-ökonomischen Nirwana stattfinden und auch nicht in der athenischen Demokratie zur Zeit des Sokrates, die klassisch Gebildete gerne bemühen, um heutige Missstände plastischer hervortreten zu lassen. Sie finden in einer dynamischen Marktökonomie mit einem beachtlichen öffentlichen Sektor statt, einer Ökonomie, die gerade einen Globalisierungsschub in mehreren Dimensionen durchlebt, welcher das Gefüge der Arbeitsteilung und Spezialisierung wiederum dramatisch verändert. Die Verbreitung von sozialtheoretisch naiven, oft moralisierenden Diskussionen um Sozial- und Familienpolitik ist deswegen erstaunlich, weil die eben skizzierte Grundproblematik, welche Familienpolitik in Marktwirtschaften systemrelevant und zu einem integrativen Teil der institutioneller Gestaltung macht, seit langer Zeit im sozialtheoretischen und ökonomischen Diskurs unter-

---

[9] Geradezu Kondensate der Ausblendung der Systemrelevanz von sozialstaatlicher Gestaltungen sind manche Texte von Philosophen (vgl. die von Peter Sloterdijk veranlasste Feuilletondebatte um den Sozialstaat im Herbst 2009) und Soziologen (z. B. Kaube 2010), und Kulturwissenschaftlern, die sich in kritischer Absicht mit dem Sozialstaat auseinandersetzen (vgl. die Einleitung von Bohrer et al. und einige andere Beiträge in dem Merkur-Band, in dem auch Kaube (2010) publiziert wurde). Auch der in vielem umsichtige Essay des Philosophen Wolfgang Kersting (2010) stellt nur eine – von Ökonomen schon lange Zeit systematisch diskutierte - der Dimensionen von Systemrelevanz heraus, nämlich die sozialstaatlich induzierten Verhaltensanreize, deren empirische Wirkungsweise übrigens immer im Zusammenwirken mit den von der Marktdynamik ausgehenden Anreize untersucht werden muss.

schiedlicher Strömungen wahrgenommen wird. Sie wird wahrgenommen, seit Eigendynamik, Entgrenzungstendenzen und „kreative Zerstörung" in der Marktwirtschaft einerseits als Verheißung auf höheren Wohlstand, andererseits aber als Erosionspotential für tradierte Werte und Institutionen begriffen wurden.

Insbesondere wurde sie von liberalen Ökonomen einerseits und von Denkern wie Karl Marx andererseits wahrgenommen. Die Problemstellungen dieser Ökonomen hatten an sich weniger Familienpolitik und Sozialpolitik als die Entwicklung kapitalistischer Marktwirtschaften insgesamt zum Gegenstand. Ausgangspunkt ihrer Beschäftigung mit diesem Themenkomplex ist eine gemeinsame Einsicht: *Die Sphäre familialer Reproduktion ist nicht automatisch kompatibel mit der Dynamik freier Märkte. Vielmehr kann diese Dynamik systematisch Tendenzen enthalten, welche eine Krise der Reproduktion impliziert, weil bestehende CEB-Arbeitsteilungsmuster „gestört" werden.* Die derzeit oft diagnostizierte „Überforderung" von Familien (die sich für Familien unterschiedlicher sozialer Schichten in unterschiedlicher Weise und mit unterschiedlichen Folgen – von Bildungsproblemen bis zu schichtspezifisch niedrigen Geburtenraten – manifestiert) kann als Anzeichen für solche Störungen gewertet werden.

Im Gesamtkontext familialer Reproduktion gibt es in modernen Marktgesellschaften eine Reihe permanent wirksamer Faktoren, welche mit den ökonomischen Rahmenbedingungen gelingender Reproduktion konfligieren, weil sie tendenziell die Einkommensteilungs-, Sozialisierungs- und Bildungsfunktion jener Kleinfamilienformen überfordern, die nicht zuletzt angesichts der Mobilitäts- und Flexibilitätsbedürfnisse moderner Arbeitsmärkte entstanden sind und die auch in Phasen grundsätzlich funktionierender CEB-Arrangements politisch bearbeitet werden müssen. Es sind dies:

- Unterschiedliche Erwerbspotentiale und CEB-Bedarfe im Lebenszyklus
- Einkommensrisiken aufgrund wirtschaftlichen Strukturwandels, welcher früher erwerbsrelevante Fähigkeiten entwertet
- Subjektiv bedingte Einkommensrisiken (Erwerbsunfähigkeit)
- Einkommensrisiken aufgrund der Instabilität familiärer Beziehungen.

Ich schließe diesen Abschnitt mit einer Betrachtung der aktuellen Megadiskussionen mit reproduktionspolitischer Tangente im Lichte der eben skizzierten Überlegungen. Es ist kaum zu übersehen, dass große Teile der im einleitenden Abschnitt thematisierten neueren Megadiskussionen für sich betrachtet stark ideologisiert, kaum ernsthaft lösungsorientiert und auch in der Problemdiagnose mehr oder weniger verzerrt bzw. einseitig sind. Ein Umstand ist indes bei allen Verzerrungen besonders zu betonen: Die Sarrazin-These (2010), wonach Deutschland im Begriff sei, sich abzuschaffen, beruht letztlich auf einer familienpolitisch hochbrisanten Zuspitzung bestimmter Sichtweisen zur Problematik der Reproduktion der Gesellschaft, die weit näher zum Kern der oben skizzierten Probleme führt als die früheren Nischen-Diskussionen, die um Dinge wie die adäquate Steuerfreistellung der Existenzminima aller Familienmitglieder etc. kreisten. Sarrazins Sichtweisen enthalten fragwürdige Elemente, aber sie werden mehr oder weniger deutlich im Kontext der Dynamik von Bedingungen diskutiert, die durchaus aktuelle Relevanz besitzen: Globalisierung, hohe Mobilität, kulturelle Diversität. Sarrazins Zuspitzung beruht – auch jenseits ihres viel kritisierten biologistischen Zuschnitts – auf einer eigentümlichen Sichtweise zur Reproduktion von Gesellschaft, Kulturen und Sozialstruktur. Und zwar beruht sie auf der Sichtweise, dass sich dies alles dann und nur dann reproduziert, wenn eine *familiale* Reproduktion von

„Leistungseliten", also der Trägerschichten von Intelligenz, Leistungsbereitschaft und kultureller Identität (weil sie und nur sie bringen, wie Sarrazin unterstellt, ihren Kindern „Wanderers Nachtlied" von Goethe bei) stattfindet.

Die Hauptrichtung dieser Sichtweise zur Reproduktion von Elite und Kultur (wenn auch nicht das als eher obskur eingestufte biologistisch-genetisch-eugenische Argumentationskonglomerat) stößt, wie derzeit zu beobachten ist, inner- und außerhalb der Eliten auf beachtliche Resonanz. Denn einerseits gehört das Abstellen öffentlicher Familienpolitik auf schichtspezifische Bedarfe seit jeher zu den fest verankerten Leitmotiven gerade des deutschen Familienlastenausgleichs (realisiert durch Steuerfreibeträge und Splitting). Anderseits erlangte all dies neue Brisanz im Lichte der Debatten um die „niedrigen Geburtenquoten" bei Akademikerinnen (vgl. differenzierend Deutsche Bank Research 2006) und Migrationsproblemen. Auch in Hinblick auf die Chronologie der verschiedenen Großdebatten mussten früher oder später Sichtweisen á la Sarrazin auf den Tisch kommen. Denn es ist eine schon länger andauernde Entwicklung eines auf Reproduktion fokussierten Diskussionsstrangs zu beobachten. Thilo Sarrazins Diagnose eines totalen und perspektivisch katastrophalen Staats- und Marktversagens in puncto Reproduktion ist deren vorläufiger Kulminationspunkt: Deutschland schafft sich ab.

Im Hinblick auf die familienpolitische Dimension des Untergangsdiskurses um den Kranken Mann Deutschland lassen sich folgende Phasen unterscheiden. *1. Phase:* Im deutschsprachigen Raum war es zunächst der Themencluster: Demographie und Rentensystem (signalisiert durch Reizvokabeln wie Vergreisung, Methusalem-Komplott etc.), welche in zunehmender Klarheit *pro-natalistische Ziele der Familienpolitik* aus jener ideologischen Quarantäne holten, in welcher sie in Deutschland und Österreich durch ihre historische Verknüpfung mit dem Nationalsozialismus geraten waren. Als Zielgröße wurde dabei meist eine Geburtenrate in Raum gestellt, die auf langfristige Konstanz der Bevölkerung ausgerichtet ist. *2. Phase:* Bildungs- und Migrationsdiskussionen (veranlasst z.B. durch PISA Studien und Befunde über Bildungsdefizite bei der zweiten und dritten Migrantengeneration) machten vielen klar, dass eine naive pro-natalistische Politik die Probleme nicht lösen würde, sondern dass die Reproduktionsdiskussion einer qualitativen Dimension bedarf. *3. Phase:* Nunmehr dreht sich die Diskussion letztlich darum, ob eine Politik der Chancengleichheit (chancenorientierte Familienförderung, Bildung und Integration) wünschenswert sei, oder aber die konsequente Neuaufstellung einer stark familialistischen Familienpolitik zur familialen Reproduktion von Leistungseliten, für die Sarrazin ebenso plädiert wie für Ideen einer weit gefassten qualitativen Optimierung des Reproduktionsprozesses im Sinne einer „westlichen" Leitkultur unter Einbezug genetischer Gesichtspunkte.

Gewiss würde eine sozialtheoretisch seriöse Aufarbeitung dieser Probleme eher mehr Gewicht auf die Analyse der Bedingungen von CEB-Arbeitsteilung legen, als sich auf biologistische Spekulationen und eugenische Optimierungsfantasien zurückziehen. Dennoch ist Sarrazins Beitrag Indiz für das neue und größere Gewicht der familienpolitischen Agenda, für mehr Problemorientierung, aber auch für die neuartige Brisanz der ideologisch-politischen Gemengelage. Vergleichen wir diese Diskussionen mit früheren Diskurssträngen, dann ist doch kaum zu übersehen, dass die neueren Diskussionen jedenfalls in den Kernzonen echter, aus der sozio-ökonomischen Dynamik erwachsenden Problemen angesiedelt sind, die vernünftig als politische Probleme formuliert werden können.

Dagegen waren in den 1990er Jahren Diskussionen um familienpolitisch motivierte Gestaltungen im Steuer- und Transfermuster von normativen Vorstellungen bestimmt, welche von Steuerjuristen mit mehr oder weniger zufälliger (vielleicht auch von ihrem schicht- und gender-spezifischen Erfahrungshintergrund geprägten) familienpolitischer Problemwahrnehmung entwickelt wurden.[10] Ganz zu schweigen von bestimmten divergenten ideologisierten Perspektiven, die nur eines gemeinsam hatten: Das Fehlen jeglichen Sensoriums für soziale Probleme und realistische Perspektiven im Bereich familialer Reproduktion. Mittlerweile kann man einschlägige Diskurse als Monumente der Borniertheit konservativer und progressiver Subkulturen bezeichnen: Der konservative Diskurs gipfelte noch in den 1970ern in propagandistischen Episoden wie der *Schlüsselkinder-Kampagne* (gegen berufstätige Mütter gerichtet), welche perspektivisch ebenso wenig tragfähig war wie Teile der Post-1968er Ideologie, welche einerseits die „Kleinfamilie" verdammte, andererseits aber sich um Fragen einer problemgerechten sozialpolitischen Stützung reproduktiver Strukturen (Ermöglichungsstrukturen für i.w.S. reproduktiv relevante Beziehungen und Leistungen) keinen Deut scherte.

3 Alternative Paradigmen und ihre Systematisierung

3.1 Vom Living wage zum Schrebergarten

Es wird zu Recht betont, dass die analytische Vernachlässigung der Reproduktionssphäre (die vielfach implizit oder explizit als uniform und stabil vorausgesetzt wird, oder aber Gegenstand androzentrischer Projektionen war) zu einem blinden Fleck in der Ökonomik, aber auch der vergleichenden Wohlfahrtsstaatsforschung führte (z. B. Dingeldey 2002). Obwohl die analytische Ausblendung der mit der Reproduktionssphäre verbundenen Koordinationsprobleme ein bemerkenswertes Faktum mit eklatanten theoriestrategischen und politischen Folgen ist, sollte zunächst doch nicht übersehen werden, dass die *besonderen Probleme marktförmiger Dynamik für den Reproduktionsbereich* in ganz verschiedenen sozialtheoretischen und ökonomischen Diskursen durchaus präsent waren. Die Rolle der Familie in einer dynamischen Marktwirtschaft stellt eine alte Herausforderung dar, welche sich schon in der nach-mittelalterlichen Scholastik in normativen Vorstellungen von einer an reproduktiven Grundbedürfnissen orientierten Lohnbildung verdichtete (Familienlohn)[11] – dies zu einer Zeit, wo Familien*politik* im heutigen Sinn mangels hierzu geeigneter Institutionen unvorstellbar war.

Die Idee eines reproduktionstauglichen Familienlohns ist auch Adam Smith nicht fremd, der diesen als integrativen Bestandteil einer progressiven Prosperitätsdynamik sieht, wohingegen zu niedrige Löhne mit einem regressiven *declining state* der Gesamtgesellschaft einhergehen. Adam Smith expliziert überdies, in welcher Weise von der marktwirtschaftlichen Spezialisierungsdynamik eine Änderung reproduktiv relevanter Opportunitätskosten-Muster ausgehen kann. Dadurch werden manche Aktivitäten kostspieliger, die für die quantitative und qualitative Reproduktion wichtig sind. Kurz gesagt, die Spezialisie-

---

[10] Diese Vorstellungen bestehen immer noch und werden in den entsprechenden Diskursen auch eingebracht, sind aber im Lichte der Groß-Debatten doch einer stärkeren Relativierung ausgesetzt.
[11] Vgl. z. B. Langholm (1998), Noell (2006) und die Debatten um den *Living wage* mit Autoren wie Ryan zu Beginn des 20. Jahrhunderts.

rungsdynamik erzeugt gemäß Smith einen Opportunitätskostendruck auf Erziehung und Bildung. Von daher begründet er etwa steuerfinanzierte öffentliche Maßnahmen im Bereich der Bildungspolitik zur Stützung einer *adäquaten* Reproduktion der Gesellschaft.

Die Entwicklung der ökonomischen Theorie und der wechselvollen historischen Dynamik von Marktwirtschaften begünstigte in der Folge die Einsicht, dass politische Gestaltung in weiteren Bereichen der Reproduktionssicherung notwendig ist, weil die Bedingungen des Arbeitsmarkts eben nicht immer einen *„living wage"* für alle Familien hergeben. In analoger Weise wurden aus den Dynamiken der Marktwirtschaft und deren Charakteristika ganz unterschiedliche institutionelle und politische Maßnahmen abgeleitet. Im Gefolge der Weltwirtschaftskrise der 1930er Jahre wurden beispielsweise weithin Zusammenhänge zwischen marktförmiger Spezialisierungsdynamik, Wachstum und Krise wahrgenommen. Der führende deutsche Ordoliberale *Wilhelm Röpke* (1942) diagnostizierte etwa im Anschluss an die Weltwirtschaftskrise eine an die Grundfesten unserer Zivilisation reichende „Gesellschaftskrisis der Gegenwart", welche die Bedingungen gesellschaftlich-kultureller Reproduktion akut bedroht. Diese Bedingungen schließen für ihn materielle und nichtmaterielle Aspekte ein: Markförmige Konkurrenz ist für ihn ein „Moralzehrer" – Moral und Kultur muss in Familien und Gemeinschaften gelernt werden. Daher sind nichtmarktförmige Ermöglichungsstrukturen erforderlich, welche die materiellen und ideellen Grundlagen für Familien- und Gemeinschaftsleben angesichts der Wechselfälle der Marktdynamik sichern und qualitativ entsprechende soziale Beziehungsnetze außerhalb der marktförmigen Konkurrenz ermöglichen. Da er kein Freund staatlicher Intervention war, propagierte Röpke als Lösung u. a. Ermöglichungsstrukturen für Subsistenzlandwirtschaft (einschließlich der dazu notwendigen Trendumkehr in puncto Urbanisierung) als robusten Existenzsicherungsmechanismus für Arbeiterfamilien in krisenbedingten Wechselfällen, welche Arbeitslosigkeit, also den erzwungenen temporären Rückzug aus der marktförmig organisierten Arbeitsteilung mit sich bringen.

Röpkes Idee liegt der Gedanke einer angesichts mehrdimensionaler Reproduktionskrisen notwendigen partiellen *Entkoppelung* der Bedingungen familialer Reproduktion von Marktbedingungen am Arbeitsmarkt zugrunde. Dies soll durch Schaffung verfügungsrechtlicher Strukturen geschehen, welche Familien krisenfest machen. In dieser Perspektive geht es darum, die Funktionstüchtigkeit der Familie als reproduktiven Existenzsicherungsmechanismus (wieder) zu stärken – und zwar durch Stärkung ihrer produktiven Basis im Bereich der Grundversorgung mit Nahrungsmitteln und Wohnen. Eine Basis, welche durch Mobilität, Trend zur Kleinfamilie, Auslagerung produktiver Tätigkeit aus dem Bereich der Hauswirtschaft, Urbanisierung und Industrialisierung erodiert.

3.2 Dekommodifizierung und die Familie

An dieser Stelle liegt es nahe, auf den von Esping-Andersen (1990) zur Klassifizierung verschiedener Sozialstaatstypen verwendeten Begriff der Dekommodifizierung einzugehen. Denn die bislang skizzierten Vorstellungen (*Living wage,* Familienlohn und Röpkes erweiterte Schrebergartenvision) sind allesamt nicht Beispiele dekommodifizierender Familienpolitik im Sinn Esping-Andersens. Jene Vorstellungen sind durchwegs auf die Prämisse grundsätzlich funktionierender Erwerbsverhältnisse (vorzugsweise der Familienväter) gegründet. Dekommodifizierung im Sinn Esping-Andersens bedeutet indes, dass die menschliche Existenz und insbesondere auch Reproduktion *insgesamt vom Zwang zur Erwerbsarbeit entkoppelt* wird. Das Konzept der Dekommodifizierung ist also an jenen Wandel der sozio-ökonomischen Verhältnisse, Werte und Normen geknüpft, welcher dazu führt, dass hinreichendes Erwerbspotential und dessen Nutzung nicht als Bedingung für Existenzsicherung und insbesondere nicht mehr als *die* bindende Beschränkung bei Fertilitätsentscheidungen wirkt. Derartige Dekommodifizierung ist einem Wandel im Sinne einer progressiven Aufklärung geschuldet, in deren politischem Horizont das *Citizenship-Recht* auf eine von den Wechselfällen der Arbeitsmärkte unabhängige Sicherung der Existenz entstand. Dekommodifizierung wäre in einer Marktwirtschaft perfekt realisiert durch ein unbedingtes Grundeinkommen und ist in der Realität durch das skandinavische Sozialstaatsmodell mit seinem Grundmotiv universalistischer Leistungen am weitestgehenden angenähert.

In dem bekannten und mittlerweile verschiedentlich differenzierten und modifizierten Klassifizierungsansatz wird im Anschluss an Esping-Andersens „drei Welten des Wohlfahrtskapitalismus" (1990) ein zweidimensionales Koordinatensystem verwendet, das neben dem Dekommodifizierungsgrad auch den Defamilisierungsgrad (welcher sich auf das Ausmaß von Outsourcing früher typischer Familienproduktionsleistungen bezieht) berücksichtigt. Neben dem konservativen Sozialstaatstyp (relativ niedrige Dekommodifizierungs- und Defamilisierungsgrade) und dem skandinavischen Typ (relativ hohe Dekommodifizierungs- und Defamilisierungsgrade) wird der liberale Sozialstaat (geringer Dekommodifizierungs- und relativ hoher Defamilisierungsgrad) unterschieden. Röpkes Vorstellungen zielten, wie es scheint, auf Ermöglichungsstrukturen ab, bei denen Dekommodifizierung und Defamilisierung minimiert werden.

Das Paradigma der konservativen Sozialstaaten ist an der prioritären Stützung der Familie als Ort der Bereitstellung von *Caring-*, Sozialisierungs- und Bildungsleistungen orientiert. Der Staat und andere öffentliche Institutionen sollen primär helfen, dass die Rahmenbedingungen und die materielle Basis für familiale Reproduktion und familial bereitgestellte Leistungen „stimmen". Das heißt, nur im Falle ganz unabweisbarer Notwendigkeiten soll die Bereitstellung dieser Leistungen an den Staat oder/und den Markt „delegiert" (outgesourct) werden. Anders gesagt: Das Paradigma ist ebenfalls der Minimierung von Outsourcing verpflichtet. Einer der in Deutschland und Österreich allgemein akzeptierten Fälle von Outsourcing betrifft die öffentliche Bereitstellung von Bildungsleistungen zumindest im Rahmen der allgemeinen Schulpflicht, allerdings nur im Rahmen eines Halbtagsschul-Modells, welches einen entsprechenden Raum für ergänzende Leistungen (vorzugsweise erbracht durch die Mutter) im Familienverband bietet. Gerade weil dieses Modell von Familienpolitik nach eigenem Verständnis dem Ideal einer politikfreien Familienpolitik entspricht, hat es immer ein ganz bestimmtes Familienmodell zum Fixpunkt. Traditionell war das typischerweise das Modell der Ernährer-Familie, auf deren Stützung eine ganze Reihe von Arrangements zugeschnitten war. Röpkes Vision entspricht diesem Muster in einprägsamer Weise.

3.3 Familienpolitik hat Verteilungs- und Koordinationseffekte

Man kann den eben skizzierten Rahmen (einschließlich der inzwischen vorgeschlagenen Differenzierungen, Lessenich/Ostner 1998) als grobe Einordnung existierender wohlfahrtsstaatlicher Arrangements verstehen. Fragwürdiger ist es, sie als Grundmuster alternativer

Paradigmen der Familienpolitik in der Zukunft zu betrachten. Die Gründe dafür können wie folgt zusammengefasst werden: Der Familisierungsgrad ist zwar zentraler Bestandteil des eben skizzierten zweidimensionalen Koordinatensystems, aber der Reproduktionsbereich und seine Koordinationsmechanismen werden insgesamt unzureichend erfasst. *Der (De)familisierungsgrad ist ein unzureichendes Konzept zur Analyse der institutionellen Arrangements, die in den verschiedenen Gesellschaften CEB-Arbeitsteilung koordinieren.* Der (De)kommodifizierungsgrad wiederum ist ein zu abstraktes Kriterium, um die systematischen *Verteilungsimplikationen unterschiedlicher familienpolitischer Paradigmen* in den Blick zu nehmen. Es gibt tatsächlich den eingangs genannten blinden Fleck (Dingeldey 2002).

Die Ursache für diesen blinden Fleck ist wie folgt zu skizzieren: Die Kategorie der Dekommodifizierung erfasst reproduktive Koordinationsprobleme nur in einer Art negativem Reflex, wohingegen die Kategorie der Defamilisierung nicht die Koordinationsprobleme, sondern eine ganz bestimmte Form ihrer „Lösung" als Referenzfolie verwendet. Zur Klassifizierung ganz unterschiedlicher reproduktiver Koordinationsmechanismen und Ermöglichungsstrukturen   sind   diese   Koordinaten   folglich   wenig   geeignet. Dekommodifizierung knüpft an einer spezifischen Form der Zurückdrängung des Arbeitsmarkts als Zwangsmechanismus an: Der Zwang zum Verkauf der Arbeitskraft wird gemindert oder entfällt. Dies ist primär einmal interessant für institutionelle Arrangements und die Bedingungen auf Arbeitsmärkten und in den Erwerbsbeziehungen. Weiterhin ist klar, dass Auswirkungen auf die Bedingungen familialer Reproduktion zu erwarten sind. Allerdings ist zweierlei zu betonen:

(1) Dekommodifizierung im dargestellten Sinn bedeutet nicht wirklich notwendigerweise eine generelle Zurückdrängung des Marktmechanismus, sondern nur eine Änderung seiner Spielregeln (betreffend in erster Linie die Spielregeln des Arbeitsmarkts), nur findet diese Änderung mit andern Instrumenten statt als etwa im Fall arbeitsrechtlicher Bestimmungen. Man könnte auch sagen: Der Markt *als Zwangsmechanismus*[12] wird an einer wichtigen Stelle auf bestimmte Weise zurückgedrängt. Die Reichweite des Marktes *als Koordinationsmechanismus* kann womöglich sogar zunehmen, weil Menschen, die zuvor am prekären   Rand   des   Marktsystems   standen,   dank   des   Einkommenseffekts   der Dekommodifizierungspolitik nunmehr zu *vollwertigen MarktteilnehmerInnen werden und voll am liberalen Spiel preisgesteuerter Substitutionsprozesse* teilnehmen können.

(2) Der Marktmechanismus ist ein Mechanismus, von dem wir (wie oben argumentiert) von Haus aus nicht erwarten können, dass er sozio-kulturelle Reproduktion sicherstellen kann. Marktgesellschaften sind von Reproduktionskrisen bedroht. Aber die mit Dekommodifizierung verbundene Änderung marktförmiger Spielregeln sagt *per se* noch nichts darüber aus, in welchem Umfang, in welcher Weise - und für wen! - praktikable Ermöglichungsstrukturen für Reproduktion entstehen. Anders gesagt: *Es ist zwar durchaus damit zu rechnen, dass gerade der erwerbsbezogene Zwangsmechanismus-Aspekt des Marktes per se reproduktionsprekäre Tendenzen in sich birgt. Welche reproduktiv relevanten Koordinationsleistungen nach der Zurückdrängung dieser Zwangsfunktion ermöglicht bzw. auch destabilisiert werden, bleibt jedoch offen.*

---

[12] Auf den Aspekt des Zwangs im Marktsystem hat neben Marx auch u. a. Paul Samuelson (1966, 1415) hingewiesen: „....the price system is .... a method of coercion." Der analytische Hintergrund der Doppelnatur des Marktes als Zwangs- und Koordinationsmechanismen erschließt sich z. B. in Ostroy und Makowski (2001), während Langholm (1998) ihren ideengeschichtlichen Hintergrund ausleuchtet.

Auf der Mikroebene kommen damit Koordinationsprozesse für reproduktionsrelevante CEB-Leistungen nicht in den Blick. Auf der Makroebene bietet das Konzept der Dekommodifizierung kaum Anhaltspunkte für die Analyse der Verbindung von Familienpolitik zu systemischen Problemen, zu deren Lösung Familienpolitik eventuell beizutragen geeignet ist. Die Systemrelevanz von Familienpolitik kommt nur in ganz abstrakter und spekulativer Weise in den Blick, nämlich hinsichtlich des *potentiell* transformatorischen Charakters von Dekommodifizierung für markt- und nichtmarktförmige Aktivitäten (im Hinblick auf das Grundeinkommen trefflich beschrieben von van Parijs 1995). Schließlich ist „Dekommodifizierung" nicht gut geeignet, politisch oder anderweitig induzierte Mechanismen in einen differenzierenden Blick zu nehmen, deren *modus operandi* nicht auf der skizzierten Form einer selektiven Zurückdrängung des Zwangscharakters des (Arbeits-) Markts, sondern auf anderen Formen der *Modifikation* oder Einbettung von Marktbeziehungen beruht (z. B. durch eine steuerbedingte Modifikation des Systems der relativen Preise oder durch Arbeitsmarktregulierung, kollektive Lohn- und Beschäftigungspolitik usw.). Schon eine merkliche steuerliche Berücksichtigung von Familie und Kindern führt zu einem impliziten öffentlichen Finanzierungsbeitrag, wodurch die Kopplung von verfügbarem Einkommen an das Brutto-Markteinkommen abgeschwächt wird. All diese Maßnahmen werden (ebenso wie Dekommodifizierungsmaßnahmen im üblichen Sinn) typischerweise Einkommenseffekte, aber auch opportunitätskosteninduzierte *Substitutionseffekte* haben, die reproduktionsrelevante Koordinationsprozesse stützen oder behindern können. Anders gesagt, diese Maßnahmen erweitern nicht nur die Ermöglichungsstrukturen, sondern sie verändern in der Regel auch die Attraktivität unterschiedlicher Handlungsoptionen/Familienformen/Karrieremuster usw. und beeinflussen damit reproduktiv relevante Koordinationsprozesse.

Die Kategorie der *(De-)Familisierung* knüpft im Gegensatz zu Dekommodifizierung direkt am Reproduktionsbereich an. Dabei ist das Problem nicht die allzu große Abstraktheit, sondern der allzu direkte Bezug auf ein ganz bestimmtes institutionelles Arrangement, nämlich „die Familie". Institutionenökonomisch formuliert, werden dadurch im Ansatz nicht die Koordinationsprobleme des Reproduktionsbereichs in den Blick genommen, sondern eine ganz bestimmte „Lösung" derselben. Diese Lösung wird in ähnlicher Weise als Referenzpunkt benutzt wie etwa die Idealtypen Planwirtschaft und Marktwirtschaft in der Diskussion um Wirtschaftssysteme. Die neuere Institutionenökonomik wie auch entsprechende Diskussionen in der Politikwissenschaft (Holzinger 2008) haben indes gezeigt, dass es im Sinne einer Heuristik zur Entwicklung praktikabler alternativer Modelle ergiebiger ist, *zunächst die bestehenden Koordinations- und Verteilungsprobleme zu analysieren und nicht Idealtypen existierender Lösungsmuster als Referenzrahmen zu verwenden.* Die einschlägigen Schwierigkeiten beginnen schon damit, dass das Konzept der Familie historischempirisch voraussetzungsreich ist. Deswegen entstehen dann Diskussionen wie jene, ob das oben skizzierte *Outsourcing* nicht eher *Dedomestizierung* denn als Defamilisierung zu verstehen sei, da es ja etwa der skandinavischen Familienpolitik nicht um die Auflösung der Familien, nur um eine vorteilhafte Auslagerung bestimmter Leistungsprozesse aus dem Haushaltsverband gehe. Eine Maßnahme wie die flächendeckende Einführung von Ganztagsschulen an Stelle von Halbtagsschulen wäre somit eher unter dem Rubrum der Dedomestizierung als jenem der Defamilisierung einzuordnen.

Ich erwähne nun einige Beispiele für das Ungenügen des eben erörterten Koordinatensystems im Hinblick auf die Einordnung alternativer Paradigmen.

Erstens: *Defizite bei der Einordnung konkreter familienpolitischer Maßnahmen*: Wie sind Maßnahmenbündel einzuordnen, die bessere Vereinbarkeit von Beruf und Familie für beide Partner im Kontext von mehr partnerschaftlicher Teilung von CEB-Arbeit anstreben? Diesbezüglich fällt es nicht ganz leicht, die Auffassung von Schleutker (2006) zurückzuweisen, es seien hier Aspekte von Bewegungen in alle Richtungen des Koordinatensystems zu diagnostizieren: Die Reichweite der Marktssphäre wird eben weder generell erweitert noch eingeschränkt, sondern sie wird gezielt re-adjustiert. Die Ermöglichungsstrukturen für bestimmte Familientypen werden gestärkt, ohne dass dies als Schritt in Richtung Familismus verstanden werden kann, weil Teile dieser Maßnahmen ja auf der Bereitstellung vorher nicht bestehender Möglichkeiten von Outsourcing beruhen werden.

Zweitens: *Defizite bei der Einordnung kommunitaristisch inspirierter Familienpolitiken*. KommunitaristInnen werden typischerweise argumentieren, dass die Stärkung von Gemeinschaften in vielen Bereichen eine überlegene Form von Dekommodifizierung sei. Auch Gemeinschaftsverbände entziehen einen gewissen Teil der menschlichen Beziehungen, insbesondere solche, die Reproduktion stützen, dem Sog der Kommodifizierung – nur eben nicht im Weg (eventuell rechtsförmig gefasster) staatlicher Leistungen. Ein Familismus, der die Familie als *„heaven in a heartless world"* des marktförmigen Wettbewerbs (Lasch 1977) überhöht, ist kein notwendiges Element kommunitaristischer Paradigmen. Vielmehr ist auch eine Art progressiver Kommunitarismus denkbar, der mit Kritik an Machtasymmetrien und schichtkonservierender Enge einhergeht, die mit modernen Idealen von Offenheit, sozialer Mobilität und Chancengleichheit konfligiert. Kritische Perspektiven auf die Ökonomisierung von Familienpolitik (vgl. die Beiträge von Ilona Ostner und Sigrid Leitner in Evers/Heinze 2008) können etwa einen progressiven Kommunitarismus grundieren.

Drittens: Zumindest in der Familienpolitik scheint die Idee *dekommodifizierender Ermöglichung* in Europa über das skandinavische Modell hinaus breitere Akzeptanz zu genießen als man i.S. der üblichen Typisierung unterstellt – auch wenn es sich oft um limitierte, selektive oder bedingte Formen von Dekommodifizierung handelt. Eine Mindestversorgung für jene, die sich aufgrund zu geringer Erwerbspotentiale Kinder schlicht und einfach nicht leisten könnten, gibt es in Kontinentaleuropa weithin in mehr oder weniger großzügiger Form. Für Deutschland und Österreich ist zu bemerken, dass die Familiengründung junger Erwachsener, die sich noch in Ausbildung (z. B. Studium) befinden, heute sogar nicht selten als besonders förderungswürdig angesehen wird – insbesondere im Lichte niedriger Geburtenquoten bei Akademikerinnen. Als Spitze eines entsprechenden Eisbergs kann der Vorschlag von Sarrazin (2010) für eine Geburtenprämie von € 50.000.- für Jungakademikerinnen gesehen werden, die ein Kind vor dem 30. Lebensjahr bekommen. Wie immer man dazu stehen mag: Im Hinblick auf diese Bevölkerungsgruppe rümpft heute kaum mehr jemand die Nase, wenn eine Familiengründung ohne *aktuell* ausreichende Erwerbsbasis in Aussicht steht. Ein moralisierender Diskurs entfaltet sich höchstens im Hinblick auf Bevölkerungsgruppen, deren reproduktiver Beitrag aus i.w.S. kulturellen Gründen als qualitativ fragwürdig angesehen wird.

Man mag die Realisierungschancen des eingangs dieses Abschnitts skizzierten Röpke-Vorschlags füglich bezweifeln. Interessant ist der Vorschlag trotzdem, weil er modellhaft tendenzielle Implikationen des Leitbilds einer möglichst interventionsarmen Familienpolitik verdeutlicht, ein Leitbild, das weithin familienpolitisch weit über Röpke hinaus wirkungsmächtig war und ist. Ideen á la Röpke umreißen das einzige Reproduktions-

Sicherungsdesign, das im abstrakten Modell als punktueller politischer Akt (nämlich der Schaffung der entsprechenden Verfügungsrechte auf Land) vorstellbar ist. Jedoch sollte man einer Röpke-Politik nicht das Pauschalattest einer unpolitischen Familienpolitik ausstellen: Auf der ordnungspolitischen Ebene sind *alle Paradigmen* an die Herstellung von Ermöglichungsstrukturen für die familiale Sphäre geknüpft, die sich in einer reinen Marktwirtschaft nicht automatisch ergeben würde. Dies trifft auch auf die Strukturen des Röpkeschen Besitz-Familismus zu. Und im Hinblick auf die Organisation reproduktiver Arbeitsteilung könnten ein Röpke-Modell und ein Partnerschaftsmodell mit egalitärer Erwerbsteilhabe im Prinzip gleich starke familistische Züge aufweisen, insofern sie den familialen Beziehungen und der Familie als speziellen Typ einer intermediären Institution zwischen Staat und Individuum einen zentralen Platz einräumen. Dieser zentrale Platz sollte konzeptuell wohl nicht daran gebunden werden, dass eine bestimmte Form von Produktion (z. B. Subsistenzproduktion von Frauen) im Haushalt entfaltet wird.

Fazit: Röpkes Idee ist politisch wohl abstrus, aber analytisch lehrreich. Denn sie kann in drei voneinander zu trennende – und getrennt kritisierbare – Aspekte zerlegt werden, die je für sich auch heute noch eine Rolle im Kontext bestimmter familienpolitischer Gestaltungsvorschläge spielen:

- Stärkung/Stabilisierung der Basis von familialer CEB-Arbeit
- Schaffung sozialer Sicherungsmechanismen, die im weiteren nicht dem politischen Prozess unterworfen sind
- Vermögenspolitik (familienspezifisches Vermögen) als Sicherungsmechanismus (Idee: Familien mit etwas Vermögen sind weniger verwundbar bzw. weniger leicht überfordert.)

In der Tat haben alle drei Elemente einen gewissen Appeal.[13] Denn es ist klar, dass Reproduktion auch angesichts der skizzierten Probleme moderner Marktwirtschaften nicht *nur* politische Aufgabe sein kann. Entlang solcher Vorstellungen prosperieren nach wie vor Leitbilder einer möglichst unpolitischen Familienpolitik, deren Parameter völlig außerhalb aller verteilungs- und bildungspolitischen Diskussionen in „natürlichen" Bedingungen familiären Lebens gesucht werden. Oftmals werden auch faktisch existierende Phänomene sozialer Schichtung und Eigentumsrechtsstrukturen implizit oder explizit als Teil dieser natürlichen Bedingungen wahrgenommen. Für weitergehende analytische Zwecke wäre es nun vorteilhaft, den erstgenannten Aspekt (Stärkung der Basis familialer CEB-Arbeit) von den beiden anderen zu trennen: Es liegt nämlich nahe, dass der zweite und dritte Aspekt es sind, welche dem Familismus als politische Option sein strukturkonservatives, anti-emanzipatorisches, anti-egalitäres Gepräge geben. Dem zweiten Aspekt eignet eine Tendenz zur Skepsis bzw. Geringschätzung im Hinblick auf politische Aushandlungsprozesse, während der dritte Aspekt Kern der familistischen Variante des Besitzindividualismus ist. Dennoch kann man jeden der drei Aspekte getrennt daraufhin durchdenken, ob und wie er mit emanzipatorischen, egalitären Formen kombinierbar ist – also ob und wie z. B. nichtpatriachale Formen des Besitzfamilismus vorstellbar sind. Dass der erste der genannten Aspekte etwa durch geeignete *Vereinbarkeitspolitiken* ein gutes Stück weit politisch gestützt werden kann, ist hingegen *prima facie* weitgehend offenkundig. Die familienfreundlichen Züge einer funktionierenden Vereinbarkeitspolitik sind klar. Partnerschaftliche Ar-

---

[13] Sofern Vermögensverteilungspolitik nicht auf agrarisch nutzbares Land eingegrenzt ist.

beitsteilung wird auf einem erheblichen Maß familialer Aushandlungsprozesse und Solidarität gründen.

3.4 Familie als Institution zwischen Markt und Staat: Reproduktive Möglichkeitenräume und Verteilung

Fassen wir zusammen: Das Defizit des Koordinatensystems Dekommodifizierung und Defamilisierung wird am Beispiel der Einordnung von familienpolitischen Maßnahmen zur Vereinbarkeit von Beruf und Familie im partnerschaftlichen Rahmen deutlich, die eine Veränderung der CEB-Arbeitsteilungsmuster implizieren. Es hat zwei Ausgangspunkte, die speziell (aber nicht nur) aus einer ökonomischen Perspektive auffallen. Der erste Ausgangspunkt ist jener blinde Fleck, der mit der Vernachlässigung reproduktiver Leistungen (CEB-Arbeit) zu tun hat und u. a. von Feministinnen treffend kritisiert wird. Ein bestimmtes Paradigma von Familienpolitik muss immer mit Vorstellungen verknüpft sein, inwiefern CEB-relevante Leistungen über **Märkte, Familien und politisch gesteuerte Leistungsprozesse** bereitgestellt werden, d.h. es ist diesbezüglich in einem **dreidimensionalen Koordinatensystem** zu verorten. Der zweite Ausgangspunkt ist die Doppelrolle von Politik im vorliegenden Kontext: Politik operiert einerseits auf der Ebene ordnungspolitischer Grundsatzentscheidungen, welche man sich beispielsweise als „Entscheidung" für das eine oder andere Sozialstaatsmodell (also die Wahl einer Region in einem drei-dimensionalen Koordinatensystem Markt-Familie-Politik) verstehen kann. Ein bestimmtes Modell kann auf eine Minimierung politikförmig koordinierter Mechanismen zur fortlaufenden Unterstützung und Bereitstellung reproduktiver CEB-Leistungen abzielen, aber die Wahl dieses Modells ist eine politische Entscheidung. Anderseits operiert moderne Familienpolitik mehr oder weniger immer auch auf der Ebene der CEB-Leistungsprozesse. Indem sie Ermöglichungsstrukturen bereitstellt, greift sie nicht bloß in die Verteilung ein, sondern beeinflusst auch Opportunitätskostenmuster. Dies wird in der Regel die Bedingungen für die Lösung von Koordinationsproblemen modifizieren: Im ungünstigsten Fall werden neue Koordinationsprobleme geschaffen oder bestehende Koordinationsprobleme verschärft.

Ich bestreite nicht, dass der Blick auf Dekommodifizierungsgrade im üblichen Sinn und auch auf Grade des Familismus für manche Fragen des Sozialstaats eine nützliche erste Annäherung bieten kann. Tatsächlich bietet er eine brauchbare Orientierung zur Einordnung der „Welten des Wohlfahrtskapitalismus", die sich im 20. Jahrhundert historisch ausgebildet haben. In Hinblick auf die Ausformulierung alternativer Paradigmen und Maßnahmenbündel weist das verwendete zweidimensionale Koordinatensystem Schwächen auf. Aus guten Gründen bestehen in allen modernen Marktgesellschaften Politikansätze *hinsichtlich der Gestaltung reproduktiver Möglichkeitenräume,* und es bestehen *überall Einschränkungen der Kommodifizierung* sozialer Beziehungsmuster, und zwar aufgrund der erwähnten Tendenzen zu reproduktivem Marktversagen. Diese Einschränkung ist also nicht so stark mit bestimmten Sozialstaatsmodellen verknüpft, wie aus dem spezifischen Dekommodifizierungskonzept gefolgert werden könnte, welches auf eine bestimmte verteilungspolitisch gesteuerte Form von Dekommodifizierung abstellt. Die verschiedenen Regimes unterscheiden sich allerdings danach, in welcher Weise und über welche Mechanismen reproduktive Ermöglichungsstrukturen geschaffen werden (und zwar nicht nur für Einkommensschwache), die nicht der Logik des Marktes unterworfen sind. Diese Ermöglichungsstrukturen sind immer zu einem erheblichen Teil Resultat politischer Gestaltung (und nicht der spontanen Dynamik der Marktgesellschaft), auch wenn sie als interventionsarm konzipiert werden. Sie werden immer familiale Beziehungsmuster in dieser oder jener Weise stützen, ob sie nun auf Familismus im traditionellen Sinn abstellen oder nicht. Denkt man alternativ funktionierende reproduktive Ermöglichungsstrukturen als Gegenstand der Aushandlung eines familienpolitischen Gesellschaftsvertrags, betreffen die interessantesten Unterschiede zwischen den Varianten der Familienpolitik die *Verteilung von Chancen, Ressourcen und Macht zwischen den verschiedenen Typen von Beteiligten*. Gewiss: Es gibt Paradigmen, die unter heutigen Bedingungen schlicht und einfach in dem Sinn *nicht* funktionieren, dass sie keine tauglichen Ermöglichungsstrukturen hervorbringen: Dies dürfte nicht nur für die oben skizzierte Röpke-Idee zutreffen, sondern wohl auch für all jene Paradigmen, die letztlich ganz stark mit der Diskriminierung von Frauen als Arbeitsmarktteilnehmerinnen zweiter Klasse zusammenhängen. Die Funktionsmängel dieser Paradigmen können sozialwissenschaftlich und ökonomisch ebenso expliziert werden (dazu vgl. Schratzenstaller in diesem Band) wie die Fallstricke und Kosten einer vorgeblich neutralen Familienpolitik, wie sie im 4. Abschnitt skizziert werden. Letztlich besteht aber der wesentliche perspektivische Unterschied familienpolitischer Paradigmen darin, ob es sich um Familienpolitik handelt, die am Leitmotiv von Chancenegalisierung und Integration orientiert ist oder eine, die – faktisch oder normativ überhöht – gesellschaftliche Spaltungen und Diskriminierungen (re)produziert. Der von Dingeldey (2002) diagnostizierte koordinationsprekäre *policy mix* beruht auch darauf, dass die deutsche und österreichische Familienpolitik partiell chancenegalisierende und integrative Motive hat, faktisch aber nach wie vor starke Elemente sozialer Spaltung in sich birgt. Auf weitere Hintergründe dieses koordinationsprekären *policy mix* gehe ich im folgenden Abschnitt ein.

4   „Wahlfreiheit": Zwischen Leerformel und Subventionierung von Koordinationsproblemen

In diesem Abschnitt wird gezeigt, dass die Parole der Wahlfreiheit bzw. die damit verbundene Idee der politischen Neutralität von Familienpolitik kein geeignetes übergeordnetes Leitmotiv für moderne Familienpolitik ist. Denkbar ist indes eine Politik pluraler Ermöglichungsstrukturen. In Leitners Konzeptualisierung ist eine Politik der Wahlfreiheit ja letztlich eine Politik gestalteter pluraler Ermöglichungsstrukturen. Zum einen lässt sich nun an vielen Beispielen zeigen, dass Gestaltung reproduktiver Ermöglichungsstrukturen immer Gegenstand politischer Aushandlungsprozesse ist. Zum anderen lassen sich die Lehren aus diesen Beispielen in Analogie zur obigen Kritik an der mangelnden Tiefenschärfe des Dekommodifizierungs-/Defamilisierungs-Koordinatensystems ausführen. Neben den Einkommenseffekten einer Dekommodifizierungspolitik (= Relativierung des Marktes als Zwangsmechanismus) müssen die (von den je gegebenen sozio-ökonomischen Bedingungen abhängigen) koordinationsrelevanten Substitutionseffekte einer solchen Änderung der Spielregeln systematisch in Betracht gezogen werden. Ähnliches gilt für die „Politik der Wahlfreiheit": Auch eine Ermöglichungspolitik, der es gelänge, von den reinen *Einkommenseffekten* her alle Familientypen gleichermaßen zu fördern („Neutralität"), hätte koordinationsrelevante Effekte auf Opportunitätskostenmuster, die *nicht neutral* sind. Gegenüber solchen Effekten kann man sich zwar blind und taub stellen, aber diese Haltung wird nicht unbedingt einer zukunftsweisenden Familienpolitik dienlich sein.

Nun zu den angekündigten Beispielen: In vielen einschlägigen Diskursen werden Familien mit (temporär oder dauerhaft) schwachem Erwerbspotential als problematische Familien dargestellt. Staatliche Einkommensstützung für „problematische" Familien ist seit jeher dem mal subkutan, mal schrill kommunizierten Verdacht ausgesetzt, durch problematische Anreize Teil eines Mechanismus zur Förderung unerwünschter Verhaltensmuster zu sein[14] (Wie dem auch sein: In den angelsächsischen Ländern und v.a. in den USA hat dies zu einer Systemänderung geführt, welche die Einkommensstützung erwerbschwacher Familien nunmehr ausdrücklich als „temporär" deklariert. TANF heißt das in den 1990ern in den USA eingeführte Programm: *temporary* assistance to needy families with dependent children. Damit wird signalisiert, dass die Entkoppelung von familialer Reproduktion und Erwerbspotential langfristig nicht als akzeptabel angesehen wird.

In Deutschland und Österreich wurden die entsprechenden Debatten *bisher* trotz aller Tendenzen in Richtung „aktivierender Sozialpolitik" (und entsprechender Maßnahmen im Kontext von Hartz IV) zurückhaltender geführt. Eine deutlich kontroversielle familienpolitische Stoßrichtung haben die mehr oder weniger dezenten Hinweise auf die vergleichsweise geringen Geburtenraten bei Akademikerinnen (im Vergleich zu Frauen mit niedrigerem Bildungsabschluss, v.a. aber zu Migrantinnen), Eher versteckt ist das Konfliktpotenzial hingegen bei den für die meisten kryptischen Hinweise auf horizontale Gleichbehandlung im Bereich der Einkommenssteuer. Die Resonanz der Thesen Thilo Sarrazins ist ein Indiz dafür, dass die Schärfe der Debatte zunehmen könnte. Kern der Sarazzin-Debatte ist ein reproduktions- und familienpolitisches Hypothesengemenge. Wie oben schon argumentiert: Jenseits der wenig ergiebigen Spekulationen um genetische Bestimmungsgründe der Qualität gesellschaftlicher Reproduktion finden nicht zuletzt Sichtweisen einen Resonanzboden, wonach gelingende sozioökonomisch-kulturelle Reproduktion daran geknüpft sei, dass jene Schichten sich biologisch reproduzieren, die als Leistungs- und Kulturträger angesehen werden. Ähnlich wie in der Debatte um wohlfahrtsstaatlich induzierte Migrationsmuster werden wohlfahrtsstaatlich induzierte Reproduktionsmuster als erstrangige Problemquelle gesehen. Diese Richtung des Diskurses läuft politisch auf ein Paradigma hinaus, in dem das Leitmotiv der Chancenegalisierung keine Rolle mehr spielt.

All dieses illustriert eines sehr deutlich: Familienpolitik wird nicht politisch neutral sein können. Sie wird nicht neutral sein können, weil:

- die unvermeidliche Verteilungsdimension von Familienpolitik weder in funktionalistische Betrachtungen noch in höhere ethische Maximen aufgelöst werden kann, die nichts mit politischen Aushandlungsprozessen zu tun haben;
- gerade die Stützung von Familien, die als chronisch erwerbsschwach oder sonst wie problematisch gelten, im Zentrum emotional aufgeladener politischer Debatten steht, insbesondere in den USA;
- Perspektiven einer betont elitistischen Familienpolitik à la Sarrazin kontrovers diskutiert werden, nicht zuletzt in Deutschland;
- der Mix öffentlicher, familialer und marktförmiger Leistungsprozesse im Reproduktionsbereich zwar historisch variabel, aber in einer bestimmten Gesellschaft zu einem gewissen Zeitpunkt nicht beliebig kombinierbar ist, weil dies die für Reproduktion er-

---

[14] Gerhard Wohlfahrt analysiert in seinem Beitrag mögliche Hintergründe einer Übertreibung solcher Anreizproblematiken.

forderlichen Koordinationsprozesse untergraben kann. Dies erschwert die Formulierung einer Familienpolitik, die es allen recht machen will.

Im Folgenden wird begründet, weshalb es kaum möglich ist, politische Neutralität zu erreichen, indem alle Familienformen gleichermaßen öffentlich gefördert werden und dass das vielfach propagierte Leitmotiv der Wahlfreiheit eine Leerformel ist.

Koordinationsrelevante Substitutionseffekte zusätzlicher Möglichkeitsräume sind systematisch, auf mehreren Ebenen und unter Einbezug differenter sozio-ökonomischer Rahmenbedingungen individueller Entscheidungen zu analysieren. Dies könnte man im Vergleich alternativer Designs (z. B. Gratis-Kindergartens vs. frei verwendbare kinderbezogene Geldtransfers in entsprechender Höhe) herausarbeiten.

Wenn solche Effekte im Sinne politischer Neutralität aus der Diskussion ausgeblendet werden, verschwinden sie deswegen noch nicht im praktischen Leben. Es geht nur ein Stück weit die Einsicht in die längerfristige Problemorientierung von Familienpolitik verloren. Die steuer- und transferpolitische Stützung von Ermöglichungsstrukturen für alle denkbaren Paradigmen familialer Reproduktion ist nicht nur teuer (was sich praktisch nicht nur im schleppender Ausbau öffentlicher CEB-Angebote zumal im vorschulischen Bereich niederschlägt), sondern birgt auch Risiken im Hinblick auf Koordinationsdefizite im Reproduktionsbereich, d.h. auf die Koordination reproduktionsrelevanter Erwartungen, partnerschaftlicher Matching-Prozesse und CEB-Leistungsprozesse. Ein Beispiel: Wenn es sehr viele Familientypen gibt, wird es vieler verschiedener Modi der Vereinbarkeit von Familie und Beruf und der Organisation komplementärer CEB-Leistungen bedürfen – also tendenziell individuell maßgeschneiderter Lösungen und vielfältige Entscheidungs- und Aushandlungsprozesse auf Mikro-Familienebene. Das Problem ist dabei *nicht*, das Familien vermehrt zum Ort partnerschaftlichen Aushandelns werden. Bis zu einem gewissen Grad mag dies wünschenswert und realistisch sein. Das Problem ist indes, dass auch erfolgreiches Bargaining auf einen klaren sozialen Referenzrahmen angewiesen ist – und der ist bei einer unübersichtlichen Vielfalt irgendwie sozial akzeptierter, aber doch nicht nachhaltig gestützter Familientypen nicht gegeben. Jedenfalls liegt nahe, dass die reproduktionsrelevanten Koordinationskosten für alle Beteiligten steigen. Und sofern Familienpolitik inkompatible Ziele verfolgt, ist sie schlicht inkohärent: *Man kann – als öffentliche Politik – nicht gleichzeitig sowohl ein Reproduktionsparadigma egalitär gestimmter Chancenoptimierung für alle Heranwachsenden als auch ein elitär gestimmtes Paradigma schichtspezifischer Reproduktion verfolgen.*

Familienpolitik kann also schwerlich eine neutrale Ermöglichungspolitik in alle Richtungen sein. In ihren Einkommenseffekten ist sie unvermeidlich an verteilungspolitischen Gesichtspunkten zu messen. Neben ihren Verteilungseffekten wird sie auch Substitutionseffekte haben, also Auswirkungen auf die relative Attraktivität von Erwerbsmustern, unterschiedlichen Familienformen etc., und zwar auch dann, wenn dieses nicht beabsichtigt ist. In Abhängigkeit von anderen Aspekten der soziökonomischen Entwicklung kann die faktische Haupttendenz einer „neutralen" Familienförderung sowohl die Förderung einer ganz bestimmten Familienform als auch die Subventionierung von Koordinationsproblemen sein. Die steuer- und transferpolitische Stützung von Ermöglichungsstrukturen für alle denkbaren bzw. in der Realität anzutreffenden Familienformen ist nicht nur teuer, sondern kann Koordinationsdefizite im Reproduktionsbereich verschlimmern. Die Marburger Ökonomin Evelyn Korn (2008) provoziert in diesem Sinn mit der These, es sei unter heutigen

Bedingungen unmöglich, zugleich Ehe und Familie zu stützen, denn eine im Lichte diverser normativer und funktionaler Erwägungen sinnvolle Familienpolitik erhöhe nun einmal die Opportunitätskosten der Ehe. Deshalb – so Korn – wäre es an der Zeit, den in Artikel 6 des deutschen Grundgesetzes festgeschriebenen Auftrag zum besonderen Schutz von Ehe und Familie durch eine Formulierung zu ersetzen, welche realisierbare Ziele enthält. Wie dem auch immer sei: Wenn beispielsweise der Befund einer von Deutsche Bank Research (2006) veröffentlichten Studie zutrifft, wonach „eine Familienpolitik, die eine höhere Geburtenrate zum Ziel hat, … alle Frauen … im Fokus haben" muss (das heißt Frauen aus allen Schichten und familiären Kontexten), dann zielt das gerade nicht auf eine neutrale Familienpolitik ab. Vielmehr geht es faktisch um Ermöglichungsbedingungen für die Realisierung von Kinderwünschen, welche im Wege eines kaum vermeidlichen Nebeneffekts die ökonomische Attraktivität einer an die klassische Ehe gebundene Familieform relativieren.

Aber auch progressive Familienpolitik lügt sich in die eigene Tasche, wenn sie zuviel mit Begriffen wie Wahlfreiheit und Neutralität hausieren geht oder aber unterstellt, es wäre in diesem Bereich so gut wie alles durch sozio-ökonomische Sachlogik determiniert. Obwohl es gute sozialtheoretische Gründe für die These gibt, moderne Familienpolitik könne nicht die schichtkonservierende Reproduktion der Gesellschaft zum Leitbild nehmen, sondern müsse aufgrund der Offenheits- und Mobilitätseigenschaften moderner Gesellschaften auf eine dynamische Reproduktion abzielen, ist auch dies eine *politische* Diskussion. Denn bekanntlich gibt es durchaus maßgebende politische Positionen, die zumindest als „Nebeneffekt" von Familienpolitik in Kauf nehmen, die wesentlichen Grundzüge bestehender Schicht- und Familienstrukturen mit zu reproduzieren. Politisch sind darüber hinaus auch die im familienpolitischen Kontext zu verarbeitenden Konfliktpotentiale zwischen den Generationen und zwischen den Geschlechtern und über Geschlechterrollenbilder (Badinter 2010). Zweifellos gibt es einen Bereich moderner Reproduktionspolitik, in dem Chancengleichheit und ökonomische Effizienzprinzipien in dieselbe Richtung weisen - und eben nicht den berühmten *trade-off* zwischen Effizienz und Gerechtigkeit bilden (Wössmann 2009). Darunter dürften viele Formen der Vereinbarkeitspolitik und Bildungsreformen fallen. Aber auch die Option für eine solche Politik ist politisch und nicht Ausdruck ökonomischer Sachzwänge oder konstitutioneller Prinzipien. Eine solche Politik wird darauf abzielen, jene Effekte bestehender Familien- und Schichtstrukturen eher abzuschwächen, die:

- die Fähigkeit von Familien zur Nutzung marktförmig nutzbarer Potentiale behindern;
- die Fähigkeit von Familien zur Kompensation marktgetriebener Destabilisierungseffekte auf Reproduktion behindern;
- Chancengleichheit für Heranwachsende und für die Geschlechter konterkarieren.

So plausibel indes diese Abschwächung ist, wird sie dennoch nicht im wahrgenommenen Interesse aller Familien liegen.

5   Resümee und Ausblick

Alternative familienpolitische Paradigmen sind anhand folgender Kriterien einzuordnen:

- Welche für den Bereich Reproduktion, Erziehung und Bildung wichtigen Aktivitäten werden über die Institutionen Markt, Politik und Familie organisiert/gesteuert? In welchem Maße werden z. B. Caring- und Bildungsleistungen über Familien, Märkte oder politisch gesteuerte Institutionen bereitgestellt, und (wie) wird die Arbeitsteilung zwischen den involvierten Individuen und Institutionen koordiniert?
- Welche Beschränkungen, Anreize und ggf. Interaktionsdynamiken ergeben sich aus dem Zusammenwirken dieser Institutionen in einer bestimmten Konstellation? Welche Auswirkungen hat dies insbesondere für die Wirkungsweise des Marktes als Zwangsmechanismus einerseits und als Koordinationsmechanismus anderseits?

Die sich eventuell ergebenden reproduktiven Dynamiken sind oft ungeplant, unbeabsichtigt und mitunter unerwünscht. So ist es vorstellbar, dass eine bestimmte „dekommodifizierungsorientierte" Familienpolitik unbeabsichtigte Anreize einschließt, die zur Erosion aller Formen familialer Beziehungen beitragen, während eine andere Dekommodifizierungspolitik die Entstehung neuer oder die Bewahrung alter Familienformen begünstigt. Beispielsweise ist nicht ohne weiteres davon auszugehen, dass ein unbedingtes Grundeinkommen Defamilisierung fördert. FeministInnen haben zu Recht auf die Möglichkeit verwiesen, dass ein solches Modell ein existierendes Regime mit der Ernährer-Familie als Norm stützen könnte (Sturn 1999).

Ich schließe mit einer für manche provozierenden, für andere altbekannten Feststellung: *Das Private ist politisch.* Es ist deswegen politisch, weil die Stützung familialer Ermöglichungsstrukturen in Marktwirtschaften *systemrelevant und notwendig ist, aber weder naturwüchsig entsteht noch aus obersten Verfassungsprinzipien ableitbar ist, sondern einen Gegenstand politischer Aushandlungsprozesse* bildet. Familienpolitik ist in modernen dynamischen Marktwirtschaften zumindest latent immer ein großes Thema, welches nur in Phasen institutioneller Konsolidierung zum Nischenthema werden kann. Und in einer solchen Phase befinden wir uns derzeit aus verschiedenen Gründen *nicht.* Möglicherweise ist das bedeutendste Anzeichen für einen Paradigmenwechsel darin zu suchen, dass Familienpolitik zum (deklarierten oder nichtdeklarierten) Gravitationszentrum verschiedener gesellschaftlicher Megadebatten geworden ist.

Ich habe in diesem Aufsatz zu zeigen versucht, dass aus dieser Tatsache einiges zu lernen ist in Hinblick auf die Beantwortung der Frage: Ist die Familienpolitik der Zukunft eine, die man je nach Gusto als multiparadigmatisch oder paradigmatisch neutral bezeichnen könnte? Die Plausibilität der Idee einer paradigmatisch neutralen Familienpolitik ergibt sich aus der Beobachtung, dass es heute von der *Patchwork*-Familie bis zur *Male breadwinner*-Familie ein breites Spektrum von Familienformen gibt – und es nicht akzeptabel ist, eine davon von der familienpolitischen Agenda auszugrenzen. Denn es handelt sich hierbei um Ermöglichungsstrukturen für Lebensformen, deren Ausgrenzung sowohl vom Standpunkt liberaler Werte als auch vom Standpunkt reproduktionspolitischer Interessen indiskutabel erscheinen muss.

Dennoch birgt die Idee einer neutralen Familienpolitik Fallstricke: Da ist zum einen das Dilemma zwischen dem Finanzbedarf einer „wirklich annähernd neutralen" Familienpolitik einerseits und andererseits einer bloß rhetorischen „Neutralität" hinsichtlich der Förderung von Ermöglichungsstrukturen, wobei Formen von Familienpolitik als neutral verkauft werden, die bei genauerer Betrachtung der durch sie induzierten Opportunitätskosten-Strukturen faktisch doch ganz bestimmte Familienformen massiv „fördern". Zum zweiten ist es eine offene Frage, ob die öffentlich Stützung eines breiten Spektrums von Familienmodellen neben den kurzfristig anfallenden direkten Kosten für die öffentlichen Haushalte nicht auch mittel- und langfristig Kosten verursacht, welche durch Koordinationsdefizite im Reproduktionsbereich entstehen.

Insgesamt ist die politische Gestaltung reproduktiver Möglichkeitenräume als Antwort auf das eingangs des 2. Abschnitts genannte Problem zu begreifen: Die marktförmige Dynamik von Spezialisierung und Arbeitsteilung schafft nicht automatisch adäquate Bedingungen für den Reproduktionsbereich. Im Gegenteil: Sie kann die Struktur von Opportunitätskosten und Anreizen in einer Weise verändern, welche für die Reproduktion ungünstig ist. Vielleicht erhöhen heute wieder Flexibilitätsdruck und scharfe Positionskonkurrenz am Arbeitsmarkt die Opportunitätskosten von Familienarbeit, wodurch bestimmte Familienmodelle schwer zu realisieren sind. Es ist vorstellbar, dass die politische Absicherung solch „schwieriger" Familienmodelle ein Fass ohne Boden und ohne wirkliche Aussicht auf nachhaltigen Erfolg darstellt.

Dank

Die Beiträge dieses Bandes gehen auf ein Symposium zurück, das im April 2010 am Graz Schumpeter Centre der Universität Graz stattfand. Unser Dank gilt allen, die durch ihre Beiträge zum Gelingen des Symposiums und des vorliegenden Bandes beigetragen haben. Außer den hier versammelten Autorinnen und Autoren sind dies Prof. Dr. Wolfgang Mazal (Universität Wien und Österreichisches Institut für Familienforschung) und Prof. Dr. Bernd Schilcher (Universität Graz). Für technisch-organisatorische Unterstützung bei Symposium und Publikation danken wir Johanna Pfeifer und Timon Scheuer vom Schumpeter Centre. Für finanzielle Unterstützung ist dem Forschungsvizerektorat der Universität Graz und der Stadt Graz zu danken. Last but not least gebührt für die Kommentierung der Erstversionen der Beiträge Birgit Bednar-Friedl, Mario Matzer, Isabella Meier, Nicole Palan, Ingeborg Stadler und Gerhard Wohlfahrt Dank.

Graz, im April 2011   Rudolf Dujmovits, Margareta Kreimer, Richard Sturn

Literatur

Badinter, Elisabeth (2010): *Der Konflikt*. München: Beck.

Bohrer, Karl-Heinz/Scheel, Kurt (2010): Editorial. *Merkur* Nr. 736/737, September/Oktober.

Deutsche Bank Research (2006): Zur Kinderlosigkeit von Akademikerinnen. Aktuelle Themen 361. www.dbresearch.de (03.11.2010).

Dingeldey, Irene (2002): *„Der blinde Fleck" in der vergleichenden Wohlfahrtsstaatsforschung*. Kritik und Erweiterung der Forschungsperspektiven. ZeS–Arbeitspapier 02/2002, Zentrum für Sozialpolitik, Universität Bremen.

Esping-Andersen, Gösta (1990): *Three Worlds of Welfare Capitalism*. Princeton: PUP.

Evers, Adalbert/Heinze, Rolf (2008): *Sozialpolitik – Ökonomisierung und Entgrenzung*. Wiesbaden: VS Verlag.

Holzinger, Katharina (2008): *Transnational Common Goods*. New York: Palgrave.

Kaube, Jürgen (2010): Vater Staat und die Erwachsenen. *Merkur* Nr. 736/737, September/Oktober: 996-1004.

Kersting, Wolfgang (2010): Gefährdung der Freiheit. Über die Notwendigkeit des Liberalismus. *Merkur* Nr. 736/737, September/Oktober: 874-83.

Korn, Evelyn (2006): Zerstört der Sozialstaat die Familien. *Perspektiven der Wirtschaftspolitik* 9: 156-72.

Langholm, Odd (1998): *The legacy of scholasticism in economic thought: antecedents of choice and power*. Cambridge: CUP.

Lasch, Christopher (1977): *Haven in a Heartless World. The Family Besieged*. New York/London: W. W. Norton & Company.

Lessenich, Stephan/Ostner, Ilona (1998): *Welten des Wohlfahrtsstaatskapitalismus: Der Sozialstaat in vergleichender Perspektive*. Frankfurt: Campus.

Makowski, Louis/Ostroy, Joseph (2001): Perfect Competition and the Creativity of the Market. *Journal of Economic Literature* 24 (2): 479-535.

Noell, E.S. (2006): Smith and a Living Wage: Competition, Economic Compulsion, and the Scholastic Legacy. *History of Political Economy* 38/1: 151-174.

Röpke, Wilhelm (1942): *Die Gesellschaftskrisis der Gegenwart*. Erlenbach–Zürich: Eugen Rentsch Verlag.

Samuelson, Paul A. (1966): *The Collected Scientific Papers II*. Cambridge: MIT Press.

Sarrazin, Thilo (2010): *Deutschland schafft sich ab*. München: DVA.

Schleutker, Elina (2006): Is it commodification, de–commodification, familialism or de–familialization? Parental leave in Sweden and Finland. WiP – Wirtschaft & Politik Working Paper Nr. 31, Universität Tübingen.

Steinbrück, Peer (2010): Interview in "Die Presse am Sonntag", 17.10.2010.

Sturn, Richard (1992): Schwierige Gleichheit. *Wirtschaftspolitische Blätter* 49: 626-639.

Sturn, Richard (1999): Soziale Sicherung und ihre Reform: Treffsicherheit und Grundeinkommen. In: Zillian, Hans Georg/Flecker, Jörg (Hrsg.): *Soziale Sicherheit und Strukturwandel der Arbeitslosigkeit*. München: Hampp:186-205.

Van Parijs, Philippe (1995): *Real Freedom for All. What (if anything) can justify capitalism?* Oxford: Clarendon Press.

Wössmann, Ludger (2009): Beeinflusst Bildungsselektion Bildungsergebnisse und Ungleichheit? *Jahrbuch für normative und institutionelle Grundlagen der Ökonomik* 8: 147-168.

Ökonomische Triebkräfte für einen Paradigmenwechsel in der Familienpolitik

Margit Schratzenstaller[1]

1 Einleitung

Ökonomische Überlegungen standen insbesondere in den konservativen kontinentaleuropäischen Wohlfahrtsstaaten wie Deutschland oder Österreich bei der Begründung der Notwendigkeit von Familienpolitik und ihrer Ausgestaltung lange Zeit im Hintergrund. Erst in jüngerer Zeit finden auch hier ökonomische Aspekte verstärkt Eingang in die familienpolitische Diskussion.[2] Allerdings stoßen ökonomische Argumentationen im Zusammenhang mit der Familienpolitik in Politik und Öffentlichkeit unabhängig von der ideologischen Ausrichtung nach wie vor auf Vorbehalte. Denn die erwartete „Ökonomisierung" der Familienpolitik – durch einen Wandel weg von der wertrationalen hin zu einer mehr zweckrationalen Fundierung der Familienpolitik – scheint vielen als unvereinbar mit den herrschenden gesellschaftspolitischen Normen und dem immateriellen Wohl insbesondere der Kinder, aber auch der erwachsenen Familienmitglieder zu gelten. Gleichzeitig ist jedoch ein gesellschaftlicher Wandel zu konstatieren, der unter anderem durch eine Ausdifferenzierung und Pluralisierung der individuellen Lebensstile, die Auflösung traditioneller Familienformen und die Gleichberechtigung der Frauen gekennzeichnet ist und auch ökonomische Konsequenzen hat.

Dieser Aufsatz setzt sich aus einer österreichischen Perspektive mit der Frage auseinander, inwieweit auch ökonomische Faktoren und Triebkräfte einen Paradigmenwechsel in der Familienpolitik auslösen (können). Im Wesentlichen werden zwei Anliegen verfolgt. Erstens soll die Bedeutung ökonomischer Aspekte für die diversen familienpolitischen Ziele herausgearbeitet und gezeigt werden, welchen familienpolitischen Zielen (auch) aufgrund von ökonomischen Determinanten in der Zukunft besondere Bedeutung zukommen wird bzw. wie sich diese auf die Hierarchie der familienpolitischen Ziele auswirken könnten. Zweitens sollen Eckpunkte einer – auch aus ökonomischer Perspektive – rationale(re)n Familienpolitik für Österreich formuliert werden. Abschließend soll jedoch auch eine kritische Reflexion einer stärkeren „Ökonomisierung" der Familienpolitik nicht fehlen.

2 Ziele der Familienpolitik

Letztlich geht es der Familienpolitik darum, ein familienfreundliches Umfeld zu schaffen. Diese sehr allgemeine Zielsetzung lässt sich in Form von Einzelzielen mit allerdings durchaus unterschiedlicher Schwerpunktsetzung und Gewichtung konkretisieren. Insgesamt ist

---

[1] Für hilfreiche Anmerkungen und Kommentare bin ich Wilfried Altzinger zu Dank verpflichtet. Andrea Sutrich gebührt Dank für sorgfältige statistische Assistenz.
[2] Vgl. Leitner (2008) für Deutschland.

der Katalog (potenzieller) familienpolitischer Ziele lang (Lutz/Schratzenstaller 2010). Sie werden hier in Verteilungsziele, demographische Ziele sowie Gleichstellungs- und Vereinbarkeitsziele eingeteilt, kurz erläutert und zueinander in Beziehung gesetzt. Dabei handelt es sich bei den Verteilungs- und demographischen Zielen um traditionelle Anliegen der Familienpolitik, während die Gleichstellungs- und Vereinbarkeitsziele erst seit relativ kurzer Zeit die Diskussion über sowie die Ausgestaltung der Familienpolitik mit beeinflussen. In der österreichischen Familienpolitik dominieren nach wie vor verteilungspolitische Aspekte gegenüber Gleichstellungs- und Vereinbarkeitsüberlegungen.

2.1 Verteilungsziele der Familienpolitik

Bei den Verteilungszielen handelt es sich um ein traditionell von der Familienpolitik verfolgtes Zielbündel. Hier geht es einmal um den Ausgleich von wirtschaftlichen Nachteilen, die Individuen/Haushalte mit Kindern gegenüber solchen ohne Kinder haben, und damit um die Berücksichtigung des Leistungsfähigkeitsprinzips in seiner horizontalen Dimension (Nowotny/Zagler 2009). Im Rahmen der Familienpolitik impliziert dies eine horizontale Umverteilung weg von Individuen/Haushalten ohne Kinder hin zu Individuen/Haushalten mit Kindern im Rahmen des Abgaben- und Transfersystems, um die durch Kinderkosten geminderte ökonomische Leistungsfähigkeit zu berücksichtigen. Aus der vertikalen Dimension des Leistungsfähigkeitsprinzips kann das Postulat einer Umverteilung weg von Individuen/Haushalten mit höheren Einkommen hin zu Individuen/Haushalten mit geringeren Einkommen abgeleitet werden. Hiermit in engem Zusammenhang steht die Vermeidung bzw. Bekämpfung der Kinderarmut. Die traditionelle Familienpolitik stellt somit auf die Herstellung von Ergebnisgleichheit bzw. zumindest Verringerung der Unterschiede in der Sekundärverteilung ab.

Die Schaffung von Chancengleichheit zur Beeinflussung der primären Verteilung – d.h. der marktmäßig erzielten Einkommen und Vermögen – gewinnt dagegen erst in jüngerer Zeit als familienpolitische Zielsetzung an Bedeutung. Dabei hat angesichts der bestehenden Ungleichheit bezüglich der Einkommen, aber gerade auch der Bildungsverteilung und der Vererbung von Bildungschancen, die in den modernen Industriegesellschaften mehr oder weniger stark ausgeprägt ist und (nicht nur) in Österreich tendenziell sogar zunimmt[3], auch die Familienpolitik einen Beitrag zur Herstellung von Chancengleichheit für die Kinder zu leisten: Indem sie nämlich Unterschiede zwischen den Herkunftsfamilien zu verringern versucht, die zu einer Perpetuierung und Vertiefung bestehender Differenzen in der Verteilung von Bildung und Einkommenschancen führen, wenn die Eltern eine optimale Humanvermögensbildung ihrer Kinder nicht sicherstellen können (Ott 2002: 16).

2.2 Demographische Ziele der Familienpolitik

Eines der bedeutsamsten Ziele der Familienpolitik besteht in der Erreichung einer bestimmten Fertilitätsrate. Fand dieses Ziel historisch seine Begründung meist in dem Bestreben, politisches Gewicht, Macht und Einfluss eines Landes im internationalen Gefüge zu si-

---

[3] Vgl. OECD (2008) zur intergenerationalen Einkommensmobilität und Vererbung von Ungleichheiten im Vergleich zwischen den OECD-Ländern.

chern, so wird die Erreichung einer bestimmten (bestandssichernden) Fertilitätsrate heute primär auf der Grundlage wirtschafts- und finanzpolitischer Überlegungen angestrebt. Mindestens ebenso bedeutsam ist inzwischen neben der gesamtgesellschaftlichen Dimension der demographischen Zielsetzung ihre individuelle Dimension, nämlich die Angleichung der tatsächlichen an die gewünschte individuelle Kinderzahl, die in vielen OECD-Ländern zum Teil deutlich und zunehmend auseinanderklaffen (Sleebos 2003, D'Addio/D'Ercole 2005).

2.3 Vereinbarkeits- und Gleichstellungsziele der Familienpolitik

Ein relativ neues familienpolitisches Zielbündel umfasst Vereinbarkeits- und Gleichstellungsziele. Hier sind zwei Teilziele von Bedeutung. Erstens soll die Familienpolitik zur ökonomischen Gleichstellung der Geschlechter beitragen. Dies betrifft insbesondere Quantität und Qualität der Erwerbstätigkeit sowie Einkommen und soziale Absicherung. Dabei ist die Förderung der Erwerbstätigkeit von Frauen zentral: sowohl hinsichtlich der quantitativen Dimension (Erwerbsbeteiligung, Ausmaß der Erwerbstätigkeit) als auch der qualitativen Dimension (Qualität der Erwerbstätigkeit etwa gemessen an der Arbeitsplatzsicherheit, der Kontinuität, der Aufstiegs- und Weiterbildungsmöglichkeiten, der Entlohnung sowie der sonstigen geldwerten und nichtmonetären Leistungen oder der Angemessenheit der Beschäftigung hinsichtlich der individuellen Qualifikationen). Denn die Erwerbsintegration der Frauen ist eine der wichtigsten Determinanten ihrer Einkommenschancen und sozialen Absicherung. Zweitens soll in Zweielternfamilien eine egalitäre innerfamiliäre Aufteilung von bezahlter Erwerbsarbeit und unbezahlter Familienarbeit zwischen den Geschlechtern unterstützt werden. Sowohl die ökonomische Gleichstellung der Geschlechter als auch eine egalitäre innerfamiliäre Arbeitsteilung zwischen den Geschlechtern setzen die Vereinbarkeit von Beruf und Familie für beide Geschlechter voraus. Für Alleinerziehende, die in der überwiegenden Mehrheit Frauen sind, ist Vereinbarkeit unverzichtbar zur Sicherung ihrer kurz- und langfristigen Beschäftigungs- und Einkommenschancen und sozialen Absicherung und damit auch zur Vermeidung von Kinderarmut.

2.4 Mögliche Beziehungen zwischen familienpolitischen Zielsetzungen

Zwischen den einzelnen Zielen der Familienpolitik bestehen vielfältige Beziehungen, die allerdings oft nicht eindeutig sind, zumal die Richtung möglicher Zusammenhänge nicht immer klar ist. Auch sind die Zielbeziehungen nicht unbedingt stabil über die Zeit. Dies soll hier anhand einiger Beispiele verdeutlicht werden.

Zielkonflikte werden oft zwischen den Verteilungszielen einerseits und den Vereinbarkeits- und Gleichstellungszielen andererseits erwartet (Festl et al. 2010). So kann etwa eine verteilungspolitisch motivierte Aufstockung des Familieneinkommens in Form von monetären Transfers aufgrund des damit verbundenen Einkommenseffekts negative Arbeitsanreize für einen Zweitverdiener – in der Regel die Frau – implizieren und damit die Erreichung ökonomischer Gleichstellung der Geschlechter erschweren. Umgekehrt wirkt sich allerdings eine verbesserte Vereinbarkeit von Familie und Beruf positiv auf die Verteilungsziele aus. So ist empirisch eine deutliche negative Korrelation zwischen der Müttererwerbstätigkeit und der Armutsgefährdung von Haushalten bzw. Kindern festzustellen (Becker 2002, OECD 2003, Förster/Mira d'Ercole 2005, Fertig/Tamm 2010). Weniger eindeutig stellt sich die Interdependenz zwischen den Verteilungs- und den demographischen Zielen zumindest in hoch entwickelten Industriegesellschaften dar: Der früher oft postulierte positive Zusammenhang, wonach eine umfangreiche finanzielle Entlastung der Familien die gesamtgesellschaftliche Fertilität sowie die Realisierung individueller Kinderwünsche fördert, scheint sich schon seit längerem aufzulösen (Esping-Andersen 2008).

Vielmehr ist zwischen dem demographischen Ziel einerseits und den Vereinbarkeits- und Gleichstellungszielen andererseits eher eine harmonische Zielbeziehung zu erwarten: Eine bessere Vereinbarkeit von Familie und Beruf führt die tatsächliche an die gewünschte individuelle Kinderzahl heran und hat einen positiven Einfluss auf die gesamte Fertilität in einer Volkswirtschaft. Dies impliziert eine positive Beziehung zwischen Frauen- bzw. Müttererwerbstätigkeit und Fertilität, die sich allerdings erst in jüngerer Zeit herausgebildet hat (Bettio/Villa 1998, Ahn/Mira 2002): So sind Frauenerwerbstätigkeit und Fertilitätsraten etwa in den skandinavischen Ländern und Frankreich hoch, in den südeuropäischen Ländern dagegen niedrig. Der traditionelle Zusammenhang zwischen Fertilität und Müttererwerbstätigkeit war negativ: je höher die Fertilität, desto geringer die Müttererwerbstätigkeit und umgekehrt.

Die Zielbeziehungen dürften, so lassen es die bisherigen Überlegungen vermuten, stark vom bestehenden familienpolitischen Instrumentenmix – konkret dem Verhältnis zwischen Geldleistungen und Realtransfers, d.h. Kinderbetreuungseinrichtungen – abhängen. So wird etwa der a priori zu erwartende negative Zusammenhang zwischen der Höhe der Geldleistungen für Familien und der ökonomischen Gleichstellung der Geschlechter durch die ausreichende Verfügbarkeit von Kinderbetreuungseinrichtungen gelockert, gleiches gilt für die Beziehung zwischen Fertilität und Müttererwerbstätigkeit. Auch ein hohes quantitatives Ausmaß der Familienförderung insgesamt dürfte nicht ausreichen, um die Fertilität zu erhöhen, wenn die Realtransfers nur eine untergeordnete Rolle spielen.[4]

3   Ökonomische Triebkräfte für einen Paradigmenwechsel in der Familienpolitik

Dieses Kapitel unternimmt den Versuch, die wichtigsten ökonomischen Triebkräfte für einen möglichen Paradigmenwechsel in der Familienpolitik zu identifizieren. Die Wirtschaftswissenschaften im Allgemeinen und die Finanzwissenschaft im Besonderen beschränkten sich hinsichtlich ökonomischer Überlegungen im Rahmen der Familienpolitik lange Zeit auf die Frage, ob Kinder als „Privatvergnügen" (ein „langlebiges Konsumgut" nach der bekannten Arbeit von Gary S. Becker (1960)) zu betrachten seien oder ob mit dem Aufziehen von Kindern vielmehr auch positive externe Effekte für die Gesamtwirtschaft (insbesondere ein Beitrag zum Wirtschaftswachstum durch Investitionen in das Humankapital der Kinder) verbunden seien. Nur in letzterem Falle ist aufgrund der öffentlichen-Güter-Eigenschaft von Humankapitalinvestitionen aus ökonomischer Sicht die Förderung von Familien gerechtfertigt, um zu vermeiden, dass aufgrund von Trittbrettfahrerverhalten aus gesamtgesellschaftlicher Sicht zu wenig in die Humanvermögensbildung der Kinder investiert wird (Ott 2002: 16).

---

[4]   Einen Überblick über internationale empirische Evidenz mit dem Ergebnis einer insgesamt positiven Korrelation von Kinderbetreuung und Fertilität bieten Borck (2010) und Esping-Andersen (2008).

In jüngster Zeit finden allerdings über diesen Aspekt hinaus noch eine Reihe weiterer ökonomisch motivierte Überlegungen zunehmend Eingang in die familienpolitische Debatte. Dieses Kapitel spricht wichtige ökonomische Triebkräfte und Aspekte[5] (auch aus österreichischer Perspektive) an und zieht Schlussfolgerungen, inwieweit sie auf die derzeitige Priorisierung der familienpolitischen Ziele Einfluss nehmen können. Dabei können die folgenden Ausführungen nur einen ersten, oberflächlichen Überblick über die wichtigsten ökonomischen Aspekte geben; eine detaillierte und fundierte Behandlung der hier aufgeführten einzelnen Punkte würde den Rahmen dieses Überblicksaufsatzes sprengen und muss vertiefenden Arbeiten vorbehalten bleiben. Es ist zudem eingangs darauf hinzuweisen, dass einzel- und gesamtwirtschaftliche Aspekte nebeneinander stehen und dass teilweise Überschneidungen zwischen einzelnen Aspekten gegeben sind. Allen genannten ökonomischen Aspekten ist gemein, dass sich in ihrer verstärkten Beachtung die Verlagerung der theoretischen und politischen Debatte weg von Familienpolitik als Kostenfaktor (Stichwort „Familienlastenausgleich") hin zu Familienpolitik als einzel- und/oder gesamtwirtschaftlich produktive Investition widerspiegelt.

3.1 Demographischer Wandel und Arbeitskräfteangebot

Aus ökonomischer Perspektive werden vom demographischen Wandel, d.h. der aus sinkenden Fertilitätsraten einerseits und zunehmendem Lebensalter andererseits resultierenden Alterung der Gesellschaft, mehrere negative Konsequenzen erwartet. Eine erste Erwartung bezieht sich auf den Einfluss des demographischen Wandels auf das Arbeitskräfteangebot: Eine nicht-bestandssichernde Fertilitätsrate verringert die Zahl der Personen im erwerbsfähigen Alter und führt zu Arbeitskräfteknappheit sowie Produktivitäts- und Wachstumseinbußen (Turner et al. 1998).

In Österreich hat die Fertilitätsrate Anfang der 1970er Jahre ein bestandssicherndes Niveau unterschritten. Mit gegenwärtig 1,41 (2008) liegt sie etwas unter dem Durchschnitt der EU-27 (1,52) und Österreich damit an 12. Stelle. Aktuelle Langfristprognosen für Österreich sind dem Ageing Report der Europäischen Kommission (European Commission 2009) zu entnehmen. Trotz aller Unsicherheiten, mit denen solche langfristigen Prognosen verbunden sind, stellen sie doch ein „Frühwarnsystem" dar, das auf langfristige politikrelevante Trends und (wirtschafts-)politischen Handlungsbedarf hinweist. Für das Jahr 2060 rechnet die Europäische Kommission mit einem leichten Anstieg der Fertilitätsrate, der jedoch auch im Zusammenspiel mit der zu erwartenden Zuwanderung die Abnahme der Zahl der Personen im erwerbsfähigen Alter (15 bis 64 Jahre) nicht verhindern kann.[6]

---

[5] Neben den hier behandelten Determinanten der Ausgestaltung der Familienpolitik sind aus ökonomischer Perspektive auch deren volkswirtschaftlicher Nutzen im weiteren Sinne relevant, wie etwa Beschäftigungs- und Einkommensmöglichkeiten in Kinderbetreuungseinrichtungen und deren Nachfragewirkungen sowie positive Wirkungen auf die öffentlichen Haushalte (im Sinne zusätzlicher Einnahmen aus Steuern und Sozialversicherungsbeiträgen sowie vermiedener Ausgaben), auf die hier nicht eingegangen werden kann. Vgl. beispielhaft für die Wiener Kinderbetreuungseinrichtungen Schneider/Luptacik/Schmidl (2006), für die Stadt Zürich Sozialdepartment der Stadt Zürich (2000) sowie für Deutschland Bock-Formulla (2002) und Spieß et al. (2003).

[6] Die Entwicklung würde sich als weniger gravierend darstellen, wenn die Abgrenzung der Gruppe der Personen im erwerbsfähigen Alter entsprechend der zu erwartenden Zunahme der Lebenserwartung in guter Gesundheit dynamisiert werden würde.

Was die Integration der Frauen in den Erwerbsarbeitsmarkt anbelangt, so ist zwar in Österreich die Beschäftigungsquote[7] der Frauen mit 65,8% (2008) relativ hoch und ihr Abstand zu jener der Männer (78,5%) niedriger als in vielen anderen EU-Ländern. Dennoch ist das Ausmaß der Unterbeschäftigung gemessen an den Teilzeitquoten bzw. dem Ausmaß der gearbeiteten Wochenstunden hoch: Die Teilzeitquote der Frauen beträgt in Österreich 41,1% (gegenüber 30,6% im EU-Durchschnitt) und damit ein Mehrfaches der Männer-Teilzeitquote (6,9%), wobei 40% der betreffenden Frauen als Grund für die Teilzeiterwerbstätigkeit die Betreuung von Kindern bzw. die Pflege von Erwachsenen angeben (Statistik Austria 2009b). Die durchschnittlich gearbeitete Wochenstundenzahl aller beschäftigten Frauen beträgt 33,5 Stunden (gegenüber 42,8 Stunden bei den Männern), der in Teilzeit beschäftigten Frauen 21,3 Stunden. Entsprechend hoch ist der Anteil der Beschäftigungsverhältnisse mit geringer Wochenstundenzahl. 28% der teilzeitbeschäftigten Frauen arbeiten weniger als 20 und nur 27% mehr als 30 Wochenstunden. Dabei betreffen diese Unterschiede gegenüber den Männern überdurchschnittlich stark Frauen mit Kindern: So belief sich etwa 2005 die Differenz der Erwerbstätigenquote von kinderlosen Frauen und von Müttern im Alter von 25 bis 29 Jahren auf 27 Prozentpunkte; Teilzeitarbeit ist unter Frauen mit Kindern mit 60% besonders stark verbreitet. Dagegen unterscheiden sich Erwerbstätigen- und Teilzeitquoten von Männern ohne Kinder und mit Kindern kaum (Statistik Austria 2006). Immerhin ein Viertel der Haushalte mit minderjährigen Kindern sind Alleinverdienerhaushalte mit einem männlichen Vollzeiterwerbstätigen, 37% sind Doppelverdienerhaushalte, in 38% der Haushalte ist der Mann vollzeit- und die Frau teilzeitbeschäftigt. Insgesamt entfallen gemäß der jüngsten Zeitverwendungsstudie für Österreich im Jahr 2008 39% der geleisteten Erwerbsarbeitsstunden auf Frauen. Entsprechend ungleich ist die unbezahlte Arbeit zwischen den Geschlechtern verteilt: Seit 2000 ist der Anteil der unbezahlten Arbeit, der von Frauen übernommen wird, nur geringfügig von 69% auf 66% gesunken (Statistik Austria 2009a). Der Anteil der Mütter, die wegen familiärer Verpflichtungen oder aus anderen persönlichen Gründen nicht erwerbstätig sind, ist im EU-Vergleich mit über 70% relativ hoch; Österreich liegt damit an 5. Stelle.

Zur Gegensteuerung einer demographisch bedingten Verknappung des Arbeitsangebots sind zwei Ansatzpunkte relevant. Erstens kann das Arbeitskräfteangebot bei gleichbleibend niedriger Fertilitätsrate durch Zuwanderung oder durch die verstärkte Integration bislang nicht oder unterbeschäftigter Gruppen – darunter der Frauen, vor allem jener mit Kindern – in den Erwerbsarbeitsmarkt stabilisiert werden. Zweitens kann versucht werden, die Fertilitätsrate wieder auf ein bestandssicherndes Niveau anzuheben. Um möglichen negativen ökonomischen Konsequenzen der durch die Bevölkerungsalterung bedingten langfristig zu erwartenden Arbeitskräfteknappheit zu begegnen, sind also insbesondere die demographische Zielsetzung sowie die Vereinbarkeits- und Gleichstellungsziele der Familienpolitik gefragt. Allerdings gilt es hier auch Grenzen zu beachten. Erstens sind neben der Familienpolitik auch andere Politikbereiche, etwa die Arbeitsmarkt- oder Bildungspolitik, von Bedeutung, wenn es um die verstärkte Erwerbsintegration bestimmter bisher unterbeschäftigter erwerbsfähiger Personengruppen geht. Zweitens stellt sich die Frage, ob ökonomische Gleichstellung der Frauen auf dem Erwerbsarbeitsmarkt die schlichte Übernahme des männlichen Vollzeitmodells implizieren soll. Oder ob nicht vielmehr zwar das quantitative Ausmaß der Integration beider Geschlechter in den Erwerbsarbeitsmarkt angeglichen

---

[7]   Die Beschäftigungsquote ist definiert als Zahl der unselbständig und selbständig Beschäftigten in Prozent der Bevölkerung im Erwerbsalter (15 bis 64 Jahre).

werden soll, allerdings auf niedrigerem Niveau, um so eine wichtige Voraussetzung für eine gleichmäßigere Verteilung der unbezahlten Arbeit zwischen den Geschlechtern zu schaffen.

3.2 Sicherung der finanziellen Nachhaltigkeit der sozialen Sicherungssysteme

Die Sicherung der finanziellen Nachhaltigkeit der sozialen Sicherungssysteme ist ein wirtschaftspolitisches Anliegen, das ebenfalls mit dem demographischen Wandel an Bedeutung gewinnt. Denn dieser erhöht die Altenbelastungsquote (die Relation älterer Nichterwerbstätiger ab 65 Jahren zu den Personen im erwerbsfähigen Alter) bzw. die Abhängigkeitsquote insgesamt (die Relation aller Nichterwerbstätiger, d.h. Personen unter 15 Jahren und über 64 Jahren, zu den erwerbsfähigen Personen), was ceteris paribus einen steigenden Finanzierungsbedarf für die sozialen Sicherungssysteme bedeutet.

In Österreich wird sich gemäß den Projektionen des bereits erwähnten Ageing Report der Europäischen Kommission zwischen 2007 und 2060 die Altenbelastungsquote etwa verdoppeln, und auch die Abhängigkeitsquote wird deutlich ansteigen. Die Europäische Kommission rechnet mit einem langfristigen Anstieg der altersbezogenen Kosten für die öffentliche Hand und hier wiederum im Wesentlichen für die Sozialversicherungssysteme abzüglich der Minderausgaben für die Bildungssysteme aufgrund der prognostizierten Abnahme der Kinderzahl. Aber auch kurzfristig belastet die Nicht- oder nur geringfügige Erwerbstätigkeit erwerbsfähiger und –williger Personen die sozialen Sicherungssysteme bzw. die öffentlichen Haushalte allgemein. Denn einerseits resultieren Ausfälle aus lohnbezogenen Steuer- und Sozialversicherungsbeitragszahlungen.[8] Andererseits sind ausgabenseitige Belastungen der Sozialversicherungsträger hinzuzunehmen, denen keine adäquaten Beitragszahlungen gegenüber stehen, etwa in Form von Ersatzzeiten für Kinderbetreuung oder von der Erwerbstätigkeit eines Partners abgeleiteten Ansprüchen (z. B. beitragsfreie Mitversicherung oder Hinterbliebenenversorgung) (Gruescu/Rürup 2005), aber auch direkte verteilungspolitisch motivierte Transfers, beispielsweise an Alleinerziehende (Spieß et al. 2003).

Eine Steigerung der Fertilitätsraten wirkt dem langfristigen Anstieg der Altenbelastungsquote und damit der Verschiebung des Verhältnisses zwischen „abhängigen" älteren Nichterwerbstätigen und Erwerbspersonen entgegen. Allerdings ist aus Sicht der langfristigen Finanzierbarkeit der sozialen Sicherungssysteme von eigentlicher Bedeutung, wie sich das Verhältnis zwischen den „abhängigen" Personen zu den erwerbstätigen Personen, die die Wertschöpfung als Basis der Finanzierung der sozialen Sicherungssysteme erwirtschaften, entwickelt. Auch für die langfristige finanzielle Tragfähigkeit der sozialen Sicherungssysteme ist eine wesentliche Bedingung die möglichst weitgehende Ausschöpfung des Erwerbspersonenpotenzials und damit die stärkere Integration der Frauen in den Erwerbsarbeitsmarkt. Dies ermöglicht eine Entlastung der finanziellen Situation der sozialen Sicherungssysteme sowohl auf der Einnahmenseite, indem die Relation ökonomisch Aktiver zu Nicht-Aktiven verbessert wird, als auch auf der Ausgabenseite, indem Transferzahlungen zum Ausgleich von Einkommensausfällen aufgrund der Übernahme von Betreuungspflich-

---

[8] Vgl. Spieß et al. (2003) für eine Schätzung der zusätzlichen Einnahmen aus Einkommen- und Lohnsteuer sowie Sozialversicherungsbeiträgen für Deutschland, die ein die Rückkehr von Alleinerziehenden in den Beruf ermöglichendes Angebot an Kinderbetreuungseinrichtungen erbrächte.

ten reduziert werden. Auch hier sind somit demographische sowie Vereinbarkeits- und Gleichstellungsziele der Familienpolitik angesprochen.

3.3 Effizienter(er) öffentlicher Mitteleinsatz

In der Haushaltsführung der öffentlichen Hand ist international ein allgemeiner Wandel weg von einer reinen Input- hin zu einer stärkeren Output- und Outcome-Orientierung festzustellen. Die Budgetpolitik muss sich zunehmend nicht nur an der Mittelzuteilung für bestimmte Aufgaben- und Ausgabenbereiche messen lassen, sondern auch an den Ergebnissen, die mit diesen Ausgaben erzielt werden. Diese Bemühungen um eine stärkere Wirkungsorientierung sollen einen effizienteren Mitteleinsatz ermöglichen sowie Rationalität und Transparenz des Budgetprozesses erhöhen. Motiviert sind sie nicht nur durch das Diktat knapper Kassen, sondern auch durch über rein ökonomisch-finanzpolitische Aspekte hinausgehende demokratiepolitische Erwägungen und durch das Bestreben um eine Modernisierung der öffentlichen Verwaltung. Die Familienpolitik wird, ebenso wie andere Politikbereiche, immer stärker an auch ökonomisch relevanten Ergebnissen gemessen, wie etwa an der Erwerbsintegration von Frauen oder dem Bildungserfolg der Kinder.

Österreich implementierte 2009 eine zweistufige Reform des Haushaltsrechts des Bundes, in deren Rahmen in der zweiten Stufe 2013 die Umsetzung der wirkungsorientierten Haushaltsführung vorgesehen ist, die die Zuteilung der öffentlichen Mittel auch an die erzielten Ergebnisse binden wird (Steger 2010). Bisher werden sämtliche wichtige Ziele der Familienpolitik, so wie sie in Abschnitt 2 dargestellt wurden, in Österreich nur unzureichend erreicht. Was die Verteilungsziele anbelangt, so liegt die Armutsgefährdung von Kindern mit 15% über der allgemeinen Armutsgefährdung (12%). Die Abgabenbelastung von Familien mit Kindern ist, wie die Untersuchungen der OECD regelmäßig zeigen[9], insbesondere im unteren und mittleren Einkommensbereich deutlich über dem Durchschnitt der OECD. Auch die Fertilitätsziele werden nicht erreicht. Die Fertilitätsrate von 1,4 liegt deutlich unter dem bestandssichernden Niveau, und das Ausmaß (ungewollter) Kinderlosigkeit ist relativ hoch. Auffallend ist insbesondere die starke Abhängigkeit von Kinderlosigkeit bzw. Kinderzahl vom Bildungsstand. Mit 26% ist der Anteil der kinderlosen Akademikerinnen zwischen 40 und 45 Jahren doppelt so hoch wie jener der Nicht-Akademikerinnen; die durchschnittliche Kinderzahl der Akademikerinnen ist mit 1,3 Kindern deutlich niedriger als jene der Nicht-Akademikerinnen (1,9 Kinder). Dies kann als ein Indiz gewertet werden für Vereinbarkeitsprobleme allgemein und in höher qualifizierten bzw. Führungspositionen im Besonderen und damit für die Schwierigkeit (für Frauen), individuelle Kinderwünsche neben einer Erwerbstätigkeit zu verwirklichen, die in quantitativer wie qualitativer Hinsicht den individuellen Wünschen entspricht.[10] Die bestehenden Defizite bei der Umsetzung der Gleichstellungs- und Vereinbarkeitsziele (bezüglich der Erwerbsintegration, der Entlohnung, der Verteilung der unbezahlten Arbeit etc.) wurden bereits in den vorhergehenden Abschnitten aufgezeigt. Gleichzeitig wird in Österreich überdurchschnittlich viel für Familienpolitik ausgegeben: Mit 2,9% des BIP liegt Österreich bezüglich der Höhe der Familienleistungen an 12. Stelle unter 26 OECD-Ländern, die

---

[9] Zu den jüngsten Daten und Berechnungen sowie zur Position Österreichs im OECD-Vergleich vgl. OECD (2010).
[10] In Schweden dagegen nimmt die Kinderzahl mit steigendem Bildungsgrad zu (Esping-Andersen 2009).

einen Durchschnitt von 2,3% Familienleistungen im Verhältnis zum BIP aufweisen.[11] Sicherlich stellt sich immer die Frage, welche Outputs und Outcomes zur Beurteilung der Ergebnisse von Politikinterventionen erfasst, wie sie bewertet und mit welchen Indikatoren sie abgebildet werden. Allerdings deuten die Ausprägungen der verwendeten Indikatoren darauf hin, dass in Österreich im Bereich der Familienpolitik ein deutliches Missverhältnis zwischen Input und Ergebnissen besteht.

3.4 Steigerung von Wirtschaftswachstum und Wettbewerbsfähigkeit

Die Erhöhung von Wirtschaftswachstum und Wettbewerbsfähigkeit ist spätestens seit Lancierung der Lissabon-Agenda 2000 und ihrer Nachfolgestrategie EU 2020 eines der wichtigsten erklärten Ziele der europäischen Wirtschaftspolitik. Eine umfangreiche theoretische und empirische ökonomische Literatur widmet sich dem Zusammenhang zwischen der ökonomischen Gleichstellung der Frauen und dem Wirtschaftswachstum von Volkswirtschaften und versucht, diesen auf der Grundlage empirischer Methoden bzw. von Simulationsstudien zu belegen. Dabei konzentriert sich die überwältigende Mehrheit dieser Arbeiten auf Entwicklungsländer,[12] während für Industrieländer nur wenig empirische Evidenz vorliegt.

Eine ökonometrische Untersuchung der OECD (2008) ergibt beispielsweise, dass etwa ein Viertel von Europas jährlichem Wirtschaftswachstum auf die allmähliche Angleichung der Erwerbstätigenquoten von Frauen und Männern zurückgeht. Löfström (2009) kommt in einer Simulationsstudie zu dem Ergebnis, dass die Gleichstellung von Frauen und Männern auf dem Arbeitsmarkt (die Angleichung der Frauen- an die Männererwerbstätigen- und Teilzeitquote sowie der Frauen- an die Männerlöhne) das BIP in den Mitgliedsländern der EU zwischen 14% und 45% erhöhen würde. Im Durchschnitt der EU-27 stiege nach dieser Studie das BIP um 27%, in Österreich um 32%. Auch wenn die referierten Ergebnisse sehr hoch erscheinen und auf einer Reihe von starken und stark vereinfachenden Annahmen beruhen, so ist doch die Annahme plausibel, dass sich eine verbesserte ökonomische Gleichstellung von Frauen auf dem Arbeitsmarkt über verschiedene Kanäle positiv auf das Wirtschaftswachstum auswirkt: Etwa durch eine verstärkte Beschäftigung von Frauen in Wirtschaftssektoren mit höherer Produktivität oder durch die marktmäßige Erledigung bisher unbezahlter Arbeit. Positive Wachstumseffekte einer verstärkten Integration von Frauen in das Erwerbsgeschehen sind gerade auch in einer Situation von Arbeitskräfteknappheit zu erwarten, wie sie mittelfristig angesichts der aktuellen demographischen Projektionen wahrscheinlich ist.

In Österreich bestehen hinsichtlich der Gleichstellung von Männern und Frauen im Erwerbsleben nach wie vor große Defizite. Die Unterschiede bezüglich der Erwerbsintegration (gemessen an Erwerbstätigenquoten, Teilzeitquoten, durchschnittlicher Wochenarbeitszeit etc.) wurden bereits genannt. Sie bedingen entscheidend den in Österreich weit

---

[11] Zu den Familienleistungen im engeren Sinne, die 2008 8,48 Mrd. € erreichten, kommt ein erhebliches Volumen an Familienförderung im Rahmen der gesetzlichen Sozialversicherung hinzu (beitragsfreie Mitversicherung von Kindern und nicht erwerbstätigen Partnern in der Krankenversicherung, Anrechnung von Kindererziehungszeiten in der Pensionsversicherung, Hinterbliebenenversorgung), das 2008 6,88 Mrd. € ausmachte und zu einem wesentlichen Teil die Nicht- oder nur teilweise Erwerbstätigkeit eines Partners unterstützt.

[12] Vgl. Stotsky (2006) für einen ausführlichen Literaturüberblick über theoretische und empirische Arbeiten zum Zusammenhang zwischen Gleichstellung und Wirtschaftswachstum in Entwicklungsländern.

überdurchschnittlich hohen Gender Pay Gap mit: Dieser beträgt etwa ein Viertel, Österreich befindet sich in der Gruppe der EU-27-Länder derzeit auf dem drittletzten Platz. Jüngst geht die Einkommensschere zwischen den Geschlechtern sogar wieder auf (Bundesministerin für Frauen und Öffentlichen Dienst im Bundeskanzleramt 2010).

Auch hier ist der wichtigste Ansatzpunkt der Familienpolitik die Erhöhung der Erwerbstätigkeit der Frauen, die Verbesserung der Vereinbarkeit von Familie und Beruf für Mütter wie für Väter sowie die gleichmäßigere Verteilung der unbezahlten Arbeit zwischen den Geschlechtern. Die Gleichstellung der Frauen im Erwerbsleben zur Erhöhung des Wirtschaftswachstums erfordert somit insbesondere die Beachtung der Gleichstellungs- und Vereinbarkeitsziele der Familienpolitik. Die Grenzen einer solchen Fokussierung wurden bereits angedeutet: Neben der Frage, ob ein zeitgemäßer Gleichstellungsbegriff lediglich die Angleichung der Frauen- an die Männernorm impliziert,[13] ist auch zu beachten, dass die Familienpolitik nur einen – und wahrscheinlich eher moderaten – Beitrag zur ökonomischen Gleichstellung von Männern und Frauen leisten kann. Gefragt sind sowohl andere Politikbereiche, wie die Arbeitsmarkt-, Bildungs- und Gleichstellungspolitik, als auch weitere Akteure der öffentlichen Hand, insbesondere die Unternehmen sowie die Sozialpartner.

3.5 Humankapitalargumente

Ein traditionelles, auch[14] ökonomisch motiviertes Argument für familienpolitisches Engagement ist die erwähnte öffentliche-Güter-Eigenschaft von Humankapitalinvestitionen: Diese sichern nicht nur ihren Trägern individuelle Einkommens- und Aufstiegsmöglichkeiten, sondern erhöhen auch den langfristigen Wachstumspfad einer Volkswirtschaft.[15] Humankapitalerwägungen im Zusammenhang mit der familienpolitischen Diskussion beziehen sich auf zwei Gruppen.

Die erste relevante Gruppe sind die Frauen. Durch lange Berufsunterbrechungszeiten zur Wahrnehmung von Betreuungspflichten sowie unterwertige Beschäftigung (vor allem von Müttern) findet eine Entwertung und Fehlallokation von Humankapital statt, die sowohl aus individueller wie aus gesamtwirtschaftlicher Perspektive zu Wohlfahrtsverlusten führt. Ein (steigender) Gender Pay Gap, schlechtere Beschäftigungsmöglichkeiten und – bedingungen sowie die traditionelle geschlechtsspezifische Arbeitsteilung setzen umgekehrt negative Anreize für Humankapitalinvestitionen von Frauen. (Nicht nur) in Österreich verringern geringere Investitionen von Frauen in die (Aus-)Bildung vor dem Hintergrund der traditionellen Arbeitsteilung zwischen den Geschlechtern die Einkommenschancen erheblich (IHS/Statistik Austria 2007). Ein Jahr zusätzliche Ausbildung erhöht den erzielbaren Nettostundenlohn von Frauen um 7,2%. Der Nettostundenlohn von Frauen mit AHS-Abschluss ist im Vergleich mit Frauen mit Pflichtschulabschluss um gut ein Drittel höher. Diskontinuierliche Erwerbsbiographien verringern – auch wegen der damit verbundenen Unterbrechung der Humankapitalbildung sowie der Entwertung der Qualifikationen – die

---

[13] Das ist etwa der Ausgangspunkt der Simulationsrechnung von Löfström (2009), die Gleichstellung auf dem Arbeitsmarkt als Angleichung der Erwerbsquote, der Teilzeitquote und der Produktivität der Frauen an jene der Männer definiert.

[14] Investitionen in das Humanvermögen haben nicht nur positive ökonomische Effekte, sondern tragen auch zur Sozialkultur einer Gesellschaft bei.

[15] Vgl. zur Bedeutung von Humankapital für das langfristige Wirtschaftswachstum, die in der neueren Wachstumstheorie stark betont wird, etwa Becker/Murphy/Tamura (1990).

Einkommenschancen. Für Österreich errechnet Lutz (2003), dass Frauen mit Kindern, die ihre Erwerbstätigkeit nach der Geburt für bis zu zwei Jahre unterbrechen, in den zehn Jahren nach der Geburt kumuliert um 25% weniger verdienen. In dieselbe Richtung weisen die Ergebnisse von Beblo/Bender/Wolf (2006) für Deutschland, wonach das Lohndifferential zwischen Frauen mit Kindern und Frauen ohne Kinder mit der Dauer der familienbedingten Berufsunterbrechung wächst. Zu den individuellen Nachteilen kommen gesamtwirtschaftliche Ineffizienzen, da die Investitionen der öffentlichen Hand in das Humankapital der Frauen nicht die maximal möglichen Renditen erbringen, sowie entgangene Wachstumschancen für die Gesamtwirtschaft (siehe Abschnitt 3.4).

Zweitens sind auch die Kinder in diese Betrachtung mit einzubeziehen. Qualitativ hochwertige Kinderbetreuungseinrichtungen und frühkindliche Förderung unterstützen die Humankapitalbildung der Kinder. Dies ist insbesondere vor dem Hintergrund dessen zu sehen, dass Kinder hoch qualifizierter Eltern mit genügend finanziellen Ressourcen für Ausbildung eine überdurchschnittliche Humankapitalausstattung erwerben (Moav 2001, Plug/Vijverberg 2001a, 2001b). Sowohl Ökonomen (Heckman 2006, Heckman/Masterov 2004) als auch Soziologen (Esping-Anderson 2009) weisen darauf hin, dass nicht nur Investitionen in die schulische und universitäre Bildung förderlich für das Wirtschaftswachstum sind, sondern dass insbesondere Investitionen in die frühkindliche Bildung die soziale Mobilität vor allem in den bildungsfernen Schichten und so die Produktivität einer Volkswirtschaft erhöhen. Danach sind die Renditen von Investitionen in die frühkindliche Bildung (benachteiligter Kinder) wesentlich höher als Investitionen in die (Aus-)Bildung älterer Kinder.

So zeigt eine Simulationsstudie von Pfeiffer/Reuß (2008), dass Bildungsinvestitionen im Vorschulalter höhere Renditen (gemessen am zusätzlich erzielbaren Lebenseinkommen) erbringen als Bildungsinvestitionen zwischen dem sechsten und zwölften Lebensjahr. Coneus (2010) belegt auf der Basis der Daten des Sozio-Ökonomischen Panels für Deutschland das Heckman'sche Prinzip der Selbstproduktivität, wonach der Erwerb weiterer Fähigkeiten positiv von bereits erworbenen Fähigkeiten abhängt, dass also frühkindliche Bildungsanstrengungen eine höhere Produktivität aufweisen als spätere Bildungsinvestitionen. Nach einer Untersuchung im Auftrag der deutschen Bertelsmann-Stiftung steigt bei Krippenkindern die Wahrscheinlichkeit, später ein Gymnasium zu besuchen, von durchschnittlich 36% auf 50%; von Kindern aus benachteiligten Familien gehen bei einem Krippenbesuch zwei Drittel mehr auf das Gymnasium (Bertelsmann-Stiftung 2008). Auch wenn dieser Wert aufgrund eines Selection Bias vermutlich nach oben verzerrt ist (da Eltern in bildungsnahen Schichten ihre Kinder vermutlich häufiger schon im Alter von unter drei Jahren extern betreuen lassen als Eltern aus bildungsfernen Schichten), so kann doch von einem positiven Einfluss frühkindlicher außerhäuslicher Betreuung auf den späteren Bildungserfolg geschlossen werden. Bauer/Riphahn (2010) kommen für die Schweiz zu ähnlichen Ergebnissen: Sie zeigen, dass ein früherer Kindergartenbesuch die intergenerationale Bildungsmobilität erhöht. Für Österreich weisen die jüngsten PISA-Ergebnisse darauf hin, dass der Bildungserfolg in hohem Maße und weit mehr als in vielen OECD-Vergleichsländern von der familiären Herkunft abhängt, dass also Bildung in hohem Maße vererbt wird.[16]

---

[16] Vgl. auch Specht (2009) zum Einfluss des familiären Hintergrunds auf Bildungsentscheidungen und -erfolg in Österreich sowie Fessler/Mooslechner/Schürz (2011) zur auch im internationalen Vergleich hohen Bildungsvererbung in Österreich.

Diese humankapitaltheoretisch motivierten Überlegungen weisen insbesondere den Gleichstellungs- und Vereinbarkeitszielen der Familienpolitik eine wichtige Rolle zu, aber auch der Herstellung von Chancengleichheit. Freilich ist darüber hinaus eine enge Verknüpfung der Familienpolitik mit der Bildungspolitik unverzichtbar, deren Fehlen nicht nur für Österreich beklagt wird.[17]

3.6 Erhöhung des individuellen Unternehmenserfolgs

Ein weiterer ökonomischer Zusammenhang, der künftig die Familienpolitik stärker beeinflussen könnte, ist jener zwischen dem einzelwirtschaftlichen Unternehmenserfolg und familienfreundlichen Maßnahmen in Unternehmen bzw. dem Anteil von Frauen in Führungspositionen, der inzwischen in einer zunehmenden Zahl von empirischen Untersuchungen gezeigt werden konnte. So ermittelt etwa die Prognos AG (2003) eine Rendite familienfreundlicher Maßnahmen in Klein- und Mittelunternehmen (KMU) von 25%. Positive betriebswirtschaftliche Effekte speziell von familienfreundlichen Arbeitszeiten kann Rürup (2005) belegen.

Nach Studien von McKinsey (2007, 2010) sind Unternehmen mit einem Mindestanteil von Frauen in Top-Führungspositionen erfolgreicher, gemessen an verschiedenen betriebswirtschaftlichen Kriterien (z. B. Motivation oder Innovation) und ihrer finanziellen Performance (z. B. Gewinn, Aktienkursentwicklung). Letzteres bestätigt auch eine Untersuchung von Catalyst (2007), wonach Unternehmen mit einem Mindestanteil von Frauen in Entscheidungsgremien bessere finanzielle Kennzahlen aufweisen. Für Spanien finden Campbell/Minguez-Vera (2007) einen positiven Einfluss eines ausgewogenen Geschlechterverhältnisses in Entscheidungsgremien auf den Unternehmenswert. Smith et al. (2006) können einen positiven Zusammenhang zwischen Unternehmenserfolg und dem Anteil von Frauen in Führungspositionen finden, Richard et al. (2006) für den US-Bankensektor und Kotivantu et al. (2007) für Finnland. Auch das Innovationspotenzial in Unternehmen steigt mit dem Frauenanteil in Teams (Gratton et al. 2007).

In Österreich sinkt die Repräsentanz von Frauen in Unternehmen mit zunehmender Hierarchieebene deutlich und liegt auch unter dem europäischen Durchschnitt. Gegenüber 2010 ist 2011 sogar teilweise ein abnehmender Frauenanteil unter Führungskräften festzustellen. Die von Naderer et al. (2011) durchgeführte Analyse der Top 200 österreichischen Unternehmen zeigt, dass 2011 in den Geschäftsführungen Frauen mit 4,4% (2010 waren es noch 5,3%) und in den Aufsichtsräten mit 10,3% (gegenüber 9,7% 2010) vertreten sind – gegenüber den Vorjahren ein minimaler Zuwachs. In jedem dritten Unternehmen ist in der obersten Führung keine einzige Frau anzutreffen, nur in 13 (18) Unternehmen ist 2011 (2010) in beiden Gremien jeweils mindestens eine Frau vertreten. In den ATX-Unternehmen bzw. den Unternehmen des Prime Market beträgt der Frauenanteil in den Vorständen 2011 3,9% bzw. 3%, in den Aufsichtsräten 8,5% bzw. 7,7%, ist somit geringer als 2010 und liegt unter dem Durchschnitt der Top 200 Unternehmen. Österreich liegt damit EU-weit an 20. Stelle und mit einem Frauenanteil in den Entscheidungsgremien der größten börsennotierten Unternehmen von 8% etwas unter dem EU-27-Durchschnitt von 10% (Europäische Kommission 2010). Zudem ist die Bedeutung der betrieblichen Familienpolitik in Österreich begrenzt, misst man sie etwa am Angebot betrieblicher Be-

---

[17] Vgl. Ott (2002) beispielsweise für Deutschland.

treuungseinrichtungen: 2009 werden in 83 Unternehmen (gegenüber 76 Unternehmen 2007) betriebliche Betreuungseinrichtungen angeboten.[18]

Für die Familienpolitik, die sich somit auch auf einzelwirtschaftlicher Ebene zunehmend als produktive Investition statt als reiner Kostenfaktor darstellt, ergeben sich aus diesen Überlegungen zwei Ansatzpunkte. Erstens die Unterstützung familienfreundlicher Maßnahmen in Unternehmen durch die öffentliche Hand, etwa durch gesetzliche Arbeitszeitregelungen zur arbeitnehmerfreundlichen Flexibilisierung der Arbeitszeiten, steuerliche Anreize für betriebliche Betreuungseinrichtungen, Auszeichnungen etc. Aber auch die betriebliche Ebene selbst ist gefragt: etwa durch das Angebot von Führungspositionen auch in Teilzeit. Zweiter Ansatzpunkt ist die Verbesserung der Vereinbarkeit von Familie und Beruf sowie die Umverteilung der unbezahlten Arbeit zwischen den Geschlechtern. Hier sind also die Gleichstellungs- und Vereinbarkeitsziele der Familienpolitik von besonderer Relevanz. Die Familienpolitik im engeren Sinne wird allerdings an deutliche Grenzen stoßen, da wesentliche Ansatzpunkte zur Erhöhung des Frauenanteils in Führungspositionen außerhalb der Familienpolitik anzusiedeln sind: etwa Quotenregelungen,[19] die Beeinflussung von Bildungs- und Ausbildungsentscheidungen oder Transparenz und Information (z. B. in Form einer Expertinnendatenbank nach norwegischem Vorbild). Allgemein ist aber auch bezüglich von Maßnahmen auf der betrieblichen Ebene darauf zu achten, dass sie nicht primär darauf abzielen, Frauen bei der Anpassung an ein männerzentriertes Arbeitsumfeld zu unterstützen, sondern vielmehr auf die Förderung von Organisationsänderungen, die Gender-Stereotype abbauen (Wittenberg-Cox/Maitland 2008) und für beide Geschlechter eine ausgewogenere Work-Life-Balance ermöglichen.

3.7 Fazit: Ökonomische Triebkräfte der Familienpolitik und Bedeutung familienpolitischer Ziele

Insgesamt führt der auch ökonomisch motivierte Wandel hin zu einer mehr zweckrationalen Fundierung der Familienpolitik zu einem Bedeutungsgewinn von (auch) ökonomisch begründeten familienpolitischen Zielsetzungen. Vor dem Hintergrund der behandelten ökonomischen Aspekte stellt sich der traditionelle Katalog familienpolitischer Ziele zunehmend als unvollständig dar bzw. scheint eine veränderte Prioritätensetzung erforderlich. Insbesondere den Gleichstellungs- und Vereinbarkeitszielen der Familienpolitik muss aus ökonomischer Perspektive künftig wachsende Beachtung zukommen. Auch scheint eine stärkere Fokussierung der Familienpolitik auf die Ermöglichung individueller Kinderwünsche erforderlich. Nicht zuletzt verschiebt eine ökonomische Perspektive die Schwerpunktsetzung innerhalb der verteilungspolitischen familienpolitischen Ziele, die als Kernbereich des familienpolitischen Katalogs betrachtet werden können: Aus ökonomischer Sicht ist weit mehr als bisher neben der Ergebnisgleichheit auch die Chancengleichheit in den Blick zu nehmen.

---

[18] 2008 gab es in Österreich insgesamt ca. 300.000 Unternehmen.

[19] Vgl. für einen aktuellen Überblick über Quotenregelungen zur Erhöhung des Frauenanteils in Entscheidungsgremien sowie freiwillige Selbstverpflichtungen der unternehmen für die EU König (2011). Eher skeptisch bezüglich der Effizienz von Quotenregelungen sind Coles et al. (2008).

4   Eckpunkte einer ökonomisch rationale(re)n Familienpolitik

Finden ökonomische Überlegungen zunehmend Eingang in die Familienpolitik und verändern sie entsprechend die Hierarchie und Priorisierung der familienpolitischen Ziele, so kann dies nicht ohne Einfluss auf die Wahl der familienpolitischen Instrumente und Ansatzpunkte bleiben. Aus den obigen Überlegungen zu einzelnen ökonomischen Aspekten und Triebkräften, die einen Wandel der Familienpolitik mit vorantreiben können, lassen sich einige Eckpunkte einer ökonomisch rationale(re)n Familienpolitik ableiten.

Erstens ist ein quantitativ und qualitativ ausreichendes Angebot an Kinderbetreuungseinrichtungen erforderlich: als Voraussetzung für die Vereinbarkeit von Familie und Beruf für Eltern ebenso wie für eine gleichmäßigere Verteilung der unbezahlten Arbeit zwischen den Geschlechtern und die Schaffung von Chancengleichheit für Kinder unabhängig von der Herkunftsfamilie. Internationale und europäische Vergleichsstudien zeigen, dass das Angebot von Kinderbetreuungseinrichtungen eine der wichtigsten Determinanten der Erwerbsbeteiligung von Müttern ist.[20] Auf die Bedeutung qualitativ hochwertiger externer Betreuung für die Entwicklung der kognitiven und nicht-kognitiven Fähigkeiten von Kindern wurde bereits hingewiesen (vgl. Abschnitt 3.6). Für Österreich ist daher der Ausbau der Betreuungseinrichtungen zu forcieren. 2008 entfielen lediglich gut 12% der gesamten Ausgaben für Familien auf Betreuungseinrichtungen (Lutz/Schratzenstaller 2010). Defizite bestehen insbesondere bei unter Dreijährigen, wo die Betreuungsquote 2009/10 nur 15,8% betrug (Statistik Austria 2010) und damit nur knapp die Hälfte des Barcelona-Ziels von 33% für 2010. Aber auch bei den Kindergärten, von denen nur ein Drittel erwerbsfreundliche Öffnungszeiten aufweist (Festl/Lutz/Schratzenstaller 2010), sowie im Bereich der Nachmittagsbetreuung für Schulkinder besteht Handlungsbedarf.

Zweitens sollte eine relativ kurze Karenzphase zur Kinderbetreuung kombiniert werden mit einkommensabhängigen Ersatzleistungen, einer verpflichtenden Väterkarenz sowie der Möglichkeit einer Teilzeitkarenz: als Voraussetzung für eine gleichmäßige Verteilung der unbezahlten Arbeit, einer Minimierung berufsunterbrechungsbedingter Humankapitalverluste sowie zur Erhöhung der Chancengleichheit unter Kindern. So zeigen empirische Untersuchungen einen negativen Einfluss der Möglichkeit langer Karenzzeiten auf die Frauenerwerbstätigkeit.[21] Aus der vorliegenden empirischen Evidenz kann geschlossen werden, dass eine Karenzdauer von einem Jahr sowohl aus Sicht des betreffenden Elternteils als auch aus Sicht der Kinder einen angemessenen Zeitraum darstellt: Während außerhäusige Betreuung für die Gesundheit und die kognitive Entwicklung von Kindern unter einem Jahr schädlich sein kann (z. B. Ruhm 2004, Waldfogel et al. 2002), hat die Erwerbstätigkeit von Müttern für Kinder über einem Jahr keine negativen Effekte, sofern die Betreuungsqualität gut ist (Waldfogel 2002, Mayers et al. 2004). Eine einjährige Erwerbsunterbrechung ist für Mütter mit begrenzten langfristigen Einkommensverlusten verbunden, wie Sigle-Rushton/Waldfogel (2004) für Dänemark zeigen; ähnlich kommt die

---

[20] Büchel/Spieß (2002) bieten einen Überblick über internationale empirische Studien, die diesen Zusammenhang belegen, und zeigen ihn empirisch für Deutschland; für einen Überblick über jüngere empirische Evidenz vgl. Borck (2010) und Esping-Andersen (2009). Ein ähnlicher und sich in Zukunft vermutlich intensivierender Zusammenhang sollte übrigens zwischen der Frauenerwerbstätigkeit und der Verfügbarkeit von Einrichtungen für pflegebedürftige Ältere gelten, an denen der Bedarf aufgrund der steigenden Erwerbsintegration der primär auch für die Pflege zuständigen Frauen und wegen der sinkenden Zahl an Kindern, die potentiell die Pflege übernehmen bzw. sie sich teilen könnten, längerfristig zunehmen dürfte.

[21] Vgl. Gauthier/Hatzius (1997) oder Gornick/Meyers (2003).

bereits erwähnte Studie von Beblo/Bender/Wolf (2006) für Deutschland zu dem Ergebnis, dass die Einkommensverluste mit steigender Dauer der Erwerbsunterbrechung zunehmen. Gleichzeitig stärkt eine höhere und kontinuierlichere Erwerbstätigkeit von Müttern deren ökonomische Unabhängigkeit und damit auch innerfamiliäre Verhandlungsmacht – eine wichtige Voraussetzung für die gleichmäßigere Verteilung der unbezahlten Arbeit innerhalb der Familie. Aus Sicht der Kinder ist ein weiterer positiver Effekt der Müttererwerbstätigkeit relevant: Nämlich, dass sie die Verfügung der Mütter über finanzielle Ressourcen in der Familie erhöht, was – empirisch nachweisbar (Lundberg/Pollack 1996) – in höheren Ausgaben für die Kinder seinen Niederschlag findet. Für Österreich impliziert dies, dass die Betreuungsgeldvarianten mit geringer Pauschalzahlung und relativ langen Bezugszeiten, die parallel zu der seit 2010 angebotenen Option eines mit einer relativ kurzen Bezugszeit gekoppelten einkommensabhängigen Kinderbetreuungsgeldes bestehen, allmählich abgebaut werden sollten.

Drittens ist die betriebliche Familienpolitik zu stärken: Die Einführung flexibler Arbeitszeitregimes für Eltern (einschließlich Telearbeit und Flexitime), die Ermöglichung und Unterstützung von Teilzeitarbeit auch für (männliche wie weibliche) Führungskräfte, flexible Karrieremodelle und Unterstützung während Karenzzeiten sowie das Angebot qualitativ hochwertiger Kinderbetreuungseinrichtungen sind Voraussetzung für die Vereinbarkeit von Familie und Beruf (auch in höheren Hierarchiestufen) sowie für eine gleichmäßige Verteilung der unbezahlten Arbeit. Auch hier besteht in Österreich Nachholbedarf, etwa was betriebliche Betreuungseinrichtungen oder innerbetriebliche Arbeitszeitregelungen betrifft.

Viertens bedarf es gesetzlicher Rahmenbedingungen für vereinbarkeitsfreundliche Arbeitszeiten, insbesondere eines gesetzlichen Anspruchs auf Teilzeitarbeit als Voraussetzung für die Vereinbarkeit von Familie und Beruf.

Um ihre größtmögliche Effektivität entfalten zu können, ist die Umsetzung dieser Eckpunkte parallel anzugehen, wie der Bereich der Kinderbetreuungsgeldregelungen zeigt: Wird nicht gleichzeitig ein ausreichendes Angebot an Kinderbetreuungseinrichtungen bereitgestellt, wird der erwartete positive Effekt auf die Erwerbsintegration der Frauen begrenzt bleiben, weil eine entscheidende Voraussetzung für eine rasche Wiederkehr in den Beruf fehlt. So nahmen in Österreich nach den neuesten Daten der Kinderbetreuungsgeld-Statistik (Stand November 2010) nur 16% aller Leistungsbeziehenden mit einem Kind unter einem Jahr die neue Variante in Anspruch (davon weniger als 4% Männer). An dieselben Grenzen stoßen die im Rahmen des Familienpakets der Steuerreform 2009 gesetzten steuerlichen Maßnahmen (die steuerliche Absetzbarkeit von Kinderbetreuungskosten sowie der steuerfreie Arbeitgeberzuschuss zur Kinderbetreuung).[22]

Insgesamt erfordert, wie Ott (2002) betont, eine ökonomisch rationale(re) Familienpolitik eine Überwindung der bisherigen Konzentration auf die Eltern als ihre Adressaten. Familienpolitik hat vielmehr die Interessen der Kinder wesentlich mehr als bisher in den Blick zu nehmen, wobei der Herstellung von Chancengleichheit ein hoher Stellenwert zukommen muss. Wo Eltern die Adressaten der Familienpolitik sind, ist eine Erweiterung der Perspektive notwendig: Familienpolitik soll nicht nur die (finanziellen) Lasten ausgleichen, die durch das Vorhandensein von Kindern entstehen (Familienlastenausgleich), bzw. die Leistungen entgelten, die Familien für die Gesamtgesellschaft erbringen (Familienleistungsausgleich). Sie hat darüber hinaus auch echte Wahlfreiheit für Frauen und Männer

---

[22] Vgl. für eine ausführliche Darstellung und Beurteilung des Familienpakets Lutz/Schratzenstaller (2010).

hinsichtlich des Verhältnisses zwischen familiären und beruflichen Belangen und Ansprüchen zu schaffen (Work-Life-Balance). Neben den „Kernbereichen" und „Kernzielen" der Familienpolitik gewinnen auch ihre Schnittstellen zu anderen Politikbereichen – insbesondere der (Aus-)Bildungspolitik – stark an Bedeutung. Die Verzahnung mit diesen angrenzenden Politikbereichen ist daher als eine weitere Anforderung an eine ökonomisch rationale(re) Familienpolitik zu sehen.

5   Schlussbemerkungen

Ökonomische Aspekte werden künftig die Ausgestaltung der Familienpolitik sicherlich in zunehmendem Maße beeinflussen. Allerdings wird sich dieser zu erwartende Wandel familienpolitischer Schwerpunktsetzungen wohl kaum im Rahmen eines linearen Prozesses und nur langfristig vollziehen, nicht zuletzt deshalb, weil sich die gesellschaftlichen Einstellungen und Werte nur langsam ändern. Einige neuere ökonomische empirische Arbeiten finden Evidenz für einen bedeutenden Einfluss von kulturellen Normen – insbesondere der Meinung bezüglich der Auswirkungen von Erwerbstätigkeit von Müttern und/oder externer Kinderbetreuung auf die Entwicklung der Kinder – auf Frauenerwerbstätigkeit und Fertilität (Borck 2010). Auch für Österreich stimmen etwa immerhin knapp ein Viertel der Befragten zwischen 15 und 39 Jahren der Aussage „Idealer Weise sollten Frauen zuhause bleiben und die Kinder betreuen" zu – nur unwesentlich weniger als bei den ÖsterreicherInnen zwischen 40 und 65 Jahren, wo diese Aussage einen Zustimmungsgrad von 27% hat (Löfström 2009). Österreich befindet sich damit an achter Stelle in der EU. Eine stärker an ökonomischen Zielen orientierte Familienpolitik stößt also an Grenzen der gesellschaftlichen Akzeptanz, die sich nur langsam verschieben.

Auch stellt sich in verstärktem Maße die Frage nach der Wahlfreiheit, beispielsweise was die frühkindliche Bildung anbelangt (Ott 2002). So wird etwa bei der Einführung des verpflichtenden letzten Kindergartenjahres in Österreich ab 2009 der Verbesserung der Chancengleichheit für die Kinder gegenüber der elterlichen Entscheidungsautonomie hinsichtlich des Besuchs von Betreuungs- und Bildungseinrichtungen Vorrang eingeräumt. Hierfür gibt es, wie die obigen Ausführungen verdeutlichen sollten, gute und vielfach auch ökonomisch fundierte individuelle sowie gesamtgesellschaftliche Argumente. Allerdings müssen die betreffenden Einrichtungen gewisse pädagogische Standards erfüllen, und die Wahlfreiheit der Eltern wäre durch die Ausweitung der Vielfalt von Bildungs- und Betreuungsangeboten zu erhöhen. Ähnlich stellt sich die Frage nach dem Ausmaß der Wahlfreiheit hinsichtlich der Dauer von „Babypausen": Wenn ein langer Ausstieg aus der Berufstätigkeit zu individuellen und gesamtgesellschaftlichen Nachteilen führt, wären Karenzregelungen, die Eltern die Wahl zwischen Optionen mit unterschiedlich langen Karenzzeiten bieten, einerseits in Frage zu stellen. Andererseits muss wohl der individuelle wie gesamtgesellschaftliche Nutzen einer solchen Einschränkung der Wahlfreiheit sorgfältig gegenüber ihren vorwiegend auf der individuellen Ebene anfallenden Kosten abgewogen werden. Umgekehrt ist allerdings auch zu bedenken, dass die derzeitige Wahlfreiheit zwischen unterschiedlich langen Karenzzeiten nicht selten eine rein formale sein dürfte, da die Defizite bei der Betreuungsinfrastruktur insbesondere bei den Unter-Dreijährigen die faktische Wahlfreiheit bezüglich kürzerer Karenzzeiten beschränken.

Ein stärker ökonomischer Blick auf die Familienpolitik wirft darüber hinaus weitere offene Fragen und Herausforderungen auf, die an dieser Stelle zwar nicht weiter vertieft werden können, aber zumindest angesprochen werden sollen. Erstens könnte eine Überfrachtung der Familienpolitik resultieren, wenn zu dem ohnehin umfangreichen traditionellen familienpolitischen Zielekatalog die vielfältigen erörterten ökonomischen Aspekte hinzukommen. Zweitens sind wesentliche familienpolitische Zielsetzungen und Anliegen – etwa die Gleichstellung der Geschlechter oder eine bessere Integration von Kindern aus bildungsfernen Schichten – wichtig an sich, sodass ihre Umsetzung auch dann anzustreben wäre, wenn sie sich ökonomisch gesehen nicht rechnen würde. Drittens ist die Abstimmung und stärkere Verzahnung mit angrenzenden und überlappenden Politikfeldern – vor allem der Bildungs-, Arbeitsmarkt- und Gleichstellungspolitik – sicherzustellen.

Außerdem ist festzuhalten, dass ökonomische Erwägungen und Triebkräfte nicht nur für die Ausgestaltung familienpolitischer Interventionen der öffentlichen Hand von zunehmender Bedeutung sind. Vielmehr ist auch ein stärkeres Engagement der Unternehmen sowie weiterer gesellschafts- und wirtschaftspolitisch relevanter Akteure (in Österreich insbesondere der Sozialpartner) gefragt, gerade wenn es um die Erreichung der Gleichstellungs- und Vereinbarkeitsziele geht. Dabei umfasst das potenzielle familienpolitische Instrumentarium nicht nur die Bereitstellung betrieblicher Kinderbetreuungseinrichtungen, sondern auch flexiblere, familienfreundlichere Arbeitszeitarrangements einschließlich der Möglichkeit von Teilzeitarbeit für beide Geschlechter auf allen hierarchischen Ebenen sowie die aktive Unterstützung einer höheren Väterbeteiligung (nicht nur) während der Karenzzeit.

Abschließend sei darauf hingewiesen, dass der Bedeutungsgewinn ökonomischer Triebkräfte für die Ausgestaltung der Familienpolitik ganz grundsätzliche Überlegungen auch zur gesellschaftlichen Konzeption hinter der konkreten Ausgestaltung der Familienpolitik erfordert. Es wird eines fundamentalen gesellschaftlichen Diskurses darüber bedürfen, welches familienpolitische Leitbild vor allem bezüglich der geschlechtsspezifischen Rollen- und Arbeitsteilung sowie der Gewichtung der Anforderungen und Ansprüche der Sphäre der Erwerbsarbeit gegenüber der unbezahlten und nicht marktförmig organisierten Arbeit der Familienpolitik künftig zugrunde liegen soll. Das Bemühen um die ökonomische und soziale Gleichstellung der Geschlechter, um die Verbesserung der Chancengleichheit für die nachfolgenden Generationen und um einen den Herausforderungen durch die Alterung der Gesellschaft angemessenen Mix aus unbezahlter und marktförmig organisierter Care-Arbeit scheint am besten durch ein „Doppelversorger-/Doppelbetreuer-Modell" (Pfau-Effinger 2001) unterstützt werden zu können, in dem beide Elternteile in der Phase „aktiver Elternschaft" Teilzeit arbeiten und sich die Kinderbetreuung gleichberechtigt teilen. Hierzu sind jedoch tiefer gehende Überlegungen auch jenseits rein ökonomischer Rationalitäten unverzichtbar, die auch die aktuelle Debatte um die Transformation des Wirtschafts- und Gesellschaftssystems in Richtung größerer ökonomischer, aber auch sozialer und ökologischer Nachhaltigkeit berücksichtigen.

Literatur

Ahn, Namkee/Mira, Pedro (2002): A Note on the Changing Relationship between Fertility and Female Employment Rates in Developed Countries. *Journal of Population Economics* 15 (4): 667-682.

Bauer, Philipp C./Riphahn, Regina T. (2010): Kindergartenbesuch und intergenerationale Bildungsmobilität. *DIW Vierteljahrshefte zur Wirtschaftsforschung* 79 (3): 121-132.

Beblo, Miriam/Bender, Stefan/Wolf, Elke (2006): The Wage Effects of Entering Motherhood. A Within-Firm Matching Approach. IAB Discussion Paper, Nr. 13.

Becker, Gary S. (1960): *An Economic Analysis of Fertility. Demographic and Economic Change in Developed Countries*. Princeton: Princeton University Press.

Becker, Gary S./Murphy, Kevin/Tamura, Robert (1990): Human Capital, Fertility, and Economic Growth. *Journal of Political Economy* 98 (5): 12-37.

Becker, Irene (2008): Frauenerwerbstätigkeit hält Einkommensarmut von Familien in Grenzen. *DIW Vierteljahrshefte zur Wirtschaftsforschung* 71 (1): 126-146.

Bertelsmann-Stiftung (2008): *Volkswirtschaftlicher Nutzen von frühkindlicher Bildung in Deutschland*. Gütersloh: Bertelsmann-Stiftung.

Bettio, Francesca/Villa, Paola (1998): A Mediterranean Perspective on the Break-down of the Relationship Between Participation and Fertility. *Cambridge Journal of Economics* 22 (2): 137-171.

Bock-Formulla (2002): *Volkswirtschaftlicher Nutzen von Kindertagesstätten*. Bielefeld: Universität Bielefeld.

Borck, Rainald (2010): Kinderbetreuung, Fertilität und Frauenerwerbstätigkeit. *DIW Vierteljahrshefte zur Wirtschaftsforschung* 79 (3): 169-180.

Büchel, Felix/Spieß, C. Katharina (2002): Kindertageseinrichtungen und Müttererwerbstätigkeit – Neue Ergebnisse zu einem bekannten Zusammenhang. *DIW Vierteljahrshefte für Wirtschaftsforschung* 71 (1): 95-113.

Bundesministerin für Frauen und Öffentlichen Dienst im Bundeskanzleramt (2010): Frauenbericht 2010 – Bericht betreffend die Situation von Frauen in Österreich im Zeitraum von 1998 bis 2008. Wien.

Campbell, Kevin/Minguez-Vera, Antonio (2008): Gender Diversity in the Boardroom and Firm Financial Performance. *Journal of Business Ethics* 83 (3): 435-451.

Catalyst (2007): *The Bottom Line: Corporate Performance and Women's Representation on Boards*. New York: Catalyst.

Coles, Jeffrey L./Naveen, Daniel/Naveen, Lalitha (2008): Boards. Does one Size fit All? *Journal of Financial Economics* 87 (2): 329-356.

Coneus, Katja (2010): Selbstproduktivität in der frühen Kindheit – Eine empirische Analyse mit Berücksichtigung von Geschwistereffekten. *DIW Vierteljahrshefte zur Wirtschaftsforschung* 79 (3): 45-55.

D'Addio, Anna Cristina/Mira D'Ercole, Marco (2005): *Trends and Determinants of Fertility Rates in OECD Countries: The Role of Policies*. OECD Social, Employment and Migration Working Paper, Nr. 27.

Esping-Andersen, Gosta (2009): *The Incomplete Revolution*. Cambridge: Polity Press.

Esping-Andersen, Gosta (2008): Childhood Investments and Skill Formation. *International Tax and Public Finance* 15 (1): 19-44.

European Commission (2009): Ageing Report 2009: Economic and Budgetary Projections for the EU-27 Member States (2008-2060), European Economy, Nr. 2. Brüssel.

Fertig, Michael/Tamm, Marcus (2010): Always Poor or Never Poor and Nothing in Between? Duration of Child Poverty in Germany. *German Economic Review* 11 (2): 150-168.

Fessler, Pirmin/Mooslechner, Peter/Schürz, Martin (2011): Intergenerational Transmission of Educational Attainment in Austria. Empirica (im Erscheinen).

Festl, Eva/Lutz, Hedwig/Schratzenstaller, Margit (2010): *Mögliche Ansätze zur Unterstützung von Familien.* Wien: Österreichisches Institut für Wirtschaftsforschung.

Förster, Michael F./Mira D'Ercole, Marco (2005*): Income Distribution and Poverty in OECD Countries in the Second Half of the 1990s.* OECD Social, Employment and Migration Working Paper, Nr. 22.

Gauthier, Anne/Hatzius, Jan (1997): Family Benefits and Fertility: An Econometric Analysis. *Population Studies* 38 (3): 295-306.

Gornick, Janet C./Meyers, Marcia K. (2003): *Families that Work.* New York: Russell Sage Foundation.

Gratton, Lynda/Kelan, Elisabeth/Voigt, Andreas/Walker, Lamia/Wolfram, Hans-Joachim (2007): *Innovative Potential: Men and Women in Teams.* London: London Business School.

Gruescu, Sandra/Rürup, Bert (2005): Nachhaltige Familienpolitik. *Aus Politik und Zeitgeschichte* 55 (23-24): 3-6.

Heckman, James J. (2006): The Economics of Investing in Children. UCD Geary Institute Policy Briefing, Nr. 1.

Heckman, James J./Masterov, D. (2004): *The Productivity Argument for Investing in Young Children.* Committee for Economic Development Working Paper, Nr. 5.

Institut für Höhere Studien/Statistik Austria (2007): *Bildungserträge in Österreich von 1999 bis 2005.* Wien: Institut für Höhere Studien.

König, Ilse (2011): *Frauen in Führungspositionen. Daten, Fakten, Modelle.* Wien: Bundesministerin für Frauen und Öffentlichen Dienst im Bundeskanzleramt Österreich.

Kotvantu, Anna/Kovalainen, Petri (2007): *Female Leadership and Firm Profitability.* EVA Analysis, Nr. 3.

Leitner, Sigrid (2008): Ökonomische Funktionalität der Familienpolitik oder familienpolitische Funktionalisierung der Ökonomie? In: Evers, Adalbert/Heinze, Rolf G. (Hrsg.) (2008): *Sozialpolitik. Ökonomisierung und Entgrenzung.* Berlin: Springer: 67-82.

Löfström, Asa (2009): Gender Equality, Economic Growth and Employment. ec.europa.eu/social/BlobServlet?docId=3988&langId=en (05.04.2011).

Lundberg, Shelly J./Pollak, Robert R. (1996): Bargaining and Distribution in Marriage. *Journal of Economic Perspectives* 10 (4): 139-158.

Lutz, Hedwig/Schratzenstaller, Margit (2010): Mögliche Ansätze zur Unterstützung von Familien durch die öffentliche Hand. *WIFO Monatsberichte* 83 (8): 661-674.

Lutz, Hedwig (2003): Verdienstentfall von Frauen mit Kindern. In: Guger, Alois/Buchegger Reiner/Lutz, Hedwig/Mayrhuber, Christine/Wüger, Michael (Hrsg.): *Schätzung der direkten und indirekten Kinderkosten.* Wien: Österreichisches Institut für Wirtschaftsforschung.

Mayers, Marcia K./Rosenbaum, Dan/Ruhm, Christopher/Waldfogel, Jane (2004): Inequality in Early Childhood Education and Care: What do We Know? In: Neckerman, Kathryn M. (ed.) (2004): *Social Inequality.* New York: Russell Sage: 223-270.

McKinsey (2010): *Women Matter 2010. Women at the Top of Corporations: Making it Happen.* Paris: McKinsey.

McKinsey (2007): *Women Matter. Gender Diversity, a Corporate Performance Driver.* Paris: McKinsey.

Moav, Omer (2001): Cheap Children and the Persistence of Poverty. CEPR Discussion Paper Series, Nr. 3059.

Naderer, Ruth/Sauer, Petra/Wieser, Christina (2011): *Frauen in Geschäftsführung und Aufsichtsrat – Eine Untersuchung in den Top 200 Unternehmen. Eine empirische Studie.* Wien: Bundesarbeitskammer.

Nowotny, Ewald/Zagler, Martin (2009): *Der öffentliche Sektor: Einführung in die Finanzwissenschaft.* 5. Auflage. Berlin: Springer.

OECD (2010): *Taxing Wages.* Paris: OECD.

OECD (2008): *Gender and Sustainable Development. Maximising the Economic, Social and Environmental Role of Women.* Paris: OECD.

OECD (2003): *Babies and Bosses. Reconciling Work and Family Life*. Paris: OECD.

Ott, Notburga (2002): Luxusgut Kind zwischen Privatinteresse und gesellschaftlicher Verpflichtung – Zu den Kontroversen in der familienpolitischen Debatte. *DIW Vierteljahrshefte zur Wirtschaftsforschung* 71 (1): 11-25.

Pfau-Effinger, Birgit (2001): Wandel wohlfahrtsstaatlicher Geschlechterpolitiken im soziokulturellen Kontext. *Kölner Zeitschrift für Soziologie und Sozialpsychologie* 41: 488-511.

Pfeiffer, Friedhelm/Reuß, Klaus (2008): Age-dependent Skill Formation and Returns to Education. *Labour Economics* 15 (4): 631-646.

Plug, Erik/Vivjerberg, Wim (2001a): *Schooling, Family Background, and Adoption: Is it Nature or is it Nurture?* IZA Discussion Paper, Nr. 247.

Plug, Erik/Vivjerberg, Wim (2001b): Schooling, Family Background and Adoption: Does Family Income Matter? IZA Discussion Paper, Nr. 246.

Prognos AG (2003): *Betriebswirtschaftliche Effekte familienfreundlicher Maßnahmen*. Basel: Prognos AG.

Richard, Orlando C./Ford, David/Ismail, Kiran (2006): Exploring the Performance Effects of Visible Attribute Diversity. The Moderating Role of Span of Control and Organizational Life Cycle. *International Journal of Human Resource Management* 17 (12): 2091-2109.

Ruhm, Christoph (2004): Parental Employment and Child Cognitive Development. *Journal of Human Resources* 39 (1): 155-192.

Rürup, Bert (2005): *Familienorientierte Arbeitszeitmuster – Neue Wege zu Wachstum und Beschäftigung*. Berlin: Bundesministerium für Familien, Senioren, Frauen und Jugend.

Schneider, Ulrike/Luptacik, Mikulas/Schmidl, Barbara (2006): *Volkswirtschaftliche Effekte außerhäuslicher Kinderbetreuung*. Forschungsberichte Institut für Sozialpolitik Nr. 1/2006. Wien.

Sigle-Rushton, Wendy/Waldfogel, Jane (2004): *Family Gaps in Income: A Cross National Comparison*. Maxwell School of Citizenship and Public Affairs Working Paper, Nr. 382.

Sleebos, Joelle (2003): *Low Fertility Rates in OECD Countries*. OECD Social, Employment and Migration Working Paper, Nr. 15.

Smith, Nina/Smith, Valdemar/Werner, Matte (2006): Do Woman in the Top Management Affect Firm Performance? A Panel Study of 2500 danish Firms. *International Journal of Productivity and Performance Management* 55 (7): 569-593.

Sozialdepartment der Stadt Zürich (Hrsg.) (2000): *Volkswirtschaftlicher Nutzen von Kindertagesstätten*. Bern.

Specht, Werner (2009): *Nationaler Bildungsbericht 2009, Band 1: Das Schulsystem im Spiegel von Daten und Indikatoren*. Graz: Leykam.

Spieß, C. Katharina (2010): Ökonomie frühkindlicher Bildung und Betreuung – Aktuelle Ergebnisse aus dem deutschsprachigen Forschungsraum. *DIW Vierteljahrshefte zur Wirtschaftsforschung* 79 (3): 5-10.

Spieß, C. Katharina/Bach, Stefan (2002): Familienförderung – Hintergründe, Instrumente und Bewertungen aus ökonomischer Sicht. *DIW Vierteljahrshefte zur Wirtschaftsforschung* 71 (1): 7-10.

Spieß, C. Katharina/Schupp, Jürgen/Grabka, Markus/Haisken-De New, John P./Jakobeit, Heike/Wagner, Gert W. (2003): *Abschätzung der Brutto-Einnahmeeffekte öffentlicher Haushalte und der Sozialversicherungsträger bei einem Ausbau von Kindertageseinrichtungen*. Nomos: Baden-Baden.

Statistik Austria (2010): *Kindertagesheimstatistik 2009/10*. Wien: Statistik Austria.

Statistik Austria (2009a): *Zeitverwendung 2008/09. Ein Überblick über geschlechtsspezifische Unterschiede*. Wien: Statistik Austria.

Statistik Austria (2009b): *Arbeitskräfteerhebung 2008. Ergebnisse des Mikrozensus*. Wien: Statistik Austria.

Statistik Austria (2006): *Vereinbarkeit von Beruf und Familie. Modul der Arbeitskräfteerhebung 2005*. Wien: Statistik Austria.

Steger, Gerhard (2010): Die Haushaltsrechtsreform des Bundes. In: Steger, Gerhard (Hrsg.) (2010): *Öffentliche Haushalte in Österreich*. 3. Auflage. Wien: Verlag Österreich: 483-506.

Turner, Dave/Giorno, Claude/De Serres, Alain/Vourc'h, Anne/Richardson, Pete (1998): *The Macroeconomic Implications of Ageing in a Global Context.* Economic Department Working Paper, Nr. 193.

Waldfogel, Jane (2002): Child Care, Women's Employment and Child Outcomes. *Journal of Population Economics* 15 (3): 527-548.

Waldfogel, Jane/Han, Wen-Jui/Brooks-Gunn, Jeanne (2002): The Effects of Early Maternal Employment on Child Cognitive Development. *Demography* 39 (2): 369-392.

Wittenberg-Cox, Avivah/Maitland, Alison (2008): *Why Women Mean Business: Understanding the Emergence of Our Next Revolution.* Chichester/West Sussex: John Wiley.

Familienpolitische Positionen in Österreich: Fragmente eines Paradigmenwechsels

Rudolf Dujmovits[1]

1 Einleitung

Nachdem sie für längere Zeit eher ein Nischendasein geführt hat, ist die Familienpolitik in Deutschland und Österreich ins Zentrum politischer Auseinandersetzungen gerückt. Wie Sturn in seinem einleitenden Betrag in diesem Band zeigt, resultiert dieser Bedeutungsgewinn auch aus der zunehmenden Erkenntnis über den Zusammenhang familienpolitischer Problemlagen mit großen gesellschaftspolitischen Themen wie der Geschlechtergleichstellung, Mängeln im Bildungswesen, Befürchtungen bezüglich des Verlustes wirtschaftlicher Wettbewerbsfähigkeit, der erwarteten Unfinanzierbarkeit sozialer Sicherungssysteme und des Zerbrechens des gesellschaftlichen Zusammenhalts aufgrund zunehmender kultureller (und anderer) Heterogenität(en), unter anderem infolge von Migration.

Das alles findet seinen Niederschlag in öffentlichen Kontroversen über die ‚richtige‘ Familienpolitik. Dabei werden traditionelle familienpolitische Zielsetzungen durch neue Teilziele ergänzt, aber auch grundsätzlich in Frage gestellt. Falls es dabei nicht nur um kurzfristig orientierte, die WählerInnenstimmen maximierende politische (Schein)Gefechte geht, sondern auch um eine – infolge veränderter gesellschaftlicher Rahmenbedingungen notwendig werdende – substantielle inhaltliche Auseinandersetzung, ist zu erwarten, dass sich diese Kontroversen auch in den Positionen familienpolitisch relevanter gesellschaftlicher Institutionen sowie in konkreten familienpolitischen Maßnahmen niederschlagen.

Dieser Beitrag untersucht, ob und in welche Richtung sich die familienpolitischen Positionen politischer Parteien und Interessenvertretungen in Österreich in den vergangenen Jahrzehnten verändert haben. Im folgenden Beitrag von Kreimer werden allfällige Veränderungen auf der Ebene der realisierten Maßnahmen analysiert und die Ergebnisse der beiden Beiträge zusammengeführt und diskutiert.

Ausgangs- und Referenzpunkt für diese Analyse ist die modernisierte Variante des traditionellen Familienmodells der männlichen Versorgerehe. In der Urform beruht dieses Modell auf einer vollständigen Spezialisierung der Geschlechter auf Erwerbsarbeit einerseits und reproduktive Familienarbeit andererseits (z. B. Lewis/Ostner 1994). In diesem Modell ist die Hausfrau zuständig für die Betreuungs-, Erziehungs- und Pflegearbeiten, die sich von der Kinderbetreuung über sonstige, der alltäglichen Reproduktion dienende Maßnahmen bis zur Altenpflege erstrecken. Die finanzielle Grundlage für diese familiäre Arbeitsteilung schafft der Ehemann über seine Tätigkeit im Erwerbssystem – *male-breadwinner* und *female-caretaker*.

Idealtypisch muss das politische Ziel im Rahmen dieses Paradigmas darin bestehen, die traditionelle Arbeitsteilung zwischen ernährendem Mann und betreuender Hausfrau zu ermöglichen, beispielsweise indem der Ernährer die familiäre Reproduktion sicher stellende

---

[1] Dieser Beitrag entstand in enger Zusammenarbeit mit Margareta Kreimer.

„Familienlöhne" auf dem Markt verdienen kann. Da dies angesichts der Bedingungen auf den Arbeitsmärkten in kapitalistischen Gesellschaften vielfach nicht möglich ist, die Markteinkommen also zu Familien- und Kinderarmut führen können, hat der Staat subsidiär durch ergänzende familienpolitische Unterstützungen einzuspringen.[2]

Modernisierte Formen des traditionellen *male-breadwinner*-Modells unterstützen dagegen auch die Beteiligung von Müttern im marktlich organisierten Erwerbssystem, die durch geeignete staatliche Rahmenbedingungen ermöglicht werden soll. Die öffentliche Kinderbetreuung und die damit verbundenen Rechte sind jedoch auch in diesem Modell ebenso wenig umfassend ausgebaut, wie eine eigenständige und existenzsichernde Absicherung der Frauen vorgesehen ist und eine gleichmäßigere innerfamiliäre Aufteilung von unbezahlter Familienarbeit und bezahlter Erwerbsarbeit angestrebt wird. Zudem bleibt die Erwerbsarbeit die primäre ökonomische Grundlage für die Reproduktion der Familie. Die Vereinbarkeit von Erwerbsarbeit und Familie für Mütter ist in diesem Rahmen funktional: Sie soll zum einen die Generierung eines ausreichenden Familieneinkommens ermöglichen und zum anderen genügend Zeit für die familiäre Kinderbetreuung belassen. Die bestmögliche Ausnutzung des Humanvermögens der Frauen auf dem Arbeitsmarkt spielt in diesem Rahmen keine Rolle. Vielfach läuft dieses Modell auf eine Abfolge nicht existenzsichernder Teilzeitarbeit und Erwerbsunterbrechungen hinaus (z. B. Dingeldey 2000, Leitner 2003, Klenner 2007).

Die Hauptverantwortung für die Erziehung und Bildung der Kinder verbleibt in diesem Modell weiterhin primär im Bereich der Familie.[3] Die Sozialisierung und Vorbereitung der Kinder auf ihr weiteres Leben soll demnach in erster Linie im Familienverband erfolgen. VertreterInnen solcher Modelle unterstellen letztlich, dass die Familien die dafür erforderlichen Kompetenzen mitbringen und dass diese Form der familiären Arbeitsteilung die optimalen Bedingungen für die gesellschaftliche Reproduktion unter anderem auch in Form ausreichend hoher Geburtenraten bietet. Staatliche Eingriffe in den Bereich der Familie werden grundsätzlich skeptisch beurteilt und nur in besonderen Fällen als notwendig erachtet. Schule und andere Institutionen unterstützen die Familie bei ihrer Erziehungs- und Bildungsaufgabe nur subsidiär. Eine schichtspezifische Stabilisierung des gesellschaftlichen Gefüges und entsprechend selektive gesellschaftliche Aufstiegschancen von Kindern sind eine unvermeidliche (von manchen insgeheim wohl auch gewünschte, wenngleich kaum öffentlich argumentierte)[4] Folge dieses familienpolitischen Leitbildes.

Für Deutschland wurde kürzlich eine Neuausrichtung der Familienpolitik sowohl auf der Ebene der Maßnahmen als auch der grundsätzlichen Positionen konstatiert (Leitner 2008; Ostner 2008, 2006).[5] Im Folgenden wird untersucht, ob und in welcher Form sich

---

[2] Sturn diskutiert in seinem Beitrag in diesem Band diverse Varianten dieses Modells.

[3] Das gilt auch für den Bereich der Langzeitpflege von älteren und dauerhaft kranken Personen, der in diesem und dem folgenden Beitrag nicht weiter behandelt wird, da wir uns auf die Familienpolitik im engeren Sinn konzentrieren. Es sei aber darauf verwiesen, dass auch die Erbringung der Pflegeleistungen im Familienverband überwiegend durch Frauen erfolgt. Bezüglich der im Folgenden diskutierten familienpolitischen Ziele ergeben sich daraus Problemstellungen, die in vielerlei Hinsicht jenen bei der Kinderbetreuung gleichen, teilweise aber auch deutlich darüber hinausgehen (vgl. beispielsweise Meier/Kreimer 2011).

[4] Sarrazin (2010) mit seiner umstrittenen, aber viel diskutierten These, wonach Deutschland letztlich an der unzureichenden Reproduktion mittlerer und vor allem höherer, bildungsnaher Schichten leidet, stellt diesbezüglich eine Ausnahme dar.

[5] Dieser Wechsel wurde und wird in hohem Ausmaß mit ökonomischer Sachlogik begründet. An dieser „Ökonomisierung der Lebenswelt" (Titel des Beitrags von Ostner 2008) und „Entfamilialisierung der Elternschaft" (Ostner 2008: 188) wird eine zu einseitige Betonung des Aspekts der ökonomischen Nutzung des Hu-

auch für Österreich eine solche Abkehr von einem modernisierten *male-breadwinner*-Modell festmachen lässt. Im folgenden Abschnitt werden einige Gründe beschrieben, die für grundlegende Änderungen in der Familienpolitik sprechen. Vor diesem Hintergrund werden im dritten Abschnitt Kriterien zur Beurteilung eines allfälligen Paradigmenwechsels in den familienpolitischen Positionen von Parteien und Verbänden entwickelt. Anschließend werden diese Kriterien auf diverse Parteiprogramme und Positionspapiere aus jüngerer Zeit angewendet. Der Beitrag schließt mit einer zusammenfassenden Einordnung dieser Entwicklung in den letzten 15 Jahren.

2 Triebkräfte für einen Paradigmenwechsel

Sind die in jüngster Zeit hoch gekommenen politischen Auseinandersetzungen über die „richtige" Familienpolitik nur von engen und kurzfristigen politischen Interessen getriebene Scharmützel oder werden sie von grundlegenderen, dauerhaft wirkenden Kräften gestützt? Es gibt starke Argumente dafür, dass die Diskussion über eine Neuorientierung der Familienpolitik ursächlich mit großen gesellschaftlichen Problemlagen sowie sich verändernden gesellschaftlichen, wirtschaftlichen und kulturellen Rahmenbedingungen nicht nur verknüpft ist, sondern von diesen auch getrieben wird.

Es herrscht auch Übereinstimmung darüber, dass die Institution des Marktes von sich aus die familiale Reproduktion langfristig nicht in jedem Fall sicherstellen kann. Sowohl die daraus resultierenden Problemlagen – Sturn spricht in diesem Zusammenhang von „reproduktivem Marktversagen" – als auch die daraus resultierenden, zur Stützung der Familie erforderlichen Rahmenbedingungen und Maßnahmen sind von den aktuellen Ausformungen der Ausdifferenzierung der Arbeitsteilung in Wirtschaft und Gesellschaft abhängig. Deshalb bedarf es immer wieder einer Anpassung familienpolitischer Ziele und Maßnahmen, wobei es auch Freiheitsgrade für eine normative politische Gestaltung gibt.

Die Bedingungen und die daraus resultierenden Problemlagen, unter denen Familien in entwickelten Industriegesellschaften wie Deutschland oder Österreich ihre Reproduktionsaufgaben in den Bereichen Betreuung und Pflege, Erziehung und Bildung zu erbringen haben, haben sich in den vergangenen Jahrzehnten zweifellos verändert. Das lässt sich mit einer Reihe empirisch belegbarer Phänomene zeigen:[6]

2.1 Instabile und zunehmend prekäre Beschäftigungsverhältnisse der Männer

Das Risiko von Schwankungen bzw. (temporären) Ausfällen des Markteinkommens steigt bei den Männern aufgrund der Flexibilisierung der Beschäftigungsverhältnisse, des Anstiegs von Niedriglohnbeschäftigungen sowie zunehmenden Diskontinuitäten in den Berufsverläufen. Den Hintergrund dieses Strukturwandels auf den Arbeitsmärkten bilden neben wirtschaftlichen Krisen insbesondere individuell unvorhersehbare Entwertungen des

---

mankapitals der Frauen und Kinder und die damit einhergehende Vermarktlichung weiterer Lebensbereiche kritisiert, eine Auseinandersetzung, auf die an dieser Stelle nicht im Detail eingegangen werden kann. Aus österreichischer Perspektive vgl. dazu den Beitrag von Schratzenstaller in diesem Band, die ebenfalls auf die Grenzen einer nur auf ökonomischer Sachlogik beruhenden Argumentation hinweist.

[6]   Zwischen den im Folgenden dargestellten Phänomenen bestehen fallweise auch Wechselwirkungen, die im Rahmen dieses Beitrags nur fallweise angedeutet, aber nicht systematisch analysiert werden können.

Humankapitals in Folge technologischen Fortschritts bzw. Veränderungen der räumlichen Arbeitsteilung. Auch für männliche Arbeitskräfte gilt daher immer häufiger, dass Phasen der Beschäftigung mit Phasen der Arbeitssuche und -losigkeit bzw. der Requalifikation abwechseln, dass prekäre Beschäftigungsverhältnisse anstelle vollversicherungspflichtiger, vollzeitiger und unbefristeter „Normalarbeitsverhältnisse" eingegangen werden müssen.[7]

Die im modernisierten *breadwinner*-Modell quasi als „Norm" unterstellte lebenslange, durchgehende Vollzeitbeschäftigung des Mannes wird immer häufiger von der Regel zur Ausnahme. Eine planbare und dauerhafte finanzielle Absicherung von Familien wird dadurch erschwert. Zur Erhaltung der Reproduktionsfunktion der betroffenen Familien ist dieses erhöhte Einkommensrisiko durch geeignete Reaktionen auf individueller Ebene, wie Berufstätigkeit beider Partner, sowie durch geeignete staatliche Maßnahmen abzufedern.

2.2 Ausbildungsniveau und Erwerbstätigkeit der Frauen steigen

Die Erwerbsquote[8] und das Ausbildungsniveau der Frauen[9] sind in den vergangenen Jahrzehnten deutlich gestiegen. Die gleichzeitige Berufstätigkeit beider Partner sowie die Höherqualifizierung der Frauen können als Versicherung von Familien gegen das zunehmende Einkommensrisiko der Männer auf den Arbeitsmärkten interpretiert werden. Zudem steigt die Erwerbsorientierung insbesondere höher qualifizierter Frauen. Auch seitens der Arbeitgeber wird eine umfassendere Nutzung des Humanvermögens der Frauen gefordert, wie später noch gezeigt wird. Schließlich sind diese Entwicklungen auch auf die berechtigten Forderungen nach Geschlechtergleichstellung und wirtschaftlicher Unabhängigkeit vom Ehemann zurückzuführen.

2.3 Instabilere und vielfältigere Familienstrukturen

Nicht nur die Berufsverläufe von Männern und Frauen, sondern auch die Familienstrukturen werden diskontinuierlicher. Die lebenslange Gemeinschaft von Mann und Frau in einer Ehe zeigt deutliche Auflösungstendenzen, wie sich an der Zunahme der Scheidungen, der alleinerziehenden Haushalte, der Patchwork-Familien bis hin zum Wunsch von gleichgeschlechtlichen Paaren nach Kindern zeigen lässt (BMWFJ 2010).

Die angesprochene Tendenz zu einer stärkeren eigenständigen wirtschaftlichen Absicherung von Frauen ist vor diesem Hintergrund ebenfalls als „Versicherung", nun jedoch für unvorhersehbare Brüche im Zusammenleben mit Partner und Kindern, interpretierbar.

---

[7] Vgl. dazu für Österreich beispielsweise Geisberger/Knittler (2010), für Deutschland Kalina/Weinkopf (2008).

[8] Die Erwerbsquote der Frauen in Österreich ist von knapp unter 50% im Jahr 1974 auf rund 67% im Jahr 2008 gestiegen (bezogen auf die 15- bis 64-Jährigen); die Erwerbsquote der Männer sank im selben Zeitraum von rund 85% auf rund 81%.

[9] 2008 wiesen rund 13% der 25- bis 34-jährigen Frauen als höchsten Abschluss nur die Pflichtschule auf, 1981 waren es noch 41,6%. 2008 hatten 19,6% der 25- bis 34-jährigen Frauen gegenüber 14,3% der Männer in der gleichen Altersgruppe einen Tertiär-Abschluss, 1980 traf dies nur auf rund 7% der Frauen und 9% der Männer zu (Statistik Austria 2010: 84, 87).

2.4 Fertilitätskrise und „Überalterung"

Mit den aktuellen Geburtenraten (und ohne Berücksichtigung der Zuwanderung) ist in vielen westlichen Industrieländern die Reproduktion nicht mehr gewährleistet. Sinkende und geringe Geburtenraten[10] reduzieren langfristig das Arbeitskräfteangebot und schwächen damit die wirtschaftliche Produktivität und das langfristige Wachstumspotential.[11] In Verbindung mit der steigenden Lebenswartung führen geringe Geburtenraten zu einer Umkehrung der Alterspyramide und der beklagten „Überalterung" der Gesellschaft. Dadurch wird vielfach auch die langfristige Finanzierbarkeit sozialer Sicherungssysteme als gefährdet angesehen.

2.5 Bildungskrise

Internationale Vergleichsstudien wie die PISA-Studie stellen für Deutschland und Österreich eine eher unterdurchschnittliche Leistungsfähigkeit der SchülerInnen bezüglich der abgefragten Kompetenzen fest. Viele SchulabgängerInnen können einfachste Lese-, Schreib- bzw. Rechenaufgaben nicht sinnerfassend und problemorientiert aufnehmen und auch nicht eigenständig lösen. Sekundärer Analphabetismus und massive Bildungsdefizite werden auch bei der zweiten und dritten MigrantInnengeneration diagnostiziert.[12] Die immer wieder festgestellte „Überforderung" von Familien dürfte zum Teil auch mit diesbezüglichen (zeitlichen und fachlichen) Ansprüchen der Schule an die Eltern zu tun haben. Zudem weisen Österreich und Deutschland im Vergleich zu anderen OECD-Ländern ein hohes Ausmaß an sozialer Vererbung des Bildungserfolgs auf.[13]

2.6 Noch immer unzureichende Geschlechtergleichstellung

Die Herstellung von Geschlechtergerechtigkeit ist auf formal-rechtlicher Ebene zwar schon weitgehend umgesetzt und wird inzwischen auch als gesellschaftspolitisches Ziel weitgehend akzeptiert. Letzteres trifft – zumindest auf der rhetorischen Ebene – sogar für Gruppierungen zu, die dieses Ziel weltanschaulich gesehen nicht voll teilen, wie später an einem Beispiel gezeigt wird.

Trotz grundsätzlicher Akzeptanz und Verankerung dieses Ziels mangelt es jedoch auch im Bereich der Familienpolitik an einer einheitlichen Zieldefinition und damit einhergehend auch vielfach an einer entsprechenden praktischen Umsetzung. Ein Beispiel dafür

---

[10] Die Fertilitätsrate lag in Österreich im Jahr 2008 bei etwa 1,4 Kindern pro Frau, Anfang der 1960er Jahre lag sie noch bei rund 2,8 Kindern. Wo die „richtige" und damit anzustrebende Geburtenrate liegt, ist aus einer globalen und langfristigen Perspektive, die auch die weltweiten Wanderungsbewegungen sowie ökologische Probleme einschließt, nicht so einfach zu beantworten. Es gibt aber gute Gründe anzunehmen, dass sie in der Regel nicht mit einer aus nationalstaatlicher Sicht bestandssichernden Fertilitätsrate zusammenfallen dürfte.
[11] Vgl. dazu und zum Folgenden insb. die Abschnitte 3. 1 bzw. 3.2 im Beitrag von Schratzenstaller in diesem Band mit entsprechenden empirischen Belegen.
[12] Vgl. etwa Steinmayr (2009) zur Bildungssituation der zweiten MigratInnengeneration in Wien.
[13] Vgl. dazu Wößmann (2009) und Jacob (2009) für Deutschland sowie den Abschnitt 3.5 im Beitrag von Schratzenstaller in diesem Band für Österreich und mit weiterer Literatur.

ist die noch immer sehr geringe Beteiligung der Väter an der Kinderbetreuung und -erziehung.

Aus dieser Auflistung diverser Veränderungen von ökonomischen und gesellschaftlichen Rahmenbedingungen und daraus resultierenden Problemlagen wird ersichtlich, dass es grundsätzlich starke ökonomische und außerökonomische Triebkräfte für eine Anpassung der Familienpolitik an die neuen Gegebenheiten gibt. Für die Beurteilung, ob und inwieweit sich das in Veränderungen familienpolitischer Grundsatzpositionen niedergeschlagen hat, werden im nächsten Abschnitt entsprechende Kriterien festgelegt.

3 Kriterien eines Paradigmenwechsels

Die dargestellten faktischen Veränderungen und laufenden Diskurse können zum einen Zielen der Familienpolitik zugeordnet werden, bei denen Gerechtigkeitsaspekte im Vordergrund stehen. Dazu zählt klarerweise die Gleichstellung der Geschlechter. Bezüglich der Kinder betrifft das Ziele wie Chancengleichheit im Bildungswesen und soziale Integration, die letztlich zur Stärkung des gesamtgesellschaftlichen Zusammenhalts führt. Zum anderen lassen sich damit ökonomisch begründete Ziele wie die Sicherung bzw. Steigerung gesamtwirtschaftlicher Produktivität und von wirtschaftlichem Wachstum sowie die Sicherung der Finanzierbarkeit von Sozialsystemen in Verbindung bringen.[14] Teilziele, die diesen Zielbündeln zugeordnet werden können, werden im nächsten Abschnitt als Kriterien für die Beurteilung eines allfälligen Paradigmenwechsels in seinen verschiedenen Dimensionen bei familienpolitischen Positionen – und Maßnahmen im Beitrag von Kreimer in diesem Band – dienen. Vorerst erfolgt eine kurze Darstellung und Diskussion dieser Ziele, Teilziele und Zielindikatoren.

3.1 Geschlechtergleichstellung

Diesem Ziel können Teilziele wie gleiche Zugangschancen für Mütter zu Beschäftigung und Karriere bei gleichzeitiger eigenständiger, vom Partner unabhängiger Existenzsicherung zugeordnet werden. Im nächsten Abschnitt wird anhand der folgenden Fragen untersucht, ob in den grundsätzlichen familienpolitischen Positionen von Parteien und Interessenvertretungen in Österreich eine Umorientierung in Richtung folgender gleichstellungspolitisch begründeter Teilziele erkennbar ist:

- Werden für Mütter (im Vergleich zu kinderlosen Frauen und Männern bzw. Vätern) *gleiche Teilhabechancen am Arbeitsmarkt* – die sich unter anderem in einer steigenden Erwerbsquote äußern – angestrebt? Wird dabei auch eine *eigenständige finanzielle Absicherung* der Frauen in der Berufs- und perspektivisch auch der Pensionsphase[15] verfolgt?

---

[14] Vgl. dazu die Darstellung familienpolitischer und anderer damit verknüpfter Ziele im Abschnitt 2 des Beitrags von Schratzenstaller in diesem Band samt Diskussion der Zielbeziehungen.
[15] Die eigenständige finanzielle Absicherung von Frauen in der Pension wird in diesem Beitrag nicht explizit untersucht. Allerdings ist in erwerbszentrierten Sozialversicherungssystemen die Verbindung von aktiver Erwerbstätigkeit und Pension in hohem Ausmaß gegeben, sodass sich Berufsunterbrechungen, Teilzeitphasen und geringe Einkommen jedenfalls auf die Pensionsansprüche auswirken.

- Werden spiegelbildlich zum vorhergehenden Argument für die *Väter gleiche Teilhabechancen in der Familie* – also in der Kinderbetreuung und -erziehung – angestrebt?

Falls die Analyse der Entwicklung familienpolitischer Ziele bzw. der zu ihrer Erreichung vorgeschlagenen Maßnahmen eine eindeutige Tendenz in diese Richtung zeigt, wäre das modernisierte traditionelle Paradigma mit seiner primären Zuständigkeit der Mütter für die Familienarbeit in Richtung einer geteilten Zuständigkeit von Männern und Frauen samt eigenständiger Absicherung durchbrochen. In diesem Fall wird eine mehr oder weniger starke Abkehr von diesem Paradigma diagnostiziert.

3.2 Steigerung von Produktivität und Wachstum sowie Sicherung der Sozialsysteme

Zur Erreichung der ökonomischen Ziele der Erhaltung bzw. Steigerung der gesamtwirtschaftlichen Produktivität und von Wirtschaftswachstum sowie der Sicherstellung einer dauerhaften Finanzierung von sozialen Sicherungssystemen werden unter anderem vorgeschlagen:

- Maßnahmen, die auf eine möglichst gute Entwicklung bzw. hohe Ausschöpfung des Humanvermögens von Kindern bzw. Frauen und somit einer Steigerung der Frauenerwerbsquote abzielen;
- eine pro-natalistische Familienpolitik der Steigerung der Geburtenrate;[16]
- Zuwanderung und Integration von MigrantInnen.

Insbesondere der letztgenannte Vorschlag ist in Österreich noch mit massivem gesellschaftspolitischem Widerstand konfrontiert. Er weist starke familienpolitische Komponenten auf, führt aber auch zu zusätzlichen Herausforderungen in den Bereichen des Bildungswesens, der Integration und der sozialen Kohäsion, die beim folgenden bildungspolitischen Zielbündel detaillierter dargestellt werden.

Neben der Zuwanderung junger MigrantInnen kann auch eine verbesserte Vereinbarkeit von Erwerbsarbeit und Familie zur *Erhöhung der Fertilitätsraten* beitragen. Es ist allerdings umstritten, welche Maßnahmen und Rahmenbedingungen dafür zweckmäßig sind: Empirisch gesehen sind die Geburtenraten in Ländern mit höherer Frauenerwerbsquote tendenziell höher als in Ländern mit geringerer Frauenbeschäftigung.[17] Demgemäß fördert unter anderem ein breit ausgebautes System bedarfsangepasster, flexibler außerfamiliärer Kinderbetreuungseinrichtungen, welches die Vereinbarkeit von Beruf und Familie auch in qualifizierten Berufen und auf hohem Beschäftigungsniveau mit relativ kurzen Ausstiegszeiten der Frauen ermöglicht, die Fertilität. Im Rahmen des modernisierten traditionellen Paradigmas wird dagegen weiterhin primär die innerfamiliäre Kinderbetreuung mit einem eher längeren, teilweisen oder vollständigen Ausstieg aus dem Berufsleben favorisiert. Der außerfamiliären Betreuung wird eine nur subsidiäre Rolle zugewiesen.

Aus ökonomischer Sicht sollte jedoch die mit der letztgenannten familienbezogenen Variante verbundene tendenzielle Entwertung des *Humanvermögens von Müttern* möglichst

---

[16] Es ist offensichtlich, dass die beiden letztgenannten Zielsetzungen nicht unter allen Umständen und so ohne weiteres konfliktfrei miteinander vereinbar sind. Ein Beispiel dafür, dass auch die folgenden, ökonomisch begründeten Teilziele untereinander, aber auch mit den anderen Teilzielen in Konflikt stehen können.

[17] Vgl. dazu die von Schratzenstaller im Abschnitt 2.4 angegebene Literatur.

vermieden werden. Argumentationslinien, die auf die bestmögliche Realisierung der individuellen bzw. gesamtwirtschaftlichen Bildungsrenditen und der gesamtwirtschaftlichen Wachstumsmöglichkeiten abzielen,[18] werden in der Folge vom gleichstellungspolitischen Diskurs unterschieden. Letzterer kann zwar zu analogen Ergebnissen bezüglich der Erwerbstätigkeit von Frauen führen, doch er bezieht seine argumentative Kraft nicht aus humankapitaltheoretischen, sondern aus gerechtigkeitstheoretischen Überlegungen.

Schließlich ist es zwar weitgehend unbestritten, dass für Länder wie Österreich eine qualitativ hochwertige (Aus-)Bildung der Kinder und Jugendlichen eine notwendige Voraussetzung zur Erreichung der obigen ökonomischen Ziele ist. Offensichtlich sind aber viele Familien, Kindergärten und Schulen in Österreich, aber auch in Deutschland, nicht in der Lage, den von Bildungsmängeln betroffenen Kindern geeignete inhaltliche und zeitliche Unterstützung zu geben, die ihnen das Erlernen der heutzutage unverzichtbaren primären Kulturtechniken ermöglicht, wie zuvor unter dem Schlagwort „Bildungskrise" schon grob skizziert worden ist.

Bei diesem Teilziel, welches neben der Familien- vor allem auch die Bildungspolitik betrifft, ist zu untersuchen, ob in den Positionen der Parteien und Interessenvertretungen ein Wandel vom vorherrschenden *Betreuungsparadigma* hin zu einem Bildungsparadigma zu beobachten ist. Beim Erstgenannten steht die schon besprochene Ermöglichung von Vereinbarkeit von Erwerbsarbeit und Familie im Vordergrund. Dagegen zielt das *Bildungsparadigma* primär auf die *Entwicklung des Humanvermögens des Kindes*. Im Unterschied zum modernisierten traditionellen Paradigma wird davon ausgegangen, dass nicht zwangsläufig die Eltern (die Mutter) in allen Aspekten der Kindeserziehung die höchste Kompetenz besitzen und eine qualitativ hochwertige außerfamiläre Betreuung quasi nur eine Notlösung ist. Gestützt durch empirische Untersuchungen wird vielmehr davon ausgegangen, dass außerfamiläre Institutionen der Kinderbetreuung für die Entwicklung des Kindes wichtige Kompetenzen einbringen können, die im Rahmen der Familie in dieser Form nicht erbracht werden können. Zudem führen qualitativ hochwertige frühkindliche außerfamiläre Bildungsanstrengungen aufgrund selbstverstärkender Effekte zu höheren Bildungsrenditen als Bildungsinvestitionen zu einem späteren Lebenszeitpunkt (Bock-Schappelwein et al. 2009: 25f., 59). Die ökonomischen Argumente der Vorteile von Spezialisierung und Arbeitsteilung werden in einem solchen neuen Paradigma auf den Reproduktionsbereich ausgedehnt, allerdings – im Unterschied zum (modernisierten) traditionellen Paradigma – über den Kreis der Familie hinaus.

Maßnahmen wie ein Ausbau der außerfamilären Kinderbetreuung und -erziehung auch schon in der frühkindlichen Phase, ganztägige Betreuungsangebote bis hin zur Ganztagsschule, die Verbesserung der Qualität der Ausbildung der Betreuungspersonen sowie der Ausstattung der außerfamilären Betreuungseinrichtungen mit qualifiziertem und differenziert ausgebildetem Personal, sind Indikatoren für einen solchen Wechsel zu einem Bildungsparadigma. Das gilt insbesondere dann, wenn die Maßnahmen verpflichtend sind.

Eine diesbezügliche Einschränkung der Autonomie der Familien, die den Kindern durch die Auferlegung entsprechender Verpflichtungen eine bestmögliche Entfaltung ihrer individuellen Potentiale außerhalb der Familie ermöglichen soll, stößt in Österreich derzeit allerdings noch auf breite Akzeptanzprobleme. In diesem Zusammenhang werden eine

---

[18]   Zu empirisch gestützten positiven Zusammenhängen zwischen der Erwerbsbeteiligung von Frauen bzw. der Humanvermögensentwicklung von Frauen und Kindern mit der wirtschaftlichen Produktivität vgl. die Abschnitte 3.4 und 3.5 im Beitrag von Schratzenstaller in diesem Band.

„Entmachtung" der Familien und der Mütter und eine einseitig indoktrinierende „Verstaatlichung der Bildung" als Gefahr in den Raum gestellt.[19] Solche berücksichtigungswürdigen und diskutablen Positionen vernachlässigen allerdings vielfach, dass eine Beibehaltung des familienbezogenen Leitbildes auf Kosten der bestmöglichen Entwicklung des Humanvermögens vieler Kinder und Jugendlichen geht und damit auch zu gesellschaftlichen Kosten führt.

Vor diesem Hintergrund ergeben sich folgende Fragestellungen zur Beurteilung, ob derartige, primär ökonomisch begründete Paradigmenwechsel vorliegen:

- Werden die Teilziele einer *quantitativ* besseren Nutzung des Arbeitskräftepotentials von Müttern bzw. einer *qualitativ verbesserten Nutzung des Erwerbspotentials* vor allem besser ausgebildeter *Frauen und Mütter* sowie dafür geeignete Maßnahmen angestrebt und explizit – unabhängig von gleichstellungspolitischen Zielen – mit den oben angeführten *ökonomischen Argumenten* begründet?
- *Auf welchem Weg* soll angesichts des demographischen Wandels und der daraus resultierenden ökonomischen Probleme eine *Erhöhung der Geburtenrate* erreicht werden? Geschieht dies vor einem Hintergrund, der eine – ökonomisch begründete – Erhöhung der Erwerbsbeteiligung von Müttern als vorteilhaft bzw. notwendig für die Zielerreichung ansieht?
- Zielt die Bildungs- und Familienpolitik unter Berufung auf die genannten ökonomischen Ziele sowie unter Verwendung humankapitaltheoretischer Argumente auf eine *qualitativ hochwertige außerfamiläre Betreuung und Ausbildung der Kinder und Jugendlichen?* Wichtige Beurteilungskriterien dabei sind, ob dies auch *für die frühkindliche Lebensphase* vorgesehen ist und/oder ob die Angebote *ganztägig bzw. verpflichtend* sind.

Falls die Analyse der familienpolitischen Positionen und daraus abgeleiteter Maßnahmen eine eindeutige Tendenzen in diese Richtungen zeigt und zur Begründung jeweils auch Ziele wie Sicherung von Produktivität, Wachstum bzw. der Finanzierbarkeit der Sozialsysteme herangezogen werden, wird ein ökonomisch begründeter Paradigmenwechsel diagnostiziert. Auch in diesen Fällen würde das eine Abkehr vom modernisierten traditionellen Paradigma bedeuten.

3.3 Chancengleichheit, soziale Integration und gesellschaftlicher Zusammenhalt

Neben den eben besprochenen ökonomischen Problemen resultiert aus der „Bildungskrise" auch ein Gerechtigkeitsproblem. Für Kinder aus bildungsfernen Schichten ist keine Chancengleichheit im und durch das Bildungssystem gegeben. Familien- und bildungspolitische Maßnahmen, die mehr *Chancengleichheit* für Kinder insbesondere aus bildungsfernen Schichten herstellen, leisten auch einen Beitrag zu späterer Armutsvermeidung: Verbesserte Bildung insbesondere bereits im frühkindlichen Alter verringert die soziale Vererbung von Bildungs- und damit späteren Einkommenschancen (Bock-Schappelwein et al. 2009: 38f.).

---

[19] Das kann sowohl auf die Verfolgung bestimmter familienpolitischer Leitbilder aber auch auf schichtspezifische, den eigenen Status bewahrende Interessen zurückgeführt werden und spiegelt sich in den familienpolitischen Positionen mancher Parteien wider, wie in der Folge noch gezeigt wird.

Sie verändert langfristig die primäre Einkommensverteilung zugunsten dieser bildungsfernen Familien.

Zudem könnten entsprechende Maßnahmen zu einer verbesserten *sozialen Integration* von Kindern, insbesondere auch – aber nicht nur – aus MigrantInnenfamilien, und zu einer Stärkung der *sozialen Kohäsion* führen. Das betrifft die Vermittlung von Sprachkompetenzen ebenso wie sonstige integrationsfördernde Maßnahmen. Bereits das Miteinander von Kindern mit unterschiedlichen Begabungen und aus unterschiedlichen sozialen und kulturellen Milieus in Kindergarten und Schule kann den sozialen Zusammenhalt stärken.[20] Demgemäß ist in diesem Zusammenhang zu fragen:

- Wird eine durchgehende Überwindung des in Österreich noch immer sehr stark ausgeprägten *schichtspezifisch selektiven Bildungszugangs* als Ziel formuliert? Werden dafür geeignete Maßnahmen wie ein auch schon frühkindlicher, teils verpflichtender, ganztägiger und gemeinsamer Besuch von qualitativ hochwertigen Betreuungseinrichtungen und Schulen bzw. ihre Ausstattung mit quantitativ ausreichendem und qualitativ hochwertigem Betreuungspersonal vorgeschlagen?
- Betreffen diese Ziele und Maßnahmen auch den *Abbau von Sprachdefiziten* bei Kindern aus MigrantInnenfamilien und bildungsfernen Schichten sowie die Erhöhung der *sozialen Kompetenz* und der *sozialen Integration* der Kinder? Werden *sozial durchmischte* Betreuungseinrichtungen und Schulen als Instrument sozialer Integration und zur Stärkung des gesellschaftlichen Zusammenhalts gesehen?

Entsprechende Veränderungen in den familienpolitischen Positionen würden eine Abkehr vom (modernisierten) traditionellen Paradigma bedeuten, welches den primären Hort von Erziehung und Ausbildung weiterhin in der Familie sieht, was einer Erhaltung eines schichtspezifischen Zugangs zu Bildungserfolgen Vorschub leistet und zudem nicht integrationsförderlich ist.

Die *Verbesserung der Vereinbarkeit von Erwerbsarbeit und Familie* wurde bisher nur am Rande erwähnt, obwohl sie programmatisch immer wieder als wichtiges Ziel der Familienpolitik genannt wird. Doch unseres Erachtens ist dies nur ein Zwischenziel, welches den übergeordneten, oben spezifizierten Zielen auf direktem oder indirektem Weg förderlich sein kann, aber nicht muss. Deshalb wird die Vereinbarkeit in den folgenden Qualifizierungen der familienpolitischen Positionen entscheidungsrelevanter politischer Parteien und Interessensverbände nicht als eigenständiges Ziel, sondern nur jeweils gemeinsam mit den übergeordneten Teilzielen analysiert.

---

[20] Ein maßgeblicher Vertreter dieser Position ist u. a. Bernd Schilcher (Mitarbeiter am 1972 verabschiedeten Salzburger Programm der Österreichischen Volkspartei, langjähriger Amtsführender Präsident des Landesschulrates für die Steiermark, Vorsitzender einer Expertenkommission zur Schulreform des zuständigen Bundesministeriums etc.). Er hat sie in seinem Referat beim Symposium „Paradigmenwechsel in der Familienpolitik?" des Schumpeter Centers an der Universität Graz am 15. und 16. April 2010 überzeugend vertreten.

4   Entwicklung familienpolitischer Positionen in ausgewählten politischen Parteien und Interessenvertretungen

Im Folgenden wird unterstellt, dass sich ein Paradigmenwechsel in den Positionen entscheidungsrelevanter Akteure zur Familienpolitik (und den damit verknüpften Bereichen der Bildungs- und Arbeitsmarktpolitik) finden lassen müsste.[21] Es wird untersucht und in der folgenden Tabelle 1 zusammenfassend dargestellt, inwieweit die obigen Zielsetzungen, Begründungen für neue Zielsetzungen und zur Erreichung dieser Ziele vorgeschlagenen Maßnahmen in den Positionen ausgewählter politischer Parteien und Interessenvertretungen in Österreich ihren Niederschlag gefunden haben. Zu diesem Zweck werden diverse Partei- und Wahlprogramme bzw. Zukunfts- und Grundsatzpapiere der vergangenen Jahrzehnte der Österreichischen Volkspartei (ÖVP), der Freiheitlichen Partei Österreichs (FPÖ), der Sozialdemokratischen Partei Österreichs (SPÖ) sowie der Industriellenvereinigung (IV) und der Sozialpartner analysiert.[22]

Zwecks Eingrenzung des breiten Analysefeldes beschränken wir uns auf zwei wesentliche Teilbereiche der Familien- und Bildungspolitik: Zum einen auf die institutionalisierte, außerhäusliche (außerfamiliäre) Kinderbetreuung und deren Ausgestaltung und zum anderen auf den Bereich der Elternkarenz und der (teils damit verbundenen) finanziellen Unterstützung der Familien wie dem Kinderbetreuungsgeld (KBG).[23]

Es sei vorausgeschickt, dass angesichts der vielfältigen Wechselwirkungen und Beziehungen zwischen den einzelnen Zielen und Maßnahmen und vor allem angesichts der nicht widerspruchsfreien und eindeutigen Darstellung der Positionen bei den analysierten familienpolitischen Institutionen nur grobe grundsätzliche Einschätzungen ihrer Entwicklung vorgenommen werden können, die da und dort erforderliche Differenzierungen vernachlässigen. Das Ziel dieser Arbeit geht aber auch über die Erlangung solcher Tendenzaussagen, die dann mit den ebenfalls nur grob charakterisierbaren realisierten Maßnahmen kontrastiert werden können, nicht hinaus. Detaillierte Analysen müssen anderen Arbeiten (insbesondere auch politikwissenschaftlicher Natur) vorbehalten bleiben.[24]

---

[21] Es ist in der Regel nicht zu erwarten, dass Veränderungen politischer Grundsatzpositionen sehr zeitnah zu real auftretenden Problemen erfolgen, sondern vielmehr, dass sie einen gewissen zeitlichen Vorlauf benötigen. Da sich die oben dargestellten Probleme jedoch schon seit längerem abzeichnen, ist die Erwartung nicht unbegründet, dass sich dies schon in den Grundsatzpositionen niedergeschlagen haben könnte.
Vgl. dazu das Modell von Hall (1993) zum politischen und gesellschaftlichen Lernen. Demnach führen gesellschaftliche Krisen, die mit dem vorherrschenden Paradigmen nicht mehr erklärt und mit den bisher verwendeten Instrumenten nicht mehr bewältigt werden können, zu stufenweisen, kumulativen Lernprozessen in Gesellschaft und Politik. Das gipfelt letztlich in der politischen Durchsetzung eines neuen Paradigmas mit neuen Zielen und Instrumenten und deren administrativer Verankerung. Dazu und zum Konzept des Paradigmenwechsels im Allgemeinen vgl. den abschließenden Abschnitt im Beitrag von Kreimer in diesem Band.

[22] Regierungsprogramme werden in diese Analyse nicht einbezogen, da die analysierten Positionen möglichst unbeeinflusst von aktuellen tagespolitischen Notwendigkeiten und erforderlichen politischen Kompromissen bzw. Abtauschgeschäften im Zuge von Koalitionen bzw. Regierungsverhandlungen sein sollen.

[23] Vgl. dazu den Beitrag von Leitner in diesem Band, der diese Auswahl stützt. Leitner sieht u. a. einkommensabhängige und existenzsichernde Transferleistungen für Zeiten der Kinderbetreuung sowie quantitativ umfassende, flexible und qualitativ hochstehende Kinderbetreuung als zentrale Bausteine einer guten Familienpolitik.

[24] Eine teils umfassendere, aber vorläufige und aktuelle Entwicklungen noch nicht beinhaltende Darstellung familienpolitischer Positionen der hier analysierten Institutionen findet sich in Dujmovits (2009).

Tabelle 1: Entwicklung familienpolitischer Positionen in Österreich

Zielebenen*)	(1) Gleichstellung	(2) Ökonomische Ziele			(3) Chancen- gleichheit
Teilziele bzw. Zielindikato- ren	eigenständige und gleiche *Teilhabechan- cen* in Beruf und Familie für Frau & Mann	umfassende *Nutzung Humanver- mögen* Frau- en & Mütter	Steigerung *Geburtenrate* durch Verein- barkeit auf hohem Niveau		Förderung *Humanvermö- gensentwicklung* von Kindern
Veränderungen**) in den Positionen der ...					
ÖVP	(+)	=	=	(+)	(+)
FPÖ	–	–	–	=	=
SPÖ	++	=	=	(+)	++
IV & Sozial- partner	++	++	=	++	++

Quelle: eigene Zusammenstellung

*) *Zielebenen:*
    (1) Geschlechtergleichstellung
    (2) Sicherung von Produktivität, Wirtschaftswachstum sowie der Finanzierbarkeit der Sozialsysteme
    (3) Chancengleichheit in/ durch Bildung; soziale Integration und Kohäsion.
**) *Ausmaß und Richtung* der Veränderung (modernisiertes *male-breadwinner*-Modell als Referenzpunkt):
    ++   deutliche Hinwendung zu einem neuen Paradigma
    +   Hinwendung zu einem neuen Paradigma
    (+)   sehr schwache Hinwendung zu einem neuen Paradigma
    =   unverändert
    –   Rückwendung zum traditionellen Paradigma, mit starker Betonung innerfamiliärer Kindererziehung.

4.1 ÖVP: Wahlfreiheit versus grundsätzlich subsidiärem Charakter außerhäuslicher Kinderbetreuung

Angesichts ihrer seit 1987 durchgehenden direkten bzw. indirekten politischen Verantwortung für die Familienpolitik sind die diesbezüglichen politischen Positionen der ÖVP von
besonderem Interesse.[25]
    Grundsätzlich wird in den analysierten Positionspapieren der ÖVP[26] durchgehend die
Schaffung bzw. Erhaltung von *Wahlfreiheit* als wesentliches Ziel bei der Ausgestaltung der

---

[25] Die ÖVP war zwischen 1987 und 2000 für die Familienpolitik politisch zuständig und ist es ab dem Jahr 2007
      wiederum. Zwischen 2000 und 2007 war das Familienministerium in der Hand der FPÖ, später dem Bündnis
      Zukunft Österreich (BZÖ), jeweils in einer Koalitionsregierung mit der ÖVP.
[26] Das sind: i) Das Parteiprogramm aus dem Jahr 1995 (ÖVP 1998). ii) Das im Rahmen des ÖVP-
      Perspektivenprozesses 2010 erarbeitete Ergebnispapier der Impulsgruppe Familie und Kinder (Mikl-Leitner
      2007) sowie das unter anderem darauf bauende Perspektivenpapier (ÖVP 2007). Letzteres soll zwar die Grund-
      lage für ein neues Parteiprogramm bilden, werde aber „nur einen Teil dazu beitragen" und auch „nicht die ‚Bi-

Vereinbarkeit von Erwerbsarbeit und Familie, der Kinderbetreuung und der Schule hervor-gehoben.[27] Eine kritische Einordnung dieser Position erfolgt in der zusammenfassenden Würdigung der einzelnen Standpunkte im letzten Abschnitt dieses Beitrags.

Das Ziel der *Geschlechtergleichstellung* wird auf allgemeiner Ebene mehrfach explizit angesprochen. An Maßnahmen, die dazu führen, werden im Parteiprogramm bedarfsbezo-gene, die Familie subsidiär unterstützende und die Vereinbarkeit von Erwerbsarbeit und Familie erleichternde Angebote an vorschulischer Kinderbetreuung genannt (ÖVP 1998: 18, 24). Die Impulsgruppe Familie ging einen Schritt weiter und schlug eine Flexibilisie-rung der Öffnungszeiten und eine Reduktion der Schließtage von (öffentlichen) Kinderbe-treuungseinrichtungen vor (Mikl-Leitner 2007: 8). Im Perspektivenpapier folgte ein weite-rer großer Schritt: Es wurde eine bedarfsgerechte Betreuung (Tagesmütter, Kinderkrippe) auch für *unter 3-Jährige* sowie ein kostenloser Kindergarten am Vormittag ab dem 4. Le-bensjahr gefordert (ÖVP 2007: 11, 19). Im Programm für die Nationalratswahl 2008 finden sich jedoch insbesondere die Vorschläge für die unter 3-Jährigen nicht mehr: Es wird nun ein kostenloser (und erstmals verpflichtender!) Kindergarten ab dem 5. Lebensjahr sowie erstmals ein bedarfsorientiertes, flächendeckendes Angebot an Kinderbetreuung auch für den *Nachmittag* gefordert (ÖVP 2008: 7). Weiters soll es eine „Betreuungsgarantie" für Kinder in einer Einrichtung nach Wahl der Eltern geben (ÖVP 2008: 11). Laut dem jüngs-ten ÖVP-Bildungskonzept sollen in den Schulen „bedarfsorientiert flächendeckende, ganz-tägige Betreuungsangebote" geschaffen werden. Für alle 3- bis 6-jährigen Kinder soll es ein „bedarfsorientiertes flächendeckendes Angebot" (ÖVP 2011: 2f.) geben.[28]

In Österreich ist das Angebot an ganztägigen Kinderbetreuungseinrichtungen insbe-sondere für Kleinkinder unter drei Jahren, aber auch für 6- bis 14-jährige Schulkinder in der Nachmittagsbetreuung generell zu gering. Zudem gilt für viele Einrichtungen, dass sie in Bezug auf tägliche Öffnungszeiten und ferienbedingte Schließzeiten auf die beruflichen Anforderungen der Eltern bzw. deren Urlaubsrechte zu wenig Rücksicht nehmen (Fuchs 2006).[29] Angesichts dieser Mängel müsste ein rascher, flächendeckender Ausbau entspre-chender Einrichtungen und die Bereitstellung der dafür erforderlichen Mittel gefordert werden, doch das findet sich in den aktuellsten Grundsatzpapieren der ÖVP nicht. Die jüngsten Vorschläge fallen hinter jene im Perspektivenpapier bzw. im Wahlprogramm zu-rück. Das flächendeckende Betreuungsangebot soll nun offensichtlich für unter 3-Jährige nicht gelten bzw. wird auch kein ganztägiges Angebot in Kindergärten gefordert. Unter anderem wird daraus deutlich, dass in der ÖVP bezüglich der Kinderbetreuung noch keine eindeutige und dauerhafte Tendenz erkennbar ist, die u. a. eine stärkere Gleichstellung von Mann und Frau stützt.

---

schätzung findet ihre Bestätigung durch die teils unterschiedlichen Positionen in Mikl-Leitner (2007) und ÖVP (2007) sowie im Vergleich mit Positionspapieren jüngeren Datums. iii) Das Wahl- (ÖVP 2008) und Frauenpro-gramm (ÖVP-Frauen 2008) für die Nationalratswahl 2008, in denen zum Teil wieder stärker traditionelle Posi-tionen vertreten werden. iv) Das ÖVP-Bildungskonzept (ÖVP 2011).

[27] Vgl. dazu (ÖVP 1998: 17; 2008: 7, 11). Laut Perspektivengruppe soll die Wahlfreiheit der Eltern bei der Kin-derbetreuung (Mikl-Leitner 2007: 8; ÖVP 2007: 10f.) und in der Schule (ÖVP 2007: 22) erhöht werden; letzte-re soll laut dem jüngsten Bildungskonzept „die Wahlfreiheit in den Mittelpunkt stellen" (ÖVP 2011: 2).

[28] Weiters sollen Betriebskindergärten steuerlich gefördert werden (ÖVP 2008: 7). Forderungen nach einer steuer-lichen Begünstigung familienfreundlicher Unternehmen finden sich auch in (Mikl-Leitner 2007: 11), dagegen wird im Perspektivenpapier für die Schaffung einer familienfreundlichen Arbeitswelt nur die „Verantwortung von Wirtschaft und Unternehmen" (ÖVP 2007: 11) bemüht.

[29] Vgl. dazu auch die Detailauswertung für Österreich im Beitrag von Kreimer in diesem Band.

Zur Erleichterung der Vereinbarkeit von Beruf und Familie wird weiters der Ausbau qualifizierter Teilzeitarbeit und von flexiblen Arbeitszeitmodellen propagiert (ÖVP 1998: 14; Mikl-Leitner 2007: 10; ÖVP 2007: 14). In Mikl-Leitner (2007: 12) wird eine gänzliche Abschaffung der Zuverdienstgrenze beim Kinderbetreuungsgeld (KBG) vorgeschlagen. Im Perspektivenpapier und in den folgenden Wahlprogrammen findet sich diese Forderung nicht mehr. In ÖVP (2008: 11) wird aber ein einkommensabhängiges KBG für ein Jahr vorgeschlagen.[30] Im Unterschied zu den langen Varianten des KBG[31] in nicht existenzsichernder Höhe – die zwecks Aufrechterhaltung von Wahlfreiheit nicht in Frage gestellt werden – kann eine solche einkommensabhängige Variante grundsätzlich die Arbeitsmarktbeteiligung von Müttern (und auch die Väterkarenz) fördern,[32] falls es nach diesem Jahr ausreichende Betreuungseinrichtungen für Kleinkinder gibt. Da dies gerade bis zum Alter von drei Jahren praktisch gesehen nur sehr eingeschränkt der Fall ist und sich auch in den jüngsten Forderungen der ÖVP nichts in diese Richtung findet, ist auch diese Positionsänderung kein klares Signal in Richtung eines gleichstellungspolitischen Paradigmenwechsels. Zudem wird mehrfach die Einführung eines Familiensplittings in der Einkommensbesteuerung gefordert (ÖVP 2007: 17; 2008: 10f.), woraus sich tendenziell auch negative Anreize für die Erwerbstätigkeit typischerweise der Frau als Zweitverdienerin ergeben.[33]

Schließlich wird zur grundsätzlich gewünschten verstärkten Beteiligung der Väter in die Familienarbeit inklusive Väterkarenz[34] vor allem auf die Überwindung alter Rollenbilder gesetzt (ÖVP 2007: 13f.). Beispielsweise werden verpflichtende „Papamonate" – die von der SPÖ vorgeschlagen werden – nicht gefordert bzw. abgelehnt, was angesichts des hohen Stellenwerts von Wahlfreiheit nicht wirklich überraschend ist.

Die ÖVP verbleibt demnach bezüglich des Ziels der Geschlechtergleichstellung noch weitgehend im Rahmen des modernisierten traditionellen *male-breadwinner*-Modells. Das Ziel einer umfassenden Gleichstellung von Mann und Frau in Beruf und Familie samt eigenständiger Absicherung berufstätiger Mütter wird zwar mehrfach artikuliert, die vorgeschlagenen Maßnahmenbündel weisen jedoch nicht eindeutig in diese Richtung, sind nicht umfassend genug und bleiben vielfach auf halbem Weg stehen. Beispielsweise soll zwar die qualifizierte Teilzeit ausgebaut werden, ein umfassendes Recht auf Elternteilzeit wird dagegen nicht explizit gefordert.[35] Insbesondere die Betreuung unter 3-Jähriger bzw. am Nachmittag soll weiterhin primär in der eigenen Familie, vor allem bei den Müttern, verbleiben. Beispielsweise meinte die ÖVP-Wissenschaftsministerin Karl im Zuge der Diskussion des neuen ÖVP-Bildungskonzeptes, dass sich die Eltern zukünftig in Bildungsfragen mehr einbringen und mit den Kindern verstärkt Hausübungen machen sollen (ORF 2011). Die zwar vorhandenen, aber stark widersprüchlichen Anzeichen für eine stärker gleichstel-

---

[30] Diese Forderung wurde zwischenzeitlich umgesetzt. Vgl. dazu den Beitrag von Kreimer in diesem Band.

[31] In diesen wird das KBG für 30 (bzw. 20) Monate ausbezahlt, falls es nur von einem Elternteil in Anspruch genommen wird. Zu weiteren Details vgl. den Beitrag von Kreimer in diesem Band.

[32] Analoges gilt insbesondere für besser qualifizierte Frauen für die steuerliche Absetzbarkeit von Kinderbetreuungskosten, die u. a. in ÖVP (2007: 17; 2008: 11) und Mikl-Leitner (2007: 8) vorgeschlagen wird und zwischenzeitlich ebenfalls verwirklicht ist.

[33] Um solche negativen Arbeitsanreize zu vermeiden, sprechen sich die ÖVP-Frauen (2008, Punkt 3) dagegen für die Beibehaltung der Individualbesteuerung aus.

[34] Vgl. dazu das Perspektivenpapier (ÖVP 2007: 10, 13f.) und weniger deutlich in Mikl-Leitner (2007: 14). Auch die ÖVP-Frauen (2008) wollen Väterkarenz fördern. Zu weiteren diesbezüglichen Maßnahmen siehe den Beitrag von Kreimer in diesem Band.

[35] Zu den diesbezüglich bereits verwirklichten Maßnahmen vgl. den Beitrag von Kreimer in diesem Band.

lungsorientierte Politik können nicht als klarer Wechsel in Richtung gleicher Teilhabechancen interpretiert werden. Diese nur sehr schwache Hinwendung zu einem neuen Paradigma führt in der ersten Spalte der Tabelle 1 zu einem eingeschränkten Plus – „(+)" – bei der ÖVP.

Dieses Ergebnis entspricht auch der grundsätzlichen Positionierung der ÖVP (1998: 18) in ihrem Parteiprogramm, wonach außerfamiliäre Kinderbetreuung, wie alle anderen Unterstützungsleistungen des Staates für Familien auch, „grundsätzlich subsidiären Charakter" habe und die innerfamiliäre Betreuung nur ergänzen und bereichern soll.[36]

Auch bezüglich des Teilziels einer verstärkten *Nutzung des Humanvermögens der Frauen* ist kein Paradigmenwechsel zu erkennen. Einige der beschriebenen jüngsten Forderungen der ÖVP begünstigen zwar insbesondere bei besser verdienenden (ausgebildeten) Müttern eine frühere Aufnahme der Erwerbstätigkeit nach der „Babypause". Doch obwohl es sich aus sachlichen Gründen aufdrängen würde, werden humankapitaltheoretische Argumente samt Bezügen zu den angeführten gesamtwirtschaftlichen Zielen nicht[37] bzw. nur beiläufig verwendet (ÖVP 2007: 13, 38ff.). Diese fast völlige Ausblendung ökonomischer Argumente wird als unveränderte Positionierung eingestuft und mit einem „=" in der zweiten Spalte der Tabelle 1 gekennzeichnet.

In den analysierten Positionspapieren werden diverse steuerpolitische und andere Maßnahmen zur Unterstützung von Zwei-(Mehr-)Kindfamilien vorgeschlagen. Eine höhere Geburtenrate soll vor allem durch ein „Familiensplitting österreichischen Zuschnitts" (ÖVP 2008: 10f.) erreicht werden.[38] Das entspricht jedoch nicht einer Hinwendung zu einem – primär ökonomisch begründeten[39] – Teilziel einer Steigerung der Geburtenrate durch Vereinbarkeit von Erwerbsarbeit und Familie auf hohem Beschäftigungsniveau vor allem der Mütter. Die dargestellten halbherzigen Bekenntnisse zu einem umfassenden, ganztägigen Ausbau der Kinderbetreuungseinrichtungen in Verbindung mit Forderungen, die eine lange Abwesenheit vom Arbeitsmarkt begünstigen, erschweren den Wiedereinstieg ins Berufsleben. Diese Anreize zu innerfamiliärer Kindererziehung durch die Mütter und für längere Abwesenheiten vom Arbeitsmarkt verstärken sich mit steigender Kinderzahl. Das „=" in der dritten Spalte der Tabelle 1 drückt aus, dass die Erhöhung der Erwerbsbeteiligung der Mütter für die ÖVP noch kein Instrument zur Erhöhung der Geburtenrate ist.

Das Teilziel einer Förderung der *Humanvermögensentwicklung von Kindern* durch eine qualifizierte außerhäusliche Betreuung gewinnt in der ÖVP an Bedeutung. Bildung muss demnach bereits im Kindergarten, der zu einem „Lerngarten" entwickelt wird, beginnen, weil „auch die beste Familie kann einem Kind nicht alles mitgeben, was es für ein erfolg-

---

[36] In ÖVP (1998: 18) heißt es dazu auch: „Kinder brauchen Schutz, Geborgenheit und Orientierung an Werten, die ihnen in erster Linie von den Müttern und Vätern vermittelt werden", wobei „die Bildungsverantwortung der Eltern gestärkt" (24) werden müsse. Im jüngsten Bildungskonzept wird diese Position mit etwas anderen Worten wieder zum Ausdruck gebracht: „Die Eltern sind für die Erziehung und Ausbildung der Kinder verantwortlich und werden von der Schule in der Begleitung und Förderung ihrer Kinder unterstützt" (ÖVP 2011: 2; ähnlich 2007: 23).

[37] Beispielsweise soll laut dem damaligen ÖVP-Parteichef Wilhelm Molterer und der Staatssekretärin Christine Marek mit dem einkommensabhängigen KBG eine „bessere Vereinbarkeit von Familie und Beruf" ermöglicht und damit eine Antwort auf „veränderte Lebensläufe" (Presse 2008) gegeben werden.

[38] Mikl-Leitner (2007: 6) schlägt „Anreize zum zweiten Kind" vor, um das Auseinanderklaffen von Kinderwunsch und dessen Realisierung zu vermindern. Laut ÖVP (2007: 11, 17) ist ein Familiensplitting, bei dem die Steuerersparnis mit der Kinderzahl steigt, die wichtigste Maßnahme zur Geburtensteigerung.

[39] Kurze, eher beiläufige Hinweise auf die ökonomische Bedeutung einer Steigerung der Kinderzahl finden sich nur in den unverbindlichen Perspektivenpapieren (Mikl-Leitner 2007: 6; ÖVP 2007: 12f.).

reiches Leben braucht" (ÖVP 2007: 17f.). Dafür werden auch explizit ökonomische (humankapitaltheoretische) Argumente vorgebracht (Mikl-Leitner 2007: 6; ÖVP 2007: 20f.; 2008: 6). Abweichend vom Parteiprogramm wurde von der ÖVP (2008: 7, 11) erstmals ein verpflichtendes, halbtägiges und kostenloses letztes Kindergartenjahr vor dem Schuleintritt vorgeschlagen.[40] Laut ÖVP (2011: 3f.) soll es zukünftig unter bestimmten Bedingungen auch am Nachmittag eine verpflichtende Betreuung und Förderung geben: Im Kindergarten und der Volksschule bei Sprachdefiziten, für die 10- bis 14-Jährigen, wenn der erforderliche Lernerfolg nicht erbracht wird.

Eine grundlegende Neuorientierung bezüglich ökonomischer Begründung und der konkreten Ausgestaltung der daraus abgeleiteten Maßnahmen ist aus all dem aber nicht abzuleiten: Die ökonomischen Argumente werden nicht in ihren verschiedenen Facetten (Produktivität und Wachstum, Finanzierung der Sozialsysteme) erörtert und auch nicht konsequent zu Ende gedacht. Das wird u. a. bei den vorgeschlagenen Maßnahmen ersichtlich: Wie dargestellt, bleiben die jüngsten Forderungen für die unter 3-Jährigen hinter früheren Positionen deutlich zurück. Ganztägige Betreuungsformen bleiben die Ausnahme für bestimmte Sonderfälle, im Normalfall soll der Unterricht in den Volks- und Hauptschulen nur am Vormittag erfolgen. Trotz aller nunmehrigen Bekenntnisse zur Bedeutung der Kindergärten und einer Qualitätssicherung bei den KindergartenpädagogInnen u. a. durch Zertifizierung (Mikl-Leitner 2007: 8; ÖVP 2007: 11) wird beispielsweise deren Höherqualifizierung in Form einer tertiären Ausbildung nicht gefordert[41] bzw. von ÖVP-nahen Organisationen auch massiv abgelehnt.[42] Maßnahmen wie die Verkleinerung der Gruppengrößen bzw. eine Erhöhung des Betreuungspersonals pro Gruppe werden in den Positionspapieren nicht erwähnt bzw. bleiben sehr vage und unverbindlich.

Insgesamt gesehen ist daher nur ein kleiner Schritt in Richtung einer stärker ökonomisch begründeten Förderung der Humanvermögensentwicklung von Kindern feststellbar. Diese nur sehr schwache Hinwendung zu einem neuen Paradigma führt zu einem eingeschränkten Plus in der vierten Spalte der Tabelle 1 bei der ÖVP.

Im jüngsten Bildungskonzept (ÖVP 2011), aber auch im Perspektivenpapier (ÖVP 2007: 20ff.) werden die Schaffung von *Chancengleichheit*[43] in der und durch Bildung sowie *soziale Integration* als Leitlinien für die Schulreform genannt. Die Erlangung von Sprachkompetenzen stellt demnach den „zentralen Schlüssel" (ÖVP 2011: 2) für gesellschaftliche Integration dar, wie sich auch in der verpflichtenden Sprachförderung im Fall von Sprachdefiziten zeigt. Die Differenzierung zwischen AHS-Oberstufe und Neuer Mittelschule soll aber erhalten bleiben, (ganztägige) gemeinsame Schulformen für die 10- bis zu 14-Jährigen sind weiterhin nicht vorgesehen.

Damit bleibt trotz dieser grundsätzlichen Bekenntnisse die nach Ansicht vieler BildungswissenschaftlerInnen zu frühe Differenzierung in der Bildungslaufbahn, die zu einem

---

[40] Diese Forderung wurde inzwischen realisiert. Vgl. dazu den Beitrag von Kreimer in diesem Band. Laut ÖVP (2007: 19) sollte der freiwillige Kindergarten am Vormittag bereits ab dem 4. Lebensjahr kostenlos sein.

[41] Nur im politisch unverbindlichen Perspektivenpapier wird kryptisch für eine „Ausbildung des Fachpersonals auch auf ‚universitärer' Ebene" (ÖVP 2007: 19) plädiert. Vgl. dazu gegensätzlich die klaren Vorschläge der Grünen (Musiol/Fellerer o. J.) für eine tertiäre Ausbildung von KindergartenpädagogInnen.

[42] Der Österreichische Gemeindebund, eine Interessensvertretung der Gemeinden, lehnt eine tertiäre Ausbildung von KindergartenpädagogInnen unter anderem wegen der dadurch erhöhten Kosten vehement ab (Hink 2009: 19).

[43] Laut dem Perspektivenpapier ist *„Bildungsgerechtigkeit"* anzustreben: „Die soziale Herkunft eines Menschen darf nicht über seine Zukunft entscheiden" (ÖVP 2007: 44).

sozial selektiven Bildungssystem führt, erhalten. Die Beiträge einer verpflichtenden sozialen Durchmischung und eines gemeinsamen Lernens von SchülerInnen mit unterschiedlichen Begabungen und besonderen Bedürfnissen zur Leistungssteigerung und sozialen Integration werden offensichtlich gering geschätzt. Als Mittel zur Verbesserung der sozialen Integration wird einseitig auf die Erlangung von Sprachkenntnissen gesetzt.

Zudem werden Kompetenz und Verantwortung für die Bildung der Kinder auch in den jüngsten analysierten Positionspapieren der ÖVP weiterhin primär den Eltern zugeschrieben. Nicht das qualifiziert begleitete gemeinsame Lernen und Üben von unterschiedlich begabten Kindern auch mit unterschiedlichem kulturellem Hintergrund soll ausgebaut werden, sondern die Eltern sollen zukünftig „stärker als bisher" (ÖVP 2007: 23) in schulische Belange einbezogen werden. Wie gezeigt, wird sogar erwartet, dass sie ihre Kinder verstärkt bei den Hausübungen unterstützen. Es wird demnach nicht als vorrangige gesellschaftliche Aufgabe gesehen, das diesbezüglich offensichtliche Versagen vieler – insbesondere bildungsferner – Familien bzw. auch ihre „Überforderung" durch (verpflichtende) staatliche Maßnahmen auszugleichen. Insgesamt lässt sich auch hier nur eine sehr schwache Neuorientierung in Richtung eines neuen Paradigmas erkennen, wofür das eingeschränkte Plus bei der ÖVP in der letzten Spalte der Tabelle 1 steht.

4.2 FPÖ: Steigerung der Geburtenrate durch Familiensplitting

Zwischen 2000 und 2007 lag die Familienpolitik in der Händen der FPÖ (später BZÖ). In diese Zeit der Koalitionsregierung mit der ÖVP fällt die Einführung des unabhängig vom vorhergehenden Erwerbsstatus gewährten Kinderbetreuungsgeldes (KBG) ab 1. 1. 2002, welches das erwerbsarbeitszentrierte Modell des Karenzgeldes ersetzte.

Die familienpolitischen Positionen der FPÖ[44] weisen eine starke Präferenz für die Erziehung und Betreuung von Kindern im Familienverband durch einen Elternteil (vorzugsweise die Mutter) auf. Demnach hat die Erziehung in der Familie grundsätzlich „Vorrang vor der Erziehung durch staatliche Einrichtungen" (FPÖ 2005: 30), wobei „gerade in den ersten Lebensjahren eines Kindes die Nähe der Mutter besonders wichtig und prägend ist" (FPÖ 2009: 126). Private und staatliche außerfamiliäre Betreuungsinstitutionen sollen nur soweit erforderlich ergänzend tätig sein (FPÖ 2007: 81; 2009: 133). Zum Zwecke des Kindeswohls muss es für Kleinkinder bis zum Kindergartenalter möglich gemacht werden, dass zumindest ein Elternteil die Kinder selbst betreuen kann. Betreuung durch Tagesmütter/-väter ist der Betreuung in Kinderkrippen vorzuziehen und auszubauen (FPÖ 2007: 83, 87; 2009: 131, 143).

In gleichstellungspolitischer Hinsicht wird zwar die Wahlfreiheit der Eltern betont, doch die Erhöhung der Erwerbstätigkeit von Eltern mit Kleinkindern wird explizit als kein anzustrebendes Ziel definiert (FPÖ 2007: 83; 2009: 131). Auch die geforderten familienpolitischen Maßnahmen wie Besteuerung mittels Familiensplitting (FPÖ 2005: 22ff.; 2007: 84f.; 2009: 137f.), Ausdehnung des KBG (samt Abschaffung der Zuverdienstgrenze) sowie des Karenzschutzes auf drei Jahre (später in Form eines Kindererziehungsgeldes bis zur Schulpflicht), Ablehnung eines einkommensabhängigen KBG etc. setzen tendenziell negative Arbeitsanreize für die betreuenden Elternteile und erzeugen Anreize gegen eine ausge-

---

[44] Dazu wurden analysiert: das im Jahr 2005 beschlossene Parteiprogramm (FPÖ 2005) sowie das Handbuch freiheitlicher Politik (FPÖ 2007, 2009).

wogene innerfamiliäre Arbeitsteilung. Im Vergleich zum modernisierten traditionellen Paradigma stellt das tendenziell einen gleichstellungspolitischen Rückschritt dar. Für diese Rückwendung zum traditionellen Paradigma mit einer starken Betonung innerfamiliärer Kinderbetreuung und -erziehung steht das Minus in der ersten Spalte der Tabelle 1 bei der FPÖ. Allerdings muss auch die FPÖ den gesellschaftlichen Entwicklungen Tribut zollen. Entgegen ihrer grundsätzlichen weltanschaulichen Festlegungen fordert sie aufgrund des „immer stärker werdenden Wunsches nach besserer Vereinbarkeit von Beruf und Familie" (FPÖ 2007: 81)[45] ein ausreichendes (vorzugsweise halbtägiges), qualitativ hochwertiges (außerfamiliäres) Kinderbetreuungsangebot bereitzustellen (FPÖ 2007: 86f.; 2009: 140ff.).

In den analysierten Positionspapieren der FPÖ wird das ökonomische Teilziel der optimalen Nutzung des *Humanvermögens der Frauen/Mütter* nicht direkt angesprochen. Vielmehr wird eine Verringerung bzw. Unterbrechung der Erwerbsarbeit des betreuenden Elternteils (in der Regel der Mutter) im Fall der Mutterschaft sogar explizit angestrebt.[46] Diese hohe Bewertung der familiären Kindererziehung führt zu einer Reduktion des Arbeitskräftepotentials insbesondere der Frauen und auch zur potentiellen Entwertung ihres Humanvermögens.[47] Diese Akzeptanz des Verlusts von Humanvermögen der Mütter samt Nichtberücksichtigung der dargestellten ökonomischen Zielsetzungen ist als Rückwendung zum traditionellen Paradigma zu betrachten und führt wiederum zu einem Minus in der zweiten Spalte der Tabelle 1.

Analoges gilt für das Teilziel der *Steigerung der Geburtenrate*. Ihrer Erhöhung – vor allem mittels Familiensplitting – wird höchste Priorität zugemessen (FPÖ 2007: 81ff.; 2009: 131f.).[48] Begründet wird dieses Ziel zwar auch mit der Sicherung der Sozialsysteme. Dies steht allerdings nicht im Vordergrund: Denn die Förderungen sollen auf – insbesondere kinderreiche – österreichische Familien beschränkt bleiben. Zudem wird Migration nicht als Lösung, sondern als Mitverursacher des Finanzierungsproblems gesehen, da die „Zuwanderung zu einem großen Teil in das Sozialsystem erfolgt ist" (FPÖ 2009: 135). Schließlich wird betont, dass die (Mehr-)Kinderförderung bei österreichischen Familien letztlich eine „Frage des Überlebens unseres Volkes" (FPÖ 2009: 137) sei. Wie oben gezeigt, wird schließlich eine Verbesserung der Vereinbarkeit von Erwerbsarbeit und Familie auf hohem Niveau mittels entsprechender Kinderbetreuungseinrichtungen etc. abgelehnt. All das läuft wieder auf eine Rückwendung zum traditionellen Paradigma hinaus und führt zum Minus in der dritten Spalte der Tabelle 1 bei der FPÖ.

In den analysierten Positionspapieren der FPÖ (2005: 29; 2007: 156; 2009: 230) werden nur wenige, sehr allgemein gehaltene Bezüge zwischen der *Humanvermögensentwicklung von Kindern* und Jugendlichen und den genannten ökonomischen Zielen hergestellt, explizit wird nur die Erhaltung der Wettbewerbsfähigkeit angeführt. In den Kapiteln zur Familien- bzw. Bildungspolitik werden unter anderem folgende Forderungen erhoben: Laut FPÖ (2007: 155ff.; 2009: 229ff.) soll das Schulsystem weiterhin differenziert sein – eine gemeinsame Schule der 10- bis 14-Jährigen wird explizit abgelehnt (FPÖ 2005: 29; 2007: 155; 2009: 230); es soll stärker leistungsorientiert als derzeit sein, die Klassenschülerhöchstzahl soll 25 betragen. Weiters soll bei nachgewiesenen Sprachdefiziten von Kindern

---

[45] Vgl. ähnlich, aber etwas abgeschwächt FPÖ (2009: 143).
[46] Implizit wird damit unterstellt, dass das Humanvermögen der Eltern (Frauen) in der Familie die bessere Wirkung entfaltet, als in der Erwerbsarbeit.
[47] Es wird aber auch die gegensätzliche Position vertreten, wonach in der Familienarbeit „Managerinnenkompetenzen" erworben werden, die bei einem Wiedereinstieg in die Erwerbsarbeit vorteilhaft sind.
[48] Dass in FPÖ (2007: 82) noch explizit genannte Ziel von zwei Kindern pro Frau fehlt in FPÖ (2009).

von Personen ohne österreichische Staatsbürgerschaft und ohne deutsche Muttersprache vor dem Schuleintritt „in gesonderten Kindergärten ein Intensivkurs absolviert [werden], der von den Eltern zu finanzieren ist" (2007: 29; 2009: 38). Nur bei bestandenem Sprachtest ist eine Aufnahme ins österreichische Schulsystem möglich. Zudem wird ein „verpflichtendes Vorschuljahr für Kinder mit nichtdeutscher Muttersprache, freiwillig für deutschsprachige Kinder" vorgeschlagen.[49] Für KindergartenpädagogInnen wird – wie für alle PädagogInnen – ein tertiärer Abschluss gewünscht, indem die Berufsbildenden Höheren Schulen „weiterentwickelt werden und zumindest einen Baccalaureatsabschluss anbieten" (2007: 157; 2009: 231f.) sollen.

Zusammenfassend sind nur wenige Positionen erkennbar, die unter Berufung auf ökonomische Ziele und unter Verwendung humankapitaltheoretischer Argumente auf eine qualitativ hochwertige außerfamiliäre Ausbildung der Kinder und Jugendlichen auch schon in der frühkindlichen Lebensphase abzielen. Angesichts der schon besprochenen starken Präferenz für die innerfamiliäre Erziehung bzw. von Tagesmüttern/-vätern und des daraus resultierenden sehr verhaltenen Bekenntnisses für einen Ausbau der außerfamiliären (frühkindlichen) Kinderbetreuung ist das auch nicht weiter überraschend. Ein diesbezüglicher Paradigmenwechsel kann daher nicht diagnostiziert werden, deshalb das „=" in der vierten Spalte der Tabelle 1 bei der FPÖ.

Ziel des Bildungssystems ist die „Herstellung von Chancengerechtigkeit" (FPÖ 2005: 28)[50], wobei dieses „jeder sozialen Schicht offenstehen muss" (FPÖ 2007: 155; 2009: 229). Angesichts des beschriebenen weitgehenden Fehlens geeigneter Maßnahmen, die zu mehr *Chancengleichheit* in der und durch die Bildung beitragen können, werden die vorgeschlagenen Maßnahmen zum Abbau von Sprachdefiziten – trotz der grundsätzlich hohen Bedeutung dieses Teilthemas – für eine Überwindung des derzeitigen schichtspezifischen Bildungszugangs und eine Verbesserung sozialer Integration als nicht ausreichend eingeschätzt. Allenfalls sind sie aufgrund ihrer konkreten Ausgestaltung wie der starken Differenzierung zwischen Kindern mit deutscher und nichtdeutscher Muttersprache sogar kontraproduktiv. Deshalb ist bei der FPÖ auch bezüglich des Ziels der Chancengleichheit für Kinder kein Paradigmenwechsel erkennbar, wofür das „=" in der letzten Spalte der Tabelle 1 steht.

4.3 SPÖ: Vereinbarkeit von Erwerbsarbeit und Familie mittels qualitativ hochwertiger, außerfamiliärer Ganztagsbetreuung sowie „inklusive" Schule

Die SPÖ, die unter Bruno Kreisky in den 1970er Jahren noch weitreichende familienpolitische Änderungen, wie die Umstellung auf Individualbesteuerung, durchgesetzt hat, hat seit 1987 keine direkte Verantwortung für die Familienpolitik im Sinne einer Ressortverantwortlichkeit innegehabt.

Bezüglich des gleichstellungspolitischen Ziels *gleicher Teilhabechancen* von Männern und Frauen sind die familienpolitischen Positionen seit 1998[51] durchgehend vom Ziel einer

---

[49] Eine Kindergartenpflicht wird in FPÖ (2009: 144) explizit abgelehnt.

[50] In FPÖ (2007, 2009) wird dieses Ziel nicht mehr genannt.

[51] Analysiert wurden: Das 1998 beschlossene Grundsatzprogramm (SPÖ 1998), das Frauenprogramm 2002 (SPÖ 2002), das Bildungsprogramm 2004 (SPÖ 2004) sowie Wahlprogramme für die Nationalratswahl 2008 (SPÖ 2008, SPÖ-Frauen 2008).

Verbesserung der Vereinbarung von Beruf und Familie geprägt, wobei sowohl eine inner-familiär gerechtere Arbeitsteilung zwischen Vätern und Müttern als auch die eigenständige Absicherung von Frauen über die Zeit an Gewicht gewinnen. Neben einem Recht der Kinder auf „Betreuung inner- und außerhalb der Familie" (SPÖ 1998: 17) werden unter anderem explizit gefordert: ein flächendeckender Ausbau der Ganztagsbetreuung für Kinder, insbesondere auch für unter 3-Jährige, der Übergang auf ganztägige Schulformen (SPÖ 2008: 16f.), Maßnahmen zur Erhöhung der Väterbeteiligung wie ein einkommensabhängiges Karenzgeld und ein „Papamonat" (SPÖ 2008: 31; SPÖ-Frauen 2008: 7). Diverse Forderungen in SPÖ (2002) wie Rückkehrrechte nach dem Bezug des KBG auf einen Vollzeitarbeitsplatz oder in SPÖ-Frauen (2008: 6) nach einer qualifizierten Teilzeitarbeit sollen die Absicherung von Müttern verbessern. Diese sehr deutliche Abkehr vom modernisierten traditionellen Modell führt bei der SPÖ zu einem starken (fett gedruckten) gleichstellungs-politischen Doppelplus in der ersten Spalte der Tabelle 1.

Bezüglich der aus den obigen Maßnahmen resultierenden verstärkten Nutzung des *Humankapitals der Frauen* wird kein Paradigmenwechsel konstatiert, da sich dafür keine expliziten ökonomischen und humankapitaltheoretischen Argumente in den Positionspapieren finden lassen. Analoges gilt für das Teilziel einer *Steigerung der Geburtenrate*.

Die SPÖ weist dem Ausbau und der Qualitätssteigerung in den Bereichen außerfamiliärer Kinderbetreuung und Bildung eine sehr hohe Bedeutung zu und sieht diesbezügliche Aufgaben des Staates auch schon in der frühkindlichen Lebensphase. Dem „Kindergarten als Bildungseinrichtung" wird in SPÖ (2004: 8) ein eigenständiger und bundeseinheitlicher Bildungsauftrag zugewiesen. In diesem „Bildungsgarten" muss die „Lust am Lernen ... von Anfang an gefördert und unterstützt werden" (SPÖ 2008: 16). Eine Reihe von Maßnahmen soll neben den schon angesprochenen zu einer Verbesserung der frühkindlichen Bildung führen. Unter anderem wird für LehrerInnen und auch KindergartenpädagogInnen eine tertiäre Ausbildung angestrebt (SPÖ 2004: 9), die Schulpflicht soll auf das 5. Lebensjahr vorgezogen werden (SPÖ 2008: 17).

In SPÖ (1998: 21) wird Bildung „als Chance der Entfaltung aller Fähigkeiten des Menschen und der Gesellschaft" beschrieben. Letzteres kann zwar als eine implizite ökonomische Begründung für die hohe Bedeutung einer guten Entwicklung des *Humanvermögens von Kindern* für die Gesellschaft interpretiert werden, in den analysierten Positionspapieren finden sich jedoch diesbezüglich – falls überhaupt – nur wenige direkte ökonomische Bezüge. Ähnlich wie bei der ÖVP verbleiben diese meist im Allgemeinen bzw. wird nur der individuelle Vorteil einer verbesserten Bildung erwähnt (SPÖ 1998: 21; 2004: 6f.; 2008: 12f., 16). Wegen dieser sehr vagen ökonomischen Begründungen wird, trotz der umfangreichen bildungsbezogenen Maßnahmenpakete in den Bereichen der Bildungs- und Familienpolitik, nur ein ansatzweise vorhandener Wechsel der Positionen diagnostiziert. Für die nur sehr schwache Hinwendung zu einem neuen Paradigma steht das eingeschränkte Plus in der vierten Spalte der Tabelle 1.

Die Ziele der Herstellung von *Chancengleichheit* in der und durch die Bildung werden dagegen mehrfach und deutlich formuliert (SPÖ 1998: 22; 2004: 6, 11f; 2008: 16). Durch die schon dargestellten Maßnahmen soll der schichtspezifische Zugang zur Bildung abgebaut werden. Außerfamiliäre Betreuungs- und Bildungseinrichtungen werden weiters laut SPÖ (2008: 17) als „eines der wichtigsten Instrumente der Integration" gesehen und sollen demgemäß gestärkt werden. Der Erwerb der deutschen Sprache und bei Kindern von MigrantInnen auch der Muttersprache der Eltern wird dabei als besonders wichtig angesehen

(SPÖ 2004: 8, 11; 2008: 17). Die in SPÖ (2004: 25ff.) geforderte „inklusive" Schule für alle Typen von Kindern mit besonderen Bedürfnissen soll auch dem Erwerb sozialer Kompetenzen dienen.

Obwohl weitere, die *soziale Integration* und den *sozialen Zusammenhalt* fördernde Elemente wie interkulturelles Lernen etc. in den analysierten Positionspapieren nicht explizit angesprochen werden, ist insgesamt gesehen eine sehr deutliche Hinwendung zu einem neuen Paradigma zu erkennen. Das wird mit einem (fett gedruckten) Doppelplus in der letzten Spalte der Tabelle 1 symbolisiert. Denn die SPÖ spricht sich eindeutig für eine Aufwertung auch der frühkindlichen außerfamiliären Betreuung und im Pflichtschulalter für gemeinsame, nur nach innen differenzierte, ganztägige Schulformen aus.

4.4 Industriellenvereinigung und Sozialpartner: Gleichstellung ist notwendig, Vereinbarkeit ist ökonomisch sinnvoll, neue Schulen sind unverzichtbar

Abschließend untersuchen wir die Einordnung der familienpolitischen Positionen der Industriellenvereinigung (IV) und der Sozialpartner.[52] Die Positionen der IV sind seit 2004 im Wesentlichen unverändert und eindeutig ökonomisch begründet.

In einem gemeinsamen Positionspapier der IV mit den Sozialpartnern (2008: 1) wird die Vereinbarkeit von Erwerbsarbeit und Familie nicht nur zwecks *Gleichstellung von Mann und Frau* als gesellschaftspolitisch notwendig erachtet, sondern explizit auch als „ökonomisch sinnvoll" bezeichnet. Denn „das qualitative und quantitative Potenzial der weiblichen Arbeitskräfte" werde unzureichend genutzt. Laut Brunner (2004) ist eine Nutzung des *Humanvermögens der immer besser ausgebildeten Mütter* angesichts der demographischen Entwicklung und des daraus resultierenden zukünftigen Arbeitskräftemangels zur Erhaltung der internationalen Wettbewerbsfähigkeit Österreichs in der sich abzeichnenden Wissensgesellschaft erforderlich.[53] Zur Absicherung des Wirtschaftswachstums wird zusätzlich eine Zuwanderungspolitik als notwendig erachtet, wofür jedoch ein fremden- und integrationsfreundliches Klima geschaffen werden muss.

Gemeinsam mit der Arbeiterkammer (Brunner 2005), später mit den Sozialpartnern (2008) und schließlich in IV (2009) wurden zu diesem Zweck umfassende Maßnahmenkataloge erstellt. Diese beinhalten unter anderem: einen breiten quantitativen und qualitativen, an die beruflichen Erfordernisse angepassten Ausbau der Kinderbetreuungseinrichtungen insbesondere auch für unter 3-Jährige,[54] um einen frühzeitigeren Wiedereinstieg in den Beruf zu ermöglichen; eine Flexibilisierung des KBG zwecks früherer Rückkehr in den Arbeitsprozess, Maßnahmen zur Erhöhung der Väterbeteiligung in der Kindererziehung, besser an die familiäre Situation angepasste innerbetriebliche Gestaltung der Arbeitsplätze und Karrierepfade; Modelle von Work-Life-Balance, die auch Bildungskarenzen etc. einschließen. Zusätzlich zu Verbesserungen bei der außerfamiliären Kinderbetreuung wird

---

[52] Die folgende Beurteilung stützt sich auf diverse Positionspapiere der IV (2007, 2009, 2010), Brunner (2004) sowie auf gemeinsame Positionspapiere der IV mit der Arbeiterkammer (Brunner 2005) bzw. den Sozialpartnern (Sozialpartner 2008), das sind die Arbeiter-, die Landwirtschafts- und die Wirtschaftskammer Österreich sowie der Österreichische Gewerkschaftsbund. Der Zeitraum vor 2004 wurde nicht analysiert.

[53] Auch in einem jüngeren Positionspapier der IV (2009) werden entsprechende Argumente verwendet.

[54] Dazu zählen unter anderem: mehr Betreuungsplätze insbesondere für unter 3-Jährige, Nachmittagsbetreuung für Schulkinder zwischen 6 und 14 Jahren, Anpassung der täglichen Öffnungs- und jährlichen Schließzeiten an die beruflichen Erfordernisse, einheitliche Qualitätsstandards für Ausbildung und Kinderbetreuung.

eine schon im Kindergarten einsetzende Bewusstseinsbildung, die „veraltete Rollenbilder schnell und nachhaltig" (IV 2009: 5) verändert, für unverzichtbar gehalten.

Gleichstellungspolitisch spricht all das für eine klare Abkehr vom modernisierten traditionellen Familienmodell. Diese deutliche Hinwendung zu einem neuen Paradigma lässt ein Doppelplus in der ersten Spalte der Tabelle 1 bei der IV samt Sozialpartnern für gerechtfertigt erscheinen, wenngleich die IV in diesem Bereich gesetzliche Regulierungen wie Quoten oder auch ein Recht auf Elternteilzeit, die aber ausgebaut werden soll, ablehnt. Vielmehr werden die betroffenen Institutionen aufgerufen, „gemeinsame, freiwillige Lösungen" (IV 2009: 9) zu suchen.

Ausgenommen das Thema der Sicherung der Sozialsysteme werden die im Abschnitt 3 besprochenen ökonomischen Argumentationslinien zugunsten einer verstärkten quantitativen und qualitativen *Nutzung des Humanvermögens der Frauen und Mütter* in den untersuchten Positionspapieren der IV und der Sozialpartner wie oben gezeigt durchgehend aufgenommen. Diese sehr deutliche Hinwendung zu einem neuen Paradigma rechtfertigt das starke (fett gedruckte) Doppelplus in der zweiten Spalte der Tabelle 1.

Die Steigerung der *Geburtenrate* wird in den analysierten Positionspapieren nicht explizit als Ziel genannt. Laut IV (2009: 7) erleichtert jedoch eine Verbesserung der Vereinbarkeit von Familie und Beruf die Realisierung der Kinderwünsche und trägt damit indirekt zur „Entschärfung der demografischen Entwicklung" bei – womit der mittelfristig erwartete Mangel an (qualifizierten) Arbeitskräften angesprochen wird. Ein positiver Einfluss einer hohen Erwerbsbeteiligung von Frauen auf die Geburtenrate wird nicht postuliert.[55] Diesbezüglich liegt also kein Paradigmenwechsel laut Definition vor, wofür das „=" in der dritten Spalte der Tabelle 1 steht.

Die hohe Bedeutung einer guten *Humanvermögensentwicklung* von Kindern und Jugendlichen in den Kindergärten und an den Schulen für den Wirtschaftsstandort Österreich und seine zukünftige Entwicklung, die alle Begabungen und Talente bestmöglich fördert, wird in diversen Papieren der IV (2007, 2010) klar hervorgehoben. In der 2006 verabschiedeten Vision „Schule 2020" werden Maßnahmen für eine umfassende Neugestaltung des Bildungswesens in Österreich vorgeschlagen. Laut IV (2007: 5; im Original zum Teil fett) sind „Familie, frühkindliche Entwicklung, Kindergarten und Elementarbildung ... die wichtigsten Grundlagen für eine erfolgreiche Bildungslaufbahn und gelingende Lebenswege." Doch aufgrund „verschiedenartig geänderter sozialer Hintergründe können viele Elternteile ..., können familiäre Umgebung und sozialer Rahmen diese Aufgabe nicht mehr ausreichend erfüllen." Deshalb muss das „Schulwesen ... für Kinder und Jugendliche zunehmend dem veränderten gesellschaftlichen und sozialen Umfeld als ‚Heim der zweiten Stufe' umfassend Rechnung tragen." Diese „Lebensschule" muss zu einem umfassenden Kompetenzzentrum für lebenslanges Lernen ausgebaut werden und soll für die SchülerInnen zu einem jugend- und altersgerechten Lebensraum werden, in dem sie sprachliche, fachliche, soziale und emotionale Kompetenzen festigen und erwerben (IV 2010: 23ff.). Um diese Ziele zu verwirklichen, werden unter anderem folgende konkrete Maßnahmen vorgeschlagen: ein verpflichtendes, kostenloses Startschuljahr ab dem 5. Lebensjahr, an die Berufs- und Lebenswelt der Eltern angepasste ganztägige Schulformen, Entwicklung der (fremd)sprachlichen Kompetenzen bereits ab dem Kindergarten auch durch das Erlernen der Muttersprache als Grundlage für das Erlernen von Deutsch – bei Kindern von Migran-

---

[55] Es wird nur darauf hingewiesen, dass ausreichende und vielfältige Kinderbetreuungseinrichtungen die Fertilitätsrate positiv beeinflussen (IV 2009: 14).

tInnen – sowie eine frühe Förderung von Englisch, mehr männliche Pädagogen und PädagogInnen mit Migrationshintergrund, kleinere Kindergartengruppen (IV 2009: 11ff.; 2010: 25ff.). „Kinder mit besonderem kulturellen, sprachlichen oder mit sozial belastetem Hintergrund sind bereits in frühesten Bildungsphasen durch dafür besonders ausgebildete Fachkräfte" (IV 2007: 8; im Original zum Teil fett) gezielt zu unterstützen.

Diese Ziele und Maßnahmenvorschläge werden als ein sehr deutlicher, ökonomisch begründeter bildungspolitischer Paradigmenwechsel eingestuft, wofür das fette Doppelplus in der vorletzten Spalte der Tabelle 1 bei der IV und den Sozialpartnern steht. In den dargestellten Positionen sind auch diverse integrationsfördernde und den sozialen Zusammenhalt stärkende Elemente enthalten, doch da die Herstellung von Chancengleichheit für Kinder – im Unterschied zur SPÖ – nicht explizit im Vordergrund steht, wird „nur" eine deutliche Hinwendung zu einem neuen Paradigma diagnostiziert und in der letzten Spalte der Tabelle 1 mit einem Doppelplus gekennzeichnet.

5 Zum Paradigmenwechsel in familienpolitischen Positionen

In diesem abschließenden Abschnitt wird eine zusammenfassende Einordnung der Entwicklung der familienpolitischen Positionen der untersuchten politischen Parteien und Interessenvertretungen in Österreich in den vergangenen 15 Jahren vorgenommen.

Aus *gleichstellungspolitischer Perspektive* spielt das Thema der Erleichterung bzw. Verbesserung der Vereinbarkeit von Erwerbsarbeit und Familie bei allen analysierten Institutionen vordergründig eine wichtige Rolle. Ein Blick hinter die Fassade zeigt jedoch, dass sich die jeweiligen Positionen im Detail doch deutlich unterscheiden, wie auch aus den sehr unterschiedlichen Qualifizierungen der jeweiligen Positionen in der ersten Spalte der Tabelle 1 ersichtlich wird. Bei der FPÖ erscheint die Befürwortung vereinbarkeitsfördernder Kinderbetreuungseinrichtungen eher nur als eine Konzession an den Zeitgeist, grundsätzlich wird ein tendenziell stark traditionelles Familienmodell vertreten.

In abgeschwächter Form gilt, das auch für die ÖVP, deren Position im Vergleich zur FPÖ aber sowohl „vielschichtiger" als auch widersprüchlicher ist. Sie betont einerseits die Familie als Keimzelle der Gesellschaft und propagiert andererseits die individuelle Wahlfreiheit, was auch Entscheidungen gegen traditionelle Familienformen möglich erscheinen lässt. Die ÖVP fordert Chancengleichheit für die Kinder, spricht sich aber auch gegen Maßnahmen aus, die diese Chancengleichheit fördern usw.

Bezüglich der Forderung nach Erhalt und Ausbau von *Wahlfreiheit* zeigt sich bei genauerem Blick zum einen, dass diese vielfach nur eine formale ist. Beispielsweise wird kein rascher, flächendeckender Ausbau der Kinderbetreuungseinrichtungen insbesondere für Kleinkinder unter drei Jahren gefordert. Auch die Nachmittagsbetreuung für 6- bis 14-Jährige wird nicht wirklich forciert. Da die außerfamiliäre Kinderbetreuung im ÖVP-Parteiprogramm 1995 und auch im Bildungskonzept 2011 weiterhin grundsätzlich als subsidiär zur Betreuung in der Familie angesehen wird, ist dieses Ergebnis nicht wirklich überraschend. Wenn die besprochenen Mittel zur Ausübung der Wahlfreiheit aber nicht in ausreichendem Ausmaß verfügbar sind, wird diese für die betroffenen Eltern zu einer substanz-

losen Floskel, die zwar einen formalen Anspruch postuliert, der aber faktisch (ohne Inkauf-
nahme von grundsätzlich vermeidbaren Nachteilen) nicht einlösbar ist.[56]

Zum anderen ist eine politisch *neutrale Familienpolitik* eine aus theoretischen und
praktischen Gründen nicht verwirklichbare Illusion und kein geeignetes Leitbild für eine
moderne Familienpolitik, wie Sturn in seinem Beitrag in diesem Band im Detail ausführt.
Praktisch gesehen, dürfte eine staatliche Stützung für einen Parallelbetrieb aller möglichen
Typen von Betreuungsregimes an den damit verbundenen hohen Kosten scheitern. Doch
auch wenn dies als möglich unterstellt wird, kann auf diesem Weg aus theoretischen Gründen keine vollständige Neutralität erzielt werden. Das staatlich gestützte Nebeneinander
unterschiedlicher Typen von Betreuungsstrukturen ist nicht neutral bezüglich der relativen
Attraktivität dieser Alternativen zueinander. Veränderungen in den relativen Kosten bzw.
relativen Vorteilen der zur Wahl stehenden Alternativen erzeugen ökonomische Anreize für
bzw. gegen einzelne Alternativen. Diese Anreize beeinflussen die Auswahl auf Grundlage
der jeweils individuellen Präferenzen. Solche Anreizeffekte entstehen auch dann, wenn
FamilienpolitikerInnen vorgeben, sie nicht auslösen zu wollen und können nicht wegdisku-
tiert werden. Diskutabel ist natürlich die Stärke dieser Anreize. Diese ist aber von der –
durch die staatliche Unterstützung beeinflussten – relativen Attraktivität der Alternativen
zueinander abhängig. Familienpolitik kann deshalb nicht vollständig neutral sein. Zudem
kann ein solcher Parallelbetrieb unterschiedlicher Betreuungsstrukturen zu Koordinationsproblemen und vermeidbaren innerfamiliären und gesellschaftlichen Koordinationskosten
führen. Die von der ÖVP propagierte neutrale staatliche Familienpolitik, die vorgibt, nur
Wahlmöglichkeiten offen zu halten bzw. neue Optionen zu öffnen und ansonsten völlig
neutral zu sein, ist deshalb nicht möglich bzw. ökonomisch nicht wünschenswert.

Zusammenfassend wird in den ÖVP-Papieren eine modernisierte Variante des traditionellen *breadwinner*-Modells sichtbar, bei der die Vereinbarkeit auf nicht existenzsichernden Kombinationen von Teilzeitarbeit und zeitweise vollem Ausstieg aus der Erwerbsarbeit
vor allem für Frauen beruht und bei der die außerhäusliche Kinderbetreuung grundsätzlich
eher die Ausnahme bilden und nur subsidiär eingesetzt werden soll. Somit ist bei FPÖ und
ÖVP kein grundlegender gleichstellungspolitischer Paradigmenwechsel erkennbar.

Dagegen ergibt sich aus den Positionspapieren der SPÖ und der IV mit den Sozialpartnern eine starke Hinwendung zu einem Paradigma einer umfassenden Geschlechtergleichstellung. Es wird ein breiter Ausbau qualitativ hochwertiger außerhäuslicher Kinderbetreuungseinrichtungen auch schon für Kleinkinder vorgeschlagen. Während die SPÖ
diese Forderungen vor allem gleichstellungspolitisch begründet, stehen bei der IV und den
Sozialpartnern die ökonomischen Argumente im Vordergrund. Deshalb wird bei der SPÖ
ein vergleichsweise stärkerer gleichstellungspolitischer Paradigmenwechsel diagnostiziert.

Wie in der ersten Spalte der Tabelle 1 ersichtlich, sind die gleichstellungspolitischen
Positionen der untersuchten Akteure sehr heterogen. Sie erstrecken sich von einer Rückwendung zum traditionellen Familienmodell bis zu einer (sehr) deutlichen Hinwendung zu
einem neuen Paradigma, wobei die Mittelposition vollständig fehlt. Das gilt analog auch für
andere der untersuchten Ziele.

---

[56] Dazu kommt, dass die in den Programmen ursprünglich nicht vorgesehene, dann aber gemeinsam mit der FPÖ
beschlossene Form des Kinderbetreuungsgeldes einen starken negativen Anreiz für einen frühen Berufseinstieg
nach der Babypause bot und damit bezüglich der Erwerbsbeteiligung von Frauen kontraproduktiv wirkte.

Die gesamtwirtschaftlichen Ziele der *Sicherung von Produktivität und Wirtschaftswachstum* werden in den untersuchten Positionspapieren der politischen Parteien im Zusammenhang mit der Familien- und Bildungspolitik – falls überhaupt – nur sehr allgemein angesprochen. Das Thema der Sicherung der *Finanzierung der Sozialsysteme* findet sich in diesen Zusammenhängen überraschenderweise überhaupt nicht.

Auch das damit verknüpfte, in der zweiten Spalte dargestellte Teilziel einer umfassenden Nutzung des *Humanvermögens* der zunehmend gut ausgebildeten *Frauen und Mütter* wird von den politischen Parteien nicht explizit verwendet. Viele der in den Positionspapieren der SPÖ geforderten Maßnahmen zur Verbesserung der Vereinbarkeit von Erwerbsarbeit und Familie der SPÖ begünstigen zwar die Ausschöpfung des weiblichen Humanvermögens, doch sie werden durchgehend nur gleichstellungspolitisch begründet. Dagegen wählen die Verbände den drohenden zukünftigen Arbeitskräftemangel und die Erhaltung von Wettbewerbsfähigkeit und Wachstum als Ausgangspunkt für die Begründung vielfach in die gleiche Richtung laufender Forderungen. Auch bezüglich dieses Ziels ergeben sich deutliche Unterschiede in den Positionen der analysierten Institutionen.

Das Ziel einer *Steigerung der Geburtenrate* wird vor allem in den Papieren von ÖVP und FPÖ formuliert. Für die FPÖ ist dies ein Kernthema, für die SPÖ dagegen eher ein Randthema, die IV behandelt es nur indirekt. Keiner der Akteure nimmt die empirisch gestützte Argumentation auf – diesbezüglich gibt es wohl die größte Übereinstimmung –, wonach es zu einer Steigerung der Fertilität unter den heutigen Rahmenbedingungen notwendig und förderlich sein könnte, den Müttern ein hohes Ausmaß an Teilhabe am Arbeitsmarkt zu ermöglichen. Vielmehr wird insbesondere von der FPÖ auf Konzepte von Gestern gesetzt. Demnach muss es einem Elternteil ermöglicht werden, sich zur Betreuungsarbeit aus der Erwerbsarbeit zurückzuziehen. Tendenziell läuft das auf eine Rückwendung zu einem Familienmodell mit traditioneller Arbeitsteilung zwischen Mann und Frau hinaus.

Bezüglich der *Humanvermögensentwicklung der Kinder* lassen sich ebenfalls keine einheitlichen Positionen ausmachen. Ein durchgehender Paradigmenwechsel, der als Ausbau außerfamiliärer Kinderbetreuungseinrichtungen mit hoch qualifiziertem Betreuungspersonal, die ganztägig und teils verpflichtend zu besuchen sind und auch schon im frühkindlichen Alter einsetzen, definiert ist, kann nicht festgestellt werden, wie in den beiden letzten Spalten der Tabelle 1 ersichtlich wird.

In den Positionspapieren von ÖVP und SPÖ wird zwar ansatzweise auf die individuellen *ökonomischen Vorteile* verbesserter Bildung hingewiesen. Doch auch in diesem Zusammenhang werden humankapital- und wachstumstheoretische Bezüge nur sehr vage und meist nur implizit hergestellt. Nur die IV bezieht sich klar auf gesamtwirtschaftliche Aspekte wie Wettbewerbsfähigkeit, Wohlstand und Wachstum. Die entsprechenden bildungspolitischen Forderungen in den ÖVP-Papieren bleiben deutlich hinter jenen in den untersuchten Positionspapieren der SPÖ und der IV zurück. Die FPÖ misst insbesondere im Kindergartenalter der Erziehung im Familienverband einen noch höheren Stellenwert zu als die ÖVP.

Die Herstellung von *Chancengleichheit in der und durch Bildung* samt der potentiell positiven Funktion von Bildung für die soziale Integration und den gesellschaftlichen Zusammenhalt werden zwar von allen politischen Parteien thematisiert. Im Detail unterscheiden sich die Positionen und die daraus abgeleiteten Forderungen aber wieder deutlich. Die integrative Funktion von Bildung wird insbesondere von der SPÖ – etwas schwächer ausgeprägt – auch von der IV vertreten. Es folgen mit deutlichem Abstand die ÖVP und dann die FPÖ. Die SPÖ betont in diesem Zusammenhang das Ziel des Abbaus des vorhandenen schichtspezifischen Bildungszugangs durch die Schaffung unter anderem gemeinsamer, in sich differenzierender, „inklusiver" Schulen. Von der IV wird die Herstellung von Chancengleichheit nicht direkt als Ziel formuliert, wenngleich viele der vorgeschlagenen Maßnahmen wie individuell differenzierende Förderung, die auch auf besondere persönliche Umstände Bedacht nimmt, in diese Richtung wirken. Für die 10- bis 14-Jährigen wird eine „leistungsorientierte Differenzierung bei einem gemeinsamen, vergleichbaren Bildungsangebot" (IV 2010: 25) gefordert.

Es ist auffallend, dass die SPÖ in den beiden gerechtigkeitsbezogenen Bereichen (gleiche Teilhabechancen von Frauen und Männern am Arbeitsmarkt und in der Familie, Chancengleichheit für die Kinder im Bildungsbereich) jeweils eindeutig und sehr deutlich für einen Paradigmenwechsel eintritt. Dagegen wird das Argumentationspotential für entsprechende Veränderungen in den effizienzbezogenen, ökonomischen Bereichen bei weitem nicht ausgeschöpft.[57]

Dazu spiegelbildlich ist die Position der Verbände, welche die ökonomischen Ziele (erwartungsgemäß) relativ stärker hervorheben. Es ist auch auffallend, dass die Position der IV bezüglich der Erwerbsbeteiligung der Frauen und der Geschlechtergleichstellung wie auch bezüglich der Humanvermögensentwicklung der Kinder jener der SPÖ viel näher ist, als jener der ÖVP. Die Übernahme der stark ökonomisch geprägten Positionen der IV, die einer Abwendung vom modernisierten traditionellen Paradigma gleichkommt, scheitert in der ÖVP offensichtlich an starken Gegenkräften.[58]

Zusammenfassend haben die eingangs angeführten vielfältigen Veränderungen von Rahmenbedingungen und sich daraus ergebenden Probleme noch zu keiner eindeutigen und breit getragenen Herausbildung neuer Paradigmen geführt. Die familien- und bildungspolitischen Positionen der entscheidungsrelevanten politischen Akteure divergieren weiterhin deutlich.

Literatur

Bock-Schappelwein, Julia/Eppel, Rainer/Mühlberger, Ulrike (2009): *Sozialpolitik als Produktivkraft*. Österreichisches Institut für Wirtschaftsforschung. April 2009. Wien.

BMWFJ – Bundesministerium für Wirtschaft, Familie und Jugend (2010): *5. Familienbericht 1999 – 2009*. Die Familie an der Wende zum 21. Jahrhundert. Band I und II. Wien.

Brunner, Judith (2004): Zukunft der Beschäftigung. IV-Positionen April 2004: 6. www.iv-mitglieder service.at/iv-all/dokumente/doc_2069.pdf (02.03.2011).

Brunner, Judith (2005): IV und AK: Vereinbarkeit von Familie und Beruf als Investition in die Zukunft. 08.11.2005. www.iv-net.at/b1500m120 (02.03.2011).

Die Presse (2008): Wahlprogramm: ÖVP setzt auf Sicherheit und Familie. 01.09.2008. diepresse.com /home/politik/neuwahlen/410563 (02.03.2011).

---

[57] Für das Thema Bildung mag das Verständnis von Bildung als „Wert an sich" (SPÖ 2008: 16) diese Ausblendung ökonomischer Argumente ein Stück weit verständlich machen.

[58] Erwähnenswert ist in diesem Zusammenhang, dass die österreichische Familienpolitik seit Anfang Dezember 2008 dem Wirtschaftsministerium zugeordnet ist, welches in Bundesministerium für Wirtschaft, Familie und Jugend umbenannt worden ist. Für die familienpolitischen Agenden ist eine Staatssekretärin zuständig.

Die Presse (2009): ÖVP gibt Startschuss für neues Parteiprogramm. 25.02.2009. diepresse.com/home /politik/innenpolitik/455618 (02.03.2011).

Dingeldey, Irene (2000) (Hrsg.): *Erwerbstätigkeit und Familien in Steuer- und Sozialversicherungssystemen.* Begünstigungen und Belastungen verschiedener familialer Erwerbsmuster im Ländervergleich. Opladen: Leske + Budrich.

Dujmovits, Rudolf (2009): *Zur Entwicklung familienpolitischer Positionen ausgewählter politischer Parteien und Interessenvertretungen in Österreich.* Working Paper No. 2009-3. Institut für Finanzwissenschaft und Öffentliche Wirtschaft. Dezember 2009. Universität Graz.

Evers, Adalbert/Heinze, Rolf G. (Hrsg.) (2008): *Sozialpolitik. Ökonomisierung und Entgrenzung.* Wiesbaden: VS Verlag für Sozialwissenschaften.

FPÖ (2005): *Das Parteiprogramm der Freiheitlichen Partei Österreichs.* Mit Berücksichtigung der beschlossenen Änderungen vom 27. Ordentlichen Bundesparteitag der FPÖ am 23. April 2005 in Salzburg. www.fpoe.at/fileadmin/Content/portal/PDFs/2009/fp_parteiprogramm_neu.pdf (02.03.2011).

FPÖ (2007): *Handbuch freiheitlicher Politik.* Ein Leitfaden für Führungsfunktionäre und Mandatsträger der Freiheitlichen Partei Österreichs. Wien.

FPÖ (2009): *Handbuch freiheitlicher Politik.* Ein Leitfaden für Führungsfunktionäre und Mandatsträger der Freiheitlichen Partei Österreichs. 2. Auflage. Wien. www.fpoe.at/fileadmin/Content /portal/PDFs/2009/Handbuch_FPOE_webok.pdf (02.03.2011).

Fuchs, Michael (2006): *Kinderbetreuungsplätze in Österreich. „Fehlen keine oder bis zu 650.000?"* Bedarfsanalysen 2005 – 2015 im Auftrag der Industriellenvereinigung. Europäisches Zentrum für Wohlfahrtspolitik und Sozialforschung. Wien.

Geisberger, Tamara/Knittler, Käthe (2010): Niedriglöhne und atypische Beschäftigung in Österreich. *Statistische Nachrichten* 2010 (6): 448-461.

Hall, Peter A. (1993): Policy Paradigms, Social Learning, and the State. *Comparative Politics* 25 (3): 239-255.

Held, Martin/Kubon-Gilke, Gisela/Sturn, Richard (Hrsg.) (2009): *Bildungsökonomie in der Wissensgesellschaft.* Jahrbuch Normative und institutionelle Grundfragen der Ökonomik. Band 8. Marburg: Metropolis.

Hink, Robert (2009): Ablehnung vom Gemeindebund. Dann droht eine Kostenexplosion. *Kommunal* 2009 (4): 19.

IV – Industriellenvereinigung (2007): *Zukunft der Bildung – Lehrerinnen & Lehrer.* Mai 2007. Wien. iv-mitgliederservice.at/iv-all/publikationen/file_396.pdf (02.03.2011).

IV (2009): *Gleiche Chancen. Bessere Vereinbarkeit. Gleichstellung von Frauen und Männern.* Vereinbarkeit von Familie und Beruf. November 2009. Wien. iv-mitgliederservice.at/iv-all /publikationen/file_514.pdf (02.03.2011).

IV (2010): *Schule 2020: Lernen – Wachstum – Wohlstand.* Zwischenbilanz. 2. aktualisierte Auflage. Februar 2010. Wien. iv-mitgliederservice.at/iv-all/publikationen/file_503.pdf (02.03.2011).

Jacob, Marita (2009): Der Einfluss des Elternhauses auf dem Weg zum Hochschulabschluss: Soziale Ungleichheit im Bildungsverlauf. In: Held/Kubon-Gilke/Sturn (2009): 169-191.

Kalina, Thorsten/Weinkopf, Claudia (2008): Konzentriert sich die steigende Niedriglohnbeschäftigung in Deutschland auf atypisch Beschäftigte? *Zeitschrift für Arbeitsmarktforschung* 41 (4): 447-469.

Klenner, Christina (2007): Gleichstellungspolitik vor alten und neuen Herausforderungen – Welchen Beitrag leistet die Familienpolitik? *WSI Mitteilungen* 60 (10): 523-530.

Leitner, Sigrid (2003): Varieties of Familialism. The Caring Function of the Family in Comparative Perspective. *European Societies* 5 (4): 353-375.

Leitner, Sigrid (2008): Ökonomische Funktionalität der Familienpolitik oder familienpolitische Funktionalisierung der Ökonomie? In: Evers/Heinze (2008): 67-82.

Lewis, Jane/Ostner, Ilona (1994): *Gender and the Evolution of European Social Policies.* ZeS-Arbeitspapier Nr. 4/94. Universität Bremen.

Meier, Isabella/Kreimer, Margareta (2011): *„Die Angehörigen wissen am besten was gut ist"*. Eine Analyse des Systems der familiären Langzeitpflege und dessen Auswirkungen auf die Lage pflegender Angehöriger. Graz: Grazer Universitätsverlag.

Mikl-Leitner, Johanna (2007): *Ideen. Impulse. Ziele. Die ÖVP denkt vor: Familie und Kinder.* Perspektivengruppe 2010. Impulsgruppe Familie und Kinder. Ergebnisse des Diskussionsprozesses unter der Leitung von LR Mag. Johanna Mikl-Leitner. 26. September 2007. www.oevp.at /common/downloads/P2010_FamilieundKinder_Gesamt.pdf (02.03.2011).

Musiol, Daniela/Fellerer, Anja (o. J.): Frühförderung im Kindergarten. www.gruene.at/bildung_jugend/fruehfoerderung (02.03.2011).

Ostner, Ilona (2006): Paradigmenwechsel in der (west)deutschen Familienpolitik. In: Berger, Peter A./Kahlert, Heike (Hrsg.): *Der demographische Wandel: Chancen für die Neuordnung der Geschlechterverhältnisse.* Frankfurt a. M.: Campus: 165-199.

Ostner, Ilona (2008): Ökonomisierung der Lebenswelt durch aktivierende Familienpolitik? In: Evers/Heinze (2008): 49-66.

ORF (2011): Karl: Eltern in die Pflicht nehmen. Ministerin Karl im Gespräch mit Wolfgang Werth. Morgenjournal 10.01.2011. oe1.orf.at/artikel/266706 (02.03.2011).

ÖVP (1998): *Grundsatzprogramm.* Beschlossen am 30. ordentlichen Parteitag der Österreichischen Volkspartei am 22. April 1995 in Wien. www.oevp.at/download/000298.pdf (02.03.2011).

ÖVP (2007): *Perspektiven für Österreich – Perspektiven für die Menschen.* Die ÖVP denkt vor: Perspektiven 2010. Ideen. Impulse. Ziele. Wien.

ÖVP (2008): *Neustart für Österreich.* Wahlprogramm der ÖVP für die Nationalratswahl 2008. www. oevp.at/Common/Downloads/Wahlprogramm_innen_Ansicht.pdf (02.03.2011).

ÖVP (2011): Unser Bildungsweg für Österreich. Jänner 2011. www.oevp.at/download /1117114931022626.pdf (02.03.2011).

ÖVP-Frauen (2008): Das ÖVP-Frauen Programm für die Nationalratswahl 2008. www.frauenoffen sive.at/Common/Downloads/Programm.pdf (02.03.2011).

Sarrazin, Thilo (2010): *Deutschland schafft sich ab.* München: DVA.

Sozialpartner (2008): *Gemeinsames Grundsatzpapier der Sozialpartner und der Industriellenvereinigung* „Gleichstellung von Frauen und Männern als Anliegen der Interessenvertretungen der ArbeitnehmerInnen und ArbeitgeberInnen". 30.10.2008. Wien. www.iv-mitgliederservice.at/iv-all/dokumente/doc_2787.pdf (02.03.2011).

SPÖ (1998): *Das Grundsatzprogramm.* Wien: SPÖ-Bundesgeschäftsstelle. www.spoe.at/bilder/d251 /spoe_partei_programm.pdf (02.03.2011).

SPÖ (2002): *Faire Chancen für alle Frauen.* Das 10-Punkte-Programm der SPÖ. ireds.spoe.at/bilder /PK_Sozialstaat_frauen.pdf (02.03.2011).

SPÖ (2004): *Das Bildungsprogramm der SPÖ.* Bildung – Grundlage unseres Lebens, beschlossen am 38. Ordentlichen Bundesparteitag, 29. und 30. November 2004. www.spoe.at/bilder/d251 /bildung_web.pdf (02.03.2011).

SPÖ (2008): *Wahlmanifest der Sozialdemokratischen Partei Österreichs.* Nationalratswahl 2008, 40. Ordentlicher Bundesparteitag 8. August 2008, Design Center Linz. Wien: SPÖ-Bundesgeschäftsstelle.

SPÖ-Frauen (2008): Wahlprogramm SPÖ Frauen 2008: Mit neuer Kraft! Für mehr Chancen, Rechte und Einkommen. www.erhoert.at/SPOE_Wahlprogramm_Frauen_spoe_Letzfassung20080805 mh.pdf (02.03.2011).

Statistik Austria (2010): *Bildung in Zahlen 2008/2009.* Wien.

Steinmayr, Andreas (2009): *Die Bildungssituation der zweiten Zuwanderergeneration in Wien.* ÖIF-Dossier Nr. 3. Österreichischer Integrationsfonds. Wien.

Wößmann, Ludger (2009): Beeinflusst Bildungsselektion Bildungsergebnisse und Ungleichheit? Internationale und nationale Evidenz. In: Held/Kubon-Gilke/Sturn (2009): 147-167.

Familienpolitische Maßnahmen in Österreich: Paradigmenwechsel auf halbem Weg

Margareta Kreimer[1]

1 Einleitung

In den vergangenen Jahren spielte die Familienpolitik im Rahmen der österreichischen Politik eine deutlich sichtbare Rolle: 2008 wurde der Kinderbetreuungsgeldbezug durch die Einführung von zwei neuen Modellen flexibler gestaltet; 2010 wurden zwei weitere Varianten eingeführt, darunter erstmalig für Österreich eine einkommensabhängige Variante. Dazu kamen Ausbauprogramme für Kindergärten und die (teilweise) Einführung eines Gratiskindergartens sowie eines verpflichtenden letzten Kindergartenjahres. Maßnahmen wie die Elternteilzeit (ab 2004) oder jüngst erst die Einführung eines (allerdings vorerst auf den öffentlichen Dienst beschränkten) „Papamonats" unterstützen die in diesem Band bereits mehrfach angeführte These, dass sich die österreichische Familienpolitik in einem Ausmaß wandelt, das auf einen Paradigmenwechsel hindeutet.

Ob sich ein solcher Paradigmenwechsel in der österreichischen Familienpolitik auf Maßnahmenebene tatsächlich feststellen lässt, ist Gegenstand dieses Beitrages. Hinsichtlich der Ziele und Kriterien, an denen ein solcher Paradigmenwechsel festgemacht werden kann, baut die Untersuchung auf dem vorherigen Beitrag von Dujmovits auf: Auch die Maßnahmenänderungen werden dahingehend untersucht, welche Auswirkungen in Bezug auf die *Geschlechtergleichstellung,* die *Sicherung von Produktivität und Wirtschaftswachstum* sowie die *Chancengleichheit in bzw. durch Bildung* erkennbar sind.

Der Beitrag beginnt mit einer kurzen Darstellung der Kriterien eines Paradigmenwechsels und gibt einen Überblick zur Entwicklung der österreichischen Familienpolitik in den letzten 20 Jahren. Anschließend wird untersucht, inwiefern die einzelnen Maßnahmenänderungen als Paradigmenwechsel interpretiert werden können. Im 5. Abschnitt werden die familienpolitischen Reformen vor dem Hintergrund der genannten Zielsetzungen beurteilt. Die Zusammenschau der Erkenntnisse zum Paradigmenwechsel auf Maßnahmenebene mit jenen im Bereich der politischen Positionen führt im letzten Abschnitt zum im Beitragstitel angedeuteten Resümee, wonach ein Paradigmenwechsel in Österreich keinesfalls vollzogen wurde, aber auf dem Weg ist – mit vielen Ambivalenzen.

2 Kriterien eines Paradigmenwechsels

Analog zur Vorgehensweise in Dujmovits in diesem Band zielen wir auch in Bezug auf die Maßnahmen zum einen auf familienpolitische Ziele, die Gerechtigkeitsaspekte ansprechen, zum anderen spielen ökonomisch begründbare Ziele eine Rolle.

---

[1] Dieser Beitrag entstand in enger Zusammenarbeit mit Rudolf Dujmovits. Für hilfreiche Kommentare danke ich Richard Sturn.

Die *gleichstellungspolitische* Dimension verlangt von familienpolitischen Maßnahmen eine Abkehr von der Festlegung auf eine traditionelle Arbeitsteilung zwischen den Geschlechtern in der Familie im Sinne des modernisierten *male-breadwinner-female-caretaker* Modells. Wie ein neues, gleichstellungsorientiertes Paradigma konkret aussehen könnte, lässt sich allerdings nicht widerspruchsfrei ableiten, da Care-Arrangements grundsätzlich relativ komplexe Arrangements darstellen und auch bisher schon die unterschiedlichen Wohlfahrtsstaaten recht divergente Pfade eingeschlagen haben (z. B. Leitner 2003, Bettio/Plantenga 2004, Plantenga/Remery 2009). Die Richtung ist aber jedenfalls vor dem Hintergrund des bereits vorhandenen Grundverständnisses zur Geschlechtergleichstellung klar vorgegeben: Familienpolitische Maßnahmen sollen Frauen mit Kindern gleiche Zugangschancen zu Beschäftigung und Karriere bei gleichzeitiger eigenständiger, vom Partner unabhängiger Existenzsicherung sowie Vätern die Übernahme eines wesentlich höheren Anteils von Betreuungsarbeit ermöglichen. Daher ist im Folgenden zu fragen:

- Tragen die familienpolitischen Maßnahmen dazu bei, *Müttern gleiche Teilhabechancen am Arbeitsmarkt* in Relation zu kinderlosen Frauen und zu Männern (mit und ohne Kinder) zu ermöglichen? Unterstützt die Familienpolitik die eigenständige finanzielle Absicherung der Frauen in der Berufs- und perspektivisch auch der Pensionsphase?
- Gewährt die Familienpolitik *Vätern gleiche Teilhabechancen in der Familie*?

Die *ökonomisch begründbaren Ziele* der Erhaltung bzw. Steigerung der gesamtwirtschaftlichen Produktivität und von Wirtschaftswachstum sowie der Sicherstellung einer dauerhaften Finanzierung von sozialen Sicherungssystemen sind im Kontext der Wohlfahrtsstaatenforschung noch relativ jung und werden unter dem Stichwort der „Ökonomisierung" auch durchwegs kritisch diskutiert (z. B. Ostner 2006 und 2008; Leitner 2008b). Wir verweisen auf die in Dujmovits bereits angestellten Überlegungen zu den damit verbundenen Teilzielen und untersuchen auf der Maßnahmenebene folgende Fragestellungen:[2]

- Wie weit unterstützen familienpolitische Maßnahmen den *Arbeitsmarktzugang von Frauen* mit Kindern unter *Berücksichtigung ihrer Ausbildung und Qualifikationen*, d. h. ihres Humankapitals? Gibt es Maßnahmen, die gezielt die Karriereförderung von Müttern im Blick haben, um eine möglichst gute Nutzung des weiblichen Humankapitals erreichen zu können?
- Wie weit ist die Ausgestaltung und Förderung von Kinderbetreuungseinrichtungen für Kinder aller Altersgruppen unterstützend in Richtung einer Förderung der *Humankapitalentwicklung der Kinder*?

Die Humankapitalentwicklung bei Kindern kann nicht nur auf der ökonomischen Ebene, sondern auch unter dem Blickwinkel der Gerechtigkeit im Sinne einer Stärkung der sozia-

---

[2] In die Untersuchung der Positionen wurde unter dieser Zielsetzung auch das Teilziel einer Erhöhung der *Geburtenrate* aufgenommen. Auf der Maßnahmeneben haben wir auf dieses Teilziel verzichtet, da es faktisch kaum eine Rolle spielt. Die einzige Ausnahme ist der Mehrkindzuschlag ab dem dritten Kind von 20 Euro pro Monat und Kind. Dieser Zuschlag, der als explizite Förderung einer Erhöhung der Geburtenrate interpretiert werden kann, wurde 1999 eingeführt, betrug ab 2002 36,40 Euro pro Monat und Kind (ab dem dritten Kind) und sollte im Zuge der Budgetsanierungsmaßnahmen im Herbst 2010 gestrichen werden. Dass es letztlich nur zu einer Kürzung des Mehrkindzuschlags auf 20 Euro kam, kann zwar als pro-natalistisches Signal gedeutet werden (andere Familienleistungen wurde durchaus gekürzt), insgesamt bewegt sich diese familienpolitische Maßnahme aber auf einem monetär gesehen eher symbolischem Niveau.

len Integration und Kohäsion und *Erhöhung der Chancengleichheit* gesehen werden. In diesem Zusammenhang ist zu fragen:

- Tragen vorhandene Maßnahmen zur Überwindung des in Österreich noch immer sehr stark ausgeprägten *schichtspezifisch selektiven Bildungszugangs* bei?
- Betreffen diese Maßnahmen auch den *Abbau von Sprachdefiziten* bei Kindern aus MigrantInnenfamilien und bildungsfernen Schichten sowie die Erhöhung der *sozialen Kompetenz* und der *sozialen Integration* der Kinder?

3 Entwicklung und Status Quo familienpolitischer Maßnahmen

Ein familienpolitischer Diskurs, in dem Ansätze eines Paradigmenwechsels zu erkennen waren, wurde ab *Mitte der 1990er* Jahre geführt: Die SPÖ wollte sich vom modernisierten traditionellen Paradigma zugunsten eines stärker gleichstellungspolitisch ausgerichteten Ansatzes (Förderung der Väterkarenz) und Ausbauplänen der Betreuungseinrichtungen („Kindergartenmilliarde") tendenziell abkehren. Die ÖVP stimmte dem nur um den Preis einer teilweisen Stärkung eines traditionellen Paradigmas zu (z. B. Einführung des Mehrkindzuschlags[3]). Zudem war bereits vor dem Regierungswechsel im Jahr 2000 das Kinderbetreuungsgeld im Diskurs präsent. Damit stand eine Abkehr vom erwerbsarbeitsbezogenen Leistungssystem im Raum, die dann 2002 von der ÖVP-FPÖ Koalition unter den Schlagwörtern „alle Mütter fördern" und „Wahlfreiheit" vollzogen wurde. Die Kritik am neuen System der schwarz-blauen Koalition verstummte nicht, aber erst mit dem neuerlichen Wechsel zur großen Koalition kam mit der Einführung flexibler Varianten für das Kinderbetreuungsgeld und 2010 mit der Einführung eines einkommensabhängigen Kinderbetreuungsgeldes für das erste Jahr wieder Bewegung in die Debatte.

Die mit der Wirtschaftskrise begründeten Budgeteinsparungen sehen für 2011 Kürzungen auch bei familienpolitischen Leistungen vor. Das stellt zwar insofern eine Trendwende dar, als familienpolitische Leistungen bisher tendenziell immer ausgebaut wurden. Allerdings ist anzumerken, dass die österreichischen Ausgaben für Familienpolitik mit 2,9% des BIP im OECD Vergleich überdurchschnittlich hoch sind (vgl. Schratzenstaller in diesem Band) und die Leistungskürzungen nicht als grundsätzliche Abkehr von dieser eher großzügigen Dotierung der Familienpolitik interpretiert werden können.[4]

3.1 Elternkarenz und Kinderbetreuungsgeld: Geldleistungen und Freistellungsrechte für Eltern

Elternkarenz und die damit verbundene Geldleistung weisen eine recht lange und abwechslungsreiche Geschichte auf (Kreimer 2009: 232ff.): von der Einführung eines unbezahlten Karenzurlaubs für Mütter 1957, über die Einführung des Karenzgeldes für Mütter 1974 und die Erweiterung auf die zweijährige Elternkarenz 1990, die 1997 eingeführte

---

[3] Vgl. dazu Fußnote 2.
[4] Allerdings wurden die Leistungskürzungen auch nicht im Sinne einer Reorientierung der Familienpolitik genutzt, um das von Schratzenstaller (Abschnitt 3.3 des Beitrages in diesem Band) angeführte „Missverhältnis zwischen Input und Ergebnissen" zu reduzieren. Eine umfassende Einschätzung der Auswirkungen der österreichischen Familienförderung auf die Erwerbsbeteiligung von Frauen und die materielle Situation von Familien ist nicht Gegenstand des vorliegenden Beitrages (vgl. dazu Festl et al. 2010).

Quotierung von 6 Monaten für den zweiten Elternteil, bis hin zur Ablösung des Karenzgeldes durch das vom Karenzsystem unabhängige Kinderbetreuungsgeld (im Folgenden: KBG) 2002 und der Einführung flexibler Varianten zum Kinderbetreuungsgeld 2008 und 2010.

Für das KBG ist das Ministerium für Wirtschaft, Familie und Jugend zuständig, die arbeitsrechtlichen Belange fallen in die Zuständigkeit des Ministeriums für Arbeit, Soziales und Konsumentenschutz.[5] Dass zwei so unterschiedliche und aus mancher Sicht wohl auch für widerstreitende Belange zuständige Ministerien für einen in aller Regel gemeinsam auftretenden Sachverhalt – Freistellung von Erwerbsarbeit zum Zwecke der Kinderbetreuung und Bezug einer entsprechenden Geldleistung – zuständig sind, ist ein klares Indiz für die mittlerweile höchst komplexe Ausgestaltung dieses Bereichs der Familienpolitik. Insgesamt ist die Einschätzung des österreichischen Karenzsystems nicht einfach, da die Entwicklung eher widersprüchlich denn geradlinig vom traditionellen Familienmodell zu einem moderneren System verlaufen ist.

3.1.1 Phase 1: Große Koalition in den 1990er Jahren

In den 1990er Jahren war das österreichische Karenzsystem klar erwerbsarbeitsmarktbezogen und insofern deutlich fortschrittlicher als beispielsweise das deutsche System des Erziehungsgeldes. Vom im Allgemeinen als *benchmark* angesehenen schwedischen System unterschied es sich durch eine längere *time-off* Phase bei geringerer Leistung, da das Karenzgeld ein Fixbezug war.[6] Die Verbesserungen in Richtung Väterbeteiligung waren zwar nicht widerspruchsfrei, da die 1997 eingeführte Quotierung von sechs Monaten Karenzgeldbezug für den zweiten Elternteil weniger gleichstellungspolitisch denn kostensparend motiviert war. Gleichzeitig wurden aber auch Schritte zur Flexibilisierung der Karenz (Karenzzeitkonto) gesetzt und ein eigenständiger Karenzanspruch für Väter eingeführt. Projekte wie „karenzplus" oder „karenzworks" sollten über Weiterbildungsangebote den Karenzierten eine erwerbsarbeitsbezogene Nutzung der Kinderbetreuungszeit ermöglichen. Weitere Verbesserungen in Richtung einer „optimalen" Freistellungsregelung (Kreimer 2009: 240f.) waren in Diskussion.

3.1.2 Phase 2: ÖVP-FPÖ Koalition 2000 bis 2006

Die Koalition aus ÖVP und FPÖ griff die bereits Ende der 1990er Jahre diskutierten Vorschläge für ein allgemeines Kinderbetreuungsgeld auf und führte dieses 2002 ein. Die Freistellungsregelung wurde von der Geldleistung abgekoppelt. Die arbeitsrechtliche Regelung der Karenz blieb unverändert bestehen, d. h. die maximale Karenzzeit war weiterhin auf zwei Jahre begrenzt. Im Gegensatz dazu wurde aber die Bezugsdauer für die Geldleistung, das Kinderbetreuungsgeld, verlängert, und zwar auf maximal drei Jahre insgesamt bei Be-

---

[5]   Zu den Geldleistungen vgl. BMWFJ (2011a), zu den arbeitsrechtlichen Freistellungsrechten vgl. BMASK (2011a).

[6]   Das Karenzgeld betrug ca. 400 Euro pro Monat (das Karenzgeld war ebenso wie das Kinderbetreuungsgeld als Taggeld definiert, daher können die Monatsbeträge leicht variieren). Die nach wie vor gültige Freistellungsregelung umfasste das Recht auf Elternkarenz maximal bis zur Vollendung des 2. Lebensjahres des Kindes mit Rückkehrrecht und Kündigungsschutz bis 4 Wochen nach Beendigung der Karenz.

teiligung beider Elternteile bzw. maximal 2,5 Jahre für einen Elternteil. Bezugsberechtigt für das Kinderbetreuungsgeld waren fortan alle Eltern, unabhängig vom Erwerbsstatus vor der Geburt des Kindes.

Diese Ausweitung des BezieherInnenkreises auf alle Eltern wurde ebenso wie die Verlängerung der Bezugsdauer relativ zum Karenzgeld mit dem Argument der Wahlfreiheit begründet: Das Kinderbetreuungsgeld sollte allen Eltern für die Zeit vor dem Kindergarten die freie Wahl der Betreuungsform ermöglichen. Auf den Umstand, dass diese Wahl angesichts fehlender Betreuungseinrichtungen gerade für Unter-3-Jährige nur eingeschränkt umsetzbar ist, wird später noch eingegangen werden. Ein merkbares Ergebnis dieser Maßnahme bestand jedenfalls in der Verlängerung der Unterbrechungsdauer für bestimmte Gruppen von Müttern mit entsprechenden Folgen für deren weiteren Erwerbsverlauf.[7] Die als Hinwendung zu universellen Leistungen interpretierbare Entkoppelung des Kinderbetreuungsgeldbezuges von der Erwerbstätigkeit hätte auch ohne Herauslösung der finanziellen Leistung aus dem arbeitsmarktbezogenen System erfolgen können. Durch diese Herauslösung wird jedoch zumindest für einige Gruppen die Arbeitsmarktbindung geschwächt – ein Umstand, der zumindest implizit von den beiden Regierungsparteien gewünscht gewesen sein konnte, deckt sich doch eine innerfamiliäre Kleinkinderbetreuung mit den Positionen von FPÖ und ÖVP (Dujmovits in diesem Band).

Das KBG wurde zwar gegenüber dem Karenzgeld leicht erhöht und betrug fortan rund 436 Euro pro Monat. Das ermöglichte aber weiterhin keine individuelle Absicherung. Die Anhebung der sogenannten Zuverdienstgrenze, die die Verdienstmöglichkeiten während des KBG-Bezugs beschränkt, fiel dagegen deutlich aus. Diese Einkommensgrenze wurde von der Geringfügigkeitsgrenze[8] auf rund 14.600 Euro pro Jahr erhöht. Allerdings sind die konkreten Regelungen sowohl in Hinblick auf die Berechnung dieser Einkommensgrenze als auch bezüglich der Abstimmung mit der arbeitsrechtlichen Freistellungsregelung äußerst komplex, deshalb schwer durchschaubar und behindern die Nutzung der Zuverdienstmöglichkeit (Dörfler/Neuwirth 2007).[9]

2004 wurde als weiteres Freistellungsrecht das *Recht auf Teilzeit für Eltern* bis zum 7. Geburtstag des Kindes eingeführt, das Beschäftigten mit mindestens drei Jahre Betriebszugehörigkeit in Betrieben ab 20 MitarbeiterInnen zusteht. Allerdings weisen die bisherigen Daten zur Inanspruchnahme auf eine wenig attraktive Ausgestaltung hin: Dörfler et al. (2008) haben anhand einer repräsentativen Befragung von Eltern mit mindestens einem Kind unter vier Jahren festgestellt, dass Väter mit 70% in deutlich höherem Ausmaß die rechtlichen Bedingungen zur Inanspruchnahme erfüllen als Mütter (54%). Anhand der Befragung wurde hochgerechnet, dass insgesamt 13% der Eltern Elternteilzeit entweder

---

[7] Lutz (2004) wies nach, dass die Unterbrechungsdauer in Anpassung an die Maximaldauer des Kinderbetreuungsgeldbezugs gestiegen ist. Lange Unterbrechungszeiträume unterstützen zudem die Entwicklung marginalisierter Arbeitsmarktsegmente, in denen Teilzeitjobs zu relativ ungünstigen Arbeitsbedingungen angeboten werden, die jedoch den zweifelhaften Vorteil haben, mit Kinderbetreuungsaufgaben relativ gut vereinbar zu sein (Bettio/Plantenga 2004). Die im europäischen Vergleich hohe Teilzeitquote der Frauen ist ebenso wie der hohe Anteil der wegen familiärer Verpflichtungen nicht erwerbstätiger Frauen (vgl. 3.1 in Schratzenstaller in diesem Band) ein Hinweis auf das Ausmaß der familiär bedingten Unterbeschäftigung von Frauen am österreichischen Arbeitsmarkt.

[8] Die Geringfügigkeitsgrenze bezeichnet jene Einkommensgrenze, ab der Sozialversicherungsbeiträge zu zahlen sind. Sie betrug 2010 366,33 Euro monatlich.

[9] Dies musste auch Rudolf Dujmovits selbst erfahren, als er 2002 eine Karenzierung in Anspruch nahm und entsprechend der neuen Regelungen dazuverdienen wollte – die „Fallstricke" des KBG waren kaum zu entwirren (vgl. Artikel in der Tageszeitung „Der Standard" vom 17.05.2002).

gerade beanspruchen, beansprucht haben oder in Verhandlungen mit dem/der ArbeitgeberIn über eine Inanspruchnahme stehen. Wieweit dieses Befragungsergebnis tatsächlich verallgemeinerbar ist, kann derzeit nicht festgestellt werden. Interessant ist jedenfalls der deutlich höhere Väteranteil in Elternteilzeit im Vergleich zum Kinderbetreuungsgeldbezug: Immerhin 14% aller erhobenen Elternteilzeitfälle können Vätern zugeordnet werden. Im Detail zeigen sich aber immer noch traditionelle Muster: Väter in Elternteilzeit arbeiten mehrheitlich über 25 Wochenstunden, drei Viertel der Frauen in Elternteilzeit sind weniger als 20 Wochenstunden beschäftigt. Die Hemmnisse für eine höhere Inanspruchnahme der Elternteilzeit sind zum einen fehlende, mit der Teilzeit abstimmbare Kinderbetreuungsein-richtungen (vor allem Öffnungszeiten am Nachmittag), zum anderen der Einkommensver-lust infolge der Arbeitszeitreduktion und Befürchtungen über Nachteile in der Karriere-entwicklung im Betrieb.

3.1.3 Phase 3: Neuerliche Große Koalition ab 2007

Mit der großen Koalition kam etwas Bewegung in die Debatte um die Ausgestaltung der Freistellungsregelungen, wobei zum einen die SPÖ sich wieder einbringen konnte, zum anderen die Kritik am bestehenden Modell, insbesondere an der Zuverdienstgrenze, eine Triebfeder für Reformen darstellte. Die Flexibilisierung des Kinderbetreuungsgeldbezugs ab 2008 sieht drei wählbare Modelle vor: bei kürzerer Bezugsdauer wird jeweils ein höhe-res KBG ausgezahlt.[10] Seit 2010 kommen zwei weitere Kurzvarianten hinzu:[11] die ein-kommensabhängige Variante im Ausmaß von 80% vom letzten Einkommen, maximal 2.000 Euro für 12 Monate (ein Elternteil) bzw. 14 Monate bei Beteiligung beider Partner; sowie die Pauschalvariante mit 1.000 Euro für denselben Zeitraum (12+2). In allen Varian-ten kann die maximale Bezugsdauer nur ausgeschöpft werden, wenn beide Elternteile sich beteiligen.[12]

Die Regelungen zur Zuverdienstgrenze wurden ebenfalls angepasst, jedoch nicht in Richtung einer Vereinfachung: Für die Pauschalvarianten wurde eine individuelle Zuverdienstgrenze von 60% der Letzteinkünfte eingeführt, der Zuverdienst darf mindestens 16.200 Euro im Kalenderjahr betragen (BMWFJ 2011c). Für die einkommensabhängige KBG-Variante gilt eine an der Geringfügigkeitsgrenze zur Sozialversicherung orientierte Zuverdienstgrenze von 5.800 Euro pro Jahr. Für beide Grenzen gilt eine Einschleif-regelung, d. h. es muss nur jener Betrag zurückgezahlt werden, um den die Zuverdienst-grenze überschritten wird.[13]

---

[10] Neben der langen Variante (30+6) mit rund 436 Euro pro Monat stehen in der Variante 20+4 rund 624 Euro und in der 15+3 Variante rund 800 Euro zur Verfügung. Die Monatsangabe, z. B. 15+3, bezeichnet mit der ers-ten Zahl die maximale Bezugsdauer für einen Elternteil, die zweite Zahl die minimale Beteiligung des zweiten Elternteils, wenn der volle Anspruch ausgeschöpft werden soll – bei dieser Variante 18 Monate.

[11] Beide Varianten wurden 2010 eingeführt, gelten aber schon für Geburten ab 01.09.2009.

[12] Mit der letzten Reform wurden Sonderbestimmungen für Härtefälle für Alleinerziehende eingeführt, sodass diese in allen Varianten unter bestimmten Bedingungen 2 Monate zusätzlich beziehen können.

[13] Der Änderung der Regelungen zur Zuverdienstgrenze war ein politisch höchst fragwürdiger Prozess vorausge-gangen, der allerdings in die Phase der ÖVP/FPÖ Koalition fiel: Im Dezember 2003 wurde vom damaligen So-zialminister Haupt per Weisung die Einkommensüberprüfung hinsichtlich der Überschreitung der Zuverdienst-grenze untersagt. Nachdem der Verfassungsdienst die Weisung als rechtswidrig erachtete, wurden im April 2007 20% aller Fälle über die Jahre 2002 bis 2006 einer Stichprobenprüfung unterzogen. Die daraufhin ausge-

An der arbeitsrechtlichen Freistellung hat sich nichts geändert, es besteht weiterhin ein Recht auf Elternkarenz maximal bis zur Vollendung des 2. Lebensjahres des Kindes mit Rückkehrrecht und Kündigungsschutz bis 4 Wochen nach der Beendigung der Karenz.

Die Kurzvarianten mit einer Bezugsdauer bis maximal 1,5 Jahre sind insofern interessant, weil auch bei der 15+3 Variante die Geldleistung von rund 800 Euro zumindest in die Nähe einer existenzsichernden Leistung kommt.[14] Die einkommensabhängige Variante ist im Gegensatz zum Karenzgeld vor 2002 explizit als Einkommensersatzleistung definiert und mit einer maximalen Leistung von 2.000 Euro attraktiv bemessen.

Werden die kürzeren Varianten angenommen? Die Daten weisen eine langsam zunehmende Akzeptanz der kürzeren Varianten aus:[15] Während im März 2008 nur 5% aller BezieherInnen die kürzeren Varianten wählten, waren es im Oktober 2008 bereits fast 14% (3,8% in der „15+3" Variante) und im März 2009 fast 20% (4,8% in der „15+3" Variante). Im Jänner 2011, mit nunmehr fünf Varianten, hat sich der Trend fortgesetzt, 31% wählten eine kürzere Variante, die überwiegende Mehrheit (20%) allerdings nach wie vor die 20+4 Variante. Die neue einkommensabhängige Variante erreichte 5,4% der Mütter bzw. Väter: Rund 7.300 Mütter und gut 500 Väter (6,8%) wählten diese Variante. Der Anteil der KBG-beziehenden Väter ist mit 11,8% in der 15+3 Variante am höchsten, insgesamt beträgt er 4,6%, bei allen vier Kurzvarianten immerhin 6,6%, ohne Berücksichtigung der 20+4 Variante knapp 9%. Da davon auszugehen ist, dass der Väteranteil in der erst im Jänner 2010 in Kraft getretenen einkommensabhängigen Variante noch ansteigen wird, ist auch insgesamt mit einer Zunahme der Väterbeteiligung zu rechnen. Wann allerdings das von der damaligen Staatssekretärin für Familienangelegenheiten, Christine Marek, angestrebte Ziel eines Väteranteils von 20% umgesetzt sein wird, ist wohl noch nicht absehbar.

Der von der SPÖ eingebrachte Vorschlag eines „Papamonats" in Analogie zur Mutterschutzfrist war bereits im Regierungsprogramm zu finden und erfährt eine teilweise Realisierung ab 2011, allerdings beschränkt auf Väter im öffentlichen Dienst. Diese haben nun die Möglichkeit, einen bis zu 4 Wochen dauernden unbezahlten Karenzurlaub während des Beschäftigungsverbotes der Mutter (in der Regel zwei Monate nach der Geburt) in Anspruch zu nehmen. Abgesehen von der Beschränkung auf den öffentlichen Sektor ist auch die fehlende finanzielle Abgeltung[16] ein Faktum, das eine breite Inanspruchnahme dieser neuen familienpolitischen Maßnahme nicht erwarten lässt.

3.2 Infrastruktur Kinderbetreuung: Dienstleistungsangebot

Das Angebot an Kinderbetreuungseinrichtungen in Österreich ist immer noch begrenzt. 2009 wurden 15,8% der Kinder unter 3 Jahren in institutionellen Einrichtungen betreut.[17]

---

stellten Bescheide zur Rückzahlung des Kinderbetreuungsgeldes wurden vielfach gerichtlich angefochten. Dies führte gemeinsam mit der massiven Kritik an der Zuverdienstregelung zur angeführten Einschleifregelung.

[14] Die Armutsgefährdungsschwelle beträgt aktuell 994 Euro (60% des gewichteten Median-Pro-Kopf-Einkommens, Jahreszwölftel) für einen Einpersonenhaushalt, bei einer Alleinerzieherin mit einem Kleinkind (für das Familienbeihilfe bezogen werden kann) beträgt sie 1292 Euro (BMASK 2011b).

[15] Die Daten zum Kinderbetreuungsgeldbezug werden auf der Homepage des Bundesministeriums für Wirtschaft, Familie und Jugend (BMWFJ 2011b) veröffentlicht.

[16] Während des „Papamonats" bleibt nur der Sozialversicherungsschutz aufrecht. Die entsprechenden Beiträge sind von dem/der DienstgeberIn zu tragen.

[17] Alle Angaben zur Kinderbetreuung beziehen sich auf die Kindertagesheimstatistik 2009/2010 (Statistik Austria 2010).

Ein signifikanter Anstieg der betreuten Kinder erfolgt in der Altersgruppe der 3- bis 4-Jährigen. Bei den 5-Jährigen besuchen bereits knapp 94% Kindergärten. Insgesamt beträgt die Betreuungsquote bei den 3- bis 5-Jährigen 88,5%. Bei den Volksschulkindern ist das „Halbtagsmodell" wiederum deutlich sichtbar: Nur 15,4% der 6- bis 9-Jährigen werden nach der Schule in öffentlichen Einrichtungen betreut.

Die Betreuungsquoten variieren allerdings im Bundesländervergleich sehr deutlich: Die Betreuungsquote der unter 3-Jährigen liegt in Wien mit 26,8% am höchsten; die nächsthöchste Quote weist mit 23,5% das Burgenland aus. Am anderen Ende des Angebots für Krippenkinder liegen die Steiermark und Oberösterreich mit nur 7,7% bzw. 9,4% Betreuungsquote.

Diese Betreuungsquoten sind nur teilweise aussagekräftig, da die konkrete Betreuungssituation in den Bundesländern nicht nur in Bezug auf das Angebot selbst, sondern auch bezüglich Länge der Öffnungszeiten und Ferienschließzeiten beträchtlich variiert. Der von der Kammer für Arbeiter und Angestellte Wien konzipierte und im Rahmen der 15a-Vereinbarung zum Ausbau der Kinderbetreuung adaptierte Vereinbarkeitsindikator für Familie und Beruf (VIF) definiert die Erwerbsfreundlichkeit der Kinderbetreuung über folgende Kriterien: 45 Stunden Öffnung pro Woche, mindestens viermal pro Woche mindestens 9,5 Stunden geöffnet; Angebot von Mittagessen; maximal 25 Werktage im Jahr geschlossen (Arbeiterkammer 2007). Entsprechend der Auswertung der Arbeiterkammer für die österreichischen Städte weisen zwar zwei Drittel der Betreuungsplätze für 3- bis 5-Jährige in Wien erwerbsfreundliche Öffnungszeiten auf, aber in Innsbruck und Salzburg gilt das nur mehr für ein Fünftel der Kinder dieser Altersgruppe, in Linz beispielsweise nur für ein Zehntel der Betreuungsplätze, in Wels gibt es gar kein erwerbsfreundliches Betreuungsangebot.

Im Detail zeigt die Statistik folgende Begrenzungen einer erwerbsfreundlichen Ausgestaltung der Kinderbetreuungseinrichtungen (Statistik Austria 2010):

▪ Im Österreichschnitt werden 8% der Kindergärten nur halbtags geführt, in Kärnten 18%, in Tirol und Vorarlberg 15%.

▪ Knapp 40% der Kinder in Kindergärten und 78% der Krippenkinder bekommen ein Mittagessen in der Betreuungseinrichtung; auch hier wiederum mit großer Streuung zwischen den Bundesländern: bei den Kindergartenkindern in Vorarlberg werden nur 7% mit einem Mittagessen versorgt, in Wien dagegen 83%.

▪ Faktisch nur in Tirol und Vorarlberg gibt es nach wie vor Kindergärten, die über Mittag geschlossen sind: 9% der Tiroler Kindergärten und 40% der Vorarlberger Kindergärten machen Mittagspause.

▪ 88% der steirischen Kindergärten sind nur 38 bis 40 Wochen im Jahr geöffnet, d. h. die Eltern haben Schließzeiten von 12 bis 14 Wochen zu überbrücken. In Wien sind dagegen 74% der Kindergärten max. 2 Wochen geschlossen, weitere 19% max. 5 Wochen.

▪ Öffnungszeiten von 9 oder mehr Stunden pro Betriebstag finden sich in 48,6% aller Kindertagesheime in Österreich; in Wien beträgt der Anteil 82%, in Oberösterreich nur 27%.

Neben den enormen Unterschieden in der Ausgestaltung des Kinderbetreuungsangebots nach Bundesländern ist zusätzlich innerhalb der Länder das Angebot sehr heterogen, zumeist entlang der Stadt-Land Differenzierung: In der Steiermark bieten im Schnitt 34% der

Einrichtungen den Kindern ein Mittagessen, im Bezirk Graz sind es fast 76%, im Bezirk Liezen gerade mal 7%.

Die damalige SPÖ/ÖVP Regierung startete 1998 ein erstes Ausbauprogramm, die sogenannte „Kindergartenmilliarde". Damit wurde primär der Ausbau der Kindergartenplätze für 3- bis 5-Jährige gefördert, eine Fortsetzung der Initiative für jüngere Kinder fiel dem Regierungswechsel 2000 zum Opfer. Analog zum Kinderbetreuungsgeld kam das Thema erst mit der Neuauflage der großen Koalition wieder auf die Tagesordnung: Von 2008 bis 2010 hat der Bund den Ländern jährlich 15 Millionen für den Ausbau der Kinderbetreuungseinrichtungen zur Verfügung gestellt, die von den Ländern unter der Voraussetzung genutzt werden konnten, selbst 20 Millionen jährlich in die Einrichtungen zu investieren. Das Ziel dieses Ausbauprogramms war insbesondere die Steigerung „guter" Plätze, d. h. solche mit langen Öffnungszeiten und wenig Schließtagen, sowie der Ausbau von Betreuungsplätzen für Unter-3-Jährige. Bis zu 50% der Bundeszuschüsse konnten allerdings auch für die Ausbildung von Tagesmüttern bzw. –vätern verwendet werden. Für 2011 sind keine weiteren Förderungen von Seiten des Bundes vorgesehen, stattdessen soll das bisherige Ausbauprogramm evaluiert werden.

Schlagen sich diese Ausbauprogramme in den entsprechenden statistischen Daten nieder? Die Zahl der Krippen steigt jährlich an: waren es 1972 österreichweit nur 186 Krippen, stehen 2009/2010 bereits 1.117 Krippen zur Verfügung.[18] Die Zahl der Kindergärten nimmt ebenfalls kontinuierlich zu, wenn auch nicht in diesem Ausmaß wie die Krippen: 1972 standen 2.100 Kindergärten zur Verfügung, 2009/2010 4.887. Von 2001 bis 2004 sank die Zahl der Kindergärten sogar ab, was allerdings in einer Umwandlung in andere Betreuungsformen begründet sein mag.[19] Ein merkbarer Sprung erfolgte erst von 2008 auf 2009: die Zahl der Kindergärten stieg um 308 an.

2009 wurde von der Regierung die Einführung eines *verpflichtenden kostenlosen letzten Kindergartenjahres* auf Halbtagsbasis beschlossen und in der Folge mit den Ländern vereinbart. Einer der im Vorfeld dieser Maßnahme immer wieder genannten Gründe für diese an die Schulpflicht angelehnte verpflichtende Betreuung außerhalb der Familie war die Behebung von Sprachdefiziten bei Kindern vor dem Schuleintritt. Seit Herbst 2010 ist der Besuch des Kindergartens für Fünfjährige im Ausmaß von 16 Wochenstunden verpflichtend.

Im Zuge der Diskussion über dieses – letztlich nur teilweise – kostenlose Angebot für den Kindergartenbesuch für Fünfjährige haben einige Bundesländer, darunter die Steiermark und Wien, einen *Gratiskindergarten* auch für andere Altersgruppen eingeführt. Allerdings wird diese Maßnahme in der Steiermark im Zuge von Sparmaßnahmen ab dem Kindergartenjahr 2011/2012 wieder zurückgenommen, Eltern werden wieder einkommensabhängige Beiträge für den Kindergartenbesuch bezahlen müssen.

Werden die Ziele aus der Europäischen Beschäftigungsstrategie als Referenz herangezogen, fällt die bisherige Bilanz wenig erfreulich aus: Im Rahmen der beschäftigungspoliti-

---

[18] Die Krippenanzahl stieg jährlich zwischen 28 und 116. Allerdings ist kein Muster erkennbar, das auf die Einflussnahme durch ein Ausbauprogramm schließen lassen würde.

[19] Eine gezielte Analyse der quantitativen Entwicklung der Betreuungsplätze bzw. Einrichtungen ist auf der Basis der vorliegenden Daten nicht möglich. Beispielsweise liegen keine Informationen darüber vor, wie weit sich die Zahl der Einrichtungen durch Gemeindekooperationen oder infolge von Änderungen in Rahmenbedingungen verändert hat. Da Kinderbetreuungseinrichtungen in Österreich auf Länderebene geregelt werden, ist es schwer, ein einheitliches Gesamtbild zu bekommen.

schen Leitlinien für 2008 bis 2010[20] wurde vereinbart, bis 2010 für mindestens 90% der Kinder zwischen drei Jahren und dem Schulpflichtalter und für mindestens 33% der Kinder unter drei Jahren Betreuungsplätze zur Verfügung zu stellen. Diese Ziele sind zwar im Bereich der Kindergartenkinder fast erfüllt (mit deutlichen Abstrichen bei den 3-Jährigen), bei den Unter-3-Jährigen jedoch wird das Ziel mit einer Betreuungsquote von 15,8% klar unterschritten. Der vergleichenden Statistik auf EU-Ebene zufolge verfehlt Österreich das Ziel noch deutlicher,[21] während Dänemark, Niederlande, Schweden, Belgien, Spanien, Island, Portugal, Norwegen und knapp auch Frankreich, Luxemburg und Slowenien die Vorgabe erfüllen.

2009 wurde die *steuerliche Absetzbarkeit der Kinderbetreuungskosten* eingeführt: Bis zum 10. Lebensjahr des Kindes können Betreuungskosten bis maximal 2.300 Euro pro Jahr steuerlich geltend gemacht werden. Absetzbar sind nicht nur die Kosten für institutionelle Betreuungseinrichtungen, sondern auch solche für private Betreuungsarrangements unter der Voraussetzung, dass diese durch eine pädagogisch qualifizierte Person erbracht werden.[22]

4   Zum Paradigmenwechsel in den familienpolitischen Maßnahmen in Österreich

Analog zur Analyse der politischen Positionen in Dujmovits wird im Folgenden untersucht, ob sich in den familienpolitischen Maßnahmen ein Paradigmenwechsel erkennen lässt. Die entsprechenden Ergebnisse werden in Tabelle 1 zusammengefasst. Der Untersuchungszeitraum umfasst das letzte Jahrzehnt mit dem Schwerpunkt auf die letzten Jahre, da davon auszugehen ist, dass ein Politikwandel in Richtung eines neuen Paradigmas erst mit dem Wechsel zur Großen Koalition 2007 auszumachen sein dürfte. Neben den Geldleistungen und Freistellungsrechten für Eltern sowie der institutionellen Kinderbetreuung werden auch einige familienrelevante Leistungen der Sozialversicherung analysiert.

4.1 Reformen zum Kinderbetreuungsgeld

Die Einführung der kürzeren KBG-Varianten 2008 bei gleichzeitig höherem Bezug ermöglicht Müttern die Wahl einer kürzeren Unterbrechungsdauer, ohne im Vergleich zur langen KBG-Variante einen monetären Verlust zu erleiden. Aus vielen Arbeitsmarktanalysen ist bekannt, dass kürzere Berufsunterbrechungen sich weniger negativ auf die weiteren Karriere- und Einkommenschancen auswirken. Die seit 2010 mögliche einkommensabhängige KBG-Variante geht über die Bedeutung der Unterbrechungsdauer für die Erwerbskarriere

---

[20] Das Kinderbetreuungsangebot ist Teil der Leitlinie 17, die folgendes Ziel formuliert: „Die Beschäftigungspolitik auf Vollbeschäftigung, Steigerung der Arbeitsplatzqualität und Arbeitsproduktivität und Stärkung des sozialen und territorialen Zusammenhalts ausrichten" (Rat der Europäischen Union 2008). Allerdings enthalten die aktuellen beschäftigungspolitischen Leitlinien (Rat der Europäischen Union 2010) keine quantifizierten Vorgaben mehr, es findet sich nur der Hinweis: „Es sollten Bedingungen geschaffen werden, die der Bereitstellung angemessener, erschwinglicher und qualitativ hochwertiger Betreuungsdienste für Kinder im Vorschulalter förderlich sind." Wie weit die Barcelona-Vorgaben weiterhin relevant sind, konnten wir nicht feststellen.

[21] Die österreichischen Werte werden in der vergleichenden Statistik auf EU-Ebene bedingt durch die Verwendung von EU-SILC als Datenquelle unterschätzt (Plantenga/Remery 2009).

[22] Zu den Details vgl. www.help.gv.at/Content.Node/37/Seite.370600.html (08.03.2011); sowie Abschnitt 4.7.

Tabelle 1: Entwicklung familienpolitischer Maßnahmen in Österreich

Zielebenen*)	(1) Gleichstellung	(2) Ökonomische Ziele		(3) Chancengleichheit
Teilziele bzw. Zielindikatoren	eigenständige und gleiche *Teilhabechancen* in Beruf und Familie für Frau & Mann	umfassende *Nutzung Humanvermögen* Frauen & Mütter	*Förderung Humanvermögensentwicklung* von Kindern	
Veränderungen) aufgrund von ...**				
Reformen zum Kinderbetreuungsgeld	+	+	(+)	(+)
Elternkarenz und „Papamonat"	+	+	=	=
Recht auf Elternteilzeit	=	(+)	=	=
Sozialversicherungsrechtliche Regelungen	−	=		
Ausbau Kinderbetreuungseinrichtungen: quantitativ	+	+	(+)	(+)
Ausbau Kinderbetreuungseinrichtungen: qualitativ	+	+	=	=
Kostenreduktion außerfamiliärer Betreuung	=	+	(+)	=
Förderung semiprofessioneller Betreuungsstrukturen	(+)	+	(+)	(+)

Quelle: eigene Zusammenstellung.

*) *Zielebenen:*
(1) Geschlechtergleichstellung
(2) Sicherung von Produktivität, Wirtschaftswachstum sowie der Finanzierbarkeit der Sozialsysteme
(3) Chancengleichheit in/durch Bildung; soziale Integration und Kohäsion

**) *Ausmaß und Richtung* der Veränderung (mit modernisiertem *male-breadwinner*-Modell als Referenzpunkt):
++ *deutliche* Unterstützung eines neuen Paradigmas
+ Unterstützung eines neuen Paradigmas
(+) *sehr schwache* Unterstützung eines neuen Paradigmas
= unverändert
− Unterstützung des traditionellen Paradigmas, insbesondere Förderung traditioneller Arbeitsteilungsmuster.

noch deutlich hinaus, weil hier erstmals das KBG als Einkommensersatzleistung definiert wird.[23] Damit kommt diese Variante nicht nur besser qualifizierten Frauen entgegen, die bislang besonders hohe Einkommensverluste im Fall einer Berufsunterbrechung in Kauf nehmen mussten, sondern bietet auch Potentiale für eine höhere Väterbeteiligung an der Elternkarenz. Das häufig vorgebrachte Argument, Familien könnten sich eine Väterkarenz gar nicht leisten, da der Einkommensentfall viel zu groß wäre, wird – zumindest bis zur Obergrenze von 2.000 Euro – deutlich entkräftet. Die ebenfalls 2010 parallel eingeführte weitere Kurzvariante (12+2 Monate), die für Personen ohne bzw. mit sehr geringem Erwerbseinkommen attraktiv ist, liegt mit dem Fixum von 1.000 Euro pro Monat über der Armutsgefährdungsschwelle und ermöglicht eine eigenständige Existenzsicherung während des ersten Jahres der Kinderbetreuung. Auch die 15+3 Variante liegt mit 800 Euro zumindest in der Nähe einer existenzsichernden Leistung. Insgesamt sind daher beide KBG Reformen als Signale für einen Paradigmenwechsel *aus gleichstellungspolitischer Sicht* anzusehen und in der Tabelle 1 mit „+" gekennzeichnet.

Allerdings sind einige Faktoren anzuführen, die das Pro-Paradigmenwechsel Argument abschwächen und daher ein „++" in der ersten Spalte der Tabelle verhindern: Das KBG unterstützt in den kurzen Varianten tendenziell sowohl die Erwerbskarrieren von Frauen als auch die „Familienkarrieren" für Männer, aber gemessen an den Daten zur Inanspruchnahme gilt dies offenbar nur für bestimmte Typen von Eltern. Die lange Variante wird im Jänner 2011 immer noch von 69% aller BezieherInnen in Anspruch genommen, unter den kurzen Varianten dominiert ebenfalls die längste Form (20+4). Dieses Ergebnis mag zum einen normative Gründe haben (z. B. Wernhart/Neuwirth 2007; Dörfler 2007: 7f.), zum anderen hängt jede Wahl von den Unterstützungsstrukturen ab. Die Entscheidung für eine kurze KBG-Variante setzt voraus, dass es Alternativen zur familiären Kinderbetreuung nach Ende des KBG-Bezugs gibt, was wie gezeigt wurde gerade für diese Altersgruppe der unter 3-Jährigen nicht in ausreichendem Maße der Fall ist. Aufgrund dieser Defizite in der institutionellen Kinderbetreuung sind die kurzen Varianten nur für bestimmte Gruppen attraktiv *und* wählbar, insbesondere für einkommensstärkere und urbane Schichten, die auf das höhere Betreuungsangebot in den Städten zurückgreifen können und/oder sich alternative Betreuungsvarianten (Tagesmütter, Au-Pairs, Babysitter…) leisten können.

Die kurzen Varianten weisen deutlich höhere Väteranteile auf (vgl. 3.1.3), was ebenfalls das Argument ihrer selektiven Attraktivität unterstützt.

Ein deutliches Signal in Richtung Paradigmenwechsel würde darin bestehen, die lange Variante (30+6) zu streichen. Die 20+4 Variante, mit rund 20% Inanspruchnahme immerhin das am zweithäufigsten gewählte Modell, würde immer noch eine vergleichsweise lange Unterbrechungsdauer ermöglichen, gleichzeitig aber im Einklang mit der arbeitsrechtlichen Karenzregelung (max. 2 Jahre Elternkarenz) stehen und den Druck in Richtung Ausbau des Kinderbetreuungsangebots für unter 3-Jährige erhöhen.

In Bezug auf *Nutzung des Humanvermögens der Frauen* fördern die kurzen KBG-Varianten einen schnelleren Wiedereinstieg in den Arbeitsmarkt und reduzieren somit die Humankapitalentwertung infolge einer Berufsunterbrechung. Die erhöhte und teilweise

---

[23] Das Karenzgeld vor 2002 war zwar auch an die Erwerbstätigkeit geknüpft und wies daher eine enge Arbeitsmarktbindung auf. Im Unterschied zum einkommensabhängigen KBG wurde aber das damalige Karenzgeld als Fixum ausbezahlt, in etwa auf dem Niveau des KBG in der langen Variante. Das Karenzgeld war nicht als Einkommensersatz definiert.

flexibilisierte Zuverdienstgrenze arbeitet ebenfalls der Humankapitalentwertung entgegen, da sie flexiblere Ausgestaltungen der Unterbrechung und des Wiedereinstiegs möglich macht. Dennoch ist auch hier kein deutliches Signal (und somit kein „++" in Tabelle 1) für einen Paradigmenwechsel sichtbar, da zum einen eine klare Linie hinsichtlich des Zusammenhangs arbeitsrechtlicher Karenz und KBG nach wie vor fehlt. Zum anderen ist die Zuverdienstgrenze immer wieder in Diskussion, was zusätzliche Verunsicherung erzeugt.

Hinsichtlich der *Förderung Humanvermögensentwicklung von Kindern im ökonomischen Kontext* kann ein schwacher Paradigmenwechsel insofern konstatiert werden, als die kurzen KBG Varianten die Zeit ausschließlich familiärer Betreuung tendenziell reduzieren, Kinder kommen somit früher mit professioneller Betreuungsinfrastruktur mit ausgebildeten Fachkräften in Berührung. Innerhalb dieses professionellen Systems sind auch spezifische Förderungen der Kinder möglich. Analoges gilt für die Zielsetzung der *Chancengleichheit in und durch Bildung*.

4.2 Elternkarenz und Einführung eines „Papamonats"

Die arbeitsrechtliche Freistellungsregelung, die Elternkarenz, wurde in den vergangenen Jahren selbst nicht verändert, nach wie vor besteht die Möglichkeit einer maximal zweijährigen Berufsunterbrechung mit Kündigungsschutz und Rückkehrrecht bis 4 Wochen nach der Karenz. Die Neuregelung des Zuverdienstes während des KBG-Bezuges betrifft aber auch die arbeitsrechtliche Freistellung, wurde doch die Erhöhung der Zuverdienstgrenze insbesondere damit argumentiert, flexibles Arbeiten während der Karenz zu ermöglichen und somit Anreize zu setzen, Erwerbsunterbrechungen mehr oder weniger karriereorientiert zu gestalten. Sowohl hinsichtlich der *gleichstellungspolitischen* als auch der *ökonomischen Zielsetzung* ist damit ein Wandel zu konstatieren, daher ein „+" in Tabelle 1. Wie schon zuvor angesprochen fehlt allerdings eine klare Linie hinsichtlich des Zusammenhangs arbeitsrechtlicher Karenz und KBG nach wie vor. Die getrennte Zuständigkeit zweier Ministerien ist symptomatisch für diese Aufspaltung von Freistellungsrechten und Geldleistungen. Die aktuellen Regelungen sind sowohl in Hinblick auf die Berechnung der Einkommensgrenze als auch in Hinblick auf die Abstimmung mit der arbeitsrechtlichen Freistellungsregelung äußerst komplex,[24] sodass auch hier keine eindeutige Hinwendung zu einem neuen Paradigma konstatiert werden kann (Dörfler/Neuwirth 2007).

Der für die Gruppe der öffentlich Bediensteten Anfang 2011 eingeführte „Papamonat" ist aus *gleichstellungspolitischer Sicht* grundsätzlich positiv einzuschätzen, da eine solche Auszeit für Väter Anreize in Richtung einer egalitäreren Gestaltung der Kleinkinderbetreuung setzt. Der aktuelle Beitrag zum Paradigmenwechsel ist allerdings gering, nicht nur aufgrund der Beschränkung auf eine Beschäftigungsgruppe, sondern auch aufgrund der fehlenden finanziellen Abgeltung. Auf die *Humanvermögensnutzung der Frauen* hat die Inanspruchnahme eines „Papamonats" keine unmittelbare Auswirkung; allerdings kann vermutet werden, dass Väter, die eine solche Kinderbetreuungszeit nutzen, auch in der Folge einen größeren Anteil der Betreuungszeit übernehmen werden und damit den Wiedereinstieg der Mütter erleichtern. Die in den beiden ersten Spalten in Tabelle 1 für die

---

[24] Die Komplexität des Berechnungsmodus kann allein schon dem Umstand entnommen werden, dass die „Kurzübersicht zur Zuverdienstgrenze" 21 (!) Seiten umfasst (BMWFJ 2011c). Zur Berechnung vgl. auch Arbeiterkammer Oberösterreich 2011.

Ausgestaltungsmöglichkeiten der Karenz bereits vergebenen „+" werden durch diese im Moment noch eher symbolische Maßnahme zumindest unterstützt. Auf die *Förderung der Humanvermögensentwicklung von Kindern* dürfte diese kurzfristige Form der Väterbeteiligung ebenso wenig Einfluss nehmen wie die Ausgestaltung der Karenz.

4.3 Recht auf Elternteilzeit

Das Recht auf Elternteilzeit ist in Bezug auf die gleichstellungspolitischen Auswirkungen ambivalent einzuschätzen. Dass Väter die Bedingungen zur Inanspruchnahme der Elternteilzeit in höherem Ausmaß erfüllen als Mütter, kann gleichstellungspolitisch positiv gewertet werden, auch die im Vergleich zur Karenz höhere Inanspruchnahme durch Väter unterstützt die Auflösung traditioneller Arbeitsteilungsmuster. Zum anderen sind es nach wie vor überwiegend Mütter, die dieses Recht in Anspruch nehmen und die durch den Wechsel in das Teilzeitsegment klare Nachteile in Bezug auf Einkommen und Karrierechancen erleiden, da es nur in einem geringem Ausmaß qualifizierte Teilzeitarbeit in Österreich gibt (Bergmann et al. 2003, Mairhofer et al. 2008). Zudem gilt, dass die Elternteilzeit zwar bereits nach Ablauf der Mutterschutzfrist angetreten werden kann, de facto aber im Anschluss an die Karenz in Anspruch genommen wird, in der Regel als Überbrückung bis zum Eintritt in den Kindergarten, oder später als Ergänzung zum Halbtagskindergarten. Für die Kombination von Elternteilzeit und KBG fehlt eine klare Regelung, insbesondere in Hinblick auf die Zuverdienstgrenze.[25] In dieser Konstellation stützt dieses Recht das modernisierte traditionelle Paradigma. Gesamt betrachtet ist in der jetzigen Ausgestaltung und Inanspruchnahme keine eindeutige Positionierung in Bezug auf den Paradigmenwechsel in der *Gleichstellungszielsetzung* ableitbar, daher die Bewertung mit „=" in der Tabelle.

Bei einer rein quantitativen Betrachtung des Ziels *Nutzung Humanvermögen der Frauen* ist jede Form der Erwerbstätigkeit eine Verbesserung gegenüber der Nichterwerbstätigkeit. In einer langfristigen Betrachtung kann dies zwar klar in Zweifel gezogen werden, zumal die Daten zur Teilzeitbeschäftigung in Österreich zeigen, dass Frauen hier vielfach Dequalifizierungen hinnehmen müssen und sich mit der Teilzeit in berufliche Sackgassen manövrieren. Dies führt zu einem sehr schwachen „(+)" in der zweiten Spalte.

Das Recht auf Elternteilzeit ist explizit als Begleitung der vorschulischen Kinderbetreuung gedacht, es endet mit dem Schuleintritt des Kindes. Dieses Recht unterstützt somit klar die Halbtagsorganisation der Kinderbetreuung im Kontext des modernisierten traditionellen Paradigmas, was auf beiden *kinderbezogenen Zielsetzungen* ein „=" in der Tabelle 1 rechtfertigt.

---

[25] In der Karenzregelung bis 2002 gab es eine explizite Teilzeitkarenz mit einem Anspruch auf das halbe Karenzgeld. Mit dem KBG wurde diese Möglichkeit abgeschafft. Die Einführung der individuellen Zuverdienstgrenze mit 60% des Letztverdienstes geht zwar wieder in die Richtung einer geregelten Teilzeitkarenz, allerdings mit aller Komplexität der Berechnung der Zuverdienstgrenze, die schon mehrfach angesprochen wurde. Zudem gilt diese individuelle Zuverdienstgrenze nur für die Pauschalvarianten, nicht jedoch für das einkommensabhängige KBG.

4.4 Sozialversicherungsrechtliche Regelungen

Keine wesentlichen Änderungen gab es in den vergangenen Jahren im Bereich der Sozial-versicherung. Dies ist deshalb für die Frage eines Paradigmenwechsels von Bedeutung, als abgeleitete Ansprüche im Sozialversicherungssystem ein zentrales Merkmal des *male-breadwinner*-Modells darstellen (Kreimer 2009: 222ff.). Insofern werden in diesem Ab-schnitt nicht *Reformen* als solche bewertet, sondern die Unterlassung derselben.

Die kostenlose *Mit*versicherung nicht erwerbstätiger Angehöriger in der Krankenver-sicherung[26] setzt schon per Definition eine hauptversicherte Person voraus, dasselbe gilt für die Hinterbliebenenpension.[27] Die Anrechnung der Kindererziehungszeiten im Pensionssys-tem ist zwar tendenziell mit Erwerbsanreizeffekten verbunden, da in Österreich eine additi-ve Anrechnung erfolgt.[28] Allerdings sind die Auswirkungen auf die Pensionshöhen gering, zudem ist für Teilzeitphasen infolge der Kinderbetreuung nach wie vor kein Ausgleich vorgesehen, sodass sich die Verlängerung des Durchrechnungszeitraums infolge laufender Pensionsreformen massiv auf die Pensionshöhen von Frauen mit diskontinuierlichen und durch Teilzeit geprägten Berufskarrieren auswirken wird. Auch die überproportionale Ar-mutsgefährdung von Frauen wird dadurch kaum gemildert werden (Heitzmann/Schmidt 2004).[29] Die Zuverdienstgrenze zum KBG schwächt dessen Charakter als universelle Leis-tung (Stelzer-Orthofer 2001) ebenso wie die relativ komplexe Verknüpfung mit der arbeits-rechtlichen Karenz. Insgesamt ist daher im Bereich sozialversicherungsrechtlicher Regelungen keine Abkehr vom traditionellen Paradigma erkennbar. Von den bestehenden Regelungen gehen immer noch Anreize in Richtung einer traditionellen *Arbeitsteilung zwischen den Geschlechtern* aus, was zu einem „–" in der Tabelle führt.

Kindererziehungszeiten in der Pension in der additiven Form bringen grundsätzlich keine negativen Arbeitsanreize mit sich. Sie ermöglichen tendenziell die „Erarbeitung" einer eigenständigen Pension auch für Frauen mit diskontinuierlichen Berufskarrieren. Aus dem Blickwinkel der *Nutzung des Humanvermögens der Frauen* ist zumindest dieser As-pekt der sozialversicherungsrechtlichen Regelungen positiv zu beurteilen. Gemeinsam mit den nach wie vor vorhandenen Bestandteilen des *male-breadwinner*-Modells, insbesondere

---

[26] Die kostenlose Mitversicherung von nicht erwerbstätigen Angehörigen in der Krankenversicherung wurde 2000 auf EhegattInnen (und auf Antrag auch LebensgefährtInnen), die Betreuungsaktivitäten nachweisen können, beschränkt. Diese Betreuungstätigkeiten müssen aber nicht aktuell ausgeübt werden, es reicht, wenn sie sich in der Vergangenheit mindestens vier Jahre hindurch der Erziehung eines oder mehrerer im gemeinsamen Haus-halt lebenden Kinder gewidmet haben.

[27] Im Jahr 2000 hatte fast jede vierte Frau über 60 Jahre (rund 380.000 Frauen) keinen eigenständigen Pensions-anspruch, sondern bezog allenfalls eine Witwenpension (Kreimer 2009: 222).

[28] Seit 1993 werden Müttern, die einen eigenen Pensionsanspruch erwerben, pro Kind maximal vier Jahre als Ersatzzeiten auf der Basis einer eigenen Bemessungsgrundlage zusätzlich zu einer allfälligen Erwerbstätigkeit angerechnet, wirken also in jedem Fall pensionssteigernd. Ab 2005 wurde die Bemessungsgrundlage deutlich erhöht, die Anrechnung somit verbessert. Da gleichzeitig der Durchrechnungszeitraum für die Pension generell auf die gesamte Erwerbsphase verlängert wird und sich Teilzeitphasen und längere Unterbrechungen auf die Frauenpensionen massiv auswirken werden, wird auch diese höhere Anrechnung der Kindererziehungszeiten keine Annäherung der niedrigen Frauenpensionen an die der Männer bewirken können. Es sei jedoch darauf verwiesen, dass die in Österreich von Anfang an praktizierte *additive* Anrechnung der Kindererziehungszeiten einen tendenziell positiven Anreiz für eine Erwerbstätigkeit darstellt, da Versorgungsarbeit bei erwerbstätigen und in dieser Phase nicht erwerbstätigen Müttern in gleicher Weise bewertet wird.

[29] Für nicht erwerbstätige Mütter bzw. für einkommensschwache Familien verringert das Kinderbetreuungsgeld unmittelbar die Armutsgefährdung. Hier zeigt sich die Notwendigkeit, zwischen kurzfristigen Effekten von Maßnahmen und den langfristigen Effekten der durch sie ausgelösten Anreize zu unterscheiden.

kostenlose Mitversicherung und Witwenpension, kann aber kein Signal in Richtung eines Paradigmenwechsels festgestellt werden, daher das „=" in der Tabelle 1.

4.5 Ausbau institutioneller Kinderbetreuung

Ein gut ausgebautes institutionelles Betreuungsangebot für Kinder von 0 bis (zumindest) 10 Jahre ist für einen Paradigmenwechsel weg vom traditionellen, auf informelle Betreuung innerhalb der Familien beruhenden Modell unablässig. Ist hier ein Paradigmenwechsel entlang der verschiedenen Zielebenen sichtbar?

Auf den ersten Blick ja und zwar sehr deutlich: Ausbauprogramme für Kindergärten und –krippen wurden in den letzten Jahren forciert, die Nachmittagsbetreuung in den Schulen verbessert, die Ausweitung der Öffnungszeiten aller Betreuungseinrichtungen ansatzweise gefördert. Zeitweise hatte man sogar den Eindruck, es gäbe einen gewissen Wettlauf der für die Kinderbetreuung zuständigen Länder in Bezug auf ein gutes Angebot. Damit ist eine Abkehr von der bislang dominanten Halbtagskultur der Kinderbetreuung zu verzeichnen, die zwar im Bundesländervergleich durchaus unterschiedlich gewichtig ausfällt, aber in der Tendenz jedenfalls ein Argument für einen deutlichen Paradigmenwechsel darstellen könnte.

Allerdings startet dieses Ausbauprogramm auf jeweils sehr unterschiedlichem Niveau. Einmal mehr zeigt sich die Problematik der Zuständigkeit der Länder für die Kinderbetreuung, die eine bundesweit einheitliche Vorgabe faktisch massiv erschwert. Drei Reformprozesse liefen gleichzeitig ab:

- *Vom Bund vorgegebenes verpflichtendes letztes Kindergartenjahr statt freiwilligem Besuch*: Die Verpflichtung für einen halbtägigen Kindergartenbesuch aller Fünfjährigen ist seit Herbst 2010 in Kraft, die Umsetzung wie auch die Gewährung von Ausnahmen obliegt wiederum den Ländern.
- *Gratiskindergarten statt teilweise sehr hoher Kosten für die Eltern*: Die meisten Länder haben Gratisangebot eingeführt, allerdings keinesfalls einheitlich in Bezug auf Altersgruppen und Ausmaß der täglichen Betreuungszeiten. Zudem sind einige Länder infolge von Sparmaßnahmen bereits wieder am Zurücknehmen des kostenlosen Angebots.
- *Ausbau der Qualität der Kindergärten und Krabbelstuben in Bezug auf Öffnungszeiten, Ferienschließzeiten, Gruppengrößen, Flexibilität*: Die vom Bund gewährten zusätzlichen Fördermittel sollten neben der Angebotsausweitung generell insbesondere auch für Angebotsverbesserungen genutzt werden.

Vor dem Hintergrund der schon vorhandenen heterogenen Herangehensweise der Länder an die Thematik außerhäuslicher Kinderbetreuungseinrichtungen wurden die genannten Prozesse in den Ländern unterschiedlich genutzt und vorangetrieben. Eine einheitliche Betreuungslandschaft für alle betreuungsbedürftigen Kinder (d. h. auch Volksschulkinder) ist damit auf absehbare Zeit nicht in Sicht.

Nun kann vom geringen Niveau der aktuellen Ausbaustufe bzw. von der heterogenen Umsetzung in den Ländern noch nicht auf einen fehlenden Paradigmenwechsel geschlossen werden. Was wären konkrete Hinweise für einen solchen Wechsel? Am dringlichsten ist der Ausbau von Betreuungsplätzen für die Unter-3-Jährigen zu nennen: Bei dieser Altersgruppe ist die Vereinbarkeit von Erwerbstätigkeit der hauptsächlich betreuenden Person (i. d. R. die Mutter) und Familie am schwierigsten; gleichzeitig ist diese Phase in der Entwicklung des Kindes am stärksten mit dem traditionellen Paradigma verbunden, wonach Kleinkinder in der Familie oder möglichst familiennah betreut werden sollen. Insofern sind sowohl das Gleichstellungsziel als auch die Humanvermögensnutzung der Frauen mit dem Betreuungsangebot bei dieser Altersgruppe besonders relevant. Dass die Betreuungsquote für Kinder von 0 bis 3 Jahren steigt, reicht jedoch unseres Erachtens für die Diagnose eines deutlichen Paradigmenwechsels nicht aus. Zum einen ist die Angebotspalette gerade bei dieser Altersgruppe extrem heterogen, sodass vielfach in Österreich das alte Paradigma dominant ist; zum anderen gibt es keine klaren Signale von Seiten der Bundespolitik, hier besondere Anstrengungen zu setzen. Der Ausbau scheint immer noch viel mehr als „notwendiges Übel" begriffen zu werden, nicht als arbeitsmarktpolitisch, gleichstellungspolitisch und bildungspolitisch motivierbare Notwendigkeit.

Bei den Kindergärten, also dem Angebot für die 3- bis 5-Jährigen, ist die Betreuungsquote mittlerweile mit knapp 90% recht hoch, auf quantitativer Ebene scheint hier ein gewisser Wechsel stattgefunden zu haben. Problematisch bleibt aber die qualitative Ebene – darauf wird im nächsten Abschnitt eingegangen.

Bei der Nachmittagsbetreuung für Volksschulkinder ist kein merkbarer Wandel in Sicht. Die (an und für sich sinnvolle) inhaltliche Verknüpfung mit der Frage der Ganztagsschule wirkt hier eher bremsend. Die dem modernisierten traditionellen Paradigma entsprechende Halbtagskultur ist auf der Ebene der Volksschule noch viel präsenter als bei den Kindergärten – nach 4 Schulstunden stehen die Kinder bereits um 11:30 auf der Straße und die Schließzeiten sind bedingt durch die Schulferien um einiges höher als in den Kindergärten.[30] Auch das Wifo sieht hier Reformbedarf: „Gerade im Bereich der unter 3-Jährigen sowie bei der Nachmittagsbetreuung von Schulkindern können die aktuellen Bemühungen jedoch nicht für ein ausreichendes, auch den Barcelona-Vorgaben genügendes Betreuungsangebot sorgen; vielmehr sind über die geplanten Investitionen hinaus weitere Ressourcen in diesen Bereich zu lenken." (Festl et al. 2010: 139).

Auch wenn insgesamt ein Paradigmenwechsel eher zögerlich und im Anfangsstadium konstatiert werden muss, ist dennoch festzuhalten, dass die Bemühungen der vergangenen Jahre um ein quantitativ besseres Betreuungsangebot nicht nur bei Kindern im Kindergartenalter, sondern auch bei den Unter-3-Jährigen und bei der Nachmittagsbetreuung von Schulkindern ein „+" in der Tabelle rechtfertigen. Dies gilt jedenfalls für die Zielsetzungen zur *Chancengleichheit* und zur *Humanvermögensnutzung der Frauen*. Was die Ziele der *Humanvermögensnutzung der Kinder* und *Chancengleichheitsziele* betrifft, so ist jeweils die qualitative Dimension von höherer Bedeutung. Dennoch ist die Voraussetzung auch hier ein entsprechendes quantitatives Angebot, daher konstatieren wir Ansätze eines Paradigmenwechsels und somit „(+)".

---

[30] Dies betrifft auch die schulischen Nachmittagsbetreuungsangebote, die in der Regel nur dann genutzt werden können, wenn es sich um Schultage handelt. Die in der Regel nicht mit den Schulen unmittelbar verbundenen Horte können auch an schulfreien Tagen bzw. in den Ferien offen halten. Aber auch diese Einrichtungen wiesen 2009 durchschnittlich knapp 29 Schließtage im Jahr auf, wiederum mit entsprechenden regionalen Unterschieden: In Wien sind Horte im Schnitt nur 6,7 Tage pro Jahr geschlossen, in der Steiermark dagegen 61 Tage (Statistik Austria 2010).

4.6 Maßnahmen zur Erhöhung der Qualität institutioneller Kinderbetreuungs-einrichtungen

Qualitative Aspekte spielen in den Diskursen zu außerfamiliärer Kinderbetreuung eine immer bedeutendere Rolle. Dazu gehören die Anzahl der auf eine Betreuungsperson kommenden Kinder ebenso wie die Ausbildung der Betreuenden, die Anwendung zeitgemäßer pädagogischer Konzepte, die adäquate Einbeziehung von Eltern, u.a.m. Messbare Qualitätsindikatoren sind die maximale Gruppengröße und die Relation Betreuende zu Kindern. Plantenga/Remery (2009: 43ff.) vergleichen die Kinderbetreuungseinrichtungen aller EU-Länder und zeigen, dass Österreich hinsichtlich dieser Qualitätsindikatoren jedenfalls nicht im hochwertigen Bereich liegt.[31] Zu den Qualitätsaspekten gehört die Ausbildung des Betreuungspersonals, auch hier liegt Österreich mit der Ausbildung auf Sekundärniveau nur im Mittelfeld,[32] es gibt keine tertiären Ausbildungswege für KindergartenpädagogInnen. Immerhin wird im Rahmen des laufenden Diskussionsprozesses zur Neuorganisation der gesamten PädagogInnenausbildung die Kindergartenpädagogik einbezogen.[33]

Neben diesen direkt mit der Qualität verknüpften Aspekten wäre ein Paradigmenwechsel auch dann feststellbar, wenn *pädagogische Aspekte vermehrt um Bildungsaspekte ergänzt* werden würden. Dem modernisierten traditionellen Paradigma entspricht der Halbtagskindergarten, in dem Kinder vornehmlich spielen und spielerisch Alltagsfertigkeiten lernen. Ein modernes Paradigma sieht Kindergärten als Bildungsstätten, die in vielfacher Weise das Humankapital der Kinder erhöhen. Das verpflichtende letzte Kindergartenjahr ist ein Schritt in diese Richtung, wenngleich in Österreich stark aus dem Migrationsthema heraus motiviert. Mehr ist jedoch nicht in Sicht, beispielsweise gibt es keine Ansätze, das Kinderbetreuungswesen mit dem Bildungswesen explizit zu verknüpfen.[34] Auch fehlt ein genereller Diskurs über die Qualität von Betreuungseinrichtungen ebenso wie über die Notwendigkeit zentraler Vorgaben zu Qualitätsstandards von Seiten des Bundes an die Länder. In Bezug auf die Förderung der *Humanvermögensentwicklung der Kinder* und die *Chancengleichheitszielsetzung* ist daher keine wesentliche Änderung der bisherigen Ausrichtung erkennbar, was das „=" in der Tabelle 1 rechtfertigt.

Hinsichtlich der *Gleichstellungsdimension* ist jede Verbesserung bei den Ausbildungs- und Rahmenbedingungen des betreffenden pädagogischen Berufsfeldes als Fortschritt zu werten, da beispielsweise eine tertiäre Ausbildung der KindergartenpädagogInnen der Unterbewertung der Arbeit in diesem klar frauendominierten Feld entgegenwirkt und über eine höhere Attraktivität für männliche Pädagogen auch der geschlechtsspezifischen Arbeitsmarktsegregation. Ähnliches gilt für die ökonomische Zielsetzung der *Erhöhung des Hu-*

---

[31] Für die Qualitätsebene liegen keine vergleichbaren Daten vor, Plantenga/Remery (2009: 43f.) geben nur eine tabellarischer Übersicht, wobei auch diese Angaben wie im Fall Österreich bereits auf heterogenen Regelungen beruhen und daher wenig konkret sind. Für Österreich wird eine durchschnittliche Gruppengröße (je nach Bundesland) von 11 bis 14 Kindern in Kinderkrippen und von rund 20 in Kindergärten angegeben; das *staff-child ratio* beträgt demnach 1:5 in den Krippen und 1:14 in den Kindergärten. Zum Vergleich: In Dänemark kommen drei Unter-3-Jährige bzw. sechs 3- bis 5-Jährige auf eine Betreuungsperson.

[32] Die Ausbildung der PädagogInnen erfolgt in den fünfjährigen Bildungsanstalten für Kindergartenpädagogik, die mit der Matura abschließen.

[33] Informationen auf www.bmukk.gv.at/schulen/lehr/labneu/index.xml (02.03.2011).

[34] Das Ministerium für Unterricht, Kunst und Kultur ist für *Bildung und Schulen* zuständig, das Ministerium für Wirtschaft, Familie und Jugend für die *Kinderbetreuung*. Nur im Bereich der Ausbildung der PädagogInnen gibt es einen Überschneidungsbereich, der allerdings auch erst in jüngster Zeit als solcher wahrgenommen wird.

mankapitalvermögens der Frauen. Da diese Aufwertungspläne allerdings noch in einem frühen Stadium sind, ist noch kein starkes Indiz in Richtung eines Politikwandels erkennbar, daher nur „+" in Tabelle 1.

4.7 Kostenreduktion außerfamiliärer Betreuung

Dass neben der Verfügbarkeit auch die Kosten außerfamiliärer Kinderbetreuung einen Einfluss auf das Erwerbsverhalten von Frauen ausüben, wurde empirisch mehrfach nachgewiesen.[35] Auch wenn die Ergebnisse hinsichtlich der Höhe des Einflusses divergieren, so ist doch eindeutig ein negativer Zusammenhang feststellbar: Je höher die Kosten institutioneller Kinderbetreuung, desto eher entscheiden sich Familien für familiäre Betreuungsarrangements, in der Regel durch Mütter und/oder informelle Betreuungsvarianten (Bock-Schappelwein et al. 2009: 67).[36] Alle Maßnahmen, die institutionelle Betreuungseinrichtungen für die Nachfragenden erschwinglicher machen, erleichtern die Arbeitsmarktteilnahme von Frauen und unterstützen daher einen Paradigmenwechsel weg vom traditionellen Arbeitsteilungsmodell.

Mit der 2009 eingeführten Absetzbarkeit von Kinderbetreuungskosten, dem in jedem Fall halbtags kostenlosen letzten (verpflichtenden) Kindergartenjahr und den unterschiedlichen Gratiskindergartenangeboten in den Ländern sind in jüngster Zeit verstärkt Maßnahmen gesetzt worden, die eine Kostenreduktion außerfamiliärer Betreuung bewirken. Kann hier ein deutlicher Beitrag zu einem Paradigmenwechsel konstatiert werden?

Grundsätzlich ja, daher findet sich in der Tabelle 1 bei der *ökonomischen Zielsetzung* ein „+". Ein deutliches Paradigmenwechselsignal, das mit einem „++" gekennzeichnet wäre, ist aber nicht erkennbar: Die Gratiskindergartenangebot sind auf Länderebene sehr unterschiedlich ausgestaltet und werden partiell bereits wieder eingeschränkt.[37] Das kostenlose verpflichtende letzte Kindergartenjahr gilt nur für den Halbtag und ermöglicht daher in der Regel keine volle Arbeitsmarktteilnahme beider Elternteile. Die *gleichstellungspolitische Zielsetzung* wird durch die geltenden Regelungen nicht unterstützt, daher „=" in der ersten Tabellenspalte.

Die Absetzbarkeit der Kinderbetreuungskosten gilt nicht nur für Kosten für institutionelle Einrichtungen, sondern auch für verschiedene Formen semi-professioneller Betreuungsarrangements (Au-Pairs, Großeltern, Babysitter…). Zwar gibt es minimale Ausbildungserfordernisse[38] und ein Verbot der Absetzbarkeit durch im selben Haushalt

---

[35] Für eine kurze Übersicht vgl. Bütler 2007 sowie Bock-Schappelwein et al. 2009: 66ff.

[36] Es sei angemerkt, dass die Kosten pro Betreuungsplatz in aller Regel deutlich höher sind als die Elternbeiträge, selbst in jenen Fällen, in denen der volle Beitrag bezahlt werden muss. Es geht hier nicht um die Frage, ob Betreuungsplätze subventioniert werden, sondern darum, wie (subjekt- bzw. objektorientiert, über Steuern etc.) und wie hoch sie subventioniert werden. Bütler (2007) geht beispielsweise der Frage nach, welche Auswirkungen einkommensabhängige Elternbeiträge, wie sie in der Schweiz teilweise gegeben sind, auf das Arbeitsangebot und die Fertilität haben können.

[37] Das kostenlose Kindergartenangebot wurde in den Bundesländern Kärnten und Steiermark wieder abgeschafft; nur Wien bietet nach wie vor eine beitragsfreie Ganztagsbetreuung für 0- bis 5-Jährige an (zu bezahlen sind nur Essensbeiträge).

[38] Die Betreuung muss durch eine „pädagogisch qualifizierte Person" erfolgen. Dieser Status wird im Fall von über 21-Jährigen durch eine Ausbildung im Ausmaß von mindestens 8 (!) Stunden bereits erreicht, im Fall von 16- bis 21-Jährigen sind 16 Stunden Ausbildung erforderlich. Hier von pädagogisch qualifiziert zu sprechen, erscheint zumindest fragwürdig.

lebende Angehörige, dennoch bleibt dieses Segment der Kinderbetreuung auf einem laien-
haften Niveau. Hinsichtlich der *Humanvermögensentwicklung der Kinder* und insbesondere
der *Chancengleichheitszielsetzung* werden somit die Potentiale, die sich über die Betreuung
in qualitativ hochwertigen Einrichtungen durch pädagogisch-professionell geschultes Personal nur in geringem Ausmaß bzw. gar nicht genutzt. Zudem erhöht die Kostensenkung
für die Eltern den Kostendruck auf die anbietenden Länder und Gemeinden, was zu Lasten
der notwendigen Qualitätsverbesserungen gehen kann: Sprachdefizite können beispielsweise in zu großen Gruppen nicht effektiv bearbeitet werden.

4.8 Förderung von Tageseltern und informellen/semiprofessionellen Betreuungsarrangements

Wie im vorigen Abschnitt bereits erwähnt ist die steuerliche Absetzbarkeit der Kinderbetreuungskosten auch bei semiprofessionellen und familiären Arrangements gegeben. Zudem
werden in einzelnen Ländern explizit Modelle zur Förderung von Tageseltern (in aller Regel dominant Tages*mütter*) umgesetzt. 2009 wies die Statistik offiziell 2.858 aktive Tageseltern aus, die insgesamt 13.368 Kinder betreuten (Statistik Austria 2010: 21).[39] Wie viele
Tageseltern darüber hinaus in informellen, statistisch nicht erfassten Arrangements Kinder
betreuen, ist nicht bekannt. Aufgrund der föderalen Zuständigkeit für die Kinderbetreuung
ist die Heterogenität sowohl was die Anzahl der Tageseltern betrifft als auch bezüglich der
rechtlichen Rahmenbedingungen sehr groß (Kaindl et al. 2010).

   Die Tätigkeit als Tagesmutter bietet jenen Frauen Verdienstmöglichkeiten, die ansonsten aufgrund eigener Betreuungsverpflichtungen keiner Erwerbsarbeit nachgehen könnten.
Insofern wird sowohl das *Gleichstellungsziel* als auch die *Förderung des weiblichen Humanvermögens* unterstützt. Für die Geschlechtergleichstellung muss jedoch einschränkend
festgestellt werden, dass diese Tätigkeit nahe der Familienstruktur angesiedelt ist, keine
soziale Integration und Entwicklungsmöglichkeiten bietet. Zudem wird de facto die Zuweisung von Betreuungsarbeit an Frauen und damit ein traditionelles Arbeitsteilungsmuster
einmal mehr gestützt. Auf der gleichstellungspolitischen Ebene kann daher höchstens ein
sehr schwacher Beitrag zu einem Paradigmenwechsel konstatiert werden.

   Ähnliches gilt für die Zielsetzungen, die die Kinder betreffen: Die Humanvermögensentwicklung von Kindern mag durch engagierte Tageseltern zwar gefördert werden. Grundsätzlich haben wir es aber mit einer semi-professionellen Betreuungsstruktur zu tun, die
von den Ausbildungsanforderungen her mit KindergartenpädagogInnen nicht vergleichbar
ist. Die Betreuung bei Tageseltern ist familiennah organisiert, was soziale Integration und
Kohäsion höchstens marginal unterstützt.

---

[39] Die Kindertagesheimstatistik weist seit 2003 die Anzahl der von Tageseltern betreuten Kinder und seit 2007 die
     Anzahl der Tageseltern aus, enthält aber keine weiteren Informationen zur nicht-institutionellen Kinderbetreu-
     ung. Daher ist auch nicht nachvollziehbar, warum die Zahl der Tageseltern 2007 und 2008 mit jeweils rund
     3.500 deutlich höher lag als 2009, die Zahl der betreuten Kinder aber faktisch gleich geblieben ist.

5   Resümee

Die Ausführungen im vorigen Abschnitt lassen grundsätzlich relativ viel Bewegung in der Familienpolitik Österreichs erkennen. Reichen die Veränderungen in der jüngeren Vergangenheit aus, um bezüglich familienpolitischer Maßnahmen eine neue Ausrichtung, weg vom modernisierten *breadwinner*-Paradigma konstatieren zu können? Diese Frage soll im Folgenden entlang der unterschiedlichen Zielsetzungen untersucht werden.

5.1   Gleichstellungspolitische Zielsetzung: Geschlechtergleichstellung

Die gleichstellungspolitische Zielsetzung zielt insbesondere auf gleiche Teilhabechancen von Müttern im Erwerbsleben und spiegelbildlich gleichen Teilhabechancen von Vätern in der Familie ab. Die Einführung der kurzen KBG-Varianten macht kürzere Erwerbsunterbrechungen attraktiver und kann daher zur Erhöhung der Arbeitsmarktchancen von Frauen beitragen. Dies gilt im besonderen Maße für die einkommensabhängige KBG-Variante, da diese Bezug auf die Erwerbsorientierung und die Qualifikation von Frauen nimmt und zudem Anreize für Väter mit sich bringt, Betreuungsleistungen zu übernehmen. Die Quotierung eines Teils der gesamten Bezugsdauer des KBG für Väter (bzw. den zweiten Elternteil) wurde zwar schon in den 1990er Jahren eingeführt und hätte daher bereits früher wirksam sein können. Der zögerliche Anstieg des Väteranteils bei den Karenzgeld- bzw. KBG-BezieherInnen zeigte klar, dass eine niedrige Pauschalleistung keinen Anreiz für eine effektive Väterbeteiligung in der Kleinkindbetreuung darstellte. Das einkommensabhängige KBG hat hier sicherlich weitaus mehr Potential in Richtung einer veränderten Arbeitsteilung der Geschlechter zu wirken. Erste zarte Ansätze einer Erhöhung der Väterbeteiligung werden auch schon sichtbar.

Letzteres gilt grundsätzlich auch für den erst 2011 eingeführten „Papamonat" als arbeitsrechtlicher Karenzierungsanspruch, der allerdings auf eine relativ kleine Gruppe von Vätern im öffentlichen Dienst beschränkt ist. Die Daten zur Inanspruchnahme der Elternkarenz durch Väter haben schon in der Vergangenheit gezeigt, dass gerade in dieser Beschäftigungsgruppe der Zugang zur Karenz wesentlich einfacher zu gestalten war als in der Privatwirtschaft. Ein deutlicher Beitrag in Richtung eines neuen Paradigmas wäre erst dann zu verzeichnen, wenn alle Väter Ansprüche auf einen „Papamonat" geltend machen könnten.

Kindergartenausbauprogramme wurden bereits in den 1990er Jahren gestartet. Insofern ist hier keine grundsätzliche Neuorientierung erkennbar. Schließlich ist gerade im für die Gleichstellung sensiblen Bereich der Unter-Drei-Jährigen das Defizit an Betreuungsplätzen nach wie vor groß. Dennoch lassen sich Signale einer Neuorientierung identifizieren: Der Ausbau der Kinderbetreuungseinrichtungen für Unter-Drei-Jährige wird in der Öffentlichkeit tendenziell positiver wahrgenommen als vor 10 Jahren und Initiativen für eine bessere Betreuung von Schulkindern wie Nachmittagsbetreuungs- und (wesentlich zögerlicher) Ganztagsschulangebote werden verstärkt umgesetzt. Gerade letzteres ist aus gleichstellungspolitsicher Sicht von sehr großer Bedeutung, ist doch die dominante Form der „Halbtagsschule" zentraler Hintergrund der Teilzeitbeschäftigung von Frauen.

Dass die Qualität der Kinderbetreuungseinrichtungen und damit zusammenhängend die Ausbildung der dort Beschäftigten im öffentlichen Diskurs eine steigende Bedeutung erfährt, stützt die gleichstellungspolitische Zielsetzung von der Arbeitsmarktseite her: der Beruf der Kindergarten- und VolksschulpädagogInnen ist ein ebenso klar frauendominiertes wie in Bezug auf Bezahlung unterbewertetes Arbeitsmarktsegment.

Insgesamt zeigen sich mit Ausnahme der sozialversicherungsrechtlichen Ebene Signale in Richtung eines Paradigmenwechsels. Die gleichstellungspolitische Zielsetzung ist, besonders insofern es die Frage der Beteiligung von Vätern an der Betreuungsarbeit betrifft, als Zielsetzung in den Maßnahmen sichtbar. Für die gleichberechtigte Teilhabe der Mütter in der Erwerbsarbeit gibt es dagegen immer noch sehr ambivalente Signale: Zum einen liefert das einkommensabhängige KBG Anreize für eine erwerbsorientierte Ausgestaltung der Elternkarenz, der Kindergartenausbau kommt ebenfalls in zunehmendem Ausmaß erwerbstätigen Frauen entgegen. Andererseits bleibt das Sozialversicherungssystem immer noch sehr deutlich im traditionellen Paradigma verhaftet, mit abgeleiteten Ansprüchen für (zeitweise) nicht erwerbstätige Frauen. Auch hier gibt es jüngst wiederum leichte Signale einer Veränderung, beispielsweise wird der Alleinverdienerabsetzbetrag (als solcher ein klares Element des traditionellen Paradigmas) nur mehr für Paare mit Kindern gewährt. Hervorzuheben ist auch, dass Vorstöße in Richtung Einführung eines Familiensplittings nicht vorankamen.[40]

Zusammenfassend kann daher festgestellt werden, dass ein gleichstellungspolitischer Paradigmenwechsel auf dem Weg ist, aber eher zögerlich, soweit es die Förderung der Gleichstellung für Mütter betrifft.

5.2 Ökonomische Zielsetzungen: Steigerung von Produktivität und Wachstum sowie Sicherung der Sozialsysteme

Die ökonomische Zielsetzung einer möglichst optimalen *Humankapitalnutzung von Frauen* mit Kindern im Sinne einer ausbildungs- und qualifikationsadäquaten Förderung ihres Arbeitsmarktzugangs wird durch die kurzen KBG-Varianten klar unterstützt, ebenso durch die einkommensabhängige KBG-Variante und die erhöhte und teilweise flexibilisierte Zuverdienstgrenze. Auch nahezu alle Entwicklungen im Bereich der Kinderbetreuungseinrichtungen zielen tendenziell auf diese ökonomische Zielsetzung, sei es über die Ermöglichung des Arbeitsmarktzugangs für Mütter, sei es über Arbeitsplätze für Frauen im Kinderbetreuungssektor.

Relativierend muss angeführt werden, dass zwar die kurzen KBG-Varianten die Arbeitsmarktchancen von Müttern erhöhen, aber unter den gegebenen Rahmenbedingungen nur für bestimmte Gruppen von Frauen attraktiv sind. Für weite Teile der weiblichen Arbeitskräfte bleibt die lange Variante dominant, sowohl auf der normativen Ebene als auch auf der Ebene der Alternativen. Insbesondere gilt dies für einkommensschwächere Schichten. Ebenfalls einem Paradigmenwechsel nicht förderlich ist die komplexe Ausgestaltung der arbeitsrechtlichen Freistellung in ihrem Zusammenwirken mit dem KBG. Die getrennte Zuständigkeit zweier Ministerien für *einen* Sachverhalt ist ein Indiz für die hier vorhandene Ambivalenz: Zum einen soll es Müttern über Kündigungsschutz und Behaltefrist ermöglicht werden, nach einer Unterbrechung wieder einzusteigen; zum anderen folgt das KBG

---

[40] In Österreich wurde 1971 die Individualbesteuerung eingeführt. Die Einführung von Splittingsystemen findet sich zwar in den Positionen von ÖVP und FPÖ (Dujmovits in diesem Band), diese Vorschläge haben aber bislang kaum Beachtung gefunden.

insgesamt immer noch der Idee einer universellen Leistung, die eben gerade nicht mit Erwerbstätigkeit gekoppelt ist. Im Fall des einkommensabhängigen KBG wurde dies zwar aufgehoben, aber ohne ein grundsätzliches Signal in Richtung einer klaren Unterstützung eines raschen Wiedereinstiegs erwerbstätiger Mütter. Die einkommensabhängige Variante des KBG erscheint so als eine Art „Zuckerl" für „Karrierefrauen" und gegebenenfalls für karenzfreudige Väter, aber die grundsätzliche Ausrichtung bleibt die einer vom Erwerbsarbeitsmarkt unabhängigen „Leistung für Kinder". Die nach wie vor komplexe Regelung des Zuverdiensts während der Karenzierung ist auch Ausdruck dieses widersprüchlichen Zugangs.

Zusammenfassend kann ein Bedeutungsgewinn ökonomischer Zielsetzungen auf der Ebene der Maßnahmen festgestellt werden, der die normative verankerte Zuweisung der Betreuungsarbeit in die Alleinzuständigkeit der Frauen mildert. Insofern ist der Paradigmenwechsel am Weg, aber gebremst, ambivalent und von Ungleichzeitigkeiten durchsetzt.

Was die sozioökonomischen Zielsetzungen in Bezug auf die *Humankapitalbildung der Kinder* betrifft, sind als Argumente für einen Paradigmenwechsel das verpflichtende letzte Kindergartenjahr zu nennen, auch die geplante Aufwertung der Ausbildung der PädagogInnen unterstützt diese Zielsetzung. Die ohnehin nicht in allen Ländern eingeführte und zum Teil wieder zurückgenommene Maßnahme eines kostenlosen Zugangs zu Kindergärten senkt insbesondere für relativ einkommensschwache Familien den Anreiz, Kindern möglichst früh einen professionellen Zugang zu Bildung, sozialem Lernen und Frühförderung zu gewähren. Der aktuelle Stopp der Förderung des Ausbauprogramms für Kinderbetreuungseinrichtungen wirkt auch gegen die ökonomische Zielsetzung. Beiträge zu einem Paradigmenwechsel sind erkennbar, aber wiederum gibt es eine Reihe bremsender Faktoren.

5.3 Chancengleichheit: Soziale Integration und Kohäsion

Die dritte Ebene der Zielsetzungen, die im Hinblick auf einen Paradigmenwechsel von uns untersucht wurde, ist jene der Erhöhung der Chancengleichheit und der Stärkung der sozialen Integration und Kohäsion. Über das verpflichtende letzte Kindergartenjahr wäre es (bei entsprechender Ausstattung) möglich, Sprachdefizite gezielt abzubauen, den Bildungszugang gerade für eher bildungsferne Schichten zu verbessern und dem selektiven Bildungszugang entgegenzuwirken. Bis dato muss die Umsetzung aber als halbherzig bezeichnet werden, sowohl was die generelle Regelung betrifft (verpflichtend sind 20 Wochenstunden, über Ausnahmen entscheiden die Länder), als auch die zusätzliche Ausstattung der Kindergärten mit entsprechend geschultem Personal, um beispielsweise gezielt Sprachförderung zu betreiben.

Das Ausbauprogramm für Kinderbetreuungseinrichtungen beinhaltete zwar auch qualitative Elemente (höchste Förderung für Ganztagsplätze), ein übergreifender Diskurs zur Qualität von Betreuungseinrichtungen und deren Bedeutung für die soziale und kognitive Entwicklung der Kinder fehlt aber nach wie vor. Auch ernsthafte Bemühungen, Rahmenkompetenzen für Betreuungseinrichtungen auf Bundesebene festzulegen und einheitliche Standards in Bezug auf Quantität und Qualität herzustellen, sind nicht feststellbar.

Zusammenfassend gilt auch bei dieser für einen Paradigmenwechsel relevanten Zielsetzung: Einige Maßnahmen sind auf dem Weg, aber es gibt bremsende Elemente.

6   Zusammenschau des Politikwandels in Positionen und Maßnahmen

Ein Paradigmenwechsel – weg vom modernisierten traditionellen Ernährermodell hin zu einer an Gleichstellung, Erhöhung der Arbeitsmarktchancen von Müttern und Chancengleichheit in der Bildung orientierten Verteilung von Erwerbs- und Betreuungsarbeit – ist in den familienpolitischen Maßnahmen der vergangenen Jahre erkennbar, wenn auch noch lange nicht vollzogen. Ein ähnliches Ergebnis brachte die Analyse von Dujmovits (in diesem Band) in Bezug auf die familienpolitischen Positionen der österreichischen Parteien und Interessensvertretungen, allerdings mit noch schwächeren Anzeichen eines Paradigmenwechsels. Abschließend sollen nun beide Untersuchungsebenen zusammen geführt werden, da jeder Wandel von Politik sowohl auf der Ebene der politischen Zielsetzungen und Leitbilder („Positionen") als auch auf der Ebene des Einsatzes und der Ausgestaltung der politischen Instrumente („Maßnahmen") stattfindet.

6.1   Paradigmenwechsel und politisches Lernen

Der Begriff „Paradigma" wurde in der Wissenschaftstheorie von Kuhn (1967) geprägt, der damit ein vorherrschendes theoretisches Denkmuster in einer bestimmten Zeit umschreibt. Ein Paradigma bleibt nach Kuhn solange anerkannt, bis Phänomene auftreten, die mit den bisher geltenden Lehrmeinungen und Denkmustern nicht mehr vereinbar sind. Als Reaktion werden neue Theorien entwickelt. Setzt sich eine solche neue Lehrmeinung durch, bezeichnet er dies als Paradigmenwechsel.

Hall (1993) hat sich in Anlehnung an das Konzept von Kuhn mit sozialem Lernen im Feld der Wirtschaftspolitik[41] beschäftigt und eine dreistufige Hierarchie politischen Wandels entwickelt. Er definiert als Wandel bzw. Lernen erster Ordnung die inkrementelle Anpassung der Instrumente an veränderte Gegebenheiten, als Wandel/Lernen zweiter Ordnung die Entwicklung neuer Instrumente und als Wandel bzw. Lernen dritter Ordnung die Veränderung der politischen Ziele. Diese Änderung der Zielhierarchien in einem Politikfeld bezeichnet er als Paradigmenwandel oder *third order learning,* was Lernprozesse erster und zweiter Ordnung stets einschließt.[42]

Ein Wandel kann auf allen drei Ebenen stattfinden: Die Einführung der Elternteilzeit oder des „Papamonats" betrifft neue Instrumente und fällt daher in einen *second order change,* die Erweiterung der KBG-Varianten ist als *first order change* zu interpretieren.

---

[41]   Hall hat anhand einer vergleichenden Analyse der britischen und französischen Wirtschaftspolitik untersucht, wie es zum Wechsel von einer keynesianisch orientierten Wirtschaftspolitik hin zu einer monetaristischen Strategie kam. Keynesianismus und Monetarismus bezeichnet er als *policy paradigm* (Hall 1993: 284), wobei er sich insbesondere mit der Frage beschäftigte, warum es in Großbritannien zu einem schnelleren und nachhaltigeren Wandel hin zum monetaristischen Paradigma kam als in Frankreich. Hall identifiziert die Unterschiede im *third order change,* den er als Prozess beschreibt, in dem es nicht nur zu Lernen innerhalb der Politik und folglich zu Anpassungen des politischen Instrumentariums kommt, sondern der weit über das Feld der eigentlichen Politik hinausgeht. Im Fall der britischen Wirtschaftspolitik waren diesbezüglich insbesondere die Medien eine relevante Größe, aber auch Druck von Seiten der Finanzmärkte und „a vast expansion in the outside marketplace for economic ideas" (Hall 1993:289).

[42]   Eine ausführliche Darstellung von Konzepten zum politischen Lernen kann im Rahmen dieses Beitrages nicht erfolgen; für einen Überblick vgl. Bandelow 2003. Bothfeld (2005) wendet Konzepte zum politischen Lernen auf die familienpolitische Reform im Jahr 2000 in Deutschland an und untersucht den Wandel vom Erziehungsurlaub zur Elternzeit.

Beide Male sprechen wir von „Wandel", jedoch nicht von einem Paradigmenwechsel im engeren Sinn, der erst dann zu konstatieren ist, wenn auch die der Familienpolitik zugrunde liegenden Zielsetzungen und Leitbilder als Ergebnis eines politischen Lernprozesses geändert wurden. Ein – wenn auch nicht das einzige[43] – Element dieses politischen Lernens sind die politischen Positionen der Parteien und Interessensvertretungen. Die Frage nach einem Paradigmenwechsel in der österreichischen Familienpolitik lässt sich folglich folgendermaßen formulieren: Inwieweit sind die Veränderungen bei den familienpolitischen Maßnahmen *und* in den Positionen der Parteien und Interessensvertretungen als *third order change* im Sinne von Hall (1993) zu betrachten?

6.2 Familienpolitischer „Positionen-Lag" infolge unterschiedlicher Geschwindigkeiten

Der Wandel auf der Ebene der Instrumente in einem Politikfeld und jener auf der Ebene der Zielsetzungen und Leitbilder kann, muss aber nicht gleichzeitig und mit ähnlicher Intensität von statten gehen. Verschiedene Konstellationen sind denkbar:

- Wenn sich sowohl bei Positionen als auch bei den Instrumenten und Maßnahmen ein klarer Wandel abzeichnet, ist ein solcher in Bezug auf die Familienpolitik insgesamt gegeben. In diesem Fall wäre ein eindeutiger Paradigmenwechsel im Sinne von Halls *third order change* zu konstatieren, der Wandel erster und zweiter Ordnung einschließt.
- Wenn sich in den Positionen ein Wandel abzeichnet, jedoch (noch) nicht in den Maßnahmen der Familienpolitik, ist davon auszugehen, dass es eine klare Tendenz in Richtung eines Paradigmenwechsel gibt. Die fehlende Anpassung der Instrumente an die veränderten Zielsetzungen würde in diesem Fall einen *Politik-Lag* darstellen.
- Im umgekehrten Fall, wenn Instrumente und Maßnahmen veränderten Zielsetzungen entsprechen, die Positionen der beteiligten Parteien und Verbände aber im alten Paradigma verhaften oder unklar bzw. divergent sind, sprechen wir in Analogie zum *Politik-Lag* von einem *Positionen-Lag*. In diesem Fall liegt eine fragile Situation vor. Diese ist insbesondere dann vorstellbar, wenn die konkrete Familienpolitik primär von faktischen Notwendigkeiten oder auch kurzfristigen wahltaktischen und politischen Kalkülen getrieben wird und die Positionen der ausführenden Politik dem nachhinken. Das Problem dieser Konstellation liegt potentiell darin, dass Familienpolitik sich wandelt, ohne klare Ziele und Strategien zu verfolgen. Ein solcher Wandel in vermutlich mehr oder weniger widersprüchlicher Ausformung kann mit hohen individuellen bzw. gesamtgesellschaftlichen Kosten verbunden sein. Jedenfalls entspricht er nicht einem Paradigmenwechsel im Sinne eines *third order change*.

Maßnahmenveränderungen bei (nahezu) unveränderten Zielsetzungen können als ungesteuerte Ausweitung von Wahlmöglichkeiten interpretiert werden, was auf individueller Ebene mit hohen Such- und Koordinationskosten verbunden sein kann. Als Beispiele seien die komplexen Regelungen zur Zuverdienstgrenze oder der Entscheidungsprozess bei 5 Varianten des Kinderbetreuungsgeldes angeführt. Auch auf gesellschaftlicher und politi-

---

[43] So können beispielsweise die Medien eine zentrale Rolle spielen, wie Hall (1993) in seiner Analyse festgestellt hat.

scher Ebene fallen Kosten an, wie beispielsweise bei der Einführung und partiellen Wieder-Abschaffung des kostenlosen Kindergartenzugangs in einigen Bundesländern.

In dem vorliegenden Beitrag wurden Veränderungen auf Maßnahmenebene untersucht und zumindest teilweise recht klare Tendenzen eines Wandels festgestellt. Auch wenn eine Reihe von bremsenden Faktoren das Tempo der Veränderung verlangsamt, sind doch deutliche Ansätze eines *first* und *second order change* erkennbar. Die Schlussfolgerungen zum Wandel auf der Positionenebene (Dujmovits in diesem Band) lauteten hingegen, dass noch keine eindeutige und breit getragene Herausbildung neuer Zielsetzungen und Leitbilder erfolgt ist. Die familien- und bildungspolitischen Positionen der untersuchten politischen AkteurInnen divergieren weiterhin deutlich bzw. hinken den Maßnahmenänderungen hinterher.[44] Wir diagnostizieren deshalb einen *Positionen-Lag*: Die Neuorientierung der familienpolitischen Positionen und Maßnahmen erfolgt mit unterschiedlichen Geschwindigkeiten, wobei die Positionen (bzw. die AkteurInnen der sie vertretenden Institutionen) bei diesem Veränderungsprozess gegenüber dem Wandel auf der Maßnahmenebene im Rückstand sind. Ein Paradigmenwechsel im Sinne eines *third order change* ist somit keinesfalls bereits erfolgt.

Diese Schlussfolgerung zum *Positionen-Lag* mag insofern zu Widerspruch führen, als von Seiten der Politik ins Treffen geführt werden kann, mit der Gewährung eines größtmöglichen Ausmaßes von *Wahlfreiheit* sehr wohl ein neues Leitbild geschaffen zu haben, das breite Zustimmung findet. Haben wir es mit einem Paradigmenwandel vom *male-breadwinner*-Modell hin zum neuen Paradigma der *Wahlfreiheit* zu tun? Anders gefragt: Kann die Forderung nach Wahlfreiheit in politischen Positionen und die Gewährung von Wahlfreiheit über familienpolitische Maßnahmen als neues Paradigma in der Familienpolitik gewertet werden? Dujmovits zeigt in seinem Beitrag in diesem Band, dass die ÖVP zwar hinsichtlich der von uns herangezogenen Kriterien eines Paradigmenwechsels recht zögerlich agiert, aber das Thema Wahlfreiheit in den Positionspapieren eine gewichtige Rolle spielt.[45]

Im vorliegenden Band setzen sich sowohl Sturn als auch Leitner mit der Thematik der Wahlfreiheit auseinander: Sturn (in diesem Band: 25ff.) hinterfragt, ob eine Politik pluraler Ermöglichungsstrukturen grundsätzlich als „neutrale" Familienpolitik funktionieren kann und identifiziert Wahlfreiheit letztlich als „Leerformel". Leitner (in diesem Band: 199) kommt zum Schluss, dass in keinem der von ihr untersuchten 5 Wohlfahrtsstaaten das Ziel der Gewährleistung von Wahlfreiheit erreicht wird, was u. a. damit zu tun hat, dass „echte" Wahlfreiheit ein sehr voraussetzungsvolles Konzept ist: Die Erweiterung der Zahl der wählbaren Varianten (z. B. beim KBG) kann als Verbesserung von Wahlfreiheit gesehen werden, ohne entsprechende Begleitmaßnahmen aber nur in einem *formalen* Sinn. Denn ohne Schaffung der zu ihrer parktischen Ausübung jeweils erforderlichen Rahmenbedingungen (z. B. Kinderbetreuungseinrichtungen für die entsprechende Altersgruppe) entpuppt sie sich als inhaltsleere Hülse.

Die von Sturn argumentierte Unmöglichkeit einer multiparadigmatischen Familienpolitik bedingt auch die Unmöglichkeit, Wahlfreiheit per se als *neues Paradigma* aufzufassen.

---

[44] Beispielsweise wurde 2004 von der ÖVP/FPÖ Regierung das Recht auf Elternteilzeit eingeführt, obwohl sich in den Positionen der beiden Parteien keine explizite Forderung auf ein solches Recht finden lässt.

[45] Auch Wolfgang Mazal (Leiter des Österreichischen Instituts für Familienforschung) hat in seinem Referat beim Workshop „Paradigmenwechsel in der Familienpolitik?" des Schumpeter Centers an der Universität Graz am 15./16. April 2010 die Wahlfreiheit als zentrales Element eines neuen Paradigmas herausgestellt (Mazal 2010).

Die Erweiterung der Ermöglichungsstrukturen für Eltern bei gleichzeitiger Beibehaltung familienpolitischer Instrumente, die das modernisierte *breadwinner*-Modell stützen, kann – wie Leitner (2008a: 210) für Deutschland feststellt – höchstens als „additive Paradigmenerweiterung" gesehen werden, keinesfalls jedoch schon als Paradigmenwechsel. Dieser ist – bestenfalls – auf halbem Weg.

Literatur

Arbeiterkammer (2007): AK-Vergleich: Wie gut sind Österreichs Städte bei der Kinderbetreuung? Wien, 20. Nov. 2007. www.arbeiterkammer.at/online/ak-vergleich-wie-gut-sind-oesterreichs-staedte-bei-der-kinderbetreuung-37788.html?mode=711&Startjahr=2008 (07.03.2011).

Arbeiterkammer Oberösterreich (2011): Zuverdienst neben Karenz und Kinderbetreuungsgeld. Linz. www.arbeiterkammer.com/familie/zuverdienst.htm (02.03.2011).

Bandelow, Nils (2003): Lerntheoretische Ansätze in der Policy-Forschung. In: Maier, Matthias L./Nullmeier, Frank/Pritzlaff, Tanja/Wiesner, Achim (Hrsg.): *Politik als Lernprozess. Wissenszentrierte Ansätze der Politikanalyse*. Opladen: Leske + Budrich: 98-121.

Bergmann, Nadja/Fink, Marcel/Graf, Nikolaus/Hermann, Christoph/Mairhuber, Ingrid/Sorger, Claudia/Willsberger , Barbara (2003): *Qualifizierte Teilzeitbeschäftigung in Österreich*. Forschungsbericht im Auftrag des Bundesministeriums für Gesundheit und Frauen. Wien.

Bettio, Francesca/Janneke Plantenga (2004): Comparing Care Regimes in Europe. *Feminist Economics* 10 (1): 85-113.

BMASK (2011a): Elternkarenz und Elternteilzeit. Wien. www.bmask.gv.at/cms/site/liste.html?channel=CH0658 (02.03.2011).

BMASK (2011b): *Armutsgefährdung und Lebensbedingungen in Österreich. Ergebnisse aus EU-SILC 2009*. Sozialpolitische Schriftenreihe Band 5. Wien.

BMWFJ (2011a): Finanzielle Unterstützungen. Wien. www.bmwfj.gv.at/Familie/Finanzielle Unterstuetzungen (02.03.2011).

BMWFJ (2011b): Kinderbetreuungsgeld: Monatsstatistiken. Wien. www.bmwfj.gv.at/Familie/FinanzielleUnterstuetzungen/Kinderbetreuungsgeld/Seiten/Monatsstatistiken.aspx (07.03.2011).

BMWFJ (2011c): Kurzübersicht zur Zuverdienstgrenze gem. § 8 KBGG (Auszug). Wien. www.bmwfj.gv.at/Familie/FinanzielleUnterstuetzungen/Kinderbetreuungsgeld/Documents/Kurz übersicht%20zur%20Zuverdienstgrenze%20(ab%202010).pdf (20.03.2011).

Bock-Schappelwein, Julia/Eppel, Rainer/Mühlberger, Ulrike (2009): *Sozialpolitik als Produktivkraft*. Österreichisches Institut für Wirtschaftsforschung. Wien.

Bothfeld, Silke (2005): *Vom Erziehungsurlaub zur Elternzeit. Politisches Lernen im Reformprozess*. Frankfurt/New York: Campus.

Bütler, Monika (2007): Arbeiten lohnt sich nicht – ein zweites Kind noch weniger. Zu den Auswirkungen einkomensabhängiger Tarife auf das (Arbeitsmarkt-)Verhalten von Frauen. *Perspektiven der Wirtschaftspolitik* 8 (1): 1-19.

Dörfler, Sonja (2007): *Kinderbetreuungskulturen in Europa. Ein Vergleich vorschulischer Kinderbetreuung in Österreich, Deutschland, Frankreich und Schweden*. Österreichisches Institut für Familienforschung, Working Paper Nr. 57. Wien.

Dörfler, Sonja/Neuwirth, Norbert (2007): *Zuverdienstgrenze zum Kinderbetreuungsgeld. Evaluierung, Simulation, Kostenanalyse*. Innsbruck: Studienverlag.

Dörfler, Sonja/Rille-Pfeiffer, Christiane/Buchegger-Traxler, Anita/Kaindl, Markus/Klepp, Doris/Wernhart, Georg (2008): *Evaluierung Elternteilzeit*. Endbericht. Österreichisches Institut für Familienforschung. Wien.

Evers, Adalbert/Heinze, Rolf G. (Hrsg.) (2008): *Sozialpolitik. Ökonomisierung und Entgrenzung*. Wiesbaden: VS Verlag für Sozialwissenschaften.

Festl, Eva/Lutz, Hedwig/Schratzenstaller, Margit (2010): *Mögliche Ansätze zur Unterstützung von Familien*. Österreichisches Institut für Wirtschaftsforschung. Wien.

Fuchs, Michael (2006): *Kinderbetreuungsplätze in Österreich. „Fehlen keine oder bis zu 650.000?"* Bedarfsanalysen 2005 – 2015 im Auftrag der Industriellenvereinigung. Europäisches Zentrum für Wohlfahrtspolitik und Sozialforschung. Wien.

Hall, Peter A. (1993): Policy Paradigms, Social Learning, and the State. *Comparative Politics* 25 (3): 239-255.

Heitzmann, Karin/Schmidt, Angelika (Hrsg.) (2004): *Wege aus der Frauenarmut*. Frankfurt a.M. [u.a.]: Peter Lang.

Kaindl, Markus/Kinn, Michael/Klepp, Doris/Tazi-Preve, Irene Mariam (2010): *Tageseltern in Österreich. Rahmenbedingungen, Zufriedenheit und Motive aus der Sicht von Eltern und Tageseltern*. Österreichisches Institut für Familienforschung, Forschungsbericht 3, Februar 2010. Wien.

Kreimer, Margareta (2009): *Ökonomie der Geschlechterdifferenz. Zur Persistenz von Gender Gaps*. Wiesbaden: VS Verlag für Sozialwissenschaften.

Kuhn, Thomas S. (1967): *Die Struktur wissenschaftlicher Revolutionen*. Frankfurt a.M.: Suhrkamp.

Leitner, Sigrid (2003): Varieties of Familialism. The Caring Function of the Family in Comparative Perspective. *European Societies* 5 (4): 353-375.

Leitner, Sigrid (2008a): „Paradigmenwechsel" in der Familienpolitik: Warum wir endlich bekommen haben, was wir schon lange brauchen. Ein Review-Essay. *Zeitschrift für Sozialreform* 54 (2): 209-220.

Leitner, Sigrid (2008b): Ökonomische Funktionalität der Familienpolitik oder familienpolitische Funktionalisierung der Ökonomie? In: Evers/Heinze (2008): 67-82.

Lutz, Hedwig (2004): *Wiedereinstieg und Beschäftigung von Frauen mit Kleinkindern*. Wifo-Monographien 3/2004. Wien.

Mairhofer, Lydia/Seyr, Bernhard/Wagner, Johanna (2008): *Potenziale für qualifizierte Teilzeitarbeit in Österreich. Eine empirische Untersuchung in ausgewählten Betrieben*. AMS Österreich. Wien.

Mazal, Wolfgang (2010): Paradigmenwechsel – braucht's den? Eckpunkte einer zukunftsfähigen Familienpolitik. Vortragsfolien zum Workshop „Paradigmenwechsel in der Familienpolitik?", 15./16. April 2010, Universität Graz. www.uni-graz.at/schumpeter.centre/download /Familienpolitik/Mazal.pdf (31.03.2011).

Ostner, Ilona (2006): Paradigmenwechsel in der (west)deutschen Familienpolitik. In: Berger, Peter A./Kahlert, Heike (Hrsg.): *Der demographische Wandel: Chancen für die Neuordnung der Geschlechterverhältnisse*. Frankfurt a.M.: Campus: 165-199.

Ostner, Ilona (2008): Ökonomisierung der Lebenswelt durch aktivierende Familienpolitik? In: Evers/Heinze (2008): 49-66.

Plantenga, Janneke/Remery, Chantal (2009): *The provision of childcare services. A comparative review of 30 European countries*. European Commission's Expert Group on Gender and Employment Issues (EGGE). Luxembourg.

Rat der Europäischen Union (2008): *Entscheidung des Rates vom 30. Juni 2008 über Leitlinien für beschäftigungspolitische Maßnahmen der Mitgliedstaaten*. 10614/08. Brüssel.

Rat der Europäischen Union (2010): *Beschluss des Rates vom 21. Oktober 2010 über Leitlinien für beschäftigungspolitische Maßnahmen der Mitgliedstaaten*. Amtsblatt der Europäischen Union, L 380/46. Luxemburg.

Statistik Austria (2010): *Kindertagesheimstatistik 2009/10*. Wien.

Stelzer-Orthofer, Christine (2001): Auf dem Weg zu einem „schlanken" Sozialstaat? Zur Privatisierung sozialer Risiken im österreichischen sozialen Sicherungssystem. Kurswechsel 4/2001: 51-59.

Wernhart, Georg/Neuwirth, Norbert (2007): *Geschlechterrollenwandel und Familienwerte (1988-2002). Österreich im europäischen Vergleich. Ergebnisse auf Basis des ISSP 1988, 2002*. Österreichisches Institut für Familienforschung, Working Paper Nr. 54. Wien.

Umverteilung durch Steuern und Transfers: Familienpolitik zwischen vertikalem und horizontalem Ausgleich und der Berücksichtigung von Leistungs- und Fertilitätsanreizen

Franz Prettenthaler, Cornelia Sterner

Der folgende Beitrag versucht die wesentlichen Punkte aus umfangreichen Untersuchungen zum österreichischen Steuer- und Transfersystem (für die Steiermark: Prettenthaler/Sterner 2009, für Wien: Prettenthaler et al. 2010a und 2010b) zusammenzufassen. Die breite politische Diskussion des Jahres 2009 der darin untersuchten Hypothesen geht aber auf einen sehr knappen Beitrag (Prettenthaler/Sterner 2008) in einem politischen Diskussionsforum zurück, aus welchem vor allem der Vorschlag zur Einrichtung eines von uns sogenannten Steuer-Transferkontos für alle Bürgerinnen und Bürger aufgegriffen wurde. Das entsprechende Transparenzdatenbankgesetz (TBGB), das nun auch noch weitergehende Datensammlungen vorsieht, wurde am 30. November 2010 im Österreichischen Nationalrat beschlossen. In der vorangegangenen teilweise undifferenziert und polemisch geführten Diskussion, die die hohe politische Relevanz des Themas zeigt, sind empirische Tatsachenbehauptungen, politische Wertungen aber auch normative Aussagen zu moralischen Positionen oft vermischt worden. Es ist daher zweckmäßig zu Beginn dieses Beitrages, unsere bisherigen Thesen noch einmal ihrer Natur nach (positiv/empirisch versus normativ) scharf voneinander abgegrenzt zu präsentieren:

1) Empirische Tatsachenbehauptung:[1] Die Komplexität des österreichischen Transferwesens, in welchem für gewöhnlich auf drei Ebenen (Gemeinde, Länder, Bund) umverteilende Maßnahmen (Steuern, Transfers, einkommensabhängige Tarife etc.) umgesetzt werden, macht für eine Analyse der tatsächlichen Umverteilungswirkungen insbesondere auf Haushaltsebene neue Datenquellen notwendig, die mikrodatenbasierte Auswertungen erlauben und auch den regionalen Unterschieden Rechnung tragen können. Die bisher auf Makroebene dafür herangezogenen Datenquellen, etwa die jährlichen Befragungen aus EU-SILC, haben einen zu kleinen Stichprobenumfang um die regionalen Unterschiede und die vielen unterschiedlichen Einkommensstufen und Familientypen, auf denen diese Maßnahmen wirken, adäquat abbilden zu können.

2) Empirische Tatsachenbehauptung: Generiert man aufgrund der mangelnden Verfügbarkeit der notwendigen statistischen Daten Steuer-Transferkonten für unterschiedliche modellierte Haushaltstypen und Einkommensniveaus auf Basis der theoretisch möglichen Transferzahlungen und berücksichtigt deren unterschiedliche Einkommensdefinition und Einkommensgrenzen, so zeigt sich, dass das gesamtstaatliche

---

[1] D. h. es wird behauptet, dass ein bestimmter Sachverhalt eine empirische Tatsache sei. Diese Behauptungen sind also im Rahmen positiver Wissenschaft entscheidbar, und zwar unabhängig davon, ob es für deren Überprüfung ausreichend Datenmaterial gibt. Der Kern der ersten Behauptung bezieht sich ja genau darauf: es braucht mehr Daten. Demgegenüber sind normative Behauptungen (siehe Punkt 3) ihrer Natur nach nicht durch empirische Tatsachen be- oder widerlegbar.

Steuer- und Transfersystem durch zahlreiche Schwellenphänomene und Armutsfallen gekennzeichnet ist.

3)   Normative Behauptung: Schwellenphänomene und Armutsfallen sind unabhängig von deren fragwürdigen ökonomischen Anreizwirkungen vor allem auch ungerecht, weil sie (zumindest lokal) sogenannte perverse Umverteilungswirkungen von unten nach oben implizieren.[2]

4)   Empirische Tatsachenbehauptung: Der horizontale Ausgleich für Familienlasten[3] fällt für unterschiedliche Haushaltstypen, je nach Kinderanzahl und über die verschiedenen Einkommensstufen hinweg sowohl den Absolutbeträgen als auch den relativen Einkommensbestandteilen nach uneinheitlich und unsystematisch aus.

Das Transparenzdatenbankgesetz kann als Eingeständnis des Gesetzgebers gewertet werden, dass er mit Punkt 1) übereinstimmt, über die Punkte 2) bis 4) ist damit noch nichts gesagt, aber die systematische Auswertung der mittels Transparenzdatenbank gesammelten Daten wird die empirischen Tatsachenbehauptungen darunter besser und vor allem bundesweit untersuchbar machen. Die Aufgabe dieses Beitrages ist es, diese Hypothesen mittels der von uns entwickelten Methode der Simulation von Steuer-Transferkonten für ein weiteres Bundesland (Wien) zu analysieren. Die angesprochenen normativen Fragen, werden von uns nicht behandelt, da sie aber einen wesentlichen Aspekt der Beschäftigung mit dieser Materie darstellen, ist es sinnvoll zunächst auf diesen normativen Kontext gesondert einzugehen.

1   Der normative Kontext der vorliegenden Untersuchungen

Steuern und Transferleistungen haben unter anderem die Umverteilung innerhalb der Gesellschaft zum Ziel, wobei zwischen horizontaler und vertikaler Umverteilung zu unterscheiden ist. Gemäß dem Konzept horizontaler Gerechtigkeit sollen „Individuen, die in jeder (relevanten) Beziehung gleich sind, auch gleich behandelt werden." (Stiglitz/ Schönfelder 1996: 417) Vertikale Gerechtigkeit bedeutet, dass von denjenigen, die in der Lage sind, höhere Steuern zu zahlen als andere, auch höhere Steuern verlangt werden sollen (Stiglitz/Schönfelder 1996: 419). Während diese Konzepte zunächst nicht unplausibel erscheinen, ergeben sich bei der Anwendung der Konzepte Schwierigkeiten, weil sie nicht sehr konkret sind. So bleibt beispielsweise unklar, was ‚in jeder relevanten Hinsicht gleich' bedeutet und wie gleiche Behandlung im Einzelfall aussieht. Beim Prinzip vertikaler Ge-

---

[2]   Als lokal „pervers" oder „von unten nach oben" wird eine Umverteilung dann charakterisiert, wenn von zwei Individuen oder Haushalten mit ansonsten identischen relevanten Merkmalen, jenes mit dem höheren verfügbaren Einkommen weniger Steuern zahlt oder mehr Transfers bekommt. Genau dies ist an den Schwellen aber der Fall: der (nach verfügbarem Einkommen gemessen) Ärmere nach der Schwelle wird höher besteuert als der Reichere vor der Schwelle, weil Transfereinkommen nicht besteuert werden.

[3]   Als „horizontalen Ausgleich von Familienlasten" verstehen wir in diesem Beitrag eine steuerliche oder transfermäßige Berücksichtigung der Existenz eines Kindes in einem Haushalt. Wenn von zwei ansonsten identischen Haushalten jener mit einer höheren Kinderanzahl mehr Transfers erhält oder weniger Steuern zahlt kann von so einem horizontalen Ausgleich gesprochen werden. Dieser Ausgleich kann in Absolutbeträgen oder in relativen Einkommensbestandteilen gemessen werden. Systematisch kann ein solcher Ausgleich dann genannt werden, wenn er den absoluten Beträgen oder den relativen Einkommensbestandteilen über alle Einkommensstufen gleich ist oder es aber eine nachvollziehbare Regel gibt, wie sich dieser Ausgleich über die Einkommensstufen zu entwickeln hat.

rechtigkeit bleibt offen, welche Individuen höhere Steuern zahlen sollen bzw. nach welchem Prinzip dies festgestellt werden soll – in der Literatur werden hierzu steuerliche Leistungsfähigkeit, Wohlstand oder Vorteile durch den Staat genannt. Zudem können Schwierigkeiten bei der Anwendung dieser Regeln in der Besteuerungspraxis sowie bei der Festlegung des Ausmaßes höherer Lasten entstehen (Stiglitz/Schönfelder 1996: 417-419).

Im Rahmen von Umverteilungsmaßnahmen müssen demnach Maßnahmen, welche dazu da sind, gleiche Sachverhalte gleich zu behandeln und Maßnahmen, welche unterschiedliche Lagen (steuerliche Leistungsfähigkeit, Wohlstand, Vorteile durch den Staat) berücksichtigen und damit eine ungleiche Behandlung von Individuen rechtfertigen, in Einklang miteinander gebracht werden. Während durch vertikale Umverteilungsmaßnahmen zwischen Leistungsstärkeren und -schwächeren umverteilt werden soll, soll durch horizontale Programme beispielsweise zwischen Erwerbsfähigen und Erwerbsunfähigen oder zwischen Personen ohne und Personen mit Kindern umverteilt werden.

Als wären die normativen Fragen, die diesen Entscheidungen zugrunde liegen noch nicht schwierig genug zu lösen, haben alle diese Überlegungen auch noch eine weitere Tatsache zu berücksichtigen: Diese normativen Konzepte müssen in einer dynamischen Welt implementiert werden, d. h. in einer Welt in der Menschen ihr Verhalten unter anderem an durch Steuern und Transfers veränderte Anreizstrukturen anpassen. Es reicht also nicht, das Ergebnis der Verteilung der Einkommen durch den Markt einmalig neu umzuverteilen[4], sondern es muss auch sichergestellt werden, dass es – grob gesprochen – auch in der nächsten Periode noch etwas umzuverteilen gibt. Das dafür zuständige normative Prinzip, das Prinzip der Effizienz ist weitgehend unbestritten und hat sich gut in zeitgenössische Theorien der sozialen Gerechtigkeit integrieren lassen, in dem nun im Wesentlichen gesagt wird, dass ökonomische Ungleichheit dann akzeptabel ist, wenn sie dazu führt, dass der Kuchen, der dadurch zur Umverteilung zur Verfügung steht, wächst. In manchen Theorien wird aus naheliegenden Gründen auch verlangt, dass dieser Kuchen zumindest prinzipiell umverteilbar ist bzw. tatsächlich umverteilt wird. In anderen Worten kann nach dieser Vorstellung von Gerechtigkeit eine Gesellschaft aus zwei Personen trotz der Verteilung 3:4 gerechter sein als jene mit 2:2, weil im ersten Fall jedes Individuum über mehr Ressourcen, Nutzen o.Ä. verfügt als im zweiten.[5] In die Sozialstaatspraxis übersetzt, verlangt dieses Prinzip im Wesentlichen, dass das Einkommenssteuersystem noch ausreichend Anreize zur Erwerbsarbeit und die Kapitalbesteuerung noch ausreichend Anreize zu Investitionen im Land bieten soll. Die Frage, wie hoch die entsprechenden Steuersätze sein können, damit diese Anreizwirkungen intakt bleiben, ist zwar auch alles andere als unumstritten, der Dissens von Forschern und Politikberatern bezieht sich hier aber eher auf empirische Fragen und nicht auf normative. Bei anderen Fragestellungen zu Anreizen, etwa im Familientransferwesen, gibt es zwar auch meist empirischen Dissens, etwa darüber, ob oder wie stark finanzielle Anreize überhaupt auf das Niveau der Fertilität wirken (Crompton/Keown 2009). Das Thema kennt aber auch normative Auseinandersetzungen, etwa ob der Staat

---

[4] Wobei natürlich auch Marktergebnisse auf staatlichen Eingriffen basieren und man deren Eignung als Referenz von Umverteilungsmaßnahmen diskutieren kann (vgl. beispielsweise Murphy/Nagel 2002) – hier geht es aber im Wesentlichen darum, dass das Ergebnis noch einmal nach normativen Kriterien verändert werden.

[5] Wie in Myerson (1981), Hammond (1981, 1983), Mongin (1995, 1998) und Prettenthaler (2008) in unterschiedlichen formalen Kontexten gezeigt wird, können Egalitaristen dieser Behauptung auch im dynamischen Kontext unter Unsicherheit über Outcomes zustimmen und gleichzeitig bestimmte, aus Effizienzüberlegungen nützlich Axiome wie das Unabhängigkeitsaxiom aufrechterhalten. Einen guten Überblick über ökonomische Gerechtigkeitstheorien geben Fleurbaey (1996), Roemer (1996) und Kolm (2002).

überhaupt regulierend in die Fertilitätsentscheidungen seiner Bürgerinnen und Bürger eingreifen darf, welches Familien- und Erwerbsmodell Transfers primär im Auge haben sollen, ob das Auffüllen von Fertilitätslücken durch Zuwanderung zur Sicherung der sozialen Risikotransfermechanismen legitim ist etc. (Martin 2002, Marold 2009, Esping-Andersen 2006, Carens 1991, Gibney 1996).

Im Hinblick auf die Familienpolitik ist die Frage nach vertikaler und horizontaler Umverteilung bei gleichzeitiger Wahrung von wünschenswerten Anreizstrukturen eine besondere Herausforderung. Denn einerseits gibt es für die finanzielle Unterstützung einkommensschwacher Familien noch stärkere normative Argumente als für die finanzielle Unterstützung einkommensschwacher erwachsener Einzelindividuen, weil Kinder per Definition keine Verantwortung für die eigene wirtschaftliche Situation tragen, während erwerbsfähigen erwachsenen Personen dies im Regelfall schon zugemutet wird. Insofern müssen auch moralische oder politische Positionen, die stärker auf die Eigenverantwortung der Individuen Wert legen und daher im allgemeinen auch mit weniger vertikaler Umverteilung leben können im Falle von Familien für mehr vertikale Umverteilung eintreten, weil es ja Armut (von Kindern) zu verhindern gilt, die definitiv nicht von den Betroffenen zu verantworten ist. Für moralische oder politische Positionen, für welche starke vertikale Umverteilung ohnehin unumstritten ist, müsste erst recht gelten, dass im unteren Einkommensbereich bei Familien auch eine starke horizontale Komponente zu berücksichtigen ist und dass dann Familien mit Kindern mehr Unterstützung erhalten müssten als erwachsene Einzelindividuen. Es wird also breiten politischen Konsens geben, dass zu armen Familien hin in absoluten Zahlen am stärksten umverteilt werden soll, und dieser Konsens ist in Österreich ohne Zweifel anhand tatsächlicher Transferströme auch empirisch gut belegbar. Wie sollen diese Transferströme, die sowohl eine vertikale als auch horizontale Komponente aufweisen, aber weiter verlaufen, wenn wir uns im Haushaltseinkommen nach oben bewegen? Auch hier scheint es wieder einen Konsens zwischen jenen, die für mehr Eigenverantwortung plädieren und jenen, deren Hauptanliegen die vertikale Umverteilung ist zu geben: Die Unterstützung für Familien kann auch in absoluten Beträgen nach oben hin ausgeschliffen werden, empirisch wird die Unterstützung oft sogar abrupt abgebrochen. Diese Praxis einzelner oder im Zusammenwirken abrupt endender Transfers hat aber einen starken Defekt aus anreiztheoretischer Sicht: Der Anreiz, stärker außerhäuslicher Beschäftigung zum Erhalt der eigenen Familie nachzugehen, kann durch ein stark progressives Steuersystem und gleichzeitig regressiven Transfers schnell zu sehr hohen Grenzsteuerraten führen, die dann gerade nicht mit der Forderung nach mehr Eigenverantwortung kompatibel sind. Aber auch reine Verfechter von vertikaler Umverteilung können mit solchen Situationen (etwa Grenzsteuerraten von über 100%) nicht zufrieden sein: Erstens weil solche Situationen zumindest lokal Umverteilungen von unten nach oben implizieren und zweitens weil erwerbsarbeitshemmende Anreizstrukturen das Volumen, das zur Umverteilung zur Verfügung steht, stärker reduzieren. Den empirischen Befunden aus Simulationsergebnissen zu diesem Themenkomplex widmen wir uns in Abschnitt 3.

Aus dieser Sicht gibt es also gute Gründe, Unterstützungen für Familien zumindest den absoluten Beträgen nach bei steigendem Einkommen nicht zu stark zurückzunehmen und zumindest bis in den mittleren Einkommensbereich zu gewähren. Die österreichische Familienbeihilfe ist beispielsweise ein Instrument, das allen Familien einkommensunabhängig in gleichen Absolutbeträgen angewiesen wird. Aber gibt es darüber hinausgehend belastbare normative Gründe, auch die *relative* finanzielle Entlastung von Familien für unterschiedliche Einkommensniveaus konstant zu halten, auch wenn das dazu führen würde, dass in absoluten Beträgen (z. B. durch steuerliche Begünstigungen) die Unterstützung eines Kindes im mittleren Einkommensbereich höher ausfällt als im unteren? Diese Frage ist normativ schwer zu entscheiden, da eine solche Besserstellung den absoluten Beträgen nach der Intuition, was vertikale Gerechtigkeit zu bedeuten hat, widerspricht. Andererseits könnte auch das Leistungsfähigkeitsprinzip derart interpretiert werden, dass daraus die steuerliche Berücksichtigung der Kinderanzahl zur Herstellung von horizontaler Gerechtigkeit folgt: Denn ohne Zweifel sind zwei Individuen, die nicht als Eltern die 24 Stundenbetreuung von beispielsweise drei kleinen Kindern zu leisten haben, wesentlich leichter in der Lage außerhäusliches Erwerbseinkommen zu erzielen, sie sind also in ihrer Leistungsfähigkeit, Erwerbseinkommen zu erzielen, höher einzuschätzen als wenn die beiden gleichzeitig auch Eltern sind. Möchte man diese Erschwernis, Erwerbseinkommen zu erzielen, jedoch ökonomisch bewerten, so erscheint es im Sinne der handlungsrelevanten subjektiv wahrgenommenen Kosten naheliegend, hier die aufgewendeten Stunden der häuslichen Kinderbetreuung sowie deren Opportunitätskosten in Form des entgangenen Lohnes am Arbeitsmarkt heranzuziehen. Folgt man diesen Überlegungen, ist eine proportionale Entlastung des Erwerbseinkommens pro Kind naheliegend. Der österreichische Gesetzgeber ist dieser Logik bei der Einführung einer zusätzlichen Variante des Kinderbetreuungsgeldes, die einkommensabhängig ist, per 1. Jänner 2010 gefolgt. Jedenfalls steht die Frage, ob bzw. wie stark die Leistungen bzw. die Kosten der Kinderbetreuung bei der steuerlichen Behandlung der Einkommen der Eltern berücksichtigt werden sollen im Zentrum der normativen Diskussion der steuerlichen Behandlung von Familien. Bei der normativen Diskussion dieser Frage wird meist auch auf die Frage verwiesen, inwieweit die Existenz von Kindern als gesellschaftliche oder individuelle „Angelegenheit" erachtet werden soll. In der hässlichen Ökonomensprache stehen sich hier in den beiden Extremen das Konzept eines Kindes als ausschließlich privates „Konsumgut" dessen Kosten auch privat zu tragen sind dem Konzept Kind als gesellschaftliches „Investitionsgut", dessen Kosten gesellschaftlich getragen werden sollen gegenüber. Diese beiden Extrempositionen sind wohl schwer argumentativ durchzuhalten, auch wenn sie vielleicht manche Aspekte des ökonomischen Status von Kindern verdeutlichen können. Was diese Konzepte jedoch völlig außer acht lassen, ist die Subjektivität von Kindern. Kinder sind eben keine Konsum- oder Investitionsobjekte sondern Subjekte und haben eigene rechtliche und moralische Ansprüche an ihre Eltern und an die Gesellschaft (die unter bestimmten Umständen ja auch subsidiär Unterhalt gewährt), wie sie im Unterhaltsrecht etwa als prozentueller Anteil am Erwerbseinkommen der Eltern klar anerkannt werden. In Abschnitt 4 widmen wir uns nicht den schwieriger entscheidbaren normativen Fragen sondern den aus unserer Sicht (aufgrund der bisherigen Datenlage vielleicht notwendigerweise) vernachlässigten empirischen Befunden zur horizontalen Gerechtigkeit.

Es gibt eine Position zur horizontalen Umverteilung in der Familienpolitik, die meist stark pragmatisch begründet wird, die aber auch einige der soeben als schwer entscheidbar genannten normativen Fragen zumindest implizit beantwortet: Wenn behauptet wird, dass Familienpolitik auch Fertilitätsanreize schaffen soll, um die sozialen Sicherungssysteme, die stark auf einigermaßen stabile oder wachsende Anteile der Erwerbsbevölkerung an der Gesamtbevölkerung abzielen, längerfristig vor Problemen zu bewahren, so wird im Hinblick auf den vorhin diskutierten ökonomischen Status von Kindern jedenfalls in entwickelten westlichen Gesellschaften ein starker positiver externer Effekt von zusätzlichen Kindern

konstatiert (Lee/Miller 1990). In der gegenwärtigen demographischen Situation von Österreich und dem Beibehalten des derzeitigen umlagenfinanzierten Pensionssystems ist dies
sicher ein richtiger Befund: je mehr künftige Beitragszahler, desto sicherere Pensionen.
Werfen wir einen Blick auf die Verteilung der Bevölkerung über die Altersklassen, so zeigt
sich für das Bundesland Wien (das in weiterer Folge meist Gegenstand der Analyse sein
wird) das folgende Bild:

Abbildung 1:   Bevölkerung nach Alter und Geschlecht im Bundesland Wien 1998, 2008,
                  2015

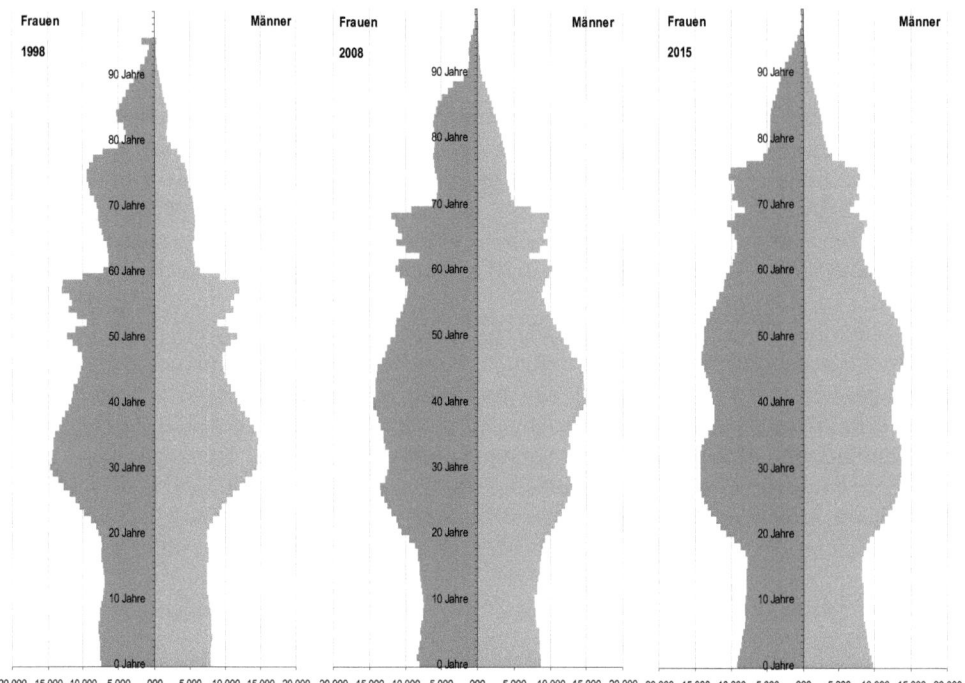

Quelle: Eigene Darstellung. Datenbasis: Statistik Austria 2010, 2015: Prognosewerte.

Aus Abbildung 1 geht hervor, dass die Prognose für 2015 mit einem deutlichen Auffüllen
der in das Erwerbsalter eintretenden Jahrgänge durch nationale und internationale Migration rechnet, die schon in den letzten Jahren ausschließlich für das Bevölkerungswachstum
ausschlaggebend war. Dadurch kann Wien überdurchschnittlich wachsen (+6,9%). Insofern
ist dieser Befund nicht repräsentativ für das restliche Bundesgebiet (Oberösterreich: +1,7%,
Steiermark +0,9%), auch wenn die niedrigen Geburtenraten alle Bundesländer betreffen.
    In dieser Hinsicht zeigt sich bundesweit, dass die Gesamtfertilitätsrate von einem
„Nachkriegs-Maximum" von 2,82 im Jahr 1963 unter das Bestandserhaltungsniveau (welches etwa bei zwei Kindern pro Frau liegt) auf 1,39 im Jahr 2009 gesunken ist (Statistik

Austria 2010a)[6]. Für das Jahr 2030 wird eine Gesamtfertilitätsrate von 1,50 prognostiziert (Statistik Austria 2010b). Mitverantwortlich für die niedrige Fertilität wird das steigende Fertilitätsalter gemacht, welches derzeit bei 29,7 Jahren liegt (Statistik Austria 2010a). Besonders das Alter bei der Geburt des ersten Kindes ist überdurchschnittlich stark von 24,1 (1984) auf 28,0 Jahre (2009) gestiegen (Statistik Austria 2010c).

Diese Veränderungen in der Fertilitätsparameter geht mit gewandelten Familienstrukturen einher (siehe Abbildung 2): Während zwischen 1961 und 2001 die Anzahl an Familien ohne Kinder um mehr als ein Drittel (von etwa 576.000 auf rund 772.000), mit einem Kind um etwa 10% (von etwa 637.000 auf 706.000) und mit zwei Kindern um beinahe 40% (von rund 377.000 auf rund 526.000) zugenommen hat, hat die Anzahl an Familien mit drei Kindern gegenüber 1961 etwas und gegenüber 1971 (wo diese stark gestiegen sind) um etwa 14% abgenommen – im Jahr 2001 gab es rund 155.000 Familien mit drei Kindern.

Abbildung 2:   Anzahl an Familien mit unterschiedlicher Kinderanzahl in Österreich (1961-2001)

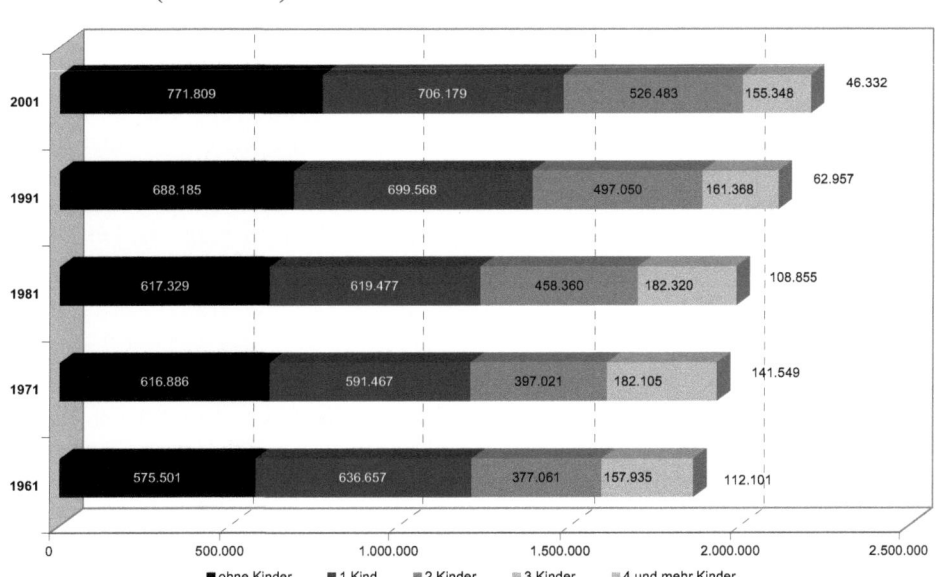

Quelle: Eigene Darstellung. Datenbasis: Volkszählung 1961 bis 2001 (Statistik Austria 2010f).

Die Anzahl an Familien mit vier und mehr Kindern hat sehr stark um beinahe 60% abgenommen. Während die Anzahl von Familien mit vier und mehr Kindern von rund 112.000 im Jahr 1961 auf rund 142.000 im Jahr 1971 gestiegen ist, ist diese im Jahr 2001 auf rund 46.000 gesunken (Statistik Austria 2010d). Die Zahl der Kinder in Familien betrug 2001

---

6   Die Gesamtfertilitätsrate gibt die Anzahl der lebend geborenen Kinder einer Frau an, welche sie zur Welt bringen würde, wenn im Laufe ihres Lebens dieselben altersspezifischen Fertilitätsverhältnisse herrschen würden als im betreffenden Kalenderjahr und die Sterblichkeit der Frau unberücksichtigt bliebe (Statistik Austria 2010a).

2.424.805 und wird für 2050 auf 2.357.364 prognostiziert. Die durchschnittliche Kinderanzahl in Familien ginge somit von 1,10 auf 0,96 zurück und würde in Familien mit Kindern
von 1,69 auf 1,78 steigen (Statistik Austria 2010e).[7]

Als Erklärungsansatz für zurückgehende Geburtenraten wird von soziologischer Seite
(Birg 2003) zum Beispiel das relativ umfassende Konzept des biographischen Universums
– die Menge der Lebenslaufalternativen – herangezogen. In diesem Rahmen wird die Geburt eines Kindes als bedeutendes Ereignis verstanden, dessen Wahrscheinlichkeit von der
Art und Größe des biographischen Universums – und damit einhergehenden Handlungsal-
ternativen und –optionen – beeinflusst ist. Auf individueller Ebene wird das biographische
Universum gemäß Birg neben der Erziehung und Ausbildung auch von der beruflichen
Entwicklung sowie dem regionalen Lebensraum beeinflusst. Auf gesellschaftlicher Ebene
prägen das soziale Sicherungssystem, die Vereinbarkeit von Familien- und Erwerbsarbeit
sowie gesellschaftliche Werte und Prioritäten für Familien und Kinder das biographische
Universum. Birg weist darauf hin, dass die Wahrscheinlichkeit der langfristigen Festlegung
im Lebenslauf durch die Geburt eines Kindes sinkt, wenn biographische Opportunitätskosten (definiert als die ausgeschiedenen Lebenslaufoptionen aufgrund dieser Festlegung)
größer sind (Birg 2003: 29-31).

Somit wird deutlich, dass eine Erklärung von Fertilitätsunterschieden ausschließlich
durch ökonomische Anreize wohl zu kurz greifen würde, dass der Opportunitätskostenansatz aber auch in umfassenderen soziologischen Theorien eine Rolle spielt und dadurch
darauf geschlossen werden kann, dass der oben erwähnte Ansatz konstanter relativer Fertilitätsanreize normative Unterstützung zumindest dann findet, wenn ein positiver externer
Effekt von höheren Geburtenraten ausgeht. Somit spielt auch in der Frage der Fertilitätsanreize, wie in der oben erwähnten möglichen Argumentation über das Leistungsfähigkeitsprinzip die Frage der unterschiedlichen Opportunitätskosten von Kindererziehung eine
wesentliche Rolle.

Man kann die Frage freilich auch umdrehen und fragen, wie eine alternative normative
Theorie aussehen müsste, die vorschreibt, dass bestimmte Bevölkerungs- oder Einkom-
mensgruppen geringere relative Fertilitätsanreize haben sollen als andere. Eine solche Theorie müsste wohl sehr starke Argumente dafür aufbringen, dass wir uns von unserer moralischen Intuition, wonach der Staat nicht klassenspezifische Fertilitätspolitik betreiben sollte,
womöglich irren. Aber auch hier gilt, dass der normative Diskurs –obwohl aufgrund der
heiklen Fragen, die hier aufgeworfen werden offensichtlich dringend notwendig– nicht Ziel
unseres Beitrages und der empirischen Analysen mittels Simulationen ist und dadurch auch
nicht beantwortet bzw. damit vermischt werden soll. In diesem Sinne werden in Abschnitt 5
lediglich empirische Hinweise im Hinblick auf Fertilitätsanreize bzw. die Verbindung von
Einkommen und Fertilität dargestellt.

2   Methodik: Simulation von Steuer-Transferkonten

In den folgenden Abschnitten werden nun Simulationsergebnisse zu vertikaler und horizontaler Umverteilung zwischen Haushalten mit unterschiedlicher Kinderzahl und Einkommenshöhe dargestellt. Diese Ergebnisse beruhen auf systematischen Modellsimulationen
des institutionell möglichen Zusammenwirkens des Steuer- und Sozialversicherungssys-

---

[7]   In den Datenquellen ist explizit von Familien die Rede, nicht von Haushalten.

tems mit ausgewählten Transfers des Bundes und der Stadt Wien (Prettenthaler et al. 2010 und 2010a). Diese Studie baut auf eine Untersuchung für die Steiermark auf, welche 2008 durchgeführt wurde (Prettenthaler/Sterner 2009) und stärker auf Familien mit kleinen Kindern fokussierte. Dieser Ansatz wurde in Anzahl und Art der simulierten Fälle sowie der errechneten Kennzahlen ausgedehnt und methodisch erweitert. Um Effekte aus dem institutionell möglichen Zusammenwirken des Steuer- und Transfersystems zu analysieren wurden Simulationen dessen für verschiedene Familien- und Einkommenstypen durchgeführt.

Hierzu wurden Annahmen hinsichtlich der Familientypen (Alleinstehende, Paare ohne Kinder, Paare mit bis zu fünf Kindern verschiedenen Alters), der Kinderbetreuung, der Erwerbstätigkeit der Partner und dadurch auch der Zusammensetzung des Erwerbseinkommens usw. getroffen. Basierend auf diesen Annahmen wurden gemäß den jeweiligen Voraussetzungen Simulationen der Steuer- und Sozialversicherungsabgaben sowie der möglichen Transferleistungen für diese Familientypen und jeweils unterschiedliche Höhen des Erwerbseinkommens (600 bis 8.000 Euro, in 50-Euro-Schritten) durchgeführt, wobei vom monatlichen Bruttoerwerbseinkommen des Haushalts laut Lohnzettel ausgegangen wurde.

Durch diese Annahmen ergeben sich insgesamt 149 Einkommensstufen, 89 Haushalts- und Einkommenszusammensetzungen und so insgesamt 13.261 modellierte Fälle (für Prettenthaler et al. 2010a wurden diese teilweise wiederum um ältere Kinder erweitert), für welche gemäß den jeweiligen Modalitäten die Steuer- und Sozialversicherungsabgaben und eine mögliche Transfergewährung bzw. die Transferhöhe berechnet wurden (zur Methodik siehe Abschnitt 2 des genannten Berichtes).

Folgende Transferleistungen des Bundes, des Landes und der Stadt Wien sowie der Gebietskrankenkasse wurden berücksichtigt:[8]

- Familienbeihilfe, Kinderabsetzbetrag, Mehrkindzuschlag,
- Schulbeihilfe, finanzielle Unterstützung für die Teilnahme an Schulveranstaltungen,
- Studienbeihilfe, Fahrtkostenzuschuss (FKZ 1),
- Kinderbetreuungsgeld,[9] Beihilfe zum pauschalen Kinderbetreuungsgeld,

---

[8] Nicht berücksichtigt wurden Leistungen, welche ohne eindeutige, universell anwendbare Voraussetzungen gewährt werden, rückzahlungspflichtig sind oder nur einmalig genehmigt werden. Leistungen der Sozialhilfe bleiben dadurch außer Betracht. Zudem wurden Beratungs-, Unterstützungsleistungen, Dienstleistungen und Objektförderungen im Wohnbereich sowie Sozialentschädigungen und diverse Leistungen im Kultur- und Freizeitbereich (Ausnahme Kinderurlaube) von der Untersuchung ausgeschlossen. Es wurden auch keine Leistungen berücksichtigt, welche für spezielle Anlässe/Lebenslagen (z. B. Arbeitslosigkeit, Alter, Krankheit, Behinderung, Lehre, Weiterbildung) oder bei Notsituationen (z. B. Obdachlosigkeit, Katastrophen) gewährt werden oder an bestimmte Berufsgruppen (z. B. Beamte, Künstler, Selbständige) bzw. sehr exklusiv definierte Bevölkerungsgruppen (z. B. Asylwerber, Haftentlassene, Schüler mit besonderen Begabungen) gebunden sind. So wurden monetäre Transfers berücksichtigt, wenn diese bestimmte Einkommens- oder Familienverhältnisse zur Voraussetzung haben. Zudem müssen den Leistungen nachvollziehbare klare Kriterien der Zuteilung bzw. der Leistungsberechnung zugrunde liegen, welche universell bei allen Personen gleich angewandt werden. Als Sachleistungen werden in diesem Rahmen jene Leistungen definiert, welche entweder direkt an Institutionen überwiesen werden, um anfallende Kosten für Anspruchsberechtigte (zumindest teilweise) zu decken, oder welche Personen für bestimmte Leistungen zweckgebunden gewährt werden und daher dem Haushalt nicht zur freien Verfügung stehen. Derartige Sachleistungen wurden nur berücksichtigt, wenn sie einkommensgeprüft sind und so eine Anreiz- oder Umverteilungswirkung implizieren (einkommensabhängige Leistungen/Tarife). Auch diesen Leistungen müssen universelle Voraussetzungen zu Grunde liegen. Öffentliche Kosten, welche durch den Schul-, Universitäts- oder Kinderbetreuungsbetrieb entstehen, wurden nicht als Sachleistungen berücksichtigt. Außerdem wurden unter monetären Transfers auch Positionen berücksichtigt, welche zur exakten Berechnung des Nettoerwerbseinkommens notwendig sind (z. B. Werbungskostenpauschale oder z. B. tatsächliche Kosten der Kinderbetreuung als Posten der Arbeitnehmerveranlagung).

- Wiener Familienzuschuss,
- Wohnbeihilfe, Heizkostenzuschuss,[10]
- kostenlose Mitversicherung des (Ehe)Partners ohne Kinder aufgrund von Schutzbedürftigkeit,
- Befreiung/Ermäßigung des Betreuungsbeitrages und des Essensbeitrages zum städtischen Kinderhort, Befreiung des Essensbeitrages für Null- bis Sechsjährige in Kinderbetreuungseinrichtungen,
- Kinderurlaub/Familienurlaub der Wiener Jugenderholung,[11]
- Befreiung von der E-Card Servicegebühr, Rezeptgebührenbefreiung.

Die vom österreichischen Gesetzgeber mit der Steuerreform 2009 zum horizontalen Ausgleich der Familienlasten eingeführten Instrumente Kinderfreibetrag und steuerliche Absetzbarkeit der Kinderbetreuung stellen keine Transferleistungen dar, sondern modifizieren das Nettoeinkommen und wurden daher bei der Berechnung der Nettoeinkommen entsprechend berücksichtigt. Die Höhe der Kinderbetreuungskosten wurde in Höhe der von den öffentlichen Kinderbetreuungseinrichten tatsächlich für das jeweilige Einkommensniveau verrechneten Tarife angesetzt.

Hinsichtlich dieser Eingrenzung der Leistungen muss berücksichtigt werden, dass eine solche einerseits notwendig ist, um standardisierte Simulationen basierend auf vorgegebenen Annahmen durchführen zu können. Andererseits kann eine solche Auswahl der Leistungen die Ergebnisse aber auch beeinflussen. Aufgrund fehlender universeller Voraussetzungen für die Berechnungen gemäß den Annahmen wurden beispielsweise Sozialhilfeleistungen oder Leistungen bei sozialen Notlagen nicht berücksichtigt. Auch das Arbeitslosengeld blieb aufgrund der Annahmen hinsichtlich des Erwerbseinkommens außer betracht. Aus diesem Grund und, da sehr viele Leistungen für Familien die Auswahlkriterien erfüllen, könnte die Transfersituation von Familien ohne Kinder bzw. Alleinstehenden im Vergleich zu Familien mit Kindern vergleichsweise eher negativ dargestellt werden. Besonders simulierte Fälle des untersten Einkommensbereiches wären davon betroffen.[12]

Da zur tatsächlichen Inanspruchnahme und Gewährung der berücksichtigten Transferleistungen keine ausreichenden empirischen Daten vorhanden sind, wurden ausschließlich Simulationen von Modellkonstellationen hinsichtlich des rechtlich möglichen Zusammenwirkens des Steuer- und Transfersystems durchgeführt. Auf die tatsächliche soziale Situati-

---

9   Angenommen wurde hier die Pauschalvariante mit der, seit 1. Jänner 2010 flexibilisierten Zuverdienstgrenze auf 60% der Letzteinkünfte aus dem Kalenderjahr vor der Geburt, in dem kein Kinderbetreuungsgeld bezogen wurde. Die starre Zuverdienstgrenze zuvor hatte, wie in der steirischen Studie (Prettenthaler/Sterner 2009) gezeigt, per se bereits zu sehr deutlichen Schwellenphänomenen geführt. Da nun in allen Einkommensbereichen diese Variante bezogen werden kann, nehmen wir an, dass das für die Analyse angenommen Einkommen jeweils 60% unter den Letzteinkünften liegt und somit in keinem Einkommensbereich einen negativen Anreizeffekt durch das Abschmelzen des Kinderbetreuungsgeldes hat.

10 Unter Umständen wird im Folgenden der Heizkostenzuschuss in Abbildungen als „Heizkostenzuschuss (Energiekostenzuschuss)" bezeichnet. Für Berechnungen der vorliegenden Arbeit wurde jedoch immer nur der Heizkostenzuschuss berücksichtigt.

11 Berücksichtigt wurde der Kinderurlaub, dieser wird im Auftrag des Amtes für Jugend und Familie – MAG ELF vom Verein Wiener Jugenderholung durchgeführt.

12 Leistungen wie die Sozialhilfe, die Notstandshilfe oder das Arbeitslosengeld werden zum Einkommen im Rahmen der Wohnbeihilfe gezählt: Dadurch kann das Mindesteinkommen für die Wohnbeihilfe im untersten Einkommensbereich u. U. bereits erreicht werden. Da diese Leistungen in den hier durchgeführten Analysen nicht berücksichtigt werden, kann es erscheinen, als ob das Mindesteinkommen z.T. nicht von Beginn erreicht würde und daher die Wohnbeihilfe im untersten Einkommensbereich nicht gewährt würde.

on von verschiedenen Familientypen, die tatsächliche Inanspruchnahme von Transferleistungen sowie das tatsächliche Verhalten bzw. die tatsächlichen Auswirkungen von den dargestellten Anreizproblemen auf Familien kann aufgrund dieser Untersuchungen nicht geschlossen werden.

Durch empirische Daten der Statistik Austria wurde zudem versucht einen Konnex zwischen diesen Simulationsergebnissen und empirisch beobachtbaren Ergebnissen herzustellen. Für die Darstellung des Familieneinkommens wurde eine Sonderauswertung der Statistik Austria angeregt und verwendet, in welcher Daten der Familienbeihilfe und der integrierten Lohn- und Einkommensteuerstatistik für Österreich, Wien und die Steiermark aus dem Jahr 2006 auf Haushaltebene zusammengeführt wurden.

3   Vertikale Umverteilungswirkung: Armutsfallen, Schwellenphänomene?

Durch das häufig unkoordinierte Zusammenwirken des progressiven Steuersystems mit (einkommensabhängig sinkenden) Transferleistungen sind im Steuer-Transfersystem Situationen möglich, wo sich einerseits Transfers kumulieren können und dadurch das verfügbare Einkommen[13] im Vergleich zu anderen Personen, die diese Transfers nicht erhalten, relativ zu steigern vermögen. Als Armutsfallen werden Situationen bezeichnet, wenn das verfügbare Einkommen durch eine Erhöhung der Erwerbsintensität nicht steigt. Aus Sicht der Autoren ist es auch dann gerechtfertigt, von Armutsfallen zu sprechen, wenn im unteren Einkommensbereich das verfügbare Einkommen bei Ausweitung des Bruttoerwerbseinkommens kaum ansteigt, etwa bei impliziten Grenzsteuersätzen von deutlich über 50%, die auch im obersten Einkommensbereich nicht angewendet werden. Durch den Wegfall von Transferleistungen und die Zunahme der Steuer- und Sozialversicherungslast sind sogar Situationen möglich, wo Personen durch die Erhöhung des Erwerbseinkommens weniger an verfügbarem Einkommen erzielen (Schwellenphänomen) (Nowotny 1999: 653-657).

Ob bzw. in welchen Einkommensbereichen derartige Phänomene im untersuchten System aufgrund der institutionellen Regelungen möglich sind, wird im folgenden Abschnitt erläutert. Hierzu wird jeweils für einen Familientyp die Zusammensetzung des verfügbaren Einkommens aus Nettoerwerbseinkommen (Jahreszwölftel nach Abgaben) und (gemäß den Voraussetzungen) möglichen einkommens(un)abhängigen Transfers bei steigendem Bruttoerwerbseinkommen des Haushalts dargestellt. In diesem Rahmen werden Ergebnisse der Simulationen für einen Paarhaushalt mit zwei kleinen, zwei älteren und mit drei kleinen Kindern grafisch dargestellt. Eine Erläuterung zu Ergebnissen weiterer Familientypen findet sich in Prettenthaler et al. (2010a, Abschnitt 4.3.5) sowie Prettenthaler et al. (2010b,

---

[13] Im Folgenden wird das Jahreszwölftel nach Abgaben und Transfers häufig als verfügbares Einkommen bezeichnet. Zur Berechnung des gesamten Jahreszwölftels nach Abgaben wurde jeweils für beide Erwerbspersonen das jährliche Bruttoerwerbseinkommen (zwölf gleich hohe Bezüge plus zwei Sonderzahlungen in gleicher Höhe) um den jährlichen Sozialversicherungsbeitrag (auch Abgaben für Sonderzahlungen) sowie die jährliche Lohnsteuer (Besteuerung von Sonderzahlungen; Berücksichtigung von Pflichtbeiträgen für mitversicherte Angehörige als Werbungskosten, tatsächlichen Aufwendungen für Kinderbetreuung als außergewöhnliche Belastungen, den Kinderfreibetrag; Möglichkeit der Negativsteuer durch Sozialversicherungsbeiträge und Alleinverdiener-/Alleinerzieherabsetzbetrag) reduziert und auf zwölf Monate umgerechnet (dividiert durch zwölf). Das Jahreszwölftel nach Abgaben und Transfers ergibt sich, indem schließlich ein Zwölftel der jährlich institutionell zustehenden Transferleistungen addiert wurde. Ausgaben für Bildung, Wohnen, Kinderbetreuung etc. wurden nicht gegen gerechnet.

Abschnitt 2.3) und die grafische Darstellung aller Ergebnisse im Anhang der jeweiligen Berichte.

Simulationsergebnisse zum Nettoerwerbseinkommen in Form des Jahreszwölftels nach Abgaben und theoretisch möglichen Sozialleistungen sind für einen Alleinverdienerpaarhaushalt mit zwei Kindern im Alter von einem und vier Jahren in Abbildung 3 dargestellt. Die Legende bezeichnet die Bestandteile in der Reihenfolge der grafischen Darstellung, zu lesen von links nach rechts und von oben nach unten.

Abbildung 3:   Simulation des Jahreszwölftels nach Abgaben und theoretisch möglicher Sozialleistungen für ein Paar mit zwei kleinen Kindern (1 Jahr, häusliche Betreuung; 4 Jahre, halbtägiger Kindergarten) bei einem monatlichen Bruttoerwerbseinkommen laut Lohnzettel von 600 bis 8.000 Euro (Alleinverdiener)

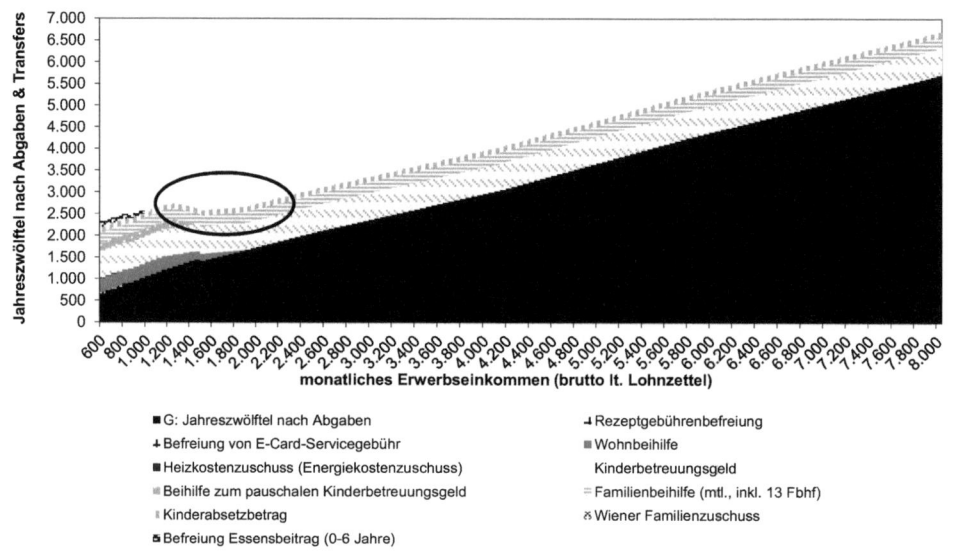

Quelle: Prettenthaler et al. 2010a, Anhang.

Für einen Alleinverdienerpaarhaushalt mit zwei Kindern im Alter von einem und vier Jahren zeigt sich (Abbildung 3), dass eine solche Familie – bei Annahme häuslicher Betreuung des einjährigen und halbtägigem Kindergartenbesuch des vierjährigen Kindes – das Kinderbetreuungsgeld, die Familienbeihilfe und den Kinderabsetzbetrag während des gesamten simulierten Bruttoerwerbseinkommensbereichs von 600 bis 8.000 Euro erhalten würde.[14]

Aus Abbildung 3 ist für diesen Familien- und Einkommenszusammensetzungstyp zudem ersichtlich, dass sich Schwellenphänomene bei einem Bruttoerwerbseinkommen von 800 Euro, 950 Euro und zwischen 1.250 und 1.450 Euro ergeben würden. In diesem Ein-

---

[14] Im Vergleich zum selben Familientyp mit institutioneller Kinderbetreuung (siehe Prettenthaler et al. 2010a, Abbildung 38) zeigt sich, dass einzig die Befreiung vom Essensbeitrag für null- bis sechsjährige Kinder für Haushalte mit institutioneller Betreuung doppelt so hoch wäre. Das Jahreszwölftel nach Abgaben wäre zwischen den Alleinverdienerhaushalten mit häuslicher und institutioneller Kinderbetreuung identisch.

kommensbereich würden Erhöhungen des Bruttoerwerbseinkommens von 50 Euro zu Senkungen des verfügbaren Einkommens führen. Zudem bestünde im Bruttoerwerbseinkommensbereich zwischen 1.500 und 1.850 Euro nach unserer Definition eine Armutsfalle, da Erhöhungen des Bruttoerwerbseinkommens um 50 Euro in diesem Bereich jeweils nur zu Steigerungen des verfügbaren Einkommens von maximal 17 Euro führen würden, also implizite Steuersätze von zum Teil deutlich über 66% angewendet werden.

Dadurch würde zwischen einem Bruttoerwerbseinkommen von 600 Euro bis 2.000 Euro das verfügbare Einkommen immer zwischen rund 2.300 und rund 2.700 Euro betragen. Diese Phänomene ergeben sich aus dem Zusammenwirken der Einschleifung und/oder Streichung des Wiener Familienzuschusses, der Befreiung vom Essensbeitrag für den Kindergarten, der Wohnbeihilfe, des Heizkostenzuschusses, der Befreiung von der Rezept- und E-Card-Servicegebühr und der Beihilfe zum pauschalen Kinderbetreuungsgeld.

Abbildung 4:   Simulation des Jahreszwölftels nach Abgaben und theoretisch möglicher Sozialleistungen für ein Paar mit zwei älteren Kindern (17 Jahre, Schüler, und 21 Jahre, Student; beide Kinder ohne Erwerbseinkommen, wohnhaft bei Eltern) bei einem monatlichen Bruttoerwerbseinkommen laut Lohnzettel von 600 bis 8.000 Euro (Einkommensverteilung: 80:20)

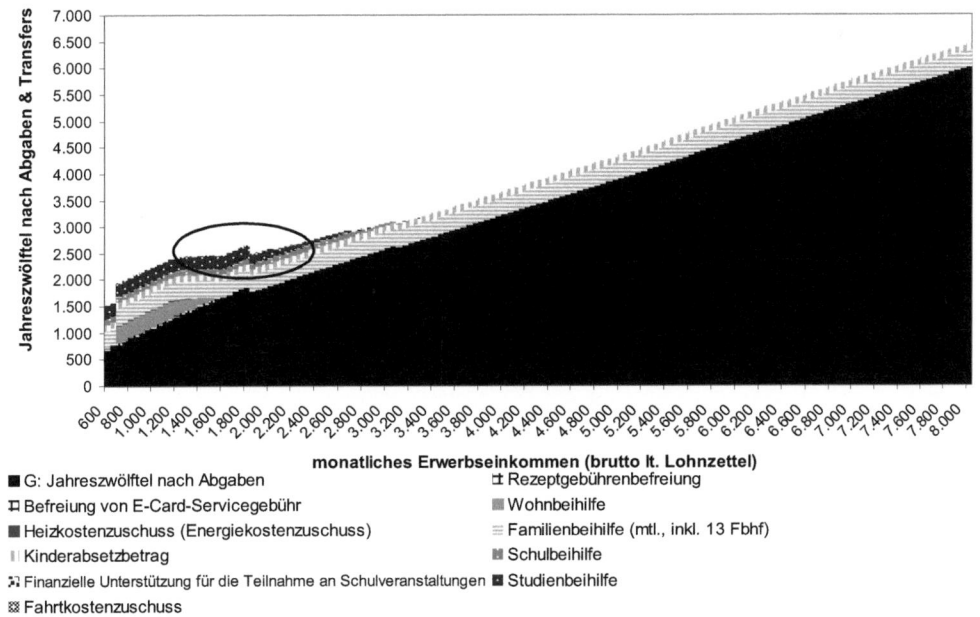

Quelle: Prettenthaler et al. 2010b, Anhang.

Ob bzw. inwiefern dieses institutionell mögliche Zusammenwirken nur auf Familien mit Kleinkindern zutrifft, wird im Folgenden (Abbildung 4) untersucht, indem Simulationsergebnisse für einen Paarhaushalt mit zwei älteren Kindern aus den vielen untersuchten Familien dieses Typs herausgegriffen und dargestellt werden. Hierzu wird angenommen, dass ein Kind 17 Jahre (Schüler) und das andere Kind 21 Jahre (Student) alt ist. Aufgrund des

Alters der Kinder wird nicht mehr von einem Alleinverdienerhaushalt, sondern einer Einkommensverteilung zwischen den Partnern von 80:20 ausgegangen.

Die Simulationsergebnisse für einen Paarhaushalt mit zwei älteren Kindern und einer Einkommensverteilung des Bruttoerwerbseinkommens zwischen den Partnern von 80:20 (Abbildung 4) zeigen folgendes: Das verfügbare Einkommen würde bei steigendem Bruttoerwerbseinkommen bis 1.100 Euro relativ stark zunehmen, bei einem Bruttoerwerbseinkommen zwischen 1.150 und 2.150 Euro wäre es gemäß den Simulationen dann jedoch nicht möglich, das verfügbare Einkommen von rund 2.400 Euro um mehr als 250 Euro auf über 2.650 Euro zu steigern: Das Jahreszwölftel nach Abgaben und Transfers würde immer zwischen etwa 2.390 und 2.645 Euro betragen. Diese Armutsfalle liegt hier darin begründet, dass in diesem Bruttoerwerbseinkommensbereich die Studienbeihilfe stark reduziert und die Wohnbeihilfe stark eingeschliffen und dann gestrichen wird. Auch der Heizkostenzuschuss und die Befreiung von der Rezeptgebühr sowie der E-Card-Servicegebühr werden in diesem Erwerbseinkommensbereich gestrichen. Zudem würde sich eine Negativsteuer der Haupterwerbsperson in diesem Einkommensbereich in eine positive Steuerlast verwandeln während bei der Person mit den geringeren Erwerbseinkünften mit der Sozialversicherungspflicht zugleich eine Negativsteuer (jedoch niedriger) einsetzen würde.

Dieselben Änderungen sind auch für das Schwellenphänomen verantwortlich, das sich bei einem Bruttoerwerbseinkommen von 1.800 Euro ergibt: Bei Erhöhung des Bruttoerwerbseinkommens von 1.800 auf 1.850 Euro hätte der Haushalt schließlich um rund 150 Euro weniger zur Verfügung, da die Studienbeihilfe stark reduziert und die Sozialversicherungspflicht der niedriger verdienenden Person einsetzt. Zudem wandelt sich die Negativsteuer des Hauptverdieners in eine positive Steuerschuld.

Das institutionell mögliche Zusammenwirken des Steuer- und Transfersystems wird für einen Paarhaushalt mit drei jüngeren Kindern in Abbildung 5 dargestellt. Für einen Alleinverdienerpaarhaushalt mit drei Kindern im Alter von einem, vier und sieben Jahren zeigt sich, dass eine solche Familie – bei Annahme häuslicher Betreuung des einjährigen und siebenjährigen Kindes und halbtägigem Kindergartenbesuch des vierjährigen Kindes – das Kinderbetreuungsgeld, die Familienbeihilfe und den Kinderabsetzbetrag während des gesamten simulierten Bruttoerwerbseinkommensbereichs von 600 bis 8.000 Euro erhalten würde.

Gemäß den Simulationsergebnissen wäre es für eine solche Familie zwischen einem Bruttoerwerbseinkommen von 600 und 2.250 Euro nicht möglich, das verfügbare Einkommen durch Steigerung der Erwerbsintensität selbst positiv zu beeinflussen, es läge in diesem Bereich immer zwischen 2.700 und 3.200 Euro. Das liegt darin begründet, dass in diesem Einkommensbereich alle möglichen Transferleistungen – mit Ausnahme der genannten einkommensunabhängigen Leistungen Kinderbetreuungsgeld, Familienbeihilfe und Kinderabsetzbetrag sowie des Mehrkindzuschlags – eingeschliffen und/oder gestrichen werden. Bei der Besteuerung wandelt sich zudem eine Negativsteuer in eine positive Steuerschuld.

Abbildung 5: Simulation des Jahreszwölftels nach Abgaben und theoretisch möglicher Sozialleistungen für ein Paar mit drei kleinen Kindern (1 und 7 Jahre, häusliche Betreuung; 4 Jahre, halbtägiger Kindergarten) bei einem monatlichen Bruttoerwerbseinkommen laut Lohnzettel von 600 bis 8.000 Euro (Alleinverdiener)

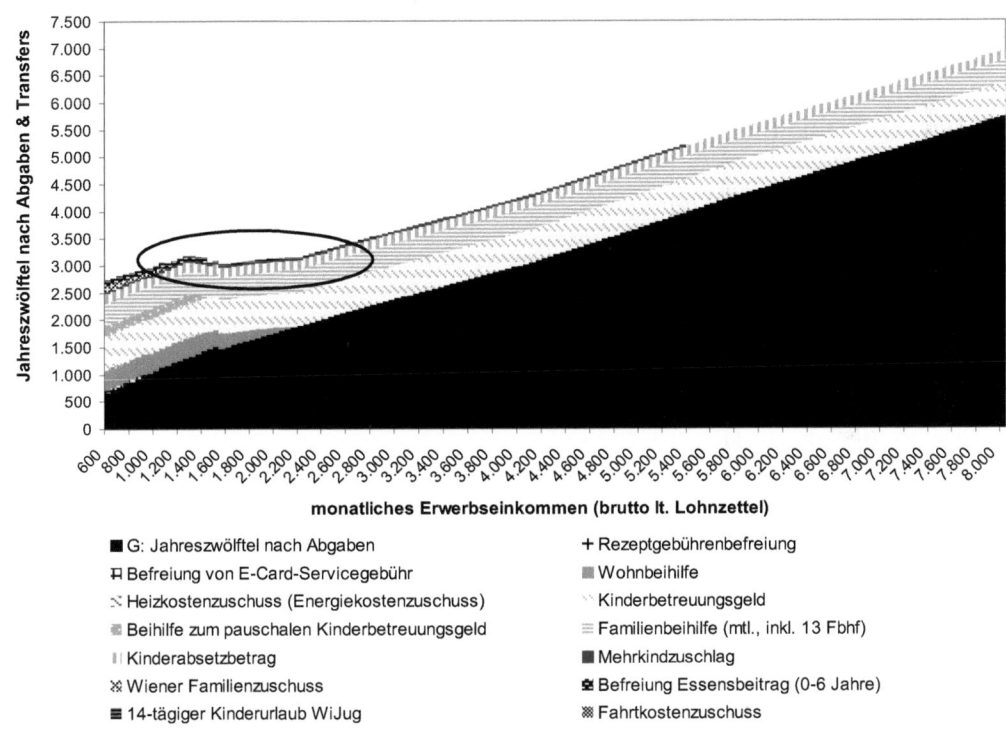

Quelle: Prettenthaler et al. 2010a, Anhang.

Die Analyse des institutionell möglichen Zusammenwirkens des Steuer- und Transfersystems bei Familientypen mit vier oder fünf Kindern zeigt ähnliche, wie die hier dargestellten Effekte, wobei sich diese zudem teilweise kumulieren können. Grafisch dargestellt sind diese Ergebnisse in Prettenthaler et al. 2010 und 2010a jeweils im Anhang.

3.1 Grenznetto-/-steuertransfersatz

Zur Veranschaulichung, dass derartige Armutsfallen oder Schwellenphänomene, wie sie in Abbildung 3 bis Abbildung 5 dargestellt sind, im institutionell möglichen Steuer- und Transfersystem nicht nur vereinzelt vorkommen können, werden im Folgenden Ergebnisse zum Grenzsteuersatz des simulierten Abgaben- und Transfersystems – bezeichnet als Grenznettosteuer-/-transfersatz oder als die kumulative Marginalbelastung (Nowotny 1999) – erläutert.

Durch den Grenzsteuersatz (t') wird das Verhältnis der marginalen Änderung der Steuerlast (dT) bei marginaler Änderung des Bruttoerwerbseinkommens (dB) (erste Ableitung der Steuerbetragsfunktion) beschrieben. Er gibt an, zu welchem Prozentsatz jedes zusätzlich verdiente Bruttoerwerbseinkommen besteuert wird:

Formel 1: $t' = dT / dB$

Der Grenznettosteuer-/-transfersatz (t'_{nSTR}), berechnet sich wie der Grenzsteuersatz, allerdings unter Gegenrechnung von Sozialleistungen und Abgaben (T_{nSTR} = die/der Nettosteuer/-transfer = Jahreszwölftel der Abgaben nach Abzug der Summe der monatlichen Förderungen) und entspricht demnach der kumulativen Marginalbelastung laut Nowotny (1999: 658f). Der Grenznettosteuer-/-transfersatz (die kumulative Marginalbelastung) lautet:

Formel 2: $t'_{nSTR} = dT_{nSTR} / dB$

Ein negativer Grenznettosteuer-/-transfersatz[15] verweist auf eine Verbesserung des Haushaltes im verfügbaren Einkommen, wenn das Bruttoerwerbseinkommen erhöht wird. Ein positiver Grenznettosteuer-/-transfersatz[16] von 100% weist darauf hin, dass bei einer Zunahme des Bruttoerwerbseinkommens aufgrund von wegfallenden Transferleistungen und/oder erhöhten Abgaben das verfügbare Einkommen konstant bleibt. Positive Grenznettosteuer-/-transfersätze von über 100% bedeuten, dass bei Zunahme des Bruttoerwerbseinkommens schließlich das verfügbare Einkommen geringer ist als vor der Erhöhung des Erwerbseinkommens, da der Verlust an Sozialleistungen sowie/oder erhöhte Steuer- und Sozialversicherungsabgaben in Summe höher sind als die Zunahme im Bruttoerwerbseinkommen.

Kumulative Marginalbelastungen von 100% und mehr können laut Nowotny (1999: 659) zu einem bewussten Verzicht von Zunahmen im Bruttoerwerbseinkommen (beispielsweise durch Gehaltserhöhungen) führen, um eine Minderung im verfügbaren Einkommen zu verhindern. Nowotny schließt daraus, dass eine kumulative Marginalbesteuerung bzw. ein impliziter Steuersatz von 100% und mehr die stärksten negativen Leistungsanreize darstellen, da jede zusätzliche Erwerbstätigkeit aus ökonomischer Perspektive sinnlos wird. Des Weiteren ergibt sich die Möglichkeit, dass aufgrund der kumulativen Marginalbelastung ein Umkippen der Verteilung der Bruttoeinkommen im Vergleich mit den Nettoeinkommen nach Steuern und Transfers entsteht. Dieser Umkippeffekt liegt vor, wenn das Bruttoerwerbseinkommen zweier Haushalte (ein Haushalt mit hohem Einkommen und einer mit niedrigem Einkommen) zunimmt und der Haushalt mit dem höheren Bruttoeinkommen nach Steuern und Transfers über ein niedrigeres Nettoeinkommen verfügt als jener Haushalt mit dem zuvor niedrigeren Bruttoerwerbseinkommen.

Positive Grenznettosteuer-/-transfersätze von 50% bedeuten, dass bei Erhöhung des Bruttoerwerbseinkommens, das verfügbare Einkommen um die Hälfte der Steigerung des Bruttoerwerbseinkommens zunimmt. Diese zusätzliche Einheit des Bruttoerwerbseinkom-

---

[15] Ein negativer Grenznettosteuer-/-transfersatz ergibt sich in diesem Rahmen bei einer Erhöhung des Bruttoerwerbseinkommens, wenn 1) ein Nettotransfer (negatives Vorzeichen) zunimmt, oder 2) eine Nettosteuer (positives Vorzeichen) sinkt oder sich 3) eine Nettosteuer (positives Vorzeichen) in einen Nettotransfer (negatives Vorzeichen) umwandelt.

[16] Ein positiver Grenznettosteuer-/-transfersatz ergibt sich in diesem Rahmen, wenn bei Zunahme des Bruttoerwerbseinkommens 1) ein Nettotransfer (negatives Vorzeichen) reduziert wird, oder 2) eine Nettosteuer (positives Vorzeichen) zunimmt, oder sich 3) ein Nettotransfer (negatives Vorzeichen) in eine Nettosteuer (positives Vorzeichen) wandelt.

mens wird demnach zu 50% „besteuert" indem Sozialleistungen reduziert oder Steuer- und Sozialversicherungsabgaben zunehmen. Brümmerhoff (2001: 309) schlägt für die Ausgestaltung eines Modells der negativen Einkommensteuer, welche Steuer- und Sozialleistungen integrieren sollte vor, dass die Grenzbelastung 50% des Zuverdienstes nicht überschreiten sollte. Der österreichische Gesetzgeber sieht diesen Grenzsteuersatz für Einkommen über 60.000 Euro seit 1.1.2009 als maximalen Steuersatz fest. An dieser Tatsache könnte man auch normative Argumente für den unteren Einkommensbereich knüpfen.

Der Grenznettosteuer-/-transfersatzes wird aus darstellungstechnischen Gründen nur für etwa die Hälfte des untersuchten Einkommensbereiches, den Bruttoerwerbseinkommensbereich von 600 bis 4.200 Euro von links nach rechts und für alle simulierten Familientypen von oben nach unten (beginnend mit Alleinstehenden und mit jeweils steigender Kinderanzahl) in Abbildung 6 dargestellt. Diese Abbildung dient einer rein grafischen Veranschaulichung der Entwicklung über den ausgewählten Erwerbseinkommensbereich der simulierten Familientypen. Grenznettosteuer-/-transfersätze, welche mehr als 100% betragen werden schwarz gekennzeichnet. Dunkelgraue Kennzeichnung erhalten Grenznettosteuer-/-transfersätze von 50 bis 100% und hellgrau sind negative Grenznettosteuer-/-transfersätze gekennzeichnet. Weiß sind Grenznettosteuer-/-transfersätze dargestellt, die sich in dem, aus unserer Sicht wünschenswerten Bereich zwischen 0 und 50% bewegen.

Wie aus Abbildung 6 hervorgeht, bestehen negative Grenznettosteuer-/-transfersätze nur im unteren Einkommensbereich. Die Entstehung dieser hohen negativen Grenzsteuersätze ist hauptsächlich auf das Eintreten der Wohnbeihilfe zurückzuführen, wenn ein Mindesteinkommen erreicht wird und ist daher großteils der Auswahl der Leistungen geschuldet (siehe Fußnote Nr. 12).

Positive Grenznettosteuer-/-transfersätze von mehr als 100% treten am häufigsten in einem Bruttoerwerbseinkommensbereich der Haushalte zwischen 1.200 und 1.800 Euro auf. Auch in den Bereichen bis 1.150 Euro, bis 3.650 Euro und zwischen 5.350 und 6.150 Euro (nicht abgebildet) treten Grenznettosteuer-/-transfersätze von über 100% auf. Diese Schwellen im hohen Einkommensbereich treten bei Haushalten mit mindestens drei Kindern oder bei Paarhaushalten mit einer Einkommensverteilung von 90:10 auf. Häufig trifft dabei eine Erhöhung der Lohnsteuer mit dem Beginn der Sozialversicherungspflicht des geringer verdienenden Partners zusammen. Bei z. B. Paarhaushalten mit zwei Kindern (sieben und 17 Jahre) und einer Einkommensverteilung von 90:10 tritt bei einem Bruttoerwerbseinkommen von 3.650 Euro die Sozialversicherungspflicht der geringer verdienenden Person ein (nur ein Anteil dieser Kosten wird als Negativsteuer rückerstattet) und bei 6.150 Euro führt der Wegfall des Alleinverdienerabsetzbetrages zu einer Erhöhung der laufenden Steuer des Hauptverdieners. Bei gleichbleibenden Sozialleistungen führen diese Veränderungen zu Grenznettosteuer-/-transfersätzen von über 100%. Auch der abrupte Wegfall des Mehrkindzuschlags kann zu positiven Grenznettosteuer-/-transfersätzen von über 100% beitragen.

Abbildung 6:   Grenznettosteuer-/-transfersatz abhängig vom gesamten monatlichen
                  Bruttoerwerbseinkommen laut Lohnzettel (von 600 bis 4.200 Euro), für 87
                  simulierte Familientypen

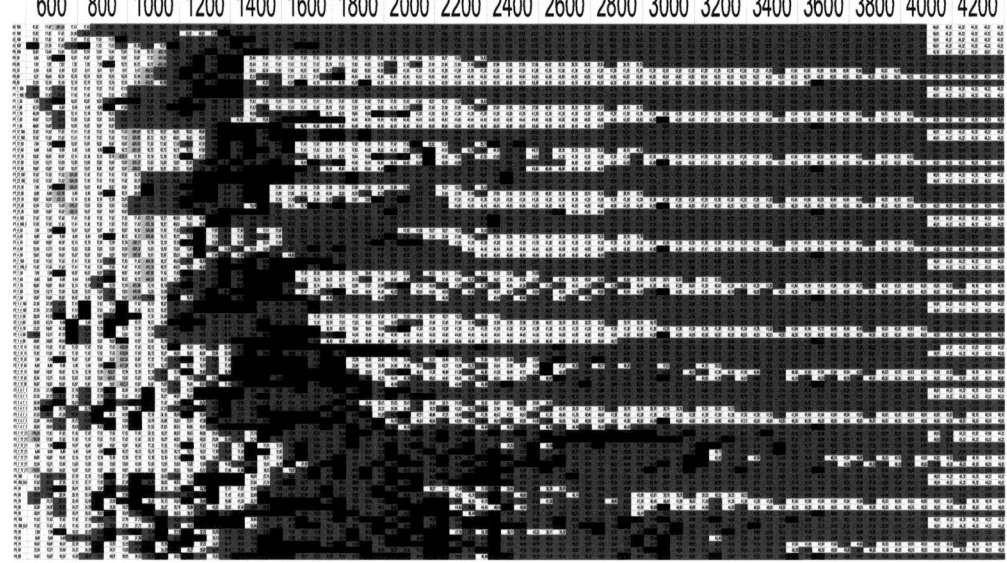

Quelle: Prettenthaler et al. 2010a.

schwarz: Grenznettosteuer-/-transfersatz > 100%;
dunkelgrau: Grenznettosteuer-/-transfersatz >50%;
hellgrau: Grenznettosteuer-/-transfersatz < 0%,
weiß: 0% < Grenznettosteuer-/-transfersatz < 50%.

Von den über 6000 Fällen, die hier durch die Haushaltstypen mal der Einkommensklassen
in 50 Euro Schritten aufgespannt werden, sind 65% schwarz oder dunkelgrau dargestellt
und somit zumindest potentiell problematisch, mit Ausnahme vielleicht jener Fälle, wo der
implizite Steuersatz nur wenig über 50% liegt. Welche Überschreitung der normativ zumindest nicht unplausiblen Grenze von 50% noch akzeptabel erscheint, müsste durch einen
entsprechenden normativen Diskurs geklärt werden. Aber auch die Anzahl der jedenfalls
inakzeptablen Fälle mit Grenznettosteuer/-transfersätzen über 100% beträgt in diesem Einkommensbereich noch 13%. Für die nicht dargestellte obere Hälfte des untersuchten Haus-
haltsbruttoeinkommensbereiches bis 8.000 Euro lägen diese Werte bei 51% (dunkelgrau
und schwarz) bzw. 1% (schwarz). Der höchste positive Grenznettosteuer-/-transfersatz fällt
mit 390% an und zwar für einen Alleinverdienerpaarhaushalt mit drei kleinen Kindern und
einem Bruttoerwerbseinkommen von 1.400 Euro. Dieser ergibt sich dadurch, dass bei Erhöhung des Bruttoerwerbseinkommens um 50 Euro die Befreiung vom Essensbeitrag für
null- bis sechsjährige Kinder in Betreuung wegfällt, die Wohnbeihilfe und die Beihilfe zum
pauschalen Kinderbetreuungsgeld reduziert werden und die monatlichen Sozialversicherungsabgaben der Erwerbsperson sprunghaft steigen.

3.2 Vergleich von Simulationsergebnisse mit empirischen Daten

Um die Bedeutung der Simulationsergebnisse zum institutionell möglichen Zusammenwirken des Steuer- und Transfersystems einordnen zu können, wird anschließend auch auf bestehende empirische Daten zum Haushaltseinkommen von Familien mit Kindern eingegangen, die jedoch nicht alle Transferleistungen der Simulationen enthalten. Bisher wurde in Untersuchungen zur Umverteilungswirkung des Steuer-Transfersystems oft ausschließlich auf solche verfügbare Daten sowie auf Befragungsergebnisse eingegangen und es konnten damit keine Verwerfungen im System, wie wir sie hier feststellen, gefunden werden. Dass sich unter Einbeziehung einer vollständigeren Liste an verfügbaren Transferleistungen (etwa auch der Länderebene) deutliche Unterschiede zum bisher verfügbaren empirischen Datenmaterial ergeben, soll die Notwendigkeit einer besseren empirischen Datensammlung unterstreichen.

Für die Darstellung des empirischen Familieneinkommens wurde eine Sonderauswertung der Statistik Austria verwendet, in welcher Daten der Familienbeihilfe und der integrierten Lohn- und Einkommensteuerstatistik aus dem Jahr 2006 zusammengeführt und jeweils für das gesamte Bundesgebiet, sowie für Wien dargestellt wurden. Dieser Datensatz wird als „Integrierte Lohn- und Einkommensteuerstatistik auf Haushaltsebene" bezeichnet. Für die Perzentile des Gesamteinkommens ohne Transfers[17] sowie für verschiedene Familientypen wurden anhand dieser Daten verschiedene Charakteristika der Einkommensmerkmale und der Einkommenszusammensetzung in den Haushalten für Haushalte mit Kindern mit Familienbeihilfenbezug oder Haushalten, in denen der Alleinverdienerabsetzbetrag zusteht, ausgewertet. Unter Berücksichtigung von gewissen Restriktionen bei der Zusammenführung der Haushalte sowie der bereits erwähnten unterschiedlichen berücksichtigten Transferleistungen (siehe Prettenthaler et al. 2010a, Abschnitt 5) kann dadurch ein Konnex zwischen den simulierten Abgaben- und Transfereffekten der modellierten Familientypen und der empirischen Einkommenssituation von Familien mit Kindern hergestellt werden.

Im Folgenden (Abbildung 7) werden demnach Ergebnisse aus empirischen Daten und aus Simulationsrechnungen für einen Alleinverdienerpaarhaushalt mit zwei Kindern verglichen.[18] Durchschnittliche empirische Daten der Dezile zum Nettoerwerbseinkommen und Transferleistungen (Stand: 2006) wurden dabei der Summe aus dem Jahreszwölftel nach Abgaben und den theoretisch möglichen Transferleistungen aus den durchgeführten Simulationen (Stand: März 2010) gegenübergestellt (Methodik siehe Prettenthaler et al. 2010a, Abschnitt 6).[19]

---

[17] Das Gesamteinkommen ergibt sich im Rahmen der integrierten Lohn- und Einkommensteuerstatistik folgendermaßen: Einkünfte (Verluste) aus Land- u. Forstwirtschaft + Einkünfte (Verluste) aus selbständiger Arbeit + Einkünfte (Verluste) aus Gewerbebetrieb + Einkünfte (Verluste) aus adaptiertem Bruttobezug der nichtselbständigen Arbeit + Einkünfte (Verluste) aus Kapitalvermögen + Einkünfte (Verluste) aus Vermietung und Verpachtung + Einkünfte (Verluste) aus sonstigen Einkünften + Summe der Transferleistungen (vgl. Statistik Austria 2009a: 19). Zur Ermittlung der Perzentile wurden Transferleistungen vom Gesamteinkommen abgezogen.

[18] Für die empirischen Daten ist dabei jedoch nur die Kinderzahl im Haushalt sowie das Merkmal „Alleinverdiener" bekannt.

[19] Aufgrund der Beschränkung der simulierten Bruttoeinkommen auf einen Rahmen zwischen monatlich 600 und 8.000 Euro ist die Abbildung aller Einkommensdezile gegebenenfalls nicht möglich, da sich das empirische durchschnittliche monatliche Einkommen eines Dezils auch außerhalb dieser Skala befinden kann.

Abbildung 7:   Alleinverdienerpaarhaushalt mit zwei Kindern; oben: Darstellung von
Simulationsergebnissen zum institutionell möglichen Jahreszwölftel nach
Abgaben und Transferleistungen (Kinder im Alter von einem und vier
Jahren mit institutioneller Kinderbetreuung, Stand: 2010); unten:
durchschnittliche empirische Ergebnissee des jeweiligen Dezils (Stand:
2006) – Beträge in Euro, Darstellung der Dezile 3-9

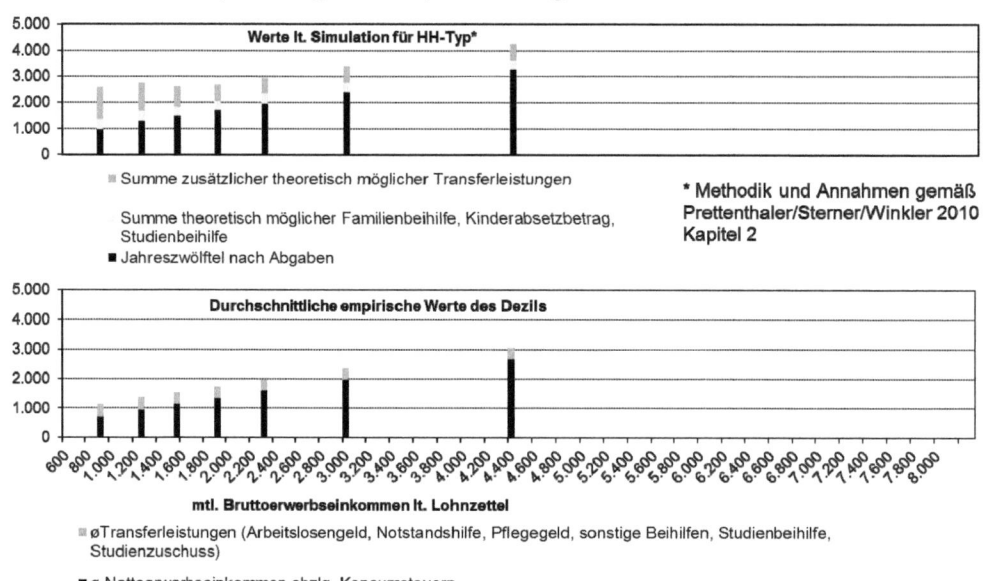

Quelle: Prettenthaler et al. 2010a.

Für Alleinverdienerpaarhaushalte mit zwei Kindern (Abbildung 7: unteres Diagramm)
nehmen die in hellgrau dargestellten durchschnittlichen empirischen Transferleistungen
(Arbeitslosengeld, Notstandshilfe, Pflegegeld, sonstige Beihilfen (z. B. Kinderbeihilfe enthalten, nicht aber Transfers auf Landesebene) – Studienbeihilfe und Studienzuschuss fallen
in diesem Beispiel nicht an) zwar mit steigendem Bruttoeinkommen ab, für das vorletzte
und das letzte Einkommensdezil steigen diese Leistungen jedoch wieder an.

Für die Simulationen wurde ein Alleinverdienerpaarhaushalt mit zwei Kindern im Alter von einem und vier Jahren (Unterbringung in der Krippe bzw. im Kindergarten) angenommen. Auf die Simulationsergebnisse wurde im Rahmen von Abbildung 5, welche dieselbe Situation mit häuslicher Kinderbetreuung darstellt, verwiesen. Die Summe der für
diesen Haushaltstyp in der Simulation berechneten theoretisch möglichen Familienbeihilfe
und des Kinderabsetzbetrags würde auch bei steigendem Bruttoeinkommen über alle dargestellten Einkommensdezile gleichbleiben, da die Familienbeihilfe und der Kinderabsetzbetrag einkommensunabhängig sind (siehe Abbildung 7: oberes Diagramm), und wurden
ebenfalls in hellgrau dargestellt. Die, in den empirischen Daten durchschnittlich ebenfalls
enthaltenen Transfers Arbeitslosengeld etc. wurden nicht simuliert. Hingegen wurden zusätzliche institutionell mögliche Transferleistungen, welche empirisch nicht erhoben wurden, berechnet und in dunkelgrau hinzugefügt. Gemäß den Simulationsergebnissen würden

diese bei steigendem Bruttoeinkommen über die ersten drei der dargestellten Dezile deutlich sinken. Nach dieser Reduktion würden die vier dargestellten einkommenshöheren Dezile – aufgrund der genannten einkommensunabhängigen Transfers – die gleichen Beträge an zusätzlichen theoretisch möglichen Transferleistungen erhalten (für das Kinderbetreuungsgeld wurde angenommen, dass der Zuverdienst der beziehenden Person 60% der Letzteinkünfte nicht übersteigt).

Der Vergleich zeigt demnach, dass bei vergleichsweise niedrigerem Bruttoerwerbseinkommen die Summe des Jahreszwölftels nach Abgaben und theoretisch möglicher Transferleistungen höher sein kann, als bei höherem Bruttoerwerbseinkommen. Das zweite der abgebildeten Einkommensdezile (Dezil 4) würde so über mehr finanzielle Mittel verfügen als die zwei darauffolgenden Dezile (Dezil 5 und Dezil 6). Dieser Vergleich macht deutlich, dass eine Betrachtung der Dezile ausschließlich auf Basis der derzeit statistisch gut erfassten Transferleistungen für die tatsächliche Umverteilungswirkung nicht sehr aussagekräftig ist und unterstützt die Entscheidung, mittels Transparenzdatenbank zusätzliche Daten zu sammeln.

4 Horizontale Umverteilungswirkung: Armutsgefährdung und Wohlstandsniveau von Mehrkindfamilien

Die Darstellung des Jahreszwölftels nach Abgaben und Transfers verschiedener Familientypen bei gleichem Erwerbseinkommen dient der Analyse des simulierten verfügbaren Einkommens (ohne Berücksichtigung von notwendigen Ausgaben für Bildung, Wohnen, Kinderbetreuung etc.) von verschiedenen Haushaltstypen, welches sich unter der Berücksichtigung möglicher Sozialleistungen oder Steuervorteile und jährlich zu entrichtender Sozialversicherungs- und Steuerabgaben ergibt.

Durch das Jahreszwölftel nach Abgaben und Transfers ist eine Analyse des Verlaufes des verfügbaren Einkommens für verschiedene Familientypen über den gesamten analysierten Bruttoerwerbseinkommensbereich von 600 bis 8.000 Euro möglich. Diese Ergebnisse sollen zuerst für Paarhaushalte mit älteren Kindern und jeweils einem studierenden Kind (siehe Abbildung 8 und Abbildung 9) erläutert werden. Schließlich werden auch Ergebnisse für Paarhaushalte mit jüngeren und jeweils einem einjährigen Kind dargestellt – diese Ergebnisse dienen auch der Diskussion von Fertilitätsanreizen im letzten Abschnitt.[20] Diese

---

[20] Die angenommene Kinderanzahl der Familien reicht von null bis fünf Kindern mit einem angenommenen Alter von einem bis zu 21 Jahren. Um nur die jeweiligen Leistungen, welche für eine bestimmte Lebensphase beansprucht werden können, darzustellen, wurden Familien mit einem Kind im Alter von einem, vier, sieben, 17 und 21 Jahren untersucht. Bei zwei Kindern wurde einerseits angenommen, dass das erste Kind ein Jahr und das zweite Kind vier Jahre alt ist. Andererseits wurde eine Familie mit etwas älteren Kindern dargestellt, welche sieben und 17 Jahre alt sind. Ebenso wurde bei einer Familie mit drei Kindern vorgegangen: Bei der simulierten Familie mit den jüngeren Kindern sind diese ein, vier und sieben Jahre alt und bei der Familie mit den älteren Kindern sind diese sieben, 17 und 21 Jahre alt. Es wird immer davon ausgegangen, dass das siebenjährige Kind die Schule besucht und auch das 17-jährige Kind einer Schulbildung nachgeht. Das 21-jährige Kind studiert, wohnt ebenso noch bei den Eltern und geht keiner Erwerbstätigkeit nach. Hinsichtlich der Betreuung der Kinder wird immer eine außerhäusliche Betreuung in städtischen Einrichtungen angenommen. Das einjährige Kind ist in einer städtischen Kinderkrippe (ganztägig), das vierjährige Kind in einem städtischen Kindergarten (ganztägig) und das siebenjährige Kind in einem städtischen Kinderhort untergebracht. Zu Vergleichszwecken wird für Paare mit nur einer Erwerbsperson zusätzlich jene Situation der Kinderbetreuung durch die Person ohne Erwerbstätigkeit untersucht. In diesem Fall wird nur die Inanspruchnahme des städtischen Kindergartens (vormittags mit Essen) angenommen.

Simulationsergebnisse werden im Folgenden einerseits für alle untersuchten Fälle zusammenfassend beschrieben und ergänzend wird auf die Situation von Haushalten bestimmter Einkommensverteilungen verwiesen, welche in den Abbildungen dargestellt sind.

Insgesamt zeigen die Ergebnisse für Paarhaushalte mit älteren bzw. jeweils einem studierenden Kind, dass das verfügbare Haushaltseinkommen in Form des Jahreszwölftels nach Abgaben und Transfers bei einem Bruttoerwerbseinkommen von 600 Euro für einen Paarhaushalt mit fünf Kindern – abhängig von der Einkommensverteilung zwischen den Partnern – rund 4.000 Euro betragen würde. Bei Paarhaushalten mit einem studierenden Kind würde dieses rund 1.200 Euro, mit zwei größeren Kindern rund 1.500 Euro und mit drei bzw. vier größeren Kindern zwischen 1.800 und 2.800 Euro betragen. Die Ergebnisse für Alleinverdienerhaushalte und Paarhaushalte mit jeweils gleichem Beitrag zum Erwerbseinkommen sind in Abbildung 8 dargestellt.

Abbildung 8:   Gesamtes Jahreszwölftel nach Abgaben und Transfers abhängig vom gesamten monatlichen Bruttoerwerbseinkommen laut Lohnzettel (von 600 bis 8.000 Euro), für ausgewählte simulierte Einkommensverteilungen bei Haushalten mit älteren und einem studierenden Kind

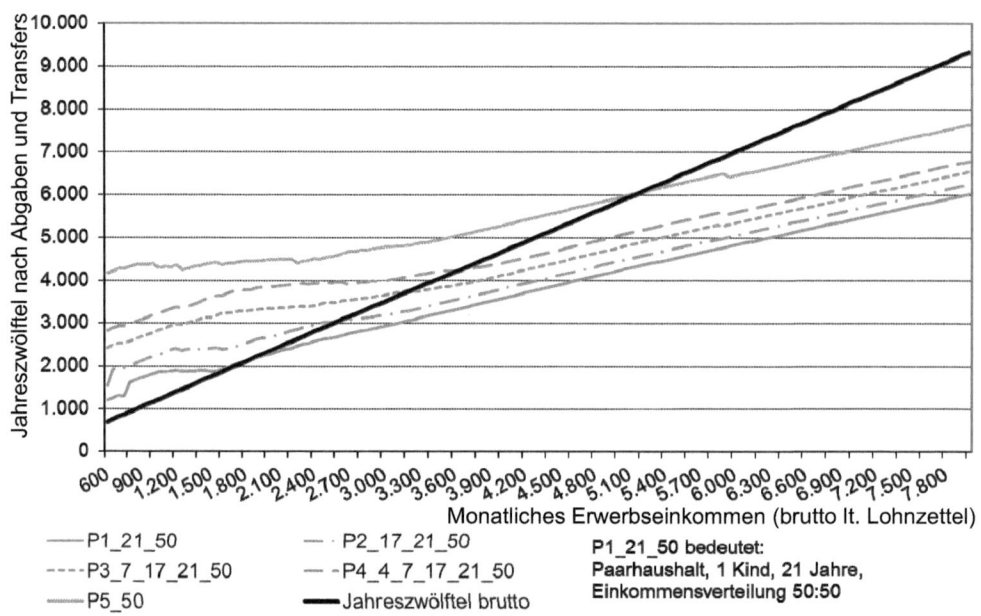

Quelle: Prettenthaler et al. 2010b (modifiziert).

Ergänzend wurden auch Analysen für Haushalte mit älteren und jeweils einem studierenden Kind durchgeführt. Hier stellen sich die Annahmen zum Kindesalter wie folgt dar: Bei Paarhaushalten mit einem Kind ist dieses 21 Jahre, mit zwei Kindern sind diese 17 und 21 Jahre, mit drei Kindern sind diese sieben, 17 und 21 Jahre, mit vier Kindern vier, sieben, 17 und 21 Jahre und mit fünf Kindern ein, vier, sieben, 17 und 21 Jahre (entspricht jener Situation der Basisuntersuchung). Annahmen hinsichtlich der jeweiligen Betreuung bzw. dem Schulbesuch oder des Studiums entsprechen den jeweiligen altersgemäßen Annahmen der Basisuntersuchung.

Das Jahreszwölftel nach Abgaben und Transfers würde auch bei steigendem Bruttoer-werbseinkommen für Paarhaushalte mit höherer Kinderanzahl höher bleiben und würde beim höchsten simulierten Bruttoerwerbseinkommen von 8.000 Euro für Paarhaushalte mit fünf Kindern – abhängig von der Einkommensverteilung zwischen den Partnern – zwischen rund 7.500 und rund 7.800 Euro betragen, während es für alle anderen Familientypen zwi-schen rund 5.900 und beinahe 7.000 Euro ausmachen würde.

Will man diese unterschiedlichen Haushaltstypen nach dem ökonomischen Wohlerge-hen seiner Mitglieder vergleichen ist natürlich die Haushaltsgröße zu berücksichtigen, was durch die Äquivalisierung geschieht. Die Äquivalisierung des gesamten jeweiligen Jahres-zwölftels nach Abgaben und Transfers[21] wird für Haushalte mit älteren Kindern und einer Einkommensverteilung von 70:30 in Abbildung 9 dargestellt.

Abbildung 9: Äquivalisiertes Jahreszwölftel nach Abgaben und Transfers abhängig vom gesamten monatlichen Bruttoerwerbseinkommen laut Lohnzettel (von 600 bis 8.000 Euro), für eine simulierte Einkommensverteilung von 70:30 bei Haushalten mit älteren und einem studierenden Kind

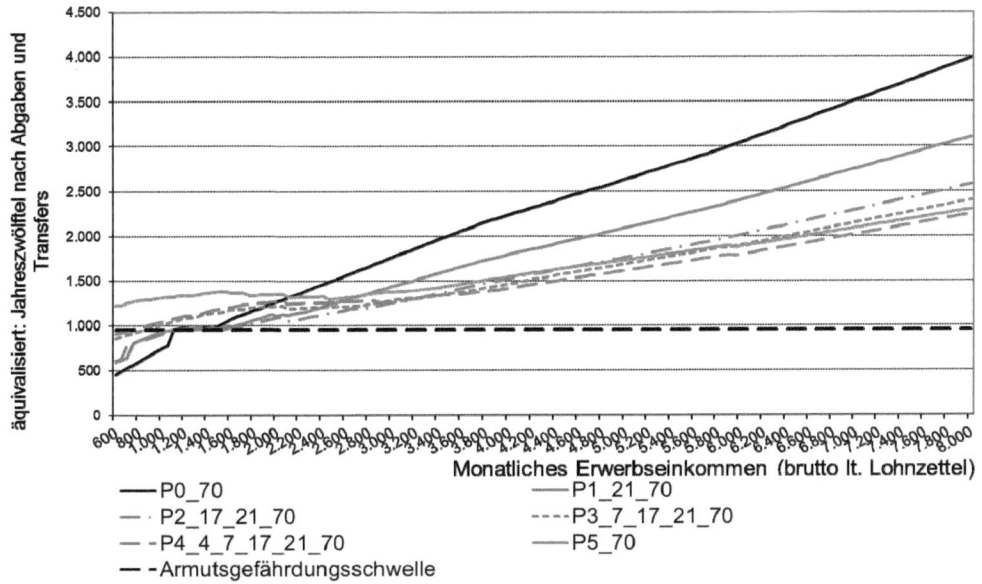

Quelle: Prettenthaler et al. 2010b (modifiziert).

Äquivalisiert liegt das Jahreszwölftel nach Abgaben und Transfers bei einem Bruttoer-werbseinkommen von 600 Euro für einen Paarhaushalt mit fünf Kindern (abhängig von der Einkommensverteilung im Haushalt) zwischen rund 1.130 und rund 1.230 Euro. Mit einem bzw. zwei älteren Kindern läge dieses bei rund 600 Euro und zwischen rund 720 und rund 910 Euro (abhängig von der Einkommensverteilung im Haushalt) für Paarhaushalte mit

---

[21] Die Umrechnung erfolgt gemäß EU-Skala: Fixbedarf von 0,5 Punkten plus 0,5 Punkte je erwachsener Person und 0,3 Punkte je Kind unter 14 Jahren, analog etwa zu Statistik Austria (2009: 181).

drei oder vier älteren Kindern (Ausnahme: Alleinverdienerpaarhaushalt mit drei Kindern in häuslicher Betreuung etwa 640 Euro). Bei diesem Bruttoerwerbseinkommensbereich wird jedoch erneut darauf verwiesen, dass Leistungen wie die Sozialhilfe, welche in diesem Erwerbseinkommensbereich schlagend würden, für diese Analysen nicht berücksichtigt wurden.

Es zeigt sich zudem, dass bei steigendem Bruttoerwerbseinkommen das äquivalisierte Jahreszwölftel nach Abgaben und Transfers von Paarhaushalten mit niedrigerer Kinderanzahl jenes von Haushalten mit höherer Kinderzahl übersteigen würde: So würde dieses beim höchsten simulierten Bruttoerwerbseinkommen von 8.000 Euro für Paarhaushalte mit einem (studierenden) Kind zwischen rund 2.950 und 3.100 Euro (abhängig von der Einkommensverteilung im Haushalt) ausmachen und wäre mit Abstand das höchste der Haushalte mit Kinder. Mit zwei Kindern läge das äquivalisierte Jahreszwölftel nach Abgaben und Transfers bei rund 2.500 Euro und mit höherer Kinderanzahl bei zwischen rund 2.140 und 2.400 Euro (abhängig von der Einkommensverteilung im Haushalt).

Ein Paarhaushalt ohne Kinder und mit einer Einkommensverteilung zwischen den Partnern von 70:30 hätte bei einem simulierten Bruttoerwerbseinkommen von 600 Euro mit Abstand das geringste gewichtete Pro-Kopf-Einkommen. Dieser Nachteil würde sich gemäß den Simulationen mit steigendem Bruttoerwerbseinkommen umkehren und ab einem Bruttoerwerbseinkommen von 2.200 Euro wäre das äquivalisierte Jahreszwölftel nach Abgaben und Transfers von einem Paarhaushalt ohne Kinder höher als mit Kindern – dieser Unterschied nimmt mit steigendem Bruttoerwerbseinkommen zu. Ab einem Bruttoerwerbseinkommen von 2.800 Euro wäre bei einer Einkommensverteilung von 70:30 auch das äquivalisierte Jahreszwölftel nach Abgaben und Transfers von Paaren mit einem Kind höher als mit mehreren Kindern. Zwischen Haushalten mit zwei und fünf Kindern sind diese Differenzen nicht so deutlich (siehe Abbildung 9).

Soll das simulierte, institutionell mögliche äquivalisierte Jahreszwölftel nach Abgaben und Transfers der verschiedenen Haushaltstypen hinsichtlich der Armutsgefährdung eingeordnet werden, so ist ein Verweis auf die Armutsgefährdungsschwelle notwendig. Zur Berechnung dieser wird gemäß Statistik Austria das nach EU-Skala gewichtete verfügbare Haushaltseinkommen[22] herangezogen. Die Armutsgefährdungsschwelle beträgt 60% des Medians des äquivalisierten Haushaltseinkommens (Statistik Austria 2009: 181f.) und lag 2008 für einen Einpersonenhaushalt bei monatlich 951 Euro (Statistik Austria 2010e).

Ein derartiger Vergleich ist jedoch aus mehreren Gründen nur eingeschränkt möglich: So wurde im Rahmen der Modellrechnungen der unterste Erwerbseinkommensbereich bzw. jener ohne Erwerbseinkommen nicht simuliert. Leistungen für diesen untersten Einkommensbereich, wie die Sozialhilfe, wurden ebenso nicht berücksichtigt – wodurch sich aus den Simulationen ergebende Armutssituationen verändern könnten. Zudem wurde im Rahmen der Simulationen davon ausgegangen, dass Erwerbseinkommen von einem oder beiden Partnern erworben wird. Ein Beitrag der Kinder zum Haushaltseinkommen wurde ebenso wie private Transfers nicht berücksichtigt. Ein weiterer Unterschied ergibt sich aus den berücksichtigen Sozialleistungen, welche gemäß EU-SILC teilweise weiter gefasst sind.

---

[22] Sekundäreinkommen (Primäreinkommen + Sozialtransfers vor Erreichen des gesetzlichen Pensionsalters – Abgaben (Steuern, Sozialversicherungsbeiträge)) +/– erhaltene/geleistete Privattransfers. Netto-Jahreseinkommen eines Haushaltes 2006 (Statistik Austria 2009: 181).

Da Gewichtungen der Simulationsrechnungen ebenso wie jene von EU-SILC der EU-Skala entsprechen wird das äquivalisierte Jahreszwölftel nach Abgaben und Transfers (gewichtetes verfügbares Einkommen pro Person) dahingehend untersucht, ob bzw. bei welchem Erwerbseinkommensbereich verschiedene Familientypen diese Armutsgefährdungsschwelle unterschreiten würden. Auch wenn gewisse Sozialleistungen wie die Sozialhilfe nicht berücksichtigt wurden, kann dies einen ersten Hinweis auf die Wirksamkeit des institutionell möglichen Steuer- und Transfersystems bei der Armutsvermeidung geben.

Die Ergebnisse geben einen Hinweis darauf, dass das äquivalisierte Jahreszwölftel nach Abgaben und Transfers bei einer angenommenen Einkommensverteilung von 70:30 (siehe Abbildung 9) für einen Paarhaushalt ohne Kinder bis zu einem Bruttoerwerbseinkommen von 1.050 Euro unter der Armutsgefährdungsschwelle liegen würde. Inwiefern dieses Ergebnis auf das – aufgrund unberücksichtigt gelassener Leistungen wie der Sozialhilfe – verspätete Einsetzen der Wohnbeihilfe zurückzuführen ist, ist hierbei zu diskutieren – besonders da ein Überschreiten dieser Schwelle mit dem Einsetzen der Wohnbeihilfe bei 1.100 Euro zusammenfallen würde. Der Einfluss einer verspätet einsetzenden Wohnbeihilfe erscheint für die weiteren Simulationsergebnisse nicht derart relevant, da diese bereits einsetzen würde, wenn das äquivalisierte Jahreszwölftel nach Abgaben und Transfers noch unter der Armutsgefährdungsschwelle liegen würde. So würden bei einer Einkommensverteilung von 70:30 Paarhaushalte mit einem studierenden Kind sowie mit einem studierenden und einem 17-jährigen Kind (Schüler) aufgrund des durch das Steuer-Transfersystem institutionell möglichen simulierten verfügbaren Einkommens (äquivalisiert) bis zu einem Bruttoerwerbseinkommen von 1.100 Euro als armutsgefährdet gelten. Aufgrund der simulierten Steuer-Transfersituation würden Paarhaushalte mit drei und vier älteren Kindern bis zu einem Bruttoerwerbseinkommen von 850 bzw. 750 Euro unter der Armutsgefährdungsschwelle liegen. Einzig ein Paarhaushalt mit fünf Kindern läge durch das berücksichtigte Steuer-Transfersystem bereits ab dem geringsten simulierten Bruttoerwerbseinkommen von 600 Euro über der Armutsgefährdungsschwelle.

Neben dieser Darstellung der Situation von Paarhaushalten mit studierenden und älteren Kindern werden Ergebnisse zum äquivalisierten Jahreszwölftel nach Abgaben und Transfers auch für Haushalte mit jüngeren bzw. mit jeweils einem einjährigen Kind dargestellt. Die entsprechenden Ergebnisse für Haushalte mit einer Einkommensverteilung von 70:30 sind in Abbildung 10 abgebildet.

Abbildung 10: Äquivalisiertes Jahreszwölftel nach Abgaben und Transfers abhängig vom
gesamten monatlichen Bruttoerwerbseinkommen laut Lohnzettel (von 600
bis 8.000 Euro), für eine simulierte Einkommensverteilung von 70:30 bei
Haushalten mit jüngeren Kindern

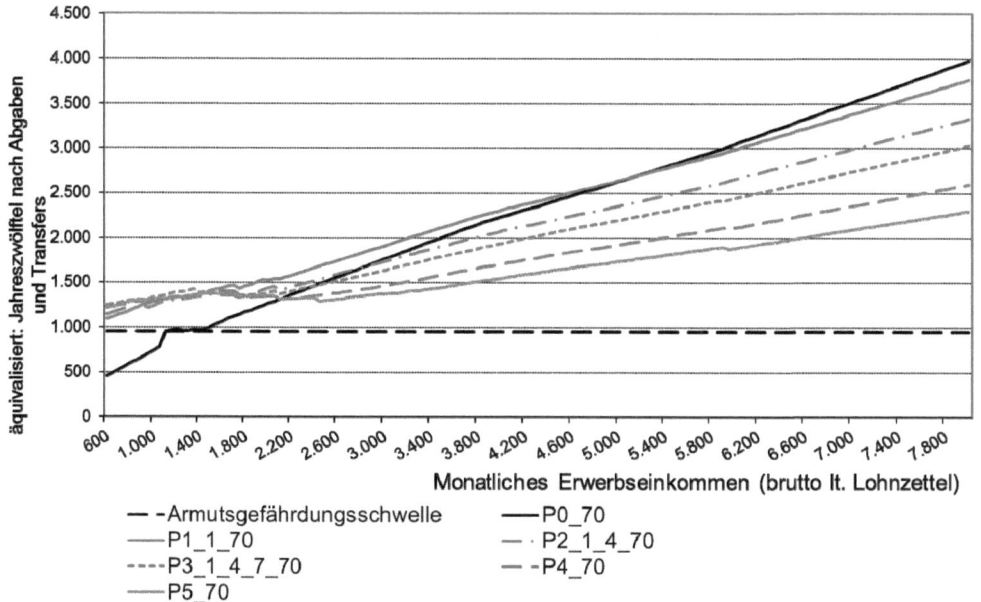

Quelle: Prettenthaler et al. 2010a (modifiziert).

Aus Abbildung 10 ist ersichtlich, dass bei einer Einkommensverteilung von 70:30 das
äquivalisierte Jahreszwölftel nach Abgaben und Transfers im untersten simulierten Einkommensbereich für Paarhaushalte mit jüngeren und mindestens einem einjährigen Kind
über der Armutsgefährdungsschwelle sowie über dem äquivalisierten Jahreszwölftel nach
Abgaben und Transfers von Paarhaushalten ohne Kinder liegen würde. Dieses würde gewichtet pro Person zwischen rund 1.100 und rund 1.200 Euro betragen.

Mit steigendem Bruttoerwerbseinkommen würde das äquivalisierte Jahreszwölftel
nach Abgaben und Transfers von Paarhaushalten ohne Kinder jenes von Paarhaushalten mit
Kindern übersteigen: Bei den dargestellten Einkommens- und Altersverteilungen würde
dieses bei 2.150 Euro jenes von Paaren mit vier und fünf Kindern und bei 2.850 jenes mit
zwei Kindern übersteigen. Das äquivalisierte Jahreszwölftel nach Abgaben und Transfers
von Paarhaushalten mit einem einjährigen Kind würde erst ab einem Erwerbseinkommen
von über 5.100 Euro unter jenes von Paarhaushalten ohne Kinder sinken.

Ein Vergleich des äquivalisierten Jahreszwölftels nach Abgaben und Transfers (bei einer Einkommensverteilung von 70:30) zwischen Paarhaushalten mit einem einjährigen
Kind und mehreren jüngeren Kindern zeigt zudem, dass dieses im untersten simulierten
Erwerbseinkommensbereich zwar höher als jenes von Paarhaushalten ohne Kinder aber
dennoch geringer als mit mehreren Kindern wäre. Zwischen einem Erwerbseinkommen von
900 und 1.500 Euro würde das äquivalisierte Jahreszwölftel nach Abgaben und Transfers

von Paarhaushalten mit einem einjährigen Kind dann jenes von Paarhaushalten mit mehreren jüngeren Kindern übersteigen.

Der Vergleich mit Familientypen anderer Alterszusammensetzungen der Kinder ist in Abbildung 10 nicht dargestellt. Die Ergebnisse zeigen aber, dass das äquivalisierte Jahreszwölftel nach Abgaben und Transfers bei einer Einkommensverteilung von 70:30 im untersten simulierten Erwerbseinkommensbereich für einen Paarhaushalt mit zwei Kindern im Alter von 7 und 17 Jahren, mit drei Kindern (7, 17, 21 Jahre) oder einem Kind im Alter von 4, 7, 17 oder 21 Jahren unter der Armutsgefährdungsschwelle liegen würde. Das äquivalisierte Jahreszwölftel nach Abgaben und Transfers von Paaren ohne Kinder wäre im untersten Einkommensbereich mit etwa 455 Euro am geringsten. Gemäß den Simulationen würde es jenes von Paarhaushalten mit Kindern gewisser Altersverteilungen zwischen einem Erwerbseinkommen von 900 Euro (Paarhaushalt mit einem 17-jährigen Kind) und 2.150 Euro (Paarhaushalt mit vier bzw. fünf Kindern) überschreiten.

Als Schlussfolgerung dieser Untersuchungen zur horizontalen Umverteilungswirkung von Steuern und Transfers kann zum einen festgestellt werden, dass sich mit den hier verwendeten Methoden kein Hinweis für eine systematische Berücksichtigung der Familienlasten in dem von uns beschriebenen Sinn mit Ausnahme des untersten Einkommensbereiches ergibt. Insbesondere die deutliche ökonomische Besserstellung von Haushalten mit einem Kind gegenüber Haushalten mit mehreren Kindern im mittleren und oberen Einkommensbereich ist auffällig und sollte auf deren Auswirkungen in der Fertilitätswahl hin untersucht werden.

5 Fertilitätsanreize bzw. empirische Beobachtungen zu Einkommen und Fertilität

Um Simulationsergebnisse des institutionell möglichen Zusammenwirkens des Steuer- und Transfersystems einordnen zu können, wird im letzten Abschnitt auch auf empirische Daten zum Haushaltseinkommen von Familien mit Kindern eingegangen. Diese empirischen Daten sind von der Statistik Austria zusammengeführte Daten der Familienbeihilfe und der integrierten Lohn- und Einkommensteuerstatistik für Wien aus dem Jahr 2006 (Beschreibung siehe Kapitel 3). Dadurch kann ein Konnex zwischen den simulierten Abgaben- und Transfereffekten der modellierten Familientypen und der empirischen Einkommenssituation von Familien mit Kindern hergestellt werden.

In diesem Sinne wird in Abbildung 11 die durchschnittliche Anzahl der Kinder je Haushalt mit Kindern jedes Einkommensperzentils[23] (berechnet nach dem Haushaltsbruttoeinkommen minus Sozialversicherung; ohne Transfers) dargestellt. Dadurch soll ein Einblick darin gewonnen werden, ob bzw. inwiefern die durchschnittliche Kinderanzahl mit dem Haushaltseinkommen zusammenhängt. Da es keine ausreichenden Informationen über die genaue Haushalts- und Einkommenszusammensetzung aller Haushalte eines Perzentils auf Mikroebene gibt, konnte keine auf unseren Simulationsergebnissen basierende syntheti-

---

[23] Dazu wurden für jedes Einkommensperzentil die Fälle der Haushalte mit Kindern gezählt und auch die Anzahl der Kinder jedes Einkommensperzentils ermittelt. Die durchschnittliche Kinderzahl je Haushalt mit Kindern ergibt sich für jedes Einkommensperzentil durch Division der Summe der Kinder durch die Summe der Haushalte mit Kindern. Im 20. Perzentil sind keine Haushalte mit Kindern enthalten, weil sich in diesem Einkommensabschnitt laut Informationen seitens der Statistik Austria hauptsächlich Bezieher von Ausgleichszulagen befinden. Die Ausgleichszulage ist dazu bestimmt, Pensionistinnen und Pensionisten ein bestimmtes Mindesteinkommen zu sichern.

sche Verteilung der verfügbaren Einkommen über die Bruttoeinkommensperzentile generiert werden um das Vorhandensein von Fertilitätsanreizen und einen möglichen statistischen Zusammenhang genau bestimmen zu können. Es können daher auch keine ökonometrischen Schätzungen vorgenommen werden, durch welche erklärenden Variablen die variierende durchschnittliche Kinderzahl je Einkommensperzentil am besten erläutert werden kann. Dennoch lohnt es sich, zu beobachten, in welchen Einkommensbereichen es auffällige Fertilitätsunterschiede gibt und ob diese mit den oben untersuchten unterschiedlichen relativen Fertilitätsanreizen zusammentreffen.

Abbildung 11: Durchschnittliche Anzahl der Kinder je Haushalt mit Kindern für jedes Einkommensperzentil aller Haushalte (ohne Transfers) (Wien, 2006)

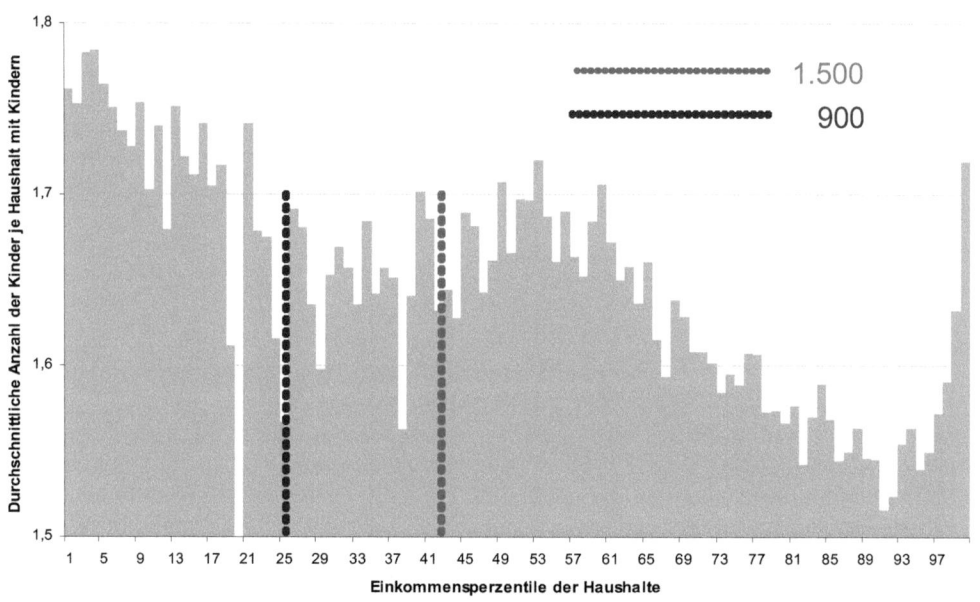

Quelle: Eigene Berechnungen. Datenbasis: Integrierte Lohn- und Einkommensteuerstatistik auf Haushaltsebene (Statistik Austria).

Aus Abbildung 11 ist ersichtlich, dass die durchschnittliche Kinderanzahl je Haushalt mit Kindern im dritten und vierten Perzentil mit jeweils 1,78 Kindern am höchsten ist. Die durchschnittliche Kinderzahl ist generell in den untersten Perzentilen am höchsten und sinkt bis zum ersten Quartil, bleibt im zweiten Quartil eher niedrig um bis kurz nach dem Median (genau: 53. Perzentil) leicht anzusteigen. Ab dort sinkt die durchschnittliche Anzahl der Kinder je Haushalt mit Kindern sehr deutlich mit zunehmendem Einkommen – erst nach dem 91. Perzentil steigt die durchschnittliche Kinderzahl wieder deutlich an. Am geringsten ist die durchschnittliche Kinderzahl mit 1,52 Kindern je Haushalt mit Kindern im 91. Perzentil; bis zum 100. Perzentil steigt diese wieder auf durchschnittlich 1,72 Kinder je Haushalt mit Kindern. Obwohl in diesen Daten ein nicht eliminierbarer Alterseffekt enthalten ist (höheres Einkommen zu einem Zeitpunkt wo Kinder bereits erwachsen sind) sollte dieser nicht überschätzt werden weil dieser durch zwei Effekte gedämpft wird: Erstens gehen Kinder aus Haushalten mit höherem Einkommen deutlich öfter einem Studium nach, erhalten länger Familienbeihilfe und werden demnach wesentlich länger als Kinder einem der beobachteten Haushalte zugerechnet und zweitens hat die Anzahl der „statistisch besonders wirksamen" Haushalte mit drei und mehreren Kindern in den letzten 30 Jahren rapide und beständig abgenommen. Diese Haushalte sind also in den älteren und reicheren Haushalten stärker vertreten und dämpfen somit zusätzlich den Alterseffekt. Sollte sich bei verbesserter Datenlage der Alterseffekt dennoch als Haupterklärung für den sinkenden Fertilitätrend nach Einkommen herausstellen, so bleibt das signifikante Ansteigen der Fertilität ab dem 91. Perzentil umso aufklärungsbedürftiger.

Diese empirischen Ergebnisse zur durchschnittlichen Kinderzahl in Abhängigkeit vom Einkommen sollen schließlich noch hinsichtlich der institutionell möglichen Steuer- und Sozialversicherungsabgaben sowie der Transfermöglichkeiten eingeordnet werden: So wurde in den Erläuterungen zu Abbildung 10 darauf verwiesen, dass am Beispiel von Familien mit jüngeren und jeweils einem einjährigen Kind und einer Einkommensverteilung zwischen den Partnern von 70:30 zwischen einem Bruttoerwerbseinkommen von 900 und 1.500 Euro das äquivalisierte Jahreszwölftel nach Abgaben und Transfers von Paaren mit einem einjährigen Kind jenes von Haushalten mit mehreren jüngeren Kindern zu übersteigen beginnt. Mit anderen Worten: ab diesem Einkommensbereich gibt es einen negativen ökonomischen Anreiz ein zweites oder drittes Kind zu bekommen. Werden diese Grenzen von 900 und 1.500 Euro (Bruttoeinkommen des Haushalts laut Lohnzettel) mit jenen der Berechnung der Einkommensperzentile in Abbildung 11 (bei ausschließlich unselbständiger Erwerbstätigkeit: Jahresbrutto minus Sozialversicherungsbeitrag) verglichen und umgerechnet, so würden diese Grenzen etwa dem 25. bis 27. und dem 42. bzw. 45. Perzentil entsprechen.

Aus dieser Verbindung der Ergebnisse aus empirischen Daten und Simulationsrechnungen kann – unter Berücksichtigung der Einschränkungen, wie unterschiedliche Einkommensdefinitionen, unterschiedliche berücksichtigte Transferleitungen, gewisse Probleme der Datenzusammenführung etc. – ein erster Hinweis darauf abgeleitet werden, dass jener Bereich, wo die empirische durchschnittliche Kinderzahl je Haushalt tendenziell eher geringer ist, auch in etwa jenem Erwerbseinkommensbereich entspricht, wo gemäß den Simulationen das gewichtete verfügbare Einkommen pro Person von Haushalten mit einem einjährigen Kind jenem von Haushalten mit mehreren jüngeren Kindern zu übersteigen beginnt.

Die Datenlage lässt eine viel weitergehende Interpretation der Auffälligkeiten der Fertilitätsentwicklung nach Einkommen nicht zu, der bereits erwähnte Opportunitätskostenansatz müsste hier jedenfalls ebenfalls weiter verfolgt werden. Weitere Beobachtungen, wonach die Grenze, ab welcher etwa Familien aus Abschnitt 4 mit mehreren älteren Kindern ökonomisch deutlich schlechter als Familien ohne Kinder gestellt sind, gut mit der wahrnehmbaren Fertilitätsänderung im 53. Perzentil zusammenpasst, helfen hier nur bedingt weiter. Zum Aufzeigen, dass sich hier aber mit der, durch die Transparenzdatenbank zu erwartenden Verbesserung der Datenlage auch für die Frage der Wirkung ökonomischer Fertilitätsanreize lohnende Forschungsfelder auftun, sollten diese Beobachtungen jedoch ausreichen.

6   Schlussfolgerungen

Die erstmalige systematische Simulation von Steuer- und Transferkonten unter Einschluss der Transferleistungen auf Bundesland- und Gemeindeebene für Österreich hat gezeigt, dass das derzeitige Zusammenwirken von Steuern und Transfers deutliche Schwellenphänomene und Armutsfallen verursachen kann. Die entsprechenden Ergebnisse für das Bundesland Steiermark und die Stadt Graz für Familien mit Kleinkindern (vor der Steuerreform 2009) wurden nun auch für das Bundesland Wien und auch für Familien mit älteren Kindern (nach der Steuerreform 2009) nachgewiesen. Die untersuchten Phänomene weisen eine Breite im Einkommensspektrum und eine Persistenz über verschiedene Familientypen auf, die ein Instrument wie die Transparenzdatenbank, die längerfristig durch Bereitstellung einer belastbaren empirischen Datenbasis die Problematik zu erforschen und verändern hilft, gerechtfertigt erscheinen lassen.

Dies gilt auch für die bisher wenig beachteten horizontalen Umverteilungswirkungen. Hier konnten die Untersuchungen aufzeigen, dass ein großer Teil finanzieller Lasten insbesondere von Familien mit mehreren Kindern fast ausschließlich im unteren Einkommensbereich horizontal ausgeglichen wird, während nur Einkindfamilien insbesondere mit einem kleinen Kind bis in einen relativ hohen Einkommensbereich horizontal gegenüber Familien ohne Kinder bessergestellt werden, während Mehrkindfamilien sowohl gegenüber Einkindfamilien als auch gegenüber Familien ohne Kinder benachteiligt sind.

Im Hinblick auf ökonomische Fertilitätsanreize kann zumindest für das unterste Einkommensquartil begründet vermutet werden, dass hier – abgesehen von anderen Einflussfaktoren – die gegebenen ökonomischen Fertilitätsanreize auch tatsächlich wirken, und dass das Nachlassen derselben im zweiten Quartil zumindest nicht vollkommen wirkungslos bleibt. Für die obere Hälfte des Einkommensspektrums, für die es im Wesentlichen keine ökonomischen Anreize, Kinder zu bekommen gibt, gilt, dass zunehmender Wohlstand ein Abnehmen der durchschnittlichen Kinderanzahl bedingt, erst die reichsten 10% der Wiener Haushalte mit Kindern teilen den sukzessive ansteigenden Reichtum mit einer größeren Anzahl von Kindern, bleiben damit aber dennoch deutlich unter der durchschnittlichen Kinderanzahl der ärmsten 10% der Wiener Familien. Die wesentlichste Schlussfolgerung bleibt aber auch hier: es bedarf neuer Anstrengungen der Datensammlung wie im Transparenzdatenbankgesetz vorgesehen um den Erfolg der Bemühungen, vertikale und horizontale Umverteilung bei Wahrung von ausgewogenen Leistungs- und Fertilitätsanreizen für die österreichischen Familien zu betreiben, wirklich messen zu können, bzw. im Falle des Misserfolges die Ursachen besser identifizieren zu können.

Literatur

Birg, Herwig (2003): Strategische Optionen der Familien- und Migrationspolitik in Deutschland und Europa. In: Leipert, Christian (Hrsg.): *Demographie und Wohlstand: Neuer Stellenwert für Familie in Wirtschaft und Gesellschaft.* Opladen: Leske + Budrich: 27-56.
Brümmerhoff, Dieter (2001): *Finanzwissenschaft.* 8., völlig überarbeitete und stark erweiterte Auflage. München/Wien: Oldenbourg Verlag.
Carens, Joseph H. (1991): States and Refugees: A Normative Analysis. In: Adelman, Howard (Hrsg.): *Refugee Policy: Canada and the United States.* Toronto: York Lanes Press: 18-29.

Crompton, Susan/Keown, Leslie-Anne (2009): Do parental benefits influence fertility decisions? *Canadian Social Trends* Winter 2009 88: 45-52.

Esping-Andersen, Gosta (2006): Kinder und Rente – Welchen Wohlfahrtsstaat brauchen wir? *Blätter für deutsche und internationale Politik* 50 (1): 52-64.

Fleurbaey, Marc (1996): *Théories économiques de la justice.* Paris: Economica.

Gibney, Mark (1996): Commentary: A Response to Carens and Weiner. *International Migration Review* 30 (1). Special Issue: Ethics, Migration, and Global Stewardship: 198-202.

Hammond, Peter (1981): Ex-ante and ex-post welfare optimality under uncertainty. *Economica* 48 (191): 235-250.

Hammond, Peter (1983): Ex-post optimality as a dynamically consistent objective for collective choice under uncertainty. In: Pattanaik, Prasanta K./Salles, Maurice (Hrsg.): *Social Choice and Welfare.* Amsterdam: North Holland: 175-205.

Kolm, Serge C. (2002): *Modern Theories of Justice.* Cambridge: MIT Press.

Lee, Ronald/Miller, Tim (1990): Population Policy and Externalities to Childbearing. *Annals of the American Academy of Political and Social Science* 510 (1), World Population: Approaching the Year 2000 July 1990: 17-32.

Marold, Julia (2009): Mütter im Spannungsfeld zwischen Kind und Beruf. Der Weg vom Ernährer- zum Zweiverdienermodell im Spiegel familienpolitischer und geschlechterkultureller Entwicklungen in Deutschland, Dänemark und den Niederlanden, *Zeitschrift für Familienforschung* 9 (1): 54-85.

Martin, Jay (2002): Fertility in Australia: can we afford to keep the Government out of the bedroom? Australian Social Policy. Vol. 2001-2002, Canberra: Commonwealth Department of Family and Community Services: 3-19.

Mongin, Philippe (1995): Consistent Bayesian Aggregation. *Journal of Economic Theory* 66 (2): 313-351.

Mongin, Philippe (1998): The paradox of Bayesian experts and state-dependent utility theory. *Journal of Mathematical Economics* 29 (3): 331-361.

Murphy, Liam/Nagel, Thomas (2002): *The Myth of Ownership: Taxes and Justice.* Oxford: Oxford University Press.

Myerson, Roger B. (1981): Utilitarianism, Egalitarianism, and the Timing Effect in Social Choice Problems. *Econometrica* 49 (4): 883-897.

Nowotny, Ewald (1999): *Der öffentliche Sektor. Einführung in die Finanzwissenschaft.* 4. neubearb. und erw. Auflage unter Mitarbeit von Christian Scheer und Herbert Walther. Berlin: Springer Verlag.

Prettenthaler, Franz (2008): Catastrophic Risk and Egalitarian Principles for Risk Transfer Mechanisms, *Schmollers Jahrbuch/Journal of Applied Social Science Studies* 128 (4): 549-560.

Prettenthaler, Franz/Sterner, Cornelia (2008): Eine Steuerreform, die nicht das gesamtstaatliche Steuer- und Transfersystem Österreichs harmonisiert, verdient diesen Namen nicht. *Gesellschaft und Politik* 44 (3): 15-24.

Prettenthaler, Franz/Sterner, Cornelia (2009): Aufgabe soziale Gerechtigkeit in der Steiermark. Anreiztheoretische Untersuchung zur Wechselwirkung von Gemeinde- bzw. Landestransfers und progressivem Steuersystem. Teilbericht zu Modul 3 des Projektes "Aufgabe soziale Gerechtigkeit in der Steiermark" des Dr.-Karl-Kummer-Instituts für Steiermark. InTeReg Research Report Nr. 86-2009. Graz.

Prettenthaler, Franz/Sterner, Cornelia/Winkler, Claudia (2010a): Analyse des Harmonisierungsbedarfes bezüglich regressiver Transfers und progressiver Steuern. Unter Einbeziehung von Haushalten mit studierenden Kindern und Schwerpunkt auf das Bundesland Wien. InTeReg Research Report Nr. 97-2010. Graz.

Prettenthaler, Franz/Sterner, Cornelia/Winkler, Claudia (2010b, bisher nicht veröffentlicht): Analyse des Harmonisierungsbedarfes bezüglich regressiver Transfers und progressiver Steuern. Ergebnisse der Analysen hinsichtlich der Situation von Haushalten mit studierenden Kindern mit Schwerpunkt auf das Bundesland Wien. Graz.

Roemer, John (1996): *Theories of Distributive Justice*. London: Harvard University Press.

Statistik Austria (2009): *Einkommen, Armut und Lebensbedingungen*. Ergebnisse aus EU-SILC 2007. Wien: Eigenverlag.

Statistik Austria (2009a): *Integrierte Statistik der Lohn- und Einkommensteuer*. Wien: Verlag Österreich GmbH.

Statistik Austria: Bevölkerungsprognose in Einzeljahren, Datenbank SuperSTAR. www.statistik.at/web_de/services/datenbank_superstar/index.html (10.6.2010).

Statistik Austria (2010a): Demographische Indikatoren für Österreich 1961-2009. www.statistik.at/web_de/statistiken/bevoelkerung/demographische_masszahlen/demographische _indikatoren/index.html (25.11.2010).

Statistik Austria (2010b): Statistiken: Österreich: Ausführliche Tabellen der Hauptvariante (Schnellbericht): Tab. 1: Vorausberechnete Natürliche Bevölkerungsbewegung 2009-2075 (absolute Zahlen): Hauptvariante: www.statistik.at/web_de/static/oesterreich_ausfuehrliche_tabellen_der_ hauptvariante_ schnellbericht_027318.xls (25.11.2010)

Statistik Austria (2010c): Statistiken: Indikatoren zu Fertilität, Geburtenentwicklung und Kinderzahl seit 1961: www.statistik.at/web_de/static/indikatoren_zu_fertilitaet_geburtenentwicklung_und_ kinderzahl_seit_1961_023575.pdf (25.11.2010)

Statistik Austria (2010d): Statistiken: Ergebnisse im Überblick: Familien nach Familientyp: Familien 1961 bis 2001 nach Typ und Kinderzahl: www.statistik.at/web_de/static/ergebnisse_im_ueber blick_familien_nach_familientyp_023078.pdf (25.11.2010)

Statistik Austria (2010e): Statistiken: Familien nach der Kinderzahl sowie durchschnittliche Kinderzahlen nach dem Familientyp und Bundesländern 2001 – 2050: www.statistik.at/web_de/static/ familien_nach_der_kinderzahl_sowie_durchschnittliche_kinderzahlen_nach_dem_023537.pdf (25.11.2010)

Statistik Austria (2010f): Statistiken: Ergebnisse im Überblick: Familien nach Familientyp: Familien 1961 bis 2001 nach Typ und Kinderzahl: www.statistik.at/web_de/static/ergebnisse_im_ueber blick_familien_nach_familientyp_023078.pdf (25.11.2010)

Statistik Austria (2010e): Statistiken: Armutsgefährdungsschwelle 2008 bei 60% des Medians für unterschiedliche Haushaltstypen: www.statistik.at/web_de/static/armutsgefaehrdungsschwelle _2008_bei_60_des_medians_fuer_unterschiedliche_h_022861.pdf (29.11.2010)

Stiglitz, Joseph E./Schönfelder, Bruno (1996): *Finanzwissenschaft*. Von Joseph E. Stiglitz: Economics of the Public Sector, ins Dt. übertr. u. teilw. auf Verhältnisse in d. Bundesrepublik Deutschland eingerichtet. 2. Auflage, 1. dt.-sprachige Auflage, 1989, 2. Nachdruck 1996. München/Wien: Oldenbourg Verlag.

Tholen, Berry (2004): The Europeanisation of Migration Policy: The Normative Dimensions. *European Journal of Migration & Law* 6 (4): 323-351.

Leistung lohnt sich doch: Über die Aussagekraft von Mikrodaten, Fallbeispielen und Modellrechnungen

Gerhard Wohlfahrt[1]

1 Einleitung und Problemstellung

Im Mittelpunkt dieser Arbeit steht eine kritische Analyse einer aktuellen familienpolitischen Debatte: Lohnt sich Leistung oder führt mehr Leistung im Sinne der Erzielung von mehr Markteinkommen hauptsächlich zur Reduktion öffentlicher Transfers und fehlen deshalb ausreichende Arbeitsanreize? Die Diskussion darüber hat 2010 in Österreich zu einem Gesetz für eine Transparenzdatenbank geführt. Mit diesem Beitrag soll gezeigt werden, dass im Rahmen dieser Diskussion wesentliche Grundsätze sozialwissenschaftlicher Analysen nicht beachtet wurden und daher auf Basis eines falschen Informationsstandes entschieden wurde.

Dazu werden im ersten Teil dieses Beitrags zwei grundlegende Fragestellungen diskutiert, die immer wieder im Umfeld von Umverteilung und Anreizwirkungen, insbesondere im Zusammenhang mit Familien, auftauchen.

Die erste Frage ist sehr ökonomisch ausgerichtet: Das Zusammenwirken gerechtigkeitstheoretisch motivierter einkommensgeprüfter Sozialleistungen (einkommensabhängige Preise und einkommensgeprüfte – sogenannte „treffsichere" – Transfers) einerseits und Anreizeffekten andererseits ist nicht nur in der Familienpolitik, sondern in der gesamten Sozial- und Umverteilungsdebatte von großer Bedeutung.

Die zweite grundlegende Fragestellung beschäftigt sich mit Mikrodaten, Fallbeispielen und Modellrechnungen und deren empirische Relevanz für die Akteure allgemein und für die Politik im besonderem. In diesem Zusammenhang werden auch die Anforderungen an „relevante" Fallbeispiele erörtert.

Im zweiten Teil des Beitrags wird überprüft, ob die im ersten Teil gewonnenen Erkenntnisse in empirischen Arbeiten ausreichend gewürdigt werden, dabei werden insbesondere neuere Studien im Bereich der Familien- und Umverteilungspolitik in Österreich kritisch durchleuchtet.

2 Das Spannungsfeld zwischen einkommensgeprüften Sozialleistungen und Anreizeffekten

Der öffentliche Diskurs schwankt zwischen dem Wunsch nach Begünstigungen für die unteren Einkommensschichten in Form von einkommensabhängigen Preisen[2] und einkom-

---

[1] Dieser Beitrag enthält viele Argumente, die in umfangreichen Diskussionen mit meinen Kolleginnen und Kollegen entwickelt wurden. Mein besonderer Dank gilt Nicole Palan und Rudolf Dujmovits für viele wertvolle Hinweise, alle verbleibenden Unzulänglichkeiten sind natürlich dem Autor zuzurechnen.

mensgeprüften[3] „treffsicheren" Transfers einerseits und der Problematik hoher Steuern, insbesondere hoher Grenzsteuersätze bzw. hoher *„kumulierter marginaler Belastungsraten"*[4] andererseits. Die Evidenz für diesen intensiven öffentlichen Diskurs ist vielfältig: Einkommensabhängige Preise in Form von Gebührenbefreiungen und geringeren Preisen für die unteren Einkommensschichten sind wohl allen sehr vertraut[5] und regelmäßig werden weitere Forderungen politisch diskutiert – beispielsweise Ermäßigungen beim Öffentlichen Verkehr, im Kultur- und Freizeitbereich, usw.

Auch einkommensgeprüfte (Sozial)Transfers sind in Österreich seit langem üblich und wurden meist auch problemlos akzeptiert. Hier sei insbesondere die (bundeslandspezifische) Wohnbeihilfe und Wohnbauförderung sowie die Notstandshilfe für Langzeitarbeitslose erwähnt, die durchaus relevante Höhen erreichen und mit steigendem Einkommen reduziert werden („Einschleifregelungen"). Beim einkommensgeprüften Kinderbetreuungsgeld hingegen, welches im Jahr 2001 von der ÖVP/FPÖ Regierung eingeführt wurde, entzündete sich bald eine dauerhafte Diskussion über die für die Einkommensprüfung relevante „Zuverdienstgrenze", bis zu der das Kinderbetreuungsgeld bezogen werden kann. Anfänglich gab es überhaupt keine Einschleifregelung, seit 2008 existiert eine Einschleifregelung mit einer Transferabbaurate von deutlich über 100% – mehr Erwerbseinkommen führt somit zu weniger verfügbarem Einkommen.[6]

Beide Instrumente – einkommensabhängige Preise und bedarfsorientierte Transferleistungen – finden nicht nur im öffentlichen Diskurs eine breite Unterstützung, auch ökonomische Argumente sprechen für diese Instrumente. Im Folgenden werden diese Instrumente konkretisiert (Kap. 2.1) und dem Kinderbetreuungsgeld, eine wichtige, viel diskutierte familienpolitische Leistung, ein eigenes Kapitel (2.1.3) gewidmet. Danach werden die Anreizwirkung dieser Instrumente in Kapitel 2.2 analysiert.

---

[2] Als einkommensabhängige Preise werden alle einkommensgeprüften Beiträge, Gebühren und Preise verstanden. Eine Unterscheidung zwischen hoheitlichen Beiträgen und Gebühren und privatrechtlichen Preisen ist schwierig (z. B. öffentliche versus öffentlich subventionierte, private Kinderbetreuung) und für die vorliegende Fragestellung nicht relevant.

[3] *Einkommensgeprüfte* bzw. bedarfsgeprüfte Leistungen sind Leistungen, die mit steigenden Einkommen reduziert werden („means tested" oder „Leistungen nur für jene, die sie wirklich brauchen"). Der Begriff *einkommensabhängiger* Transfer hingegen ermöglicht mehrere Interpretation: einkommensgeprüft im eben angeführten Sinn oder direkt abhängig vom vorherigen Einkommen bzw. der vorherigen Beitragszahlung (z. B. Pensionen/Renten und Arbeitslosengeld) oder auch eine Kombination von beidem (z. B. Notstandshilfe, einkommensabhängiges Kinderbetreuungsgeld). Einkommensgeprüfte Leistungen sinken mit steigenden Markteinkommen, direkt abhängige Leistungen steigen mit dem (vorherigen) Markteinkommen, bei Kombinationen aus beiden ist die Entwicklung der Transfers offen.

[4] Summe aus Grenzsteuersatz (inkl. Sozialversicherungsbeitrag) und marginalen Transfer-Abbauraten bzw. Transfer-Entzugsraten.

[5] Z. B. Befreiung von der Rundfunk- und Fernsehgebühr, der Telefongrundgebühr, von den Selbstbehalten im Gesundheitssystem und von der Rezeptgebühr, von der zeitweise eingehobenen Studiengebühr, Ermäßigungen bei Stromrechnungen und bei der außerhäuslichen Kinderbetreuung, usw.

[6] Vgl. § 8 Kinderbetreuungsgeldgesetz. Details zur Einschleifregelung werden in Kap. 2.1.3 dargestellt. Zwischenzeitlich – zu Zeiten von FPÖ-Sozialministern - wurde sogar die Überprüfung der Einkommen durch eine ministerielle Weisung eingestellt.

2.1 Einkommensgeprüfte Sozialleistungen

Wesentlich ist, dass die Einkommensprüfung (Bedarfsprüfung) bei Sozialleistungen nur sehr selten auf Basis der Individualeinkommen erfolgt, meistens wird dafür das gewichtete Pro-Kopf-Einkommen des Haushaltes („*Äquivalenzeinkommen*") herangezogen. Durch die Orientierung am gewichteten Haushaltseinkommen werden die Vor- und Nachteile der österreichischen Individualbesteuerung durch die zusätzliche Berücksichtigung des gesamten Haushaltseinkommens reduziert bzw. ein wenig in Richtung Haushaltsbesteuerung verschoben.

Diese Verschiebung führt zu einer stärkeren Berücksichtigung der sozialen Lage des (Gesamt)Haushalts, individuelle Einkommensunterschiede innerhalb eines Haushaltes werden dabei nicht mehr beachtet. Durch diesen Schritt in Richtung Haushaltsbesteuerung wird der ökonomische Anreiz für Erwerbsarbeit für alle Haushaltsmitglieder reduziert. Wenn das Haushaltseinkommen als Grundlage der Einkommensprüfung herangezogen wird, dann gilt für jede Person in einem Haushalt unabhängig vom eigenen Individualeinkommen bzw. dem individuellen Grenzsteuersatz und unabhängig davon, ob die Person selbst einkommensgeprüfte Sozialleistungen bezieht, die gleiche haushaltsspezifische Transferabbaurate. Diese Problematik gilt natürlich auch für Jugendliche, auch durch deren Berufseintritt gehen dem Haushalt oft einkommensgeprüfte Sozialleistungen verloren.

Der österreichische Weg ist somit von einer relativ konsequenten Individualbesteuerung der Erwerbseinkommen und einer an der sozialen Lage des Gesamthaushaltes orientierten Sozialpolitik geprägt – ein Kompromiss mit Vor- und Nachteilen.

2.1.1 Das Ausmaß der Inanspruchnahme

Öffentliche Leistungen in Form von einkommensabhängigen Preisen und einkommensgeprüften Transfers hängen aber nicht nur von Personen- und/oder Haushaltseinkommen, sondern auch von öffentlich „erwünschtem" und deshalb subventioniertem Verhalten ab.

Der Preisnachlass bei *einkommensabhängigen Preisen* kann nur lukriert werden, wenn die entsprechende Leistung auch in Anspruch genommen wird. Von ermäßigten Preisen bei der außerhäuslichen Kinderbetreuung profitieren eben nicht alle armen Haushalte mit Kindern, sondern nur jene, deren Kinder außerhäuslich betreut werden. Es ist daher falsch, diese Unterstützung als frei verfügbares Einkommen zu bewerten. Nur bei einer Einschränkung der Analyse auf eine Partialbetrachtung, die nur die Einkommensveränderung umfasst, könnten die Unterstützungen in Form von Preisreduktion wie (frei verfügbares) Einkommen behandelt werden.[7]

Ähnliches gilt für *einkommens- bzw. bedarfsgeprüfte Transfers*. Sozialpolitik orientiert sich meistens nicht nur am (Haushalts)Einkommen, sondern immer auch an zusätzlichen (individuell gestaltbaren) Indikatoren.[8] Sogar die unterste soziale Absicherung, die Sozialhilfe bzw. die 2011 eingeführte Mindestsicherung, setzt Arbeitsbereitschaft voraus. Im

---

[7]   Die Auswirkungen anderer Einkommensdefinitionen werden in der Folge noch detailliert dargestellt (vgl. Abschnitt 2.2.1 Einkommensdefinition).

[8]   Eine Ausnahme stellen z. B. die Landeszuschüsse für einkommensschwache Familien mit einem Kind unter einem Jahr dar. Diese Zuschüsse sind meist als temporäre Existenzsicherung ausgestaltet und an keine weiteren Bedingungen geknüpft. Aufgrund der kurzfristigen Anspruchsberechtigung (max. 1 Jahr pro Kind) werden diese Landeszuschüsse hier nicht näher betrachtet.

Zusammenhang mit Familien wird oft die (länderspezifische) Wohnbeihilfe analysiert. Diese Sozialleistung orientiert sich aber nicht nur am Haushaltseinkommen, sondern auch an der Rechtsform der Wohnung (Miete oder Eigentum), an der Wohnungsgröße und an den Wohnungskosten. Somit gilt auch für die Wohnbeihilfe das gleiche wie für die einkommensabhängigen Preise bei der außerhäuslichen Kinderbetreuung: Nur bei einer ganz bestimmten Wohnung hängt die Wohnbeihilfe nur vom Haushaltseinkommen ab, generell ist die Höhe der Wohnbeihilfe von vielen Parametern (Wohnungsgröße und -kosten, Rechtsform) abhängig. Wohnbeihilfe ist somit kein frei verfügbares Einkommen und kann daher nur unter sehr restriktiven Annahmen als einkommensähnlich behandelt werden.

2.1.2 Ziele und Auswirkungen der Einkommensprüfung

Die Einkommensprüfung von Sozialleistungen kann gerechtigkeitstheoretisch begründet werden, sie soll jedenfalls auch die Gesamtbelastung der öffentlichen Haushalte durch diese (Sozial)Leistungen gering halten und öffentliche Mittel vor allem jenen zur Verfügung stellen, die sie wirklich brauchen.

Bei höheren Haushaltseinkommen sind höhere private Kostenbeteiligungen zumutbar, weil der Haushalt leistungsfähiger ist. Der Transferabbau wirkt ceteris paribus wie eine höhere Steuerbelastung aufgrund von höheren Einkommen. Letztendlich wird die Arbeitsangebotsentscheidung vom *individuellen Grenzsteuersatz und von der haushaltsbezogenen marginalen Transferabbaurate* determiniert. Somit weist auch weiterhin jedes Individuum eine eigene kumulierte marginale Belastungsrate auf – eine Differenzierung, die in der politischen Debatte oft übersehen wird.

In vielen Fällen steigt diese kumulierte marginale Belastungsrate nicht mit steigenden Einkommen an.[9] Trotz leicht steigender Grenzsteuersätze ergibt sich eine mit steigenden Einkommen sinkende kumulierte marginale Belastungsrate, weil der Transferabbau vorwiegend in den unteren Einkommensschichten durchgeführt wird. Die hohen kumulierten marginalen Belastungsraten im unteren Einkommensbereich können natürlich zu Verzerrungen bei der Arbeitsangebotsentscheidung führen.

Beim Kinderbetreuungsgeld hingegen stellt die Überprüfung der individuellen Erwerbseinkommen - wie gezeigt werden wird - keine soziale Staffelung dar, die Reduktion der Erwerbsarbeitszeit während der ersten Lebensjahre eines Kindes ist wohl der erwünschte Effekt der Regelung und kein unerwünschter Nebeneffekt.

2.1.3 Das Kinderbetreuungsgeld (KBG)

Im Zusammenhang mit der Familienpolitik ist das (einkommensgeprüfte) Kinderbetreuungsgeld von besonderem Interesse. Das KBG wurde 2001 eingeführt, seit Ende 2009 stehen 5 Varianten zur Auswahl: 4 Pauschalvarianten für unterschiedlich lange Zeiträume (14 bis 36 Monate) und ein einkommensabhängiges[10] KBG für 14 Monate. In den Pauschalvarianten werden je nach Bezugsdauer monatlich 436 bis 1.000 Euro an die Be-

---

[9]   Die empirische Bestätigung dieser These erfolgt im zweiten Teil des Beitrags.
[10]   Das einkommensabhängige KBG ist vom vorherigen Einkommen abhängig und beträgt rund 80% vom vorherigen individuellen Netto-Einkommen (Höchstgrenze 2.000 Euro/Monat).

treuungsperson geleistet, falls kein zu hohes individuelles *Erwerbseinkommen* vorliegt, *Einkommen aus Vermögen* werden dabei nicht berücksichtigt.

Offensichtlich zielt der Gesetzgeber nicht auf eine umfassende Beurteilung der sozialen Situation der Betreuungsperson ab (seit Einführung des KGB keine Berücksichtigung des Haushaltseinkommens und seit Ende 2009 auch keine teilweise Berücksichtigung individueller Vermögenseinkommen), die Reduktion der Erwerbsarbeit steht im Mittelpunkt dieser Einschränkung beim Anspruch auf KBG. Noch deutlicher wurde diese Zielsetzung der Reduktion der Erwerbsarbeit mit der Reform der Einschleifregelung für das pauschale KBG im Jahr 2009. Zusätzlich zur allgemeinen Zuverdienstgrenze von 16.200 Euro p. a. wurde eine weitere individuelle Zuverdienstgrenze mit 60% des Vorjahreseinkommens eingeführt, wobei die jeweils höhere Grenze angewendet wird (§ 8b Kinderbetreuungsgeld-Gesetz (KBGG)). Mit anderen Worten: Eine Betreuungsperson mit vormals sehr hohem Einkommen muss ihr Erwerbseinkommen auf rund die Hälfte reduzieren, damit sie das KBG erhalten kann und auch mehr Zeit für die Betreuung des Kindes hat. Das entspricht zwar nicht der propagierten Wahlfreiheit, ist aber offensichtlich eine wesentliche Voraussetzung für die Gewährung des KBG. Auch die Einschleifregelung (§ 8a KBGG), die bei Überschreiten der Zuverdienstgrenze zu einer Reduzierunge des KBG führt, deutet darauf hin, dass nicht soziale Überlegungen sondern die Reduktion der Erwerbsarbeit im Mittelpunkt der Maßnahme stehen. Für jeden Euro Netto-Erwerbseinkommen über der Zuverdienstgrenze werden ca. 1,50 Euro Kinderbetreuungsgeld abgezogen – sozusagen eine marginale Transferabbaurate von rund 150%. Leistung im Sinne von mehr Erwerbseinkommen lohnt sich im Bereich dieser Einschleifregelung sicherlich nicht. Der finanzielle Anreiz für mehr Erwerbsarbeit ist in diesem Bereich eindeutig negativ. Dafür sind aber nicht die soziale Lage oder die Leistungsfähigkeit des Haushaltes relevant, Einkünfte aus Kapital und Vermögen spielen keine Rolle.[11] *Diese negativen Arbeitsanreize sind aber wahrscheinlich kein Zufall (oder Irrtum) – sondern der Wille des Gesetzgebers.*

Ziel des KBG ist offensichtlich, dass die Betreuungsperson nicht intensiv am Erwerbsarbeitsmarkt teilnimmt. Nicht zielkonformes Verhalten führt zu einem geringeren bzw. zum gänzlichen Entfall des Kinderbetreuungsgeldes. Es handelt sich somit um eine Prämie für den Verzicht auf die vollständige Teilnahme am Erwerbsarbeitsmarkt zugunsten eines größeren potentiellen Zeitvolumens für die Betreuung des Kindes.

2.2 Anreizwirkungen

Einkommensgeprüfte Sozialleistungen entfalten vielerlei Anreizwirkungen. Anreizwirkungen im weiteren Sinn sind die Unterstützung von gewünschtem Verhalten (z. B. Verzicht auf volle Erwerbsarbeit beim Kinderbetreuungsgeld) und der leichtere – kostengünstigere – Zugang zu näher konkretisierten wichtigen Leistungen im Bereich der Grundversorgung (Wohnraum, medizinische Leistungen, außerhäusliche Kinderbetreuung, Kommunikation, usw.).

---

[11] Beim ebenfalls 2009 eingeführten einkommensabhängigen KBG (Einkommensersatzrate 80%, maximal 2.000 Euro für 14 Monate) wurde die Zuverdienstgrenze für Erwerbseinkommen deutlich reduziert (5.800 Euro p. a., § 24 KBGG).

Durch die Einkommensprüfung dieser Sozialleistungen entstehen natürlich auch Anreizeffekte für die Einkommenserzielung und somit auch für die Arbeitsangebotsentscheidung (Anreizeffekte im engeren Sinn).

In der Realität wird ein Haushalt die Entscheidung über die Betreuung der Kinder und die Arbeitsangebotsentscheidung der Erwachsenen simultan treffen. Vielfach werden die relevanten Alternativen in einer typischen Familie die (vollständige) Betreuung des Kleinkindes im eigenen Haushalt und somit der teilweise Verzicht auf Erwerbsarbeit oder die (teilweise oder volle) Erwerbstätigkeit beider Elternteile und außerhäusliche Kinderbetreuung sein – oder unterschiedliche Kombinationen daraus. Der unmittelbare finanzielle Anreiz für die (zusätzliche) Erwerbsarbeit ist der (zusätzliche) Nettolohn abzüglich der (zusätzlichen) privaten Kosten der außerhäuslichen Kinderbetreuung.

Im Folgenden wird das Einkommen näher definiert, danach werden die unterschiedlichen Anreizwirkungen diskutiert.

2.2.1 Einkommensdefinition

Offensichtlich reduzieren die privat zu tragenden Kosten einer zusätzlichen außerhäuslichen Kinderbetreuung das verbleibende frei verfügbare Einkommen, das für die Arbeitsangebotsentscheidung relevante Einkommen ist das Netto-Erwerbseinkommen abzüglich der privaten Kosten der Kinderbetreuung.

Die Einbeziehung der öffentlichen Zuschüsse zur Kinderbetreuung in das Einkommen führt – wie das folgende Beispiel zeigt – zu offensichtlich völlig irreführenden Ergebnissen. In einer Kurzinformation des Joanneum Research an den Vizekanzler Pröll (Prettenthaler 2009) bewirkt die Einführung des Gratiskindergartens eine deutliche Verschlechterung(!) der Einkommenssituation für die unteren Einkommensschichten. Dieses absurde Ergebnis ist auf die gewählte Einkommensdefinition zurückzuführen. Durch die Einführung des Gratiskindergartens erhalten die unteren Einkommensschichten laut dieser Einkommensdefinition weniger Transfers und haben somit ein geringeres Einkommen. *Bei der in der Kurzinformation angeführten Modellfamilie Gruber reduziert sich das Einkommen laut dieser Unterlage durch die Einführung des Gratiskindergartens von 2.817 auf 2.572 Euro* (Prettenthaler 2009, 2 und 4).

2.2.2 Unmittelbare finanzielle Auswirkungen von Änderungen des Erwerbseinkommens

Mehr Erwerbseinkommen ist bei Haushalten mit Kindern oft mit mehr Kinderbetreuung und somit mit höheren Betreuungskosten verbunden. In den unteren Einkommensschichten sind die privaten Kosten für die außerhäusliche Kinderbetreuung sehr gering. Dadurch besteht auch bei geringen Lohnsätzen ein finanzieller Anreiz zur Erwerbsarbeit. *Die öffentliche Unterstützung der Kinderbetreuung ist eine sehr wichtige Maßnahme zur Erhöhung der Erwerbstätigkeit der Frauen.* Ohne massive öffentliche Subvention von Kinderbetreuung würde sich mehr Erwerbsarbeit für Personen mit Betreuungspflichten bei geringen oder mittleren Lohnsätzen kaum lohnen.[12]

---

[12] In einer Schweizer Studie wurde die kumulierte marginale Belastungsrate für die Betreuungsperson der Kinder ermittelt. Die Belastungsrate wurde nicht nur für unterschiedliche Einkommenshöhen sondern insbesondere für

Da die privat zu tragenden Kosten für außerhäusliche Kinderbetreuung in Österreich mit steigenden Einkommen ansteigen („Sozialstaffelung"), führt mehr (oder besser bezahlte) Erwerbsarbeit zu höheren privaten Kosten der Kinderbetreuung. Diese Kostensteigerung reduziert das zusätzliche frei verfügbare Einkommen und wird daher zu geringeren unmittelbaren finanziellen Anreizen für (zusätzliche) Erwerbsarbeit führen.

Dieser Transferabbau mit steigenden Einkommen betrifft nicht nur die außerhäusliche Kinderbetreuung, sondern auch alle anderen einkommensgeprüften Sozialleistungen. Allerdings ist bei den anderen einkommensgeprüften Sozialleistungen (z. B. Wohnbeihilfe, Ferienaktionen für Kinder) der Einfluss eines höheren Erwerbseinkommens auf die Inanspruchnahme nicht so offensichtlich wie bei der Kinderbetreuung, deshalb erscheint eine Partialanalyse von Einkommensänderungen bei konstantem Wohn- und Urlaubsverhalten usw. zulässig zu sein.

2.2.3   Sonstige (finanzielle) Anreizwirkungen von Änderungen des Erwerbseinkommens

Höhere (Brutto)Erwerbseinkommen führen nicht nur zu höheren verfügbaren Einkommen heute, sondern auch zu einem besseren Versicherungsschutz heute und in Zukunft, zu mehr Unabhängigkeit von staatlichen Transfers und meist auch zu höheren zukünftigen Erwerbseinkommen. Diese Argumente werden in Analysen immer wieder vernachlässigt.

- (Mehr) Erwerbseinkommen führt zu einem *besseren Versicherungsschutz* im öffentlichen Sozialversicherungssystem. Der Schutz in der Krankenversicherung (Sachleistung) bleibt gleich, es entstehen aber höhere Ansprüche bei Geldleistungen bei Krankheit (höheres Krankengeld), bei späterer Arbeitslosigkeit und in der Pension. Der Wert dieser zusätzlichen Ansprüche (Versicherungsleistungen) stellt neben dem derzeitigen unmittelbaren finanziellen Ertrag einen weiteren wichtigen Anreiz für (mehr) Erwerbsarbeit dar.

- (Mehr) Erwerbseinkommen erhöht die *Unabhängigkeit von staatlichen Leistungen*. Dies ist nicht nur ein wichtiger psychologischer Faktor, sondern auch ein Sicherheitsaspekt und ein Baustein für mehr Wahlfreiheit.[13] Für viele Menschen stellt die geringe Abhängigkeit von öffentlichen Leistungen ein wesentliches und natürlich auch rationales Argument für mehr Erwerbseinkommen dar. Markteinkommen anstelle von einkommensgeprüften Sozialleistungen erhöht auch die Wahlfreiheit. Wenn Sozialleistungen durch eigenes Einkommen ersetzt werden, dann kann man nicht nur in einer geförderten Mietwohnung, sondern auch in einer Eigentumswohnung oder in einem Eigenheim wohnen, dann kann auch anstelle einer geförderten Ferienaktion für die Kinder ein Familienurlaub geplant werden usw.

- (Längere) Unterbrechungen der Berufstätigkeit wegen Kinderbetreuung sind ein wesentliches Argument für die Einkommensdisparitäten zwischen Frauen und Männern. Diese allgemein anerkannte These muss natürlich auch umgekehrt gelten. Keine oder

---

unterschiedliche Arbeitszeiten (Teilzeit – Vollzeit) ermittelt. Hintergrund dieser Studie sind die deutlich höheren einkommensgeprüften Kinderbetreuungskosten in der Schweiz von bis zu 74 Euro pro Tag und Kind (vgl. Bütler, 2007).

[13] Beispielsweise wurden in Österreich Anfang 2011 wichtige Sozialleistungen für Studierende zwischen 24 und 26 Jahren sozusagen „über Nacht" abgeschafft. Wer im Vertrauen auf längerfristig stabile öffentliche Leistungen sein Studium geplant hat, wird nun unter Umständen seine langfristige Investition in Humankapital nicht erfolgreich beenden können.

kürzere Unterbrechungen der Berufstätigkeit führen nicht nur aktuell, sondern dauerhaft zu höheren Einkommen. Deshalb ist bei Erwerbsarbeit nicht nur der unmittelbare
finanzielle Ertrag, sondern auch der langfristige Einfluss auf die zukünftigen Löhne relevant.

- Eine weitere wesentliche Fragestellung, ob mit (mehr) Erwerbsarbeit nicht nur Arbeitsleid, sondern auch Arbeitsfreude verbunden ist, wird in diesem Beitrag nicht analysiert. Mit Erwerbsarbeit sind üblicherweise nicht nur Arbeitsleid, sondern auch positive Effekte verbunden. Damit sich Leistung lohnt, muss die Summe aus unmittelbaren
  finanziellen Erträge und all den eben angeführten positiven Effekten größer sein als
  das Arbeitsleid. Auch die hier nicht näher berücksichtigten sonstigen positiven Effekte
  (Sozialkontakte, Selbstverwirklichung, das Gefühl, gebraucht zu werden, usw.) sind
  bei einer umfassenden Gesamtbetrachtung keinesfalls zu vernachlässigen.

2.3 Resümee

Das KBG ist offensichtlich keine reine Sozialleistung für Familien mit kleinen Kindern,
sondern verfolgt auch andere Zielsetzungen. Auch bei den anderen Sozialleistungen wird
meist ein Mix aus Armutsvermeidung und sonstigen Zielen angestrebt, nur wenige Sozialleistungen sind nur vom Einkommen abhängig. Der Bezug von Sozialleistungen schränkt
daher in den meisten Fällen den Handlungsspielraum der betroffenen Haushalte ein. Mehr
Leistung im Sinne von mehr Erwerbsarbeit und somit mehr Markteinkommen führt daher
nicht nur zu weniger Sozialleistungen, sondern auch zu mehr Handlungsspielraum. Mit
mehr Markteinkommen sind aber auch weitere wesentliche Benefits verbunden (z. B. mehr
Markteinkommen und mehr öffentliche Leistungen in Zukunft).

Der manchmal angestellte Vergleich von Markteinkommen und aktuellen Sozialleistungen lässt somit viele wichtige Faktoren außer Ansatz und bildet daher keinesfalls die
wesentlich komplexere Realität ab.

3 Mikrodaten, Fallbeispiele und Modellrechnungen: Unterschiede, Gemeinsamkeiten und empirische Relevanz

Mikrodaten im Sinne von Daten für einzelne Individuen oder Haushalte sind eine der wichtigsten Datenquellen in der Sozialwissenschaft, allerdings stehen diese oft nicht in der gewünschten Vollständigkeit zur Verfügung. Amtliche Statistiken – insbesondere die Steuer-
und Sozialversicherungsstatistiken - liegen in Österreich primär personenbezogen und nicht
haushaltsbezogen vor. Haushaltsbezogene Umfragedaten haben teilweise große Lücken bei
der Einkommenserhebung (z. B. Mikrozensus) oder verfügen über zu kleine Stichproben-
größen, um die *ganze Vielfalt unterschiedlicher Lebenssituationen* von Haushalten mit
Kindern repräsentativ darstellen zu können (z. B. EU-SILC).[14] Für größere Gruppen - z. B.
Haushalte mit Kindern unter 6 Jahren - liegen natürlich repräsentative Daten vor.

Da oft die einzelne betroffene Familie im Mittelpunkt des öffentlichen Interesses steht,
setzt immer wieder die Suche nach einzelnen Fallbeispielen ein, die unter Umständen auch

---

[14] Beispielsweise kann keine repräsentative Aussage über einen Haushalt mit einem einjährigen und einem vierjährigen Kind, deren Eltern beide teilzeitbeschäftigt sind, getroffen werden.

großes mediales und politisches Echo auslösen können. Dieser Wettlauf nach spektakulären Einzelschicksalen ist aus wissenschaftlicher Sicht natürlich sehr problematisch.

In letzter Zeit entstehen daher immer mehr Modellrechnungen mit konstruierten Modellfamilien – sozusagen fiktive Mikrodaten. Dabei sind aber zwei unterschiedliche Fragestellungen klar zu trennen: Sollen *durchschnittliche Modellfamilien,* die die Lebensgewohnten der breiten Masse oder zumindest relevanter Gruppen widerspiegeln, oder *extreme Modellfamilien,* dargestellt werden. Extreme Modellfamilien ersetzen sozusagen die spektakulären realen Einzelschicksale und zeigen, welche geplanten und wahrscheinlich oft auch ungeplanten Effekte von Maßnahmen, insbesondere von Maßnahmenbündeln, auftreten können.

Beide Fragestellungen sind wichtig und nützlich, haben aber völlig unterschiedliche Zielsetzungen bzw. führen zu völlig unterschiedlichen Politikimplikationen. Während anhand von durchschnittlichen Modellfamilien die Wirkung von Maßnahmen auf die breite Masse und natürlich auch auf Subgruppen – z. B. Haushalte mit 3 Kindern oder Haushalte mit Kindern unter einem Jahr usw. – gezeigt werden kann, dienen die extremen Modellfamilien vor allem zur Darstellung möglicher unerwünschter Wirkungen und Absurditäten, die in einer immer vielfältigeren Welt vereinzelt auftreten können.[15]

Problematisch ist allerdings die Vermischung dieser beiden Fragestellungen. Wenig hilfreich erscheint es, einfach mehrere tausend selbst generierte Datensätze für fiktive Haushalte auszuwerten ohne das Motiv darzulegen. Menge allein ersetzt keine Repräsentativität. Es ist leicht möglich, dass auch bei mehrerer tausend Datensätzen kein einziger in der Realität anzutreffen ist. Für repräsentative Aussagen ist daher die Plausibilität der Modellfälle zu überprüfen.

Mögliche Beispiele für eine solche Überprüfung: Die Mehrheit der Eltern kleiner Kinder entscheidet sich beim Kinderbetreuungsgeld für die lange Pauschal-Variante – dies gilt dann wohl auch für eine repräsentativen Modellhaushalt. In der Realität wird der überwiegende Teil der einjährigen Kinder nicht in Kinderkrippen betreut (ca. 99%!), dies muss dann natürlich für repräsentative Modellfamilien gelten. Usw.

Hingegen ist es bei der *Suche nach Extremfällen* sinnvoll, alle möglichen und denkbaren Kombinationen von einkommensgeprüften Sozialleistungen zu berücksichtigen und jene Fälle mit den höchsten kumulierten Belastungsraten darzustellen. Wenn es Fälle gibt, in denen diese Belastungsraten über 100% betragen – und diese Fälle gibt es ganz sicher (z. B. Einschleifzone des KBG, Wegfall der einkommensgeprüften Landeszuschüsse für Haushalte mit Kindern im ersten Lebensjahr, usw.) – dann lohnt sich Leistung im Sinne von mehr Erwerbsarbeit für diese Haushalte finanziell nicht. In einem 2. Schritt ist dann zu klären, ob dies eine erwünschte Wirkung (z. B. beim KBG) oder unerwünschte Nebenwirkung ist, wie viele Haushalte davon wie stark betroffen sind: Wie groß ist der Einkommensbereich, in dem die kumulierte marginale Belastungsrate zu hoch – z. B. über 75% - ist? Handelt es sich um ein dauerhaftes Phänomen oder werden die Sozialleistungen nur temporär – z. B. für Kinder im 1. Lebensjahr – gewährt. Welche Bedingungen und sonstigen Verpflichtungen sind mit den Sozialleistungen noch verbunden? Usw.

---

[15] Hier sind der Fantasie natürlich keine Grenzen gesetzt. Gesetzliche Regelungen müssen auch für Sonderfälle anwendbar sein. Dieser normative Anspruch kann aber fast nur bei Individualbetrachtungen erfüllt werden, bei Haushaltsbetrachtungen wird es sehr schwierig. Ein – etwas konstruiertes – Beispiel: ein Haushalt mit einem Mann, zwei Frauen und drei fast gleich alten Kindern (Zwillinge und Einzelkind vom selben Vater): „Wer erhält wie lange wie viel Kinderbetreuungsgeld?" ist nur eine Fragestellung von mehreren, die aufgrund von unklaren Gesetzen wohl nicht eindeutig beantwortbar ist.

In einem weiteren Schritt ist dann auch noch zu klären, wie die betroffenen Haushalte mit diesen Einflüssen umgehen. Bieten sie weiterhin Erwerbsarbeit an, oder verzichten die Haushalte oder die Betreuungsperson auf die Teilnahme am Erwerbsarbeitsmarkt, weil das zusätzliche frei verfügbare Netto-Einkommen inklusive Transfer zu gering ist. Diese letzte Frage kann natürlich nicht mit fiktiven Modellfällen, sondern nur durch qualitative Analysen beantwortet werden.

4   Studien zu Umverteilungseffekten und Anreizwirkungen

In den letzten Jahren sind in Österreich zumindest drei Studien erschienen, die den Zusammenhang von Sozialleistungen, Umverteilung und Anreizeffekten analysieren.

In der WIFO-Umverteilungsstudie (Guger 2009) werden auf Basis repräsentativer Statistiken die Umverteilungswirkungen der öffentlichen Haushalte in Österreich untersucht. In einer umfangreichen Analyse werden die wesentlichen Steuern, Abgaben, und monetäre Transfers und Sachleistungen den einzelnen Haushalten zugerechnet und für die einzelnen Dezile ausgewertet. Eine Kurzfassung dieser Ergebnisse mit dem Schwerpunkt auf Familienleistungen findet sich in diesem Band. Eine deutliche Verbesserung gegenüber den Vorläuferstudien (Guger 1996) konnte durch die Implementierung von Äquivalenzeinkommen erreicht werden. Diese Umverteilungsstudie belegt zwar die massive Umverteilung zu Haushalten mit Kindern allgemein und zu Haushalten mit Kindern im unteren Einkommensbereich im speziellen, Anreizeffekte und deren Wirkungen werden aber nicht analysiert. Aussagen über die Umverteilungswirkungen für ganz konkrete Haushalte werden aber in dieser Studie nicht getroffen, da keine Einzelfälle analysiert werden. Vielmehr stehen die Umverteilungswirkungen zwischen den einzelnen Einkommensschichten (auf Dezilsbasis) im Mittelpunkt des Erkenntnisinteresses.

Der Frage nach den *Anreizwirkungen, insbesondere für einzelne Modellhaushalte,* steht im Mittelpunkt von zwei Studien des Joanneum Research (Prettenthaler/Sterner 2009 und Prettenthaler et al. 2010), die auch in diesem Tagungsband dargestellt werden. Aus diesen Studien sind keinerlei Aussagen über vertikale Umverteilungswirkungen zu entnehmen. Beide Studien untersuchen das Zusammenspiel von einkommensgeprüften Sozialleistungen einerseits und einkommensabhängigen Steuern und Abgaben andererseits anhand einer sehr großen Anzahl von fiktiven Modellfällen. In beiden Studien werden in Teilbereichen kumulierte marginale Belastungsraten von über 100% diagnostiziert. Diese Problematik ist zumindest für Einzelfälle seit langem bekannt und wird in der Literatur oft auch als sogenannter „Zeppernick-Fall" (Zeppernick 1973/74, Ruppe 1980) beschrieben. Wohlfahrt (1999) hat gezeigt, dass derartige Zeppernick-Fälle auch ohne einkommensgeprüfte Sozialleistungen, also nur durch das Steuersystem, möglich sind.

Die Existenz derartiger Fälle findet sich somit seit längerem in der Literatur (siehe oben) und ist – wie anfangs gezeigt – auch aus unterschiedlichen Gesetzesmaterialien eindeutig ableitbar. Prettenthaler/Sterner (2009) und Prettenthaler et al. (2010) wollten aber vor allem auf die empirische Bedeutung dieser Problematik, die in ihren Studien als „Armutsfalle" bzw. „Schwellenphänomen" beschrieben wird, hinweisen (Sterner 2010: 125).

4.1 Studie: Aufgabe Soziale Gerechtigkeit in der Steiermark (Prettenthaler/Sterner 2009)

Eine zusammenfassende Beurteilung dieser Studie ergibt, dass kein Hinweis *auf ein allgemeines Auftreten* von Armutsfallen oder Schwellenphänomenen erbracht werden konnte. Kumulierte Belastungsraten von über 100% konnten nur bei *Haushalten mit Kindern unter einem Jahr* nachgewiesen werden – Haushalte mit Kindern ohne einjährige Kinder wurden auch gar nicht analysiert. Bei den analysierten Haushalten treten diese Probleme erwartungsgemäß insbesondere in Folge des Wegfall des Kinderbetreuungsgeldes, aber auch in Folge von einkommensgeprüften Sozialleistungen der Länder für einjährige Kinder ("Kinderzuschuss") auf.

Im Folgenden werden einige wesentliche Kritikpunkte an Prettenthaler/Sterner (2009) kurz skizziert:[16]

4.1.1 Auswahl der Modellfälle

Es bleibt völlig unklar, ob es sich um repräsentative Modellfälle oder Extemszenarien handeln soll. Die Studie an sich erweckt den Eindruck, dass es repräsentative Modellfälle sind. Jedenfalls werden insgesamt 40 unterschiedliche Haushaltskonstellationen gebildet (Singles, Paare mit unterschiedlicher Einkommensverteilung zwischen den Partnern mit und ohne Kinder, AlleinerzieherInnen, usw.). 33 dieser 40 Haushaltstypen sind Haushaltstypen mit Kindern, in *jeder dieser Haushaltstypen befindet sich aber ein einjähriges Kind.* Da Kinder auch älter werden, kann es sich dabei also eindeutig nicht um eine repräsentative Auswahl handeln. Diese Problematik wird in der Studie nicht diskutiert.[17] Da ein Kleinkind aber Voraussetzung für die wichtigsten einkommensgeprüften Sozialleistungen ist (Kinderbetreuungsgeld, Kinderzuschuss), handelt es sich bei dieser Studie eindeutig um eine *Spezialanalyse für Familien mit kleinen Kindern.*

4.1.2 Gestaltung der Modellfälle

Die ausgewählten Modellfälle nehmen sämtliche in der Studie berücksichtigten einkommensgeprüften Sozialleistungen in Anspruch (u.a. Pendlerbeihilfe, Wohnbeihilfe, Zuschüsse zur außerhäuslichen Kinderbetreuung, Zuschüsse zu Ferienaktionen für Kinder). Die Kombination all dieser Leistungen ist zwar theoretisch möglich, aber doch sehr unwahrscheinlich. Am auffälligsten ist der Krippenbesuch aller einjährigen Kindes. In der Studie werden rund 5.000 Modellfälle untersucht, in denen das einjährige Kind ganztags die Krip-

---

[16] Vgl. auch Dujmovits (2010) und Perka (2010), die ähnliche Kritikpunkte mit anderen Gewichtungen anführen.

[17] Dazu widersprüchlich auch Sterner (2010: 125): Es „mussten Annahmen getroffen werden. Hierbei wurde versucht, durch eine Vielzahl an angenommenen Konstellationen hinsichtlich Einkommen, Kindern, Kindesalter (sic!), Pendelverhalten, etc. ein möglichst breites Spektrum der Gesellschaft und der beziehbaren Transferleistungen abzudecken". Allerdings wurde die Erreichung dieses Zieles in keinster Weise evaluiert. Sterner (2010: 126) selbst schreibt: „Die Autoren sind sich bewusst, dass diese lückenlose Inanspruchnahme von Transferleistungen (die rechtlich möglich ist) meist nicht der Lebensrealität von Haushalten entspricht. Die Fälle stellen lediglich objektive Simulationen der theoretischen Transfermöglichkeiten dar, wobei keinerlei Aussagen darüber getroffen werden, wie viele derartige Situationen in der Steiermark auftreten. Empirische Aussagen, wo durch dieses System wie viel Geld auch tatsächlich ankommt … kann diese Untersuchung nicht leisten."

pe besucht. In der Realität gibt es in Graz lt. Auskunft der zuständigen Abteilung nur 4 einjährige Kinder, die eine Krippe besuchen – das sind weniger als 1 Prozent aller Einjährigen.

Ob Personen, die nur 300 Euro monatlich verdienen, dafür wirklich täglich 90 km mit dem Auto pendeln, kann nicht verifiziert werden – in der Studie wird davon ausgegangen. Mit anderen Worten: Die Gestaltung der Modellfälle deutet ganz klar darauf hin, dass extreme Modellfälle gesucht werden.

4.1.3   Der Einkommensbegriff

Unter dem Begriff „monatliches Nettoerwerbseinkommen plus Transfers" werden sämtliche Transfers erfasst. Jene Transfers, die nur einmal jährlich gewährt werden, werden entsprechend aliquotiert. *Nicht erfasst werden jedoch die Sonderzahlungen (13. und 14. Gehalt)*, welche in Österreich steuerlich begünstigt sind. Die Sonderzahlungen nehmen steigenden Nettoeinkommen aber nicht proportional, sondern deutlich überproportional zu. Während diese Sonderzahlungen in den untersten Einkommensschichten nur rund 5% des dargestellten Nettoeinkommens plus Transfers betragen, steigt dieser Prozentsatz bei den obersten Einkommensschichten auf rund 20% an. Die Nicht-Beachtung der Sonderzahlungen führt daher bei der Darstellung eines Familientyps mit unterschiedlichen Markteinkommen (z. B. Prettenthaler/Sterner 2009: 30, Abb. 10) zu großen Verzerrungen.

Außerdem werden in der Studie nicht nur Transfers, sondern auch Preis- und Gebührenermäßigungen als Einkommen ausgewiesen. Auf die Auswirkungen einer derartigen Einkommensdefinition wurde bereits in Kapitel 2.2.1 hingewiesen. In der Studie selbst findet sind kein Hinweis darauf, dass derartige Transfers kein frei verfügbares Einkommen darstellen und diese Einkommensdefinition nur für Partialbetrachtungen zulässig ist. Einkommensänderungen in Kombination mit Verhaltensänderungen (z. B. mehr oder weniger Kinderbetreuung, anderes Wohn- oder Urlaubsverhalten) können mit dieser Einkommensdefinition nicht korrekt dargestellt werden.[18]

4.1.4   Ergebnisse und deren Darstellung

Für die 40 Familientypen werden Bruttoeinkommen und monatliches Nettoeinkommen (ohne anteilige Sonderzahlungen) und Transfers in Grafiken dargestellt. Da aber überhaupt keine numerischen Berechnungsbeispiele vorgelegt werden, ist die Überprüfung der Daten nur sehr schwer möglich. Wahrscheinlich ist dies mit ein Grund dafür, dass es lange Zeit unbemerkt blieb, dass die Abbildungen 20 bis 60 in Prettenthaler/Sterner (2009) fehlerhaft sind. In den linken unteren Grafiken wurde das Nettoerwerbseinkommen mit Transfers falsch dargestellt, die kumulierte Belastungsrate wurde deutlich überhöht dargestellt. Die AutorInnen haben bereits eine Korrektur zugesagt.

Die empirische Bedeutung der vorgelegten Ergebnisse ist somit stark eingeschränkt. Sie gelten jedenfalls nur für Haushalte mit Anspruch auf Kinderbetreuungsgeld. Bei Be-

---

[18] Zuschüsse zur Kinderbetreuung werden eben nur gewährt, wenn diese in Anspruch genommen wird. Gleiches gilt natürlich auch für die Zuschüsse zu Ferienaktionen. Aber auch Wohnbeihilfe wird nur gewährt, wenn alle Voraussetzungen dafür erfüllt sind (vgl. Abschnitt 2).

*treuungspersonen von Kleinkindern ist aber der Gesetzgeber offensichtlich der Ansicht,
dass diese dem Erwerbsarbeitsmarkt nur eingeschränkt zur Verfügung stehen sollen. Diese
Personengruppe ist daher völlig ungeeignet, um eventuelle unbeabsichtigte negative Anreize zur Erwerbsarbeit darzustellen.*

4.1.5 Aktualität der Ergebnisse

Die Ergebnisse beruhen auf der Rechtslage von 2008. Durch die Steuerreform 2009, die
sowohl beim allgemeinen Tarif, aber insbesondere bei Haushalten mit Kindern, einiges
verändert hat, ergibt sich in der Realität ein völlig anderes Bild. Die Berücksichtigung einer
relativ aktuellen Rechtslage ist bei derartigen Studien absolut üblich, jedoch sollte bei einer
Diskussion in Medien (Tageszeitungen) ein Hinweis auf wesentliche Änderungen nicht
fehlen.

4.1.6 Auswirkungen dieser Kritik auf das dargestellte Ergebnis

Die Auswirkungen der Berücksichtigung des Gratis-Kindergartens, aliquotierter Sonderzahlungen, der Steuerreform 2009 und der Bedeutung von Kleinkindern kann der folgenden
Abbildung entnommen werden. Aufbauend auf Prettenthaler/Sterner (2009: 30, Abb. 10)
werden 3 identische Familien (2 Erwachsene, 2 Kinder (1 und 4 Jahre)) mit unterschiedlichen Bruttoeinkommen dargestellt. Familie Gruber verdient 950 Euro monatlich, Fam.
Maier 1.900 Euro und Fam. Schmied 3.800 Euro monatlich. Die relevante Frage lautet: *Wie
hoch ist das Nettoeinkommen inklusive aller Zuschüsse?*

Auf diese an sich eindeutige Frage gibt es allerdings viele Antworten, die wohl kaum
alle gleichzeitig richtig sein können. Die linken Balken zeigen erste publizierte Ergebnisse
von Prettenthaler/Sterner (2008: 16). In diesen Berechnungen wurde noch der einkommensabhängigen Elternbeitrag im Kindergarten berücksichtigt. Dieser Elternbeitrag wurde
in der Steiermark im Herbst 2008 durch den Gratis-Kindergarten abgeschafft wurde. Diese
Ergebnisse, die sich auf die Rechtslage vor Herbst 2008 beziehen, wurden am 16.10.2009
auch auf der Titelseite der Tageszeitung „Die Presse" dargestellt und haben in Österreich
eine umfangreiche mediale Diskussion darüber ausgelöst, ob sich Leistung überhaupt noch
lohnt.

Die nächsten Balken stellen das Ergebnis von Prettenthaler/Sterner (2009: 30) dar, das
zum Zeitpunkt der obigen Pressemeldung schon länger verfügbar war und die Auswirkungen des Gratiskindergartens berücksichtigt. Nach Ansicht der Autoren werden die unteren
Einkommensschichten durch die Einführung des Gratiskindergartens deutlich schlechter(!)
gestellt.[19]

Die dritten Balken stellen das Nettoeinkommen samt Zuschüsse unter Berücksichtigung der Rechtslage zum Zeitpunkt der Veröffentlichung (Ende 2009) und der anteiligen
Sonderzahlungen dar. Lohnt sich Leistung vielleicht doch?

Die rechten Balken beantworten die gleiche Fragestellung „3 Jahre später"[20] – das
Kinderbetreuungsgeld und andere Zuschüsse für Kleinkinder werden nicht mehr gewährt.

---

[19] Die Erklärung dafür ist die gewählten Einkommensdefinition – vgl. 2.2.1 Einkommensdefinition
[20] Exakt formuliert: Alles bleibt gleich, nur die Kinder wurden um 3 Jahre älter gemacht.

Die Unterschiede beim Nettoeinkommen inkl. aller Zuschüsse sind beträchtlich. Leistung –
im Sinne von mehr Erwerbseinkommen - lohnt sich sobald die Kinder ein wenig älter sind
ganz eindeutig.

Abbildung 1:   Lohnt sich mehr Erwerbseinkommen?
                 Klare Fragestellung - Unterschiedliche Antworten

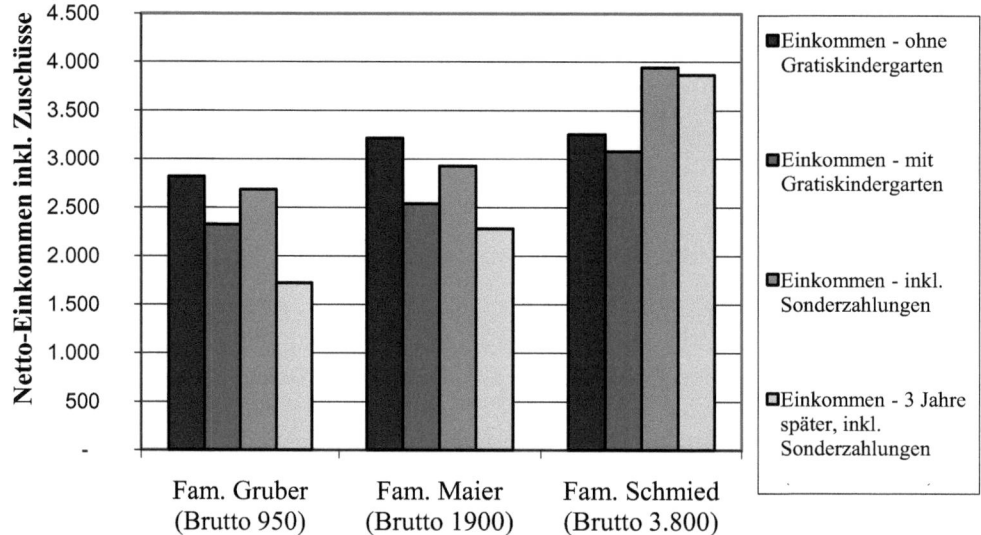

Quelle: Linke Balken: Prettenthaler/Sterner 2008 und 2009; rechte Balken: eigene Berechnungen, Wohlfahrt 2010.

Vor einer sinnvollen politischen Diskussion der Frage, ob sich Leistung lohnt, hätten unbedingt diese Aktualisierungen und Generalisierungen eingearbeitet werden sollen. Tatsächlich wurde aber der politische und der mediale Diskussionsprozess von den AutorInnen
selbst vor dem Erscheinen der Studie ausgelöst[21] und konnte daher einige Zeit nicht einmal
auf Basis der in Prettenthaler/Sterner (2009) dargestellten fiktiven Modellfälle für Haushalte mit einjährigen Kindern geführt werden, repräsentative Daten liegen bis heute nicht vor.

---

[21]   Das Joanneum Research hat Finanzminister Pröll mehr als ein halbes Jahr vor der Veröffentlichung der Studie
       über die Ergebnisse mit und ohne Gratis-Kingergarten informiert (Prettenthaler 2009).

4.2 Studie: Analyse des Harmonisierungsbedarfs (Prettenthaler et al. 2010)

Die zweite Studie des Joanneum Research untersucht die gleiche Fragestellung in modifizierter Form. Die Einkommensdefinition bleibt gleich, allerdings wurden 4 wesentliche Kritikpunkte an der ersten Studie berücksichtigt:

(1) Die Haushaltstypen werden vielfältiger – es gibt auch Haushalte ohne einjährige Kinder.
(2) Die Steuerreform 2009 wird berücksichtigt.
(3) In einer Variante werden auch die Sonderzahlungen anteilig berücksichtigt, dies führt zu deutlichen Erhöhungen des Nettoeinkommens im oberen Einkommensbereich[22]
(4) Die beabsichtigte Wirkung des Kinderbetreuungsgeldes – mehr Zeit für Kinder – wird als solche akzeptiert und der erwerbseinkommensbedingte Wegfall des KBG nicht mehr berücksichtigt.[23]

Weitere wesentliche Veränderungen zur ersten Studie: Die Liste der Sozialleistungen wird um Bildungssubventionen (z. B. um die einkommensgeprüfte Studienbeihilfe) und um einige einkommensabhängige Gebühren- und Preisermäßigungen erweitert.

4.2.1 Einige Kritikpunkte im Detail

Auffällig ist die angebliche Berücksichtigung des Alleinverdienerabsetzbetrags (AVAB) (Prettenthaler et al. 2010: 8). Der AVAB wird laut § 33(4) EStG nur gewährt, wenn die jährlichen Einkünfte des Zweitverdieners weniger als 6.000 Euro p. a. betragen. Bei einem Überschreiten dieser Einkommensgrenze wird diese Steuerermäßigung dem Alleinverdiener nicht mehr gewährt, sein Nettoeinkommen reduziert sich somit ohne Einschleifregelung um – abhängig von der Kinderanzahl – ca. 1.000 Euro jährlich. Diese Begünstigung für Alleinverdienerhaushalte ist ein durchaus relevantes Argument gegen mehr Erwerbstätigkeit der Zweitverdiener und müsste von den Autoren eigentlich besonders hervorgehoben werden. Andererseits ist der AVAB eine Unterstützung für Alleinverdienerfamilien, die offensichtlich nicht in Frage gestellt wird. Jedenfalls ist diese

---

[22] Vgl. Prettenthaler et. al. (2010: 364 f., Anhang 2): So führt z. B. in Abb. 226 die Berücksichtigung der Sonderzahlung beim untersten Einkommen zu einer Erhöhung des Nettoeinkommens um ca. 100 Euro bzw. zu einer Erhöhung um ca. 2% während beim höchsten Einkommen das Nettoeinkommen (inkl. Transfers) um über 1.000 Euro bzw. um über 15% ansteigt. Offensichtlich verändert die Berücksichtigung der Sonderzahlungen doch einiges. Prettenthaler/Sterner (2009: 33 ff) schreiben wiederholt, dass die Berücksichtigung der Sonderzahlungen angeblich nichts ändere. Dabei könnten unter Umständen nur die Auswirkungen der Sonderzahlungen auf die einkommensgeprüften Sozialleistungen gemeint sein, nicht aber die Auswirkungen auf das Einkommen.

[23] Diese Änderung ist beachtenswert: Während in der ersten Studie vor allem die Auswirkungen des KBG im Mittelpunkt stehen, wird auf diesen Effekt in der Folgestudie gänzlich verzichtet. Die in der Studie dargestellte formale Begründung der neu eingeführten individuell teilweise höheren Zuverdienstgrenze gilt nur für Personen, die vor dem Bezug des KBG deutlich über dem Medianeinkommen verdient haben und wird daher nur für ca. 10 bis 20% der Kindergeldbezieherinnen relevant sein. Der Großteil aller Betroffenen unterliegt somit der gleichen Einschleifregelung wie vorher. Prettenthaler et al. (2010) sind somit entweder zur Erkenntnis gelangt, dass die Einschleifregelung beim KBG doch keine reine Einkommensprüfung darstellt oder sie versuchen aus anderen, nicht näher angeführten, Gründen, dass von der ÖVP/FPÖ eingeführte KBG aus der politischen Diskussion über einkommensgeprüfte Sozialleistungen und Anreizeffekte heraus zu halten.

Sprungstelle im Einkommenssteuertarif in den Ergebnissen von Prettenthaler et al. (2010) nicht ersichtlich.[24]

Die Nicht-Berücksichtigung dieser *eindeutig gegen Frauen-Erwerbstätigkeit wirkenden Steuerbegünstigung* ist nicht nachvollziehbar, da viel unbedeutendere einkommensabhängige Sozialleistungen (Rezeptgebührenbefreiung, Befreiung von der E-Card Gebühr, Zuschüsse zu Kinder-Ferienaktionen) detailliert dargestellt werden.

Jedenfalls sind die Ergebnisse von Prettenthaler et al. (2010) im Detail nicht nachvollziehbar, weil keine numerischen Ergebnisse dargestellt werden. Die Ergebnisse werden ausschließlich in Übersichts-Grafiken für die rund 100 unterschiedlichen Haushaltstypen dargestellt. Die nachvollziehbare Darstellung der Ergebnisse für zumindest einige relevante Haushaltstypen würde einen ernsthaften wissenschaftlichen Diskurs ermöglichen.

Etliche Details des Konzeptes der Studie bleiben unklar. Bespielsweise wurde ein wesentlicher einkommensgeprüfter öffentlicher Transfer, die Wohnbauförderung, nicht einmal erwähnt. Obwohl in dieser Studie alle fiktiven Modellfälle prinzipiell Anspruch auf Wohnbeihilfe haben, wurde die wesentlich bedeutendere Wohnbauförderung – in Österreich eine massive Mittelstandsförderung – nicht dargestellt.

Außerdem werden steuerliche Begünstigungen, wie z. B. die „Topf-Sonderausgaben" und der Kirchenbeitrag (Freibeträge nach § 18 EStG), nicht berücksichtigt. Derartige Steuerbegünstigungen werden in Österreich von mehr als zwei Dritteln aller Steuerzahler in Anspruch genommen. Diese Freibeträge reduzieren die Steuerbemessungsgrundlage und führen dazu, dass in der sogenannten Einschleifzone vieler einkommensgeprüfter Sozialleistungen – insbesondere bei größeren Haushalten - in Wirklichkeit noch überhaupt keine Steuer zu zahlen ist und daher die kumulierte marginale Belastungsrate bei weitem nicht so hoch ist wie sie in der Studie dargestellt wird. Die Besteuerung setzt bei diesen Haushalten erst dann ein, wenn ein Großteil der einkommensgeprüften Sozialleistungen gar nicht mehr gewährt wird. Bei repräsentativen Modellhaushalten müssten diese Steuerermäßigungen natürlich berücksichtigt werden.

4.2.2   Gesamteinschätzung von Prettenthaler et al. (2010)

Im Vergleich zur ersten Studie des Joanneum Research wurde diese Studie breiter angelegt, insgesamt werden auch mehr Haushaltstypen analysiert. Zwei wesentliche Erkenntnisse aus Prettenthaler/Sterner (2009) bleiben weiterhin aufrecht, obwohl die Auswirkungen des Kinderbetreuungsgeldes nicht mehr berücksichtigt werden:

- Erwartungsgemäß gibt es weiterhin Bereiche, in denen die kumulierte marginale Belastung über 100 Prozent beträgt .
- In vielen Fällen wurden relevante Einkommensbereiche gefunden, in denen sich unter den angeführten Bedingungen Leistung im Sinne von zusätzlichen Nettoeinkommen unmittelbar finanziell kaum lohnt.

---

[24] Beispielsweise müsste in Abb. 226 (Seite 364) bei einem monatlichen Bruttoeinkommen von rund 1.200 Euro (Einkommensverteilung 50:50) die Begünstigung des AVABs (1.329 Euro p. a.) gestrichen werden und somit das monatliche Nettoeinkommen um 110 Euro sinken.

Der erste Befund ist weder neu, noch überraschend und leicht nachvollziehbar. Ab einer bestimmten Einkommenshöhe werden gewisse „Begünstigungen" nicht mehr gewährt.[25] Derartige Fälle treten auch bei Singles und ohne Berücksichtigung von einkommensgeprüften Sozialleistungen auf,[26] bei Haushalten mit Kindern sind derartige Fälle häufiger und führen auch zu größeren Einkommensverlusten (bis zu ca. 100 Euro monatlich in Einzelfällen).

Der zweite Befund verdeutlicht die Relevanz der kumulierten Auswirkungen einer Kombination von einkommensabhängigen Steuern und Abgaben einerseits und von einkommensgeprüften Sozialleistungen andererseits. Mit Hilfe von fiktiven Mikrodaten konnten Prettenthaler et al., 2010 zeigen, dass es Einkommensbereiche gibt, in denen durch mehr Einkommen etliche einkommensgeprüfte Sozialleistungen gestrichen werden. Deshalb kann es durchaus relevante Einkommensbereiche – vor allem im untersten Einkommensbereich – geben in denen sich mehr Erwerbsarbeit finanziell nicht lohnt. Hier bedarf es eindeutig weiterer Forschungsarbeiten um eine Übersicht über die tatsächliche Problematik zu erhalten und um Fragen wie die folgende Beantworten zu können: „Wieviele Haushalte befinden sich tatsächlich in diesen sehr niedrigen Einkommensbereichen und erhalten all die in Prettenthaler et al. (2010) berücksichtigten Sozialleistungen?"

4.3   Zusammenfassende Kritik an beiden Studien

Dass sich mehr Erwerbseinkommen in Einzelfällen nicht lohnt, ist – wie gezeigt – weder neu noch überraschend, sondern allgemein bekannt. Ziel der Studien kann deshalb nur die empirische Bedeutung dieses Faktums sein. Dieses Ziel wurde aber vollständig verfehlt, weil die Gestaltung der Modellfälle nicht näher begründet wird. Alle Modellfälle erhalten zwar nahezu alle nur denkmöglichen Sozialleistungen, nehmen aber nicht einmal jene Steuerbegünstigungen in Anspruch, die in der Realität von der Mehrheit der Steuerpflichtigen in Anspruch genommen werden (z. B. Sonderausgaben). *Generell fehlt jegliche Überprüfung der Repräsentativität der dargestellten fiktiven Modellfälle.* Weitere wesentliche Kritikpunkte:

- Die gewählte Einkommensdefinition – Nettoeinkommen inklusive sämtlicher Transfers und Preisermäßigungen – ist unüblich und irreführend.
- Völlig unbeachtet bleiben in beiden Studien des Joanneum Research wesentliche Anreize für mehr Erwerbsarbeit. Mehr Erwerbsarbeit führt nicht nur zu mehr Bruttoeinkommen, sondern auch zu höheren einkommensabhängigen Leistungen in der Sozialversicherung, zu mehr Unabhängigkeit und damit auch zu mehr Gestaltungspielraum und in den meisten Fällen auch langfristig zu einer „besseren Berufskarriere".
- Nicht beachtet wurden die unterschiedlichen kumulierten marginalen Belastungsraten für Erst- und ZweitverdienerInnen, sozusagen für Männer und Frauen. In beiden Studien des Joanneum Research wurde unterstellt, dass sich das zusätzliche Einkommen

---

[25] Z. B. Tarifsprünge im Einkommensteuersystem (§ 33(8) EStG), Freigrenze im Sozialversicherungssystem („Geringfügigkeitsgrenze"), einkommensabhängige Preise (Wegfall der Rezeptgebührenbefreiung oder der Befreiung von der E-Card Gebühr) und einkommensgeprüfte Sozialleistungen (z. B. Wegfall des Mehrkindzuschlags bei der Familienbeihilfe (§ 9 FLAG) ab einem Brutto-Haushaltseinkommen von knapp über 5.000 Euro monatlich).

[26] Z. B. durch den Wegfall der Negativsteuer für Sozialversicherungsbeiträge im Einkommensteuerrecht (§ 33(8) EStG).

proportional zum bisherigen Einkommen verteilt – eine sehr praxisfremde Annahme. Aus *Genderperspektive sind die individuell unterschiedlichen kumulierten marginalen Belastungsraten* von großem Interesse.

▪ Die Ergebnisse lassen sich im Detail nicht überprüfen, da nur Übersichtsgrafiken zur Verfügung gestellt wurden. Einige Details – z. B. die angebliche Berücksichtigung des Alleinverdienerabsetzbetrags – sind nicht nachvollziehbar.

▪ Beide Studien sind reine Partialanalysen, die nur Einkommensänderungen berücksichtigen. Obwohl Einkommensänderungen oft untrennbar mit entsprechenden Änderungen beim Ausmaß der Kinderbetreuung verbunden sind, wurden letztere nicht berücksichtigt.

4.4 Weitere Erkenntnisse und Vergleiche mit internationalen Studien

Eine wesentliche Erkenntnis aus beiden Studien wurde bisher noch nicht ausreichend rezipiert. Durch den Transfer-Abbau entstehen im unteren Einkommensbereich deutlich höhere kumulierte marginale Belastungsraten als im mittleren und oberen Einkommensbereich. Leistung lohnt sich somit für die oberen Einkommensschichten stärker als für die unteren.

Offensichtlich wird der Effekt leicht steigender Grenzsteuersätze durch den Transferabbau im unteren Einkommensbereich und den Wegfall zusätzlicher Sozialversicherungsbeiträge ab der Höchstbemessungsgrundlage überkompensiert. Dieses Bild – sehr hohe kumulierte marginale Belastungsraten im unteren Einkommensbereich und moderate kumulierte Belastungsraten von rund 43% im obersten Einkommensbereich – zeigt sich bei nahezu allen Haushaltstypen mit Kindern.

Die Problematik hoher und unsteter kumulierter marginaler Belastungsraten im unteren Einkommensbereich ist aber keinesfalls ein rein österreichisches Phänomen. Beispielsweise zeigt Seidl (2006: 212 f.), dass auch in Deutschland (Ost und West) die Marginalbelastung durch Steuern und Sozialabgaben (nur Dienstnehmeranteil) im unteren Einkommensbereich sehr sprunghaft ist und bei nahezu allen Haushaltstypen höher ist als bei Jahreseinkommen über 100.000 Euro. Diese Tatsache – hohe marginale Belastungsraten bei den unteren Einkommensschichten und niedrigere bei den oberen – soll auch bei dem von Seidl für Deutschland vorgelegten Reformentwurf beibehalten werden.[27]

Die für viele nahe liegende Lösung – geringe Transferabbauraten – wird in manchen Fällen zu sehr breiten Einschleifzonen bis hin zum gehobenen Mittelstand führen.[28] Diese Veränderung führt dazu, dass wesentlich mehr Haushalte von Einschleifregelungen betroffen wären und die öffentlichen Ausgaben deutlich ansteigen würden, da auch der Mittelstand verstärkt einkommensgeprüfte Sozialleistungen erhalten würde.

Eine andere Lösung wäre das Einschleifen der Sozialleistungen vor dem Einsetzen der Steuerpflicht. Da aber bei manchen Haushalten – insbesondere bei Alleinverdiener-

---

[27] Die kumulierte marginale Belastungsrate soll in den unteren Einkommensschichten und insbesondere bei Haushalten mit Kindern im öffentlichen Bildungssystem bei rund 65% liegen, während sie in den oberen und kinderlosen Haushalten rund 30% betragen soll. Demzufolge handelt es sich wohl um ein „*Proportionalsteuersystem mit einem Steuerzuschlag für Bezieher öffentlicher Leistungen*", insbesondere für Familien und Arme (Seidl 2006: 202).

[28] Vgl. auch Pichler (2010: 62 ff), die die negativen Auswirkungen einer breiten Einschleifzone betont. Unklar bleibt allerdings, warum eine typische österreichische vierköpfige Familie 1.000 Euro an einkommensgeprüften Sozialleistungen erhalten soll.

haushalten – die Besteuerung der Einkommen bereits im Bereich der Armutsgefährdungs-grenze einsetzt, kann ein Transferabbau vor dem Einsetzen der Steuerbelastung nicht ziel-führend im Sinne einer Armutsbekämpfung sein. Ab dem Einsetzen der Steuerleistungen hingegen führt jeder Transferabbau unweigerlich zu hohen kumulierten marginalen Belas-tungsraten, weil der Transferabbau zusätzlich zu den Sozialversicherungsbeiträgen (Dienst-nehmeranteil rund 16%) und den relativ hohen Grenzsteuersätzen (mindesten 35%) erfol-gen muss.

Sinnvoller erscheint daher der Ausbau universalistischer öffentlicher Leistungen, die durch das Steuersystem finanziert werden. Dabei ist aber die nicht nur in Österreich schon relativ hohe Belastung von Erwerbseinkommen, sondern auch die Besteuerung von Ver-mögen und (ökologisch) unerwünschtem Verhalten („Öko-Steuern") mitzudenken. Letztere würden sozusagen nicht zu Verzerrungen, sondern zu Entzerrungen führen.

5   Zusammenfassung und Schlussfolgerungen

In jüngster Zeit wurde die mediale Diskussion der Frage, ob sich Leistung überhaupt lohnt, in Österreich von zwei Studien des Joanneum Research (Prettenthaler/Sterner 2009 und Prettenthaler et al. 2010) beherrscht. Auf Basis von fiktiven Mikrodaten (= konstruierte Modellfälle) wurde in diesen Studien die Behauptung aufgestellt, dass sich Leistung im Sinne von mehr Erwerbsarbeit vor allem im untersten Einkommensbereich nicht immer lohne.

In beiden Studien wurde eine sehr große Anzahl von fiktiven Modellfällen dargestellt (6.000 bzw. 11.000 Modellfälle). Nicht diskutiert wurde allerdings, ob es sich um repräsen-tative Fälle handeln soll oder ob die Suche nach Extremfällen im Vordergrund steht. Jeden-falls wurde weder versucht, die Repräsentativität der verwendeten fiktiven Modellfälle zu belegen noch wurden Extremfälle als solche hervorgehoben.

Während die erste Studie (Prettenthaler/Sterner 2009) noch wesentliche methodische Mängel zeigte, konnte die Problematik fehlender finanzieller Anreize in abgeschwächter Form auch in der verbesserten zweiten Studie (Prettenthaler et al. 2010) belegt werden. Die rein grafische Darstellung der Ergebnisse der fiktiven Modellfälle erschwert jedoch eine sachliche Diskussion über Details.

Es wird jedoch höchstwahrscheinlich auch in der Realität Fälle geben, in denen zusätz-liches (Erwerbs)Einkommen nicht zu höheren verfügbaren Nettoeinkommen inklusive Transfers führt. Dieses Ergebnis ist sowohl für Singles als auch für größere Haushalte mög-lich und beruht auf unterschiedlichen Sprungstellen im Einkommenssteuerrecht, in der Sozialversicherung und bei einkommensgeprüften Sozialleistungen. *Hier besteht eindeutig Reformbedarf, kumulierte marginale Belastungsraten von über 100% sind ökonomisch nicht vertretbar.*

Hintergrund dieser Problematik sind nicht nur die angeführten Sprungstellen in einzel-nen Gesetzten, sondern auch die (österreichische) Kombination einer individuellen Ein-kommensbesteuerung und der Einkommensprüfung von Sozialleistungen auf Haushalts-ebene. Durch diese Kombination soll einerseits der Arbeitsanreiz für Zweitverdiener – meist wohl Frauen – aufrecht bleiben und andererseits – auf Haushaltsebene – auch eine finanzielle Absicherung der untersten Einkommensschichten ermöglicht werden. Gerade bei diesem Zusammenwirken von Individual- und Haushaltsbetrachtungen ist die in den

Studien des Joanneum Research nicht durchgeführte gendergerechte Analyse von kumulierten marginalen Belastungsraten von größtem Interesse.

Offen bleibt die empirische Bedeutung der so genannten Schwellenphänomene, die bei den fiktiven Modellfällen auftreten. Da die Repräsentativität der Modellfälle nicht analysiert wurde, wird nur die Möglichkeit, nicht aber die empirische Relevanz dieser Schwellenphänomene dargestellt.

Manche Schwellenphänomene – zum Beispiel die Kinderzuschüsse der Länder im ersten Lebensjahr - treten aufgrund von zeitlich befristeten Sozialleistungen nur temporär auf, andere wiederum treten zwar dauerhaft auf, haben aber aufgrund ihrer finanziell sehr eingeschränkten Bedeutung wohl kaum empirische Relevanz und werden sicherlich zu keinen längerfristig relevanten Verhaltensänderungen führen.

Wesentlicher als diese lokalen – ökonomisch natürlich unerwünschten - Schwellenphänomene ist die Tatsache, dass für die *unteren Einkommensschichten* im Bereich der Armutsgefährdungsgrenze größere Einkommensbereiche mit sehr hohen kumulierten marginalen Belastungsraten auftreten – über einen Bereich von mehreren hundert Euros konnte für manche fiktiven Haushaltstypen kumulierte marginale Belastungsraten von deutlich über 50% nachgewiesen werden. Dies deutet nicht nur auf Sprungstellen im Steuersystem hin, sondern auch auf einen zu schnellen Abbau einkommensgeprüfter Sozialleistungen.

Die Gesamtbetrachtung von Steuer- und Sozialsystem zeigt jedenfalls deutlich, dass in Österreich für Haushalte mit Kindern die kumulierte marginale Belastungsrate mit steigenden Einkommen nicht zunimmt, sondern abnimmt.

Da aber die Existenzsicherung für Haushalte mit Kindern keinesfalls in Frage gestellt werden darf, besteht wohl ein Handlungsbedarf in Richtung geringere kumulierte marginalen Belastungsraten im untersten Einkommensbereich. Zur Finanzierung dieser notwendigen Verbesserung müssen die kumulierten marginalen Belastungsraten für den Mittelstand und für die oberen Einkommensschichten entsprechend angehoben werden. Insbesondere bei den oberen Einkommensschichten besteht laut den vorgelegten Mikrodaten noch erhebliches Anpassungspotential, derzeit betragen die kumulierten marginalen Belastungsraten für die oberen Einkommensschichten rund 43% und sind somit geringer als in der Mittelschicht und sogar deutlich geringer als bei den unteren Einkommensschichten. Wenn die kumulierten marginalen Belastungsraten harmonisiert werden, dann lohnt sich Leistung zukünftig für alle gleich. Für die oberen Einkommensschichten lohnt sich Leistung dann weniger als heute, für die unteren Einkommensschichten aber stärker.

Neben dieser *notwendigen Harmonisierung* der kumulierten marginalen Belastungsraten ist auch eine generelle Senkung der einkommensbezogenen Steuern und eine Erhöhung von ökologischen Steuern und/oder vermögensbezogenen Steuern anzudenken.

Schlussendlich ist darauf hinzuweisen, dass sich Leistung auch derzeit für alle Einkommensschichten lohnt. In den unteren Einkommensschichten ist aber die *unmittelbare finanzielle Verbesserung* relativ gering, allerdings erhöht mehr Erwerbseinkommen heute auch das zukünftige Einkommen (geringere Unterbrechungen und damit dauerhaft höhere Einkommen und auch höhere Sozialleitungen (z.B. Pensionen und Renten)) und die Unabhängigkeit von oft unsicheren öffentlichen Leistungen. Die beiden letzten Punkte wurden in den Studien nicht berücksichtigt und erklären vielleicht auch, warum die in den Studien belegten ökonomisch kaum vertretbaren hohen kumulierten marginalen Belastungsraten empirisch wenig Relevanz haben könnten.

Jedenfalls ist die Leistungsbereitschaft in vielen Fällen viel größer als der geringe zusätzliche unmittelbare finanzielle Ertrag von Erwerbsarbeit vermuten lässt, denn „nicht alle theoretisch diagnostizierbaren Anreizverzerrungen führen in der Praxis zu großen Effizienzverlusten" (Sturn 2010: 57). Aber diese Fragestellung kann nicht mit fiktiven Modellfällen, sondern nur mit repräsentativen Modellhaushalten oder mit echten Fallbeispielen und qualitativen Analysen beantwortet werden.

Literatur

Berka, Christopher (2010): Die Transferkontodebatte. Die Zukunft.at. Die Diskussionszeitschrift für Politik, Gesellschaft und Kultur. Ausgabe 04/2010. diezukunft.at/?cat=533 (23.03.2011).

Bütler, Monika (2007): Arbeiten lohnt sich nicht - ein zweites Kind noch weniger. Zu den Auswirkungen einkommensabhängiger Tarife auf das (Arbeitsmarkt-)Verhalten der Frauen. *Perspektiven der Wirtschaftspolitik* 8 (1): 1-19.

Dujmovits, Rudolf (2010): Effizienz versus Gerechtigkeit. „Die Presse", 23.01.2010: 32.

Guger, Alois (1996): *Umverteilung durch öffentliche Haushalte in Österreich*. Wien: Österreichisches Institut für Wirtschaftsforschung.

Guger, Alois (2009): *Umverteilung durch den Staat in Österreich*. Wien: Österreichisches Institut für Wirtschaftsforschung.

Pichler, Eva (2010): Transferkonto – einige grundlegende Überlegungen. Gesellschaft und Politik. *Zeitschrift für soziales und wirtschaftliches Engagement* 46: 59-70.

Prettenthaler, Franz (2009): *Fallstudie regressive Transfers und progressiver Steuern*. Kurzinformation für Herrn Bundesminister für Finanzen, Vizekanzler D.I. Josef Pröll. Graz: Joanneum Research.

Prettenthaler, Franz/Sterner, Cornelia (2008): Eine Steuerreform, die das gesamtstaatliche Steuer- und Transfersystem harmonisiert, verdient diesen Namen nicht. *Gesellschaft und Politik. Zeitschrift für soziales und wirtschaftliches Engagement* 3: 15-24. Wien.

Prettenthaler, Franz/Sterner, Cornelia (2009): *Aufgabe soziale Gerechtigkeit in der Steiermark. Anreiztheoretische Untersuchung zur Wechselwirkung von Gemeinde- bzw. Landestransfers und progressivem Steuersystem*. Graz: Joanneum Research.

Prettenthaler, Franz/Sterner, Cornelia/Winkler, Claudia (2010): *Analyse des Harmonisierungsbedarfs bezüglich regressiver Transfers und progressiver Steuern*. Unter Einbeziehung von Haushalten mit Studierenden und Schwerpunkt auf das Bundesland Wien. Graz: Joanneum Research.

Seidl, Christian (2006): Eine umfassende Steuer- und Abgabenreform für Deutschland: Eine Flat Tax mit Sozialkomponente. In: Seidl, Christian/Jickeli, Joachim (Hrsg.) (2006): *Steuern und Soziale Sicherung in Deutschland. Reformvorschläge und deren finanzielle Auswirkungen*. Heidelberg: Physica-Verlag: 177-220.

Sterner, Cornelia (2010): Wenn eine Untersuchung einer sensiblen Thematik zum Spielball der Politik wird. *Gesellschaft und Politik. Zeitschrift für soziales und wirtschaftliches Engagement* 46: 125-126.

Sturn, Richard (2010): Das Transferkonto im Spannungsfeld ordnungspolitisch tragfähiger Sozialpolitik. *Gesellschaft und Politik. Zeitschrift für soziales und wirtschaftliches Engagement* 46: 53-57.

Wohlfahrt, Gerhard (1999): Die Vereinbarkeit von Reformvorschlägen zum Einkommensteuertarif. *SWK (Steuer- und Wirtschaftskartei)* 74 (10): 399-400.

Wohlfahrt, Gerhard (2010): Einkommensumverteilung in Österreich: Mikrodaten und deren Darstellung. Paper für die Tagung: Momentum 2010, Track #1. www.momentumkongress.org/wohlfahrt-gerhard-einkommensumverteilung-in-osterreich-mikrodaten-und-deren-darstellung (05.04.2011)

Wohlfahrt, Gerhard (2011): Umverteilung durch das Steuer- und Transfersystem: Fiktive Mikrodaten und deren Darstellung. In: Blaha, Barbara/Kapeller, Jakob (Hrsg.): *Momentum 10: Solidarität – Beiträge für solidarische Gesellschaft.* Im Erscheinen.

Zeppernick, Ralph (1973/74): Die Bedeutung der Finanz- und Sozialpolitik für die Einkommensverteilung. *Finanzarchiv* 32 (3): 425-493.

Verteilungseffekte der österreichischen Familienförderung und deren Rolle in einer neuen Sozialstaatsarchitektur

Martina Agwi, Eva Festl, Alois Guger, Käthe Knittler

1 Einleitung und Problemstellung

Der Familienpolitik kommt im System der sozialen Wohlfahrt in Österreich große Bedeutung zu. Im Zentrum steht der horizontale Lastenausgleich zwischen Familien mit Kindern und kinderlosen Haushalten, der vor allem durch Geldleistungen erfolgt[1]. Dem vertikalen Verteilungsprinzip, das stärker auf den sozialen Ausgleich Bedacht nimmt und sich mehr an der Bedürftigkeit orientiert, sowie sozialen Diensten wird weniger Bedeutung beigemessen. Obgleich relevante Verteilungseffekte zugunsten der unteren Einkommensschichten festgestellt werden können, und die öffentlichen Leistungen umfangreich sind, ist die Armutsgefährdung der Familien relativ hoch. Neben einem unzureichenden Angebot an Kinderbetreuungsplätzen sind dafür auch relativ hohe Lohnunterschiede und die fehlende Mindestsicherung in Teilen des Sozialsystems ausschlaggebend.

In dieser Arbeit werden zum einen die Umverteilungswirkungen der familienpolitischen Leistungen zwischen sozialen Gruppen und Einkommensschichten untersucht. Zum anderen wird der Frage nachgegangen, ob die institutionelle Ausprägung der aktuellen österreichischen Familienpolitik den Herausforderungen der Zukunft entspricht. Die Arbeit stützt sich in den zentralen Teilen auf unsere Forschung im Rahmen der Umverteilungsstudie des WIFO (Festl et al. 2009) und auf unseren Beitrag zum 5. Familienbericht (Agwi et al. 2010a).[2]

2 Umfang und Struktur der Familienförderung

Die Ausgaben für familienpolitische Maßnahmen stellen in Österreich nach den Aufwendungen für Alter und Gesundheit mit rund 10% der Sozialausgaben die drittgrößte Ausgabenkategorie dar; im EU-Durchschnitt liegt ihr Anteil bei 8%. Im Jahr 2006 wurden rund 7,4 Mrd. Euro dafür aufgewendet, bzw. 8,2 Mrd. Euro, wenn die Leistungen der Länder

---

[1] Die Maxime der Umverteilung von kinderlosen Haushalten hin zu solchen mit Kindern ist in Österreich verfassungsrechtlich verankert. Gemäß einer Forderung des VfGH vom 17. Oktober 1997 müssen jedenfalls die Hälfte der Unterhaltskosten von Eltern steuerlich befreit werden, um den kinderbedingten Mehrkosten von Haushalten mit Kindern gerecht zu werden. Agwi et al. (2010b) zufolge wurde der Forderung des VfGH durch das österreichische Familienleistungspaket 2008 mehr als entsprochen. Dass die horizontale Umverteilung hin zu Haushalten mit Kindern auch im internationalen Vergleich ein hohes Niveau erreicht, zeigen die Ergebnisse einer OECD-Studie (2005), der zufolge in Österreich allein die Geldleistungen die Differenz zwischen den Äquivalenzeinkommen von Haushalten mit zwei Kindern und kinderlosen mit gleichem Markteinkommen um 28,4% im Falle von Alleinerziehenden und 16.6% bei Paaren reduzieren. Damit übertrifft das Maß der horizontalen Umverteilung jenes vergleichbarer Länder, wie Deutschland oder Frankreich (Festl et al. 2010: 78ff.).

[2] Ein kurze Einschätzung des zu Jahresbeginn 2009 in Kraft getretenen Familienpakets findet sich im zusammenfassenden Schlusskapitel und ausführlich in Agwi et al. (2010a: 382ff.).

und Gemeinden (vor allem Kindergärten und bedarfsgeprüfte Leistungen) hinzugerechnet werden.

Tabelle 1: Familienpolitische Ausgaben der öffentlichen Hand, 2006*)

	Finanzierung	Mio. €	Anteile an Gesamtaus-gaben in %	Anteile an der jeweiligen Kategorie in %
Direkte Geldleistungen		*4.541,1*	*55,1*	
Familienbeihilfe**)	FLAF	3.156,0		69,5
Kinderbetreuungsgeld einschließlich Karenzgeld	FLAF	921,9		20,3
Wochengeld	Krankenversicherung/FLAF	358,9		7,9
Unterhaltsvorschüsse	FLAF	101,0		2,2
Geldleistungen der Länder ohne Bedürftigkeitsprüfung	Länder	3,3		0,1
Indirekte Geldleistungen (steuerliche Leistungen)		*1.686,0*	*20,4*	
Kinderabsetzbetrag	Bund	1.158,0		68,7
Alleinverdienerabsetzbetrag (einschließlich Kinderzuschläge)	Bund	345,0		20,5
Alleinerzieherabsetzbetrag (einschließlich Kinderzuschläge)	Bund	115,0		6,8
Unterhaltsabsetzbetrag	Bund	68,0		4,0
Sachleistungen		*1.627,4*	*19,7*	
Kindergärten	Länder + Gemeinden	885,9		54,4
Schulbücher	FLAF	100,5		6,2
Freifahrt und Fahrtbeihilfen (SchülerInnen und Lehrlinge)**)	FLAF	375,5		23,1
Mutter-Kind-Pass	FLAF	33,0		2,0
Familienberatungsstellen	FLAF	10,9		0,7
Sachleistungen der Länder u. Gemeinden ohne Bedürftigkeitsprüfung	Länder + Gemeinden	221,6		13,6
Bedarfsgeprüfte Leistungen		*361,6*	*4,4*	
Zuschuss z. Kinderbetreuungsgeld	FLAF	78,3		21,6
Sonstige Geldleistungen	FLAF	2,0		0,6
Geld- und Sachleistungen der Länder und Gemeinden	Länder + Gemeinden	281,3		77,8
Sonstige Geld- und Sachleistungen		*31,9*	*0,4*	
Insgesamt		8.247,9	100,0	

Quelle: Festl et al. 2009: 177; ESSOSS-Datenbank, Bundesministerium für Arbeit, Soziales und Konsumentenschutz, Bundesministerium für Finanzen, Statistik Austria, WIFO-Berechnungen. FLAF-Familienlastenausgleichsfonds.

*) Obgleich die folgende Verteilungsanalyse auf Daten des Jahres 2005 basiert, wurde zur Einschätzung des Umfangs der Familienförderung das letztverfügbare Jahr 2006 verwendet.

**) Einschließlich der Zahlungen der Selbstträger/Gebietskörperschaften.

Wie aus Tabelle 1 ersichtlich ist, dominieren die direkten Geldleistungen mit 55%, gefolgt von indirekten Geldleistungen und den Sachleistungen – jeweils rund 20% – die familienpolitischen Maßnahmen. Den bedarfsgeprüften Leistungen kommt mit 4,4% eine untergeordnete Rolle zu.

Über den Familienlastenausgleichsfonds (FLAF) – dem größten Einzelfonds im österreichischen Budget – werden rund drei Viertel (vor allem die direkten Geldleistungen) aller familienpolitischen Leistungen finanziert. Die Finanzierung der indirekten Geldleistungen erfolgt über das Budget. Bei den Sachleistungen fällt der größte Finanzierungsanteil den Ländern zu, ebenso bei den bedarfsgeprüften Leistungen.

Der FLAF (2006: 5,4 Mrd. Euro) finanziert sich überwiegend über die Dienstgeberbeiträge (68,7%) und mit 12,8% über Teile der Einkommensteuern (jährlicher Fixbetrag von 690,4 Mio. Euro). Der drittwichtigste Finanzierungsanteil kommt aus der Einkommen- und Körperschaftsteuer (8%). Des Weiteren tragen folgende kleinvolumige Finanzflüsse zur Finanzierung bei: rückgezahlte Unterhaltsvorschüsse (0,8%), Selbstbehalte (0,5%), Beiträge der land- und forstwirtschaftlichen Betriebe (0,1%) und der Ersatz der Selbstträger für den Mehrkindzuschlag (0,04%). Im Jahr 2006 betrug das Defizit 465,8 Mio. €, das über den Bund bzw. den Reservefonds abgedeckt wird. Die Zusammensetzung der Finanzierungsquellen ist seit Jahrzehnten relativ stabil. Die größten Schwankungen gehen vom Reservefonds aus, über den Defizite (1991 bis 1996 und ab 2003) abgefangen werden bzw. der in Jahren, in denen Überschüsse (1997 bis 2002) erzielt werden, mit Reserven aufgefüllt wird.

In der Ausgabenstruktur des FLAF spiegeln sich familienpolitische Reformen wider, und sie weist eine weit höhere Dynamik als die Einnahmenseite auf. Die bedeutendste Änderung stellt zuletzt die Einführung des Kinderbetreuungsgeldes im Jahr 2002 dar.

Wesentliche Elemente der Familienförderung ergeben sich auch aus Leistungen der österreichischen Sozialversicherung, die in dieser Analyse und in Tabelle 1 nicht erfasst sind: Rund 15% der Leistungen der Krankenversicherung entfallen auf die beitragsfreie Mitversicherung von Kindern und Ehepartnern und 30% des Wochengeldes werden über die Krankenversicherung finanziert. In der Pensionsversicherung stellen die Anrechnung der Kindererziehungszeiten und die Hinterbliebenenpensionen Familienleistungen dar, in der Arbeitslosenversicherung die Familienzuschläge.

3   Bedeutung und Umverteilungseffekte familienpolitisch motivierter Maßnahmen

Das verfügbare Haushaltseinkommen – also jenes Einkommen, das abzüglich Steuern und Sozialversicherungsbeiträge, aber einschließlich monetärer Transferleistungen den Haushalten tatsächlich zur Verfügung steht – spiegelt die ökonomische Leistungsfähigkeit von Haushalten am besten wider und wird daher als Bezugsgröße für die Analyse der Verteilungswirkung herangezogen. Als weitere Analyseebene wird zwischen der Einkommenssituation eines Haushaltes insgesamt und dem Einkommen gewichtet mit Äquivalenzzahlen[3] – das einem fiktiven Pro-Kopf-Einkommen eines Haushalts entspricht – unterschieden.

---

[3]   Als Äquivalenzskala wurde die EU-Skala verwendet, danach erhält die erste erwachsene Person im Haushalt ein Gewicht von 1, jede weitere von 0,5 und jedes Kind unter 14 Jahren ein Gewicht von 0,3.

3.1 Umverteilung nach sozialer Stellung

Die wichtigsten Faktoren für die Verteilung familienbezogener Leistungen sind die Anzahl der Kinder je sozialer Schicht, deren Altersstruktur sowie die Ausbildungsdauer der Kinder. In Abbildung 1 ist deutlich zu erkennen, dass sich die familienbezogenen Leistungen in etwa gleich wie die Kinder über die sozialen Schichten verteilen. 40,9% aller Kinder leben in Angestelltenhaushalten und 40,8% der Leistungen fließen in diese Haushalte. In etwa gleich ist die Aufteilung von Kindern und Leistungen für die Haushalte der ArbeiterInnen (29,5%: 30%), BeamtInnen (8,7%: 7,9%), Selbständigen (10,2%: 9,3%) und für die Sonstigen Haushalte (5,1%: 4,7%), in denen SchülerInnen, StudentInnen, nicht berufstätige Hausfrauen, -männer und Arbeitslose zusammengefasst sind. Die geringfügigen Differenzen zwischen Kinder- und Leistungsanteil können durch die unterschiedliche Haushaltszusammensetzung in Bezug auf die Kinderanzahl pro Haushalt (Mehrkindzuschlag, Höhe der Familienbeihilfe), die Familienstruktur (AlleinverdienerInnenabsetzbetrag, AlleinerzieherInnenabsetzbetrag, Unterhaltsabsetzbetrag) und die Altersstruktur (Kinderbetreuungsgeld, Höhe der Familienbeihilfe) bedingt sein oder auch auf unterrepräsentierte Haushaltstypen im Bereich der Selbständigen zurückzuführen sein.

Abbildung 1:   Verteilung der Haushalte, der Kinder und der familienbezogenen
                   Leistungen nach sozialem Status, 2005

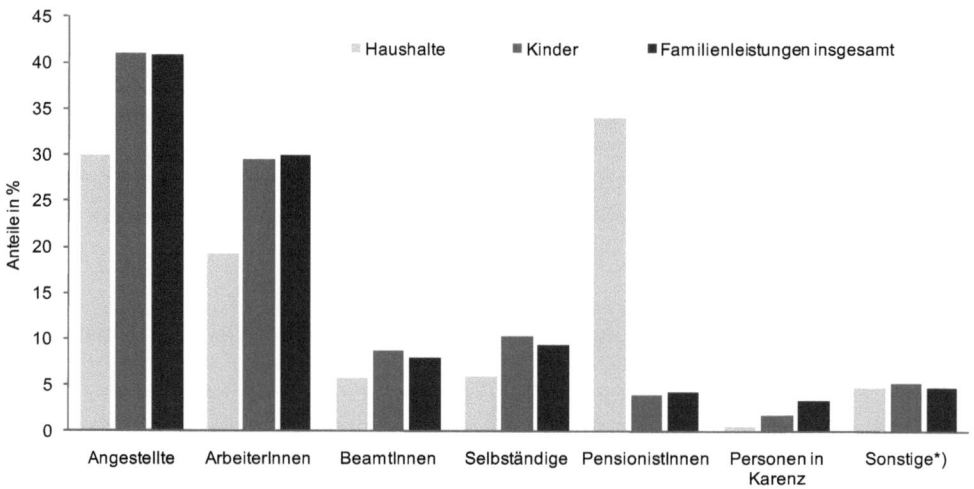

Quelle: EU-SILC 2006, eigene Berechnungen.

*) Arbeitslose, SchülerInnen und Studierende, nicht berufstätige Hausfrauen/ -männer und sonstige erhaltene Personen.

Unter den Haushalten der Land- und Forstwirtschaft und der BeamtInnen befinden sich die meisten Haushalte mit Kindern. In mehr als der Hälfte aller Bauern- und Bäuerinnenhaushalte (58%) und fast jedem zweiten BeamtInnenhaushalt leben Kinder, hingegen ist die Wahrscheinlichkeit in einem Haushalt von Angestellten oder ArbeiterInnen auf Kinder zu treffen mit 42% bzw. 47% etwas geringer. Bauernfamilien sind mit durchschnittlich 2,2 Kindern auch die kinderreichsten Haushalte (österreichischer Durchschnitt 1,7 Kinder).

Neben dem horizontalen Lastenausgleich weist die Struktur der österreichischen Familienförderung auch eine Umverteilungswirkung zwischen den sozialen Gruppen auf. Werden den familienpolitischen Leistungen die Beitragszahlungen zum FLAF je sozialer Schicht gegenübergestellt, so ergibt sich eine deutliche Umverteilung zugunsten der Haushalte von Selbständigen, BäuerInnen und BeamtInnen – aufgrund der hohen Kinderanzahl und geringen FLAF-Beitragszahlungen. Mit Einführung des Kinderbetreuungsgeldes hat sich dieser Umverteilungseffekt weiter verstärkt.

3.2 Umverteilung nach Einkommensschichten

Die Analyse der Verteilungswirkung nach Einkommensschichten untersucht, wie sich das Leistungsvolumen der familienpolitischen Maßnahmen nach der Einkommenshöhe verteilt und welche Umverteilungswirkungen sich dadurch ergeben. Die Verteilungen werden in Quartilen und Dezilen dargestellt und als Verteilungsmaß wird der Gini-Koeffizient verwendet.

3.2.1 Verteilungswirkung der gesamten familienpolitischen Leistungen

Die Analyse der Verteilungswirkung von familienpolitischen Maßnahmen erfolgt nur für die Nicht-Selbständigenhaushalte (Haushalte ohne selbständige Haushaltsmitglieder: das sind unselbständig Beschäftigte, PensionistInnen, SchülerInnen, Studierende, Arbeitslose und Personen in Karenzurlaub u. a.). Die Selbständigen wurden aus datentechnischen Gründen nicht erfasst.

Das durchschnittliche verfügbare Einkommen (Nettoeinkommen einschließlich Transfers) von Haushalten mit Kindern liegt mit 3.376 Euro pro Monat um rund 711 Euro über dem durchschnittlichen Einkommen aller Nicht-Selbständigenhaushalte. Wird jedoch die Anzahl der Personen und Kinder in den Haushalten berücksichtigt und werden Äquivalenzeinkommen gebildet, so reduziert sich das Einkommen von Haushalten mit Kindern um rund die Hälfte auf 1.597 Euro (Tabelle 6) und fällt hinter die Einkommensposition aller Nicht-Selbständigenhaushalte zurück (1.722 Euro, Tabelle 2).

Die familienbezogenen Leistungen belaufen sich nach der Auswertung von EU-SILC 2006 in Summe auf rund 6 Mrd. Euro für die Nicht-Selbständigenhaushalte und tragen im Durchschnitt mit rund 16% zum verfügbaren Einkommen der Haushalte mit Kindern bei (6% des Einkommens aller Nicht-Selbständigenhaushalte). Damit bilden die familienbezogenen Leistungen für Familien einen bedeutenden Einkommensbestandteil. Die Leistungen verteilen sich im Wesentlichen wie die Kinder über die Einkommensschichten.

Trotz der Dominanz des horizontalen Verteilungsprinzips wirkt die österreichische Familienförderung vertikal umverteilend: der größere Teil der Leistungen (62%) fließt in die unteren Einkommensbereiche, da zum einen unter Berücksichtigung der Haushaltsgröße mehr Kinder (61%) von Haushalten der unteren Einkommenshälfte versorgt werden (Tabelle 2) und zum anderen auch die Förderung je Kind in der unteren Einkommenshälfte leicht überdurchschnittlich ausfällt (Tabelle 6):

- Aufgrund des starken Senioritätselements in der österreichischen Einkommensstruktur erzielen Jungfamilien vergleichsweise geringe Einkommen und zugleich ist der Anteil der Doppelverdienerhaushalte mit Kindern verhältnismäßig gering.
- Die familienpolitischen Leistungen rund um die Geburt eines Kindes – Wochengeld, Kinderbetreuungsgeld, Kindergärten – sind in Summe höher als in späteren Lebensabschnitten des Kindes.

Die vertikale Umverteilung ergibt sich also vor allem dadurch, dass ein höherer Leistungsanteil der familienbezogenen Maßnahmen in eine vergleichsweise schwache Einkommensperiode der Haushalte fällt. Der bei weitem größte Teil der familienpolitischen Leistungen ist vom Einkommen der Eltern unabhängig und differiert nur nach dem Alter des Kindes und der Kinderanzahl. Die bedarfsgeprüften (,means-tested') Leistungen der Länder und Gemeinden haben nur sehr geringe Bedeutung, ihr Einfluss auf die Arbeitsanreize dürfte daher in der Studie von Prettenthaler/Sterner (2008) überschätzt sein. Der Effekt der vertikalen Umverteilung ergibt sich folglich nicht über die spezifische Ausgestaltung der Maßnahmen, sondern über die Einkommensstruktur der Haushalte mit Kindern.

Tabelle 2: Verteilung der Familienleistungen nach Einkommensschichten, 2005

Verfügbares Äquivalenzeinkommen	Alle Nicht-Selbständigenhaushalte				Haushalte mit Kindern	
	Verfügbares Äquivalenzeinkommen pro Monat			Familien-leistungen insgesamt	Kinder	Familien-förderung insgesamt	Kinder
	Grenze in €	Durchschnitt in €	Anteile in %	Anteile in %	Anteile in %	Anteile in %	Anteile in %
1. Dezil	851	662	3,8	8,6	9,0	11,2	11,6
2. Dezil	1.065	962	5,6	13,1	12,1	11,2	10,3
3. Dezil	1.241	1.154	6,7	15,0	14,5	11,8	11,1
4. Dezil	1.387	1.315	7,6	12,5	12,4	11,0	10,7
5. Dezil	1.539	1.465	8,5	12,5	12,7	10,4	10,0
6. Dezil	1.707	1.625	9,4	11,4	10,6	10,0	10,3
7. Dezil	1.934	1.817	10,6	9,0	9,6	9,8	9,5
8. Dezil	2.193	2.052	11,9	7,3	7,6	8,3	9,1
9. Dezil	2.657	2.394	13,9	5,8	6,3	8,4	9,0
10. Dezil	>2.657	3.771	21,9	5,0	5,1	7,9	8,5
1. Quartil	1.156	872	12,7	28,9	28,1	28,3	27,7
2. Quartil	1.539	1.352	19,6	32,7	32,7	27,4	26,0
3. Quartil	2.044	1.775	25,8	23,5	23,7	24,4	24,5
4. Quartil	>2.044	2.890	41,9	14,9	15,5	19,9	21,8
Insgesamt		1.722	100,0	100,0	100,0	100,0	100,0

Quelle: Agwi et al. 2010a: 365; EU-SILC 2006, eigene Berechnungen.

3.2.2 Vertikale Verteilungswirkung einzelner familienpolitischer Leistungen

Für die Verteilungsanalyse einzelner familienpolitischer Leistungen – unterschieden nach Geldleistungen (direkte monetäre Transfers), Sachleistungen (Realtransfers) und der indirekten Förderung durch Absetzbeträge (indirekte monetäre Transfers) – werden nur die Haushalte mit Kindern als Bezugsrahmen gewählt und damit die Fragestellung, wie familienpolitisch motivierte Maßnahmen zwischen den Familien umverteilen, verfolgt.

Alle analysierten familienpolitischen Leistungen weisen mit Ausnahme des Wochengeldes und des Unterhaltsabsetzbetrages zumindest eine leichte Umverteilung zugunsten der einkommensschwächeren kinderbetreuenden Haushalte auf. 56% der gesamten Leistungen fließen in kinderbetreuende Haushalte der unteren Einkommenshälfte. Nach Quartilen betrachtet sind die Leistungen wie folgt verteilt: 28,3% kommen dem 1. Quartil zugute und 27,4%, 24,4% und 19,9% den weiteren Quartilen (Tabelle 2).

Aus der vertikalen Verteilungsperspektive ergeben sich mehrere Maßnahmengruppen mit unterschiedlicher Wirkung: Die stärkste Verteilungswirkung geht vom Mehrkindzuschuss aus, gefolgt vom AlleinverdienerInnenabsetzbetrag und dem AlleinerzieherInnenabsetzbetrag. Die Leistungen rund um die Geburt des Kindes bzw. in der frühen Kindheit, wie das Kinderbetreuungsgeld, die öffentlichen Ausgaben für Kindergärten sowie der Mutter-Kind-Pass einschließlich dem sich im Auslauf befindenden Mutter-Kind-Pass-Bonus haben eine mittlere Verteilungswirkung. Der Kinderabsetzbetrag, die Familienbeihilfe, die öffentlichen Ausgaben für Schulbücher sowie die Freifahrt weisen dagegen im Vergleich zur Gesamtheit aller Leistungen eine unterdurchschnittliche Verteilungswirkung aus. Das Wochengeld und der Unterhaltsabsetzbetrag kommen schließlich überproportional den oberen Einkommensschichten zugute.

3.2.2.1 Geldleistungen

Zu den hier betrachteten familienbezogenen Geldleistungen zählen als universelle Geldleistungen die Familienbeihilfe und das Kinderbetreuungsgeld, die über den FLAF finanziert werden, der über das Budget finanzierte Kinderabsetzbetrag, der Mehrkindzuschlag sowie das Wochengeld, das als Versicherungsleistung zu gleichen Teilen von der Krankenversicherung und dem FLAF finanziert wird.

Einer rein steuertechnischen Betrachtung folgend wäre der Kinderabsetzbetrag (KAB) als Steuerabsetzbetrag eigentlich den indirekten Geldleistungen zuzuordnen, da die Auszahlung aber automatisch an alle Haushalte, die Familienbeihilfe beziehen, erfolgt, ist er der Wirkung nach mit einer direkten Geldleistung gleichzusetzen und wird hier auch als solche behandelt. Der Kinderabsetzbetrag (KAB) verteilt sich wie die Kinder über die Einkommensschichten und weist mit einem Gini-Koeffizienten von -0,054 eine etwas schwächere Umverteilungswirkung nach unten auf als die Gesamtheit der familienbezogenen Leistungen (-0,071) (Tabelle 3).

Die Familienbeihilfe ist im Gegensatz zum KAB mit einer Mehrkindstaffelung[4] und einer Altersstaffelung ausgestaltet, d. h. mit zunehmendem Alter des Kindes steigt – in vier Stufen – die Höhe der Familienbeihilfe. Die dahinterliegende familienpolitische Motivation

---

[4] Bis zum Jahr 2000 war der KAB mit und die Familienbeihilfe ohne Mehrkindstaffelung versehen. Im Jahr 2002 wandert die Mehrkindstaffelung in die Familienbeihilfe.

sind die mit dem Kindesalter bzw. die mit der Kinderanzahl steigenden Verbrauchsausgaben. Trotz der unterschiedlichen Ausgestaltung von KAB und Familienbeihilfe weisen beide einen sehr ähnlichen Verteilungsverlauf auf. Beide verteilen sich im Wesentlichen wie die Kinder über die Einkommensschichten, wobei im Vergleich mit der Kinderanzahl pro Quartil das 2. Einkommensquartil marginal unterproportional und das 4. Quartil leicht überproportional von diesen beiden Leistungen profitieren. Die im vorhergehenden Abschnitt dargestellte Parallelität zwischen Einkommenshöhe der Haushalte und dem Alter der Kinder bzw. der HauptverdienerInnen – je älter die Kinder umso höher sind im Durchschnitt die Haushaltseinkommen – trägt dazu bei, dass die Altersstaffelung vermehrt besser verdienenden Haushalten zufließt. Die Mehrkindstaffelung stützt hingegen – bei Betrachtung der Äquivalenzeinkommen, nicht aber wenn das Gesamteinkommen der Haushalte zugrunde gelegt wird – überwiegend einkommensschwächere Haushalte. Diese beiden gegenläufigen Verteilungstendenzen – die eher nach oben umverteilende Altersstaffelung und die eher nach unten umverteilende Mehrkindstaffelung – gleichen sich insgesamt aus, sodass die Familienbeihilfe annähernd jeder Einkommensschicht entsprechend der jeweiligen Kinderanzahl zugutekommt.

Tabelle 3:   Verteilung der direkten Geldleistungen nach Einkommensschichten für die Nicht-Selbständigenhaushalte mit Kindern, 2005 (alle Anteile in %)

Verfügbares Äquivalenz- einkommen	Familien- leistungen insgesamt	Familien- beihilfe	Kinderab- setzbetrag	Kinderbe- treuungs- geld	Wochen- geld	Mehrkind- zuschlag	Kinder
1. Dezil	11,2	11,9	11,9	11,8	4,7	19,9	11,6
5. Dezil	10,4	9,8	10,0	10,1	18,6	6,4	10,0
10. Dezil	7,9	9,0	8,9	3,6	6,9	4,2	8,5
1. Quartil	28,3	28,2	28,1	29,5	6,3	45,9	27,7
2. Quartil	27,4	25,8	25,9	31,1	29,0	28,2	26,0
3. Quartil	24,4	23,8	24,2	25,7	33,6	17,3	24,5
4. Quartil	19,9	22,3	21,8	13,6	31,1	8,6	21,8
Insgesamt	100,0	100,0	100,0	100,0	100,0	100,0	100,0
Gini- Koeffizient	-0,071	-0,052	-0,054	-0,146	0,229	-0,315	

Quelle: Agwi et al. 2010a: 370; EU-SILC 2006, eigene Berechnungen.

Das Kinderbetreuungsgeld hat mit einem Gini-Koeffizienten von -0,146 eine deutlich stärkere Umverteilungswirkung zugunsten der einkommensschwächeren Haushalte als die Familienbeihilfe und der KAB – 60% der Leistung fließen in die untere Einkommenshälfte. Im Vergleich mit dem Karenzgeld, das ab 2000 vom Kinderbetreuungsgeld abgelöst wurde, zeigt sich eine gleichmäßigere Verteilung über die Einkommensschichten. Das Karenzgeld kam mit 35,9% dem 2. Quartil und mit nur 9% dem 4. Quartil zugute und rund 40% flossen in das mittlere Einkommensdrittel (Guger/Mum 1999). Mit Einführung des Kinderbetreuungsgeldes verschiebt sich einerseits die horizontale Verteilung zugunsten der Selbständigen und der Studierenden, die keinen Zugang zum als Versicherungsleistung konzipierten Karenzgeld hatten. Anderseits verstärkte sich auch die vertikale Umverteilung, da jetzt auch Studierende und noch nicht erwerbstätige Frauen Anspruch auf Kinderbetreuungsgeld haben. Die Finanzierung des Kinderbetreuungsgeldes liegt nun vollständig beim FLAF, die Beitragszahlungen der Selbständigen blieben aber unverändert.

Unter den direkten Geldleistungen weist der Mehrkindzuschlag deutlich den stärksten vertikalen Verteilungseffekt auf, wobei vor allem die Konzentration von 46% der Leistung im 1. Quartil besonders hoch ist. 74% fließen in die untere Einkommenshälfte und knapp 9% ins 4. Quartil.

Das Wochengeld weist als einkommensabhängige Versicherungsleistung zur unmittelbaren finanziellen Absicherung rund um die Geburt unter den familienbezogenen Leistungen einen atypischen Verteilungsverlauf auf. Das 1. Quartil bezieht Wochengeld in unterdurchschnittlichem Ausmaß, das verbleibende Leistungsvolumen verteilt sich zu annähernd gleichen Teilen über die verbleibenden Quartile.

3.2.2.2 Sachleistungen

Die familienbezogenen Sachleistungen – öffentliche Ausgaben für Kindergärten, die SchülerInnen- und Lehrlingsfreifahrt, Schulbücher sowie der Mutter-Kind-Pass einschließlich Mutter-Kind-Pass-Bonus (geordnet nach ihrem Finanzvolumen 2005: 977 Mio. Euro, 268 Mio., 77 Mio., 28 Mio. Euro) – weisen Verteilungseffekte zugunsten der unteren Einkommensschichten auf. Der Gini-Koeffizient der Kindergärten liegt leicht und der des Mutter-Kind-Passes deutlich unter dem Durchschnitt der Familienleistungen insgesamt und die öffentlichen Ausgaben für SchülerInnen- und Lehrlingsfreifahrt sowie die Schulbücher leicht darüber (Tabelle 4).

Die Ausgaben für Schulbücher und SchülerInnen- bzw. Lehrlingsfreifahrt verteilen sich, abgesehen von kleinen Abweichungen, sehr ähnlich wie die Kinder über die Einkommensbereiche, wobei die Freifahrt eine etwas stärkere Umverteilungswirkung aufweist als die Schulbücher. 55,1% der Freifahrt- und 54,3% der Schulbuchleistungen kommen der unteren Einkommenshälfte zugute. Diese leicht divergierende Verteilungswirkung kann zum Teil durch die unterschiedlichen Kostenverläufe der Leistungen erklärt werden: Die Ausgaben für die Freifahrt sind vom Alter des Kindes unabhängig, jene für die Schulbücher steigen allerdings mit dem Alter bzw. der besuchten Schulstufe. So ist beispielsweise der Kostenaufwand für Schulbücher pro SchülerIn in der Oberstufe wesentlich höher als in der Volksschule. Die Durchschnittseinkommen der Eltern von Schulkindern und vor allem von OberstufenschülerInnen sind höher als von Kleinkindern, und Kinder aus Angestellten- und BeamtInnenfamilien mit höheren Einkommen weisen durchschnittlich einen längeren Schulbesuch auf als Kinder aus Arbeiterfamilien. Der kostenlose Zugang zu Schulbüchern stellt einen wichtigen Beitrag zum freien Bildungszugang dar, müssten die Haushalte selber dafür aufkommen, würden vor allem untere Einkommensschichten – gemessen als Anteil an ihrem Einkommen – stärker belastet werden. Die Mitte der 1990er Jahre eingeführten Selbstbehalte für Schulbücher belasten zwar auch einkommensschwache Haushalte, dürften aber einkommensstärkere Haushalte durch deren höheren SchülerInnenanteil an weiterführenden Schulen stärker treffen.

Wird die Quartilsverteilung der Freifahrt betrachtet, zeigt sich für das Jahr 2005 eine leicht egalitärere Verteilungsstruktur als 1999; werden die Einkommen zu Dritteln zusammengefasst, so ergibt sich in etwa die gleiche Verteilungssituation wie 1999. Durch die Abschaffung der Studierendenfreifahrt in Folge des Sparpaktes 1996 wurde die Verteilungswirkung zugunsten der oberen Einkommensbereiche reduziert (Guger/Mum 1999), wenngleich Studierende in eigenständigen Haushalten belastet wurden.

Die staatlichen Ausgaben für Kinderbetreuungseinrichtungen weisen, wiederum bedingt durch die Einkommensstruktur der kinderbetreuenden Haushalte bzw. durch die Senioritätsentlohnung, eine leicht stärkere Umverteilungswirkung auf als der Durchschnitt aller familienbezogenen Leistungen. 57,4% der Ausgaben kommen den 53,7% der Kinder in der unteren Einkommenshälfte zugute und der Gini-Koeffizient beträgt -0,083. Werden neben den staatlichen Ausgaben für die Kindergärten auch die Eigenleistungen, die in der Regel nach dem Einkommen der Eltern gestaffelt sind, mitberücksichtigt, so nimmt die vertikale Umverteilungswirkung weiter zu. Ausreichende und leistbare bzw. kostenlose Kinderbetreuungseinrichtungen sind eine wesentliche Infrastrukturleistung, um die Erwerbsmöglichkeit für beide Elternteile zu ermöglichen und damit eine notwendige Voraussetzung für Frauen – da Betreuungsaufgaben in der Regel immer noch hauptsächlich von Frauen erbracht werden – ein eigenständiges Einkommen erzielen zu können. Betreuungseinrichtungen bilden somit zugleich auch eine der Rahmenbedingungen für eine gerechte bzw. gerechtere Einkommensverteilung zwischen Frauen und Männern.

Tabelle 4: Verteilung der familienbezogenen Sachleistungen nach Einkommensschichten für die Nicht-Selbständigenhaushalte mit Kindern, 2005 (alle Anteile in %)

Verfügbares Äquivalenzeinkommen	Mutter-Kind-Pass und -Bonus	Kinder-garten	SchülerInnen- und Lehrlings-freifahrt	Schul-bücher	Kinder
1. Dezil	13,3	9,4	11,5	11,8	11,6
5. Dezil	12,1	11,2	10,3	9,2	10,0
10. Dezil	6,0	8,6	8,7	9,6	8,5
1. Quartil	30,2	28,6	28,5	28,2	27,7
2. Quartil	29,5	28,8	26,6	26,1	26,0
3. Quartil	25,7	25,0	23,9	22,0	24,5
4. Quartil	14,6	17,6	21,0	23,7	21,8
Insgesamt	100,0	100,0	100,0	100,0	100,0
Gini-Koeffizient	-0,131	-0,083	-0,064	-0,044	

Quelle: Agwi et al. 2010a: 372; EU-SILC 2006, eigene Berechnungen.

Der Mutter-Kind-Pass, einschließlich dem Mutter-Kind-Pass-Bonus, ist eine gesundheitspolitisch motivierte Maßnahme mit der zugleich starke Umverteilungseffekte erzielt werden. Der Mutter-Kind-Pass weist mit -0,131 den höchsten Gini-Koeffizienten unter den Sachleistungen auf.

3.2.2.3 Indirekte Geldleistungen, familienbezogene Absetzbeträge

Absetzbeträge reduzieren die Steuerschuld und weisen einen stärkeren Umverteilungseffekt auf als Freibeträge – diese reduzieren die Steuerbemessungsgrundlage. Bei einem progressiven Tarifverlauf profitieren höhere Einkommen verstärkt von Freibeträgen, Absetzbeträge kommen hingegen niedrigen Einkommen – gemessen als Anteil am Einkommen – in einem höheren Ausmaß zugute. Der Alleinverdiener- (AVAB) und der AlleinerzieherInnenabsetzbetrag (AEAB) sind seit der Familienreform 1998 in voller Höhe mit einer Negativsteuer ausgestaltet, d. h. auch Personen, die ein Einkommen unterhalb der Steuergrenze erzielen, können von diesen indirekten Geldleistung profitieren, indem die Höhe des Absetzbetrages als „negative Steuer" ausbezahlt wird. Im Laufe der 1970er Jahre wurden die familienpolitischen Freibeträge durch Absetzbeträge abgelöst und damit die Umverteilungswirkung zugunsten von Haushalten mit hohen Einkommen reduziert bzw. die vertikalen Umverteilungseffekte der Gesamtheit der familienpolitischen Leistungen deutlich erhöht.

Der AVAB weist, bei Betrachtung der Äquivalenzeinkommen, mit einem Gini-Koeffizienten von -0,239 die stärkste Umverteilungswirkung unter den Absetzbeträgen und den zweitstärksten unter allen hier untersuchten Leistungen auf. Rund 70% des Leistungsvolumens kommt der unteren Einkommenshälfte zugute, knapp ein Fünftel dem dritten und ein gutes Zehntel dem obersten Quartil (Tabelle 5). AVAB und AEAB sind in Bezug auf ihre Ausgestaltung quasi ident. Sie weisen dieselbe Leistungshöhe und dieselbe Mehrkindstaffelung auf, aber dennoch erfolgt mittels des AVAB eine höhere Umverteilungswirkung als durch den AEAB (Gini-Koeffizient -0,117), allerdings nur wenn die Äquivalenzeinkommen betrachtet werden. Der AEAB kommt überwiegend Frauen zugute, da es wesentlich mehr Alleinerzieherinnen als Alleinerzieher gibt. Umgekehrt stellt sich die Situation für den AVAB dar: hier überwiegt der Männeranteil deutlich.

Tabelle 5: Verteilung der indirekten Familienförderung (Absetzbeträge) nach Einkommensschichten für die Nicht-Selbständigenhaushalte mit Kindern, 2005 (alle Anteile in %)

Verfügbares Äquivalenzeinkommen	AlleinerzieherInnen-absetzbetrag	AlleinverdienerInnen-absetzbetrag	Unterhaltsabsetzbetrag	Kinder
1. Dezil	8,5	13,0	6,8	11,6
5. Dezil	9,1	10,7	11,3	10,0
10. Dezil	7,3	3,6	17,8	8,5
1. Quartil	30,4	37,5	19,6	27,7
2. Quartil	30,5	31,9	16,4	26,0
3. Quartil	22,1	18,9	31,9	24,5
4. Quartil	16,9	11,7	32,1	21,8
Insgesamt	100,0	100,0	100,0	100,0
Gini-Koeffizient	-0,117	-0,239	0,160	

Quelle: Agwi et al. 2010a: 374; EU-SILC 2006, eigene Berechnungen.

Wird nicht das äquivalente, sondern das gesamte Einkommen des Haushalts betrachtet, so reiht sich die Verteilungswirkung neu. Ein Gini-Koeffizient von -0,105 des AVAB steht einem Gini-Koeffizienten von -0,374 des AEAB gegenüber, d. h. der AEAB weist hier eine wesentlich höhere Umverteilungswirkung auf als der AVAB. Nach dem Gesamteinkommen betrachtet, fließen rund 55% des AEAB in das erste Einkommensviertel und 75% in die untere Einkommenshälfte. Im Fall des AVAB sind es 28% bzw. knapp 60% die in das 1. Quartil bzw. die untere Einkommenshälfte fließen. Sowohl in Haushalten mit AEAB als auch in Haushalten mit AVAB ist im Wesentlichen nur eine Person erwerbstätig, Alleinverdiener(Innen)haushalte weisen in Summe aber ein wesentlich höheres Einkommensniveau auf als AlleinerzieherInnenhaushalte. Die unterschiedliche Stellung beider Haushaltsformen in der Einkommenshierarchie ist zum Teil auch durch Einkommensunterschiede zwischen Frauen und Männer bedingt – Frauen haben im Durchschnitt ein um rund 30% geringeres Einkommen. Der AVAB kann beansprucht werden, wenn eine Ehe- oder LebenspartnerIn, meist die Frau, nicht oder nur wenig verdient. Erwachsene Personen haben bei Umrechnung auf Äquivalenzeinkommen ein höheres Gewicht, insofern reduziert sich das Einkommen im Fall von AlleinverdienerInnenhaushalten (zwei Erwachsene) stärker als bei AlleinerzieherInnen (eine erwachsenen Person), mit der Folge, dass sich die Einkommensstruktur und folglich auch die Verteilungswirkung verschiebt. Der AVAB (der von rund 600.000 Haushalten – davon rund 60% mit unversorgten Kindern – beansprucht wird) dient in erster Linie dem horizontalen Lastenausgleich, fördert aber gleichzeitig die traditionelle Familienform des Ernährermodells. Mittels des AEAB (wird von rund 200.000 Haushalten beansprucht) soll hingegen neben dem horizontalen Ausgleich die oft schwierige finanzielle Lage von AlleinerzieherInnen abgefedert werden.

Im Gegensatz zum AVAB und AEAB kommt der Unterhaltsabsetzbetrag (UAB) verstärkt dem oberen Einkommensbereich zugute. 64% des Leistungsvolumens fließen in die obere Einkommenshälfte, allerdings muss hierbei berücksichtigt werden, dass zu leistende Unterhaltszahlungen an die kinderversorgende Person, meist die Mutter, nicht im Einkommen des Unterhaltszahlers berücksichtigt sind. Würden die Alimentezahlungen vom verfügbaren Einkommen abgezogen werden, so würde sich die Einkommensposition der Unterhaltspflichtigen nach unten verschieben und damit auch die Verteilungswirkung zugunsten der einkommensstärkeren Haushalte reduziert werden. Bei Betrachtung des Gesamteinkommens verteilt sich der UAB wesentlich gleichmäßiger über die Einkommensschichten (Gini-Koeffizient von 0,046), wobei vor allem die mittleren Einkommen (das 2. und 3. Quartil) davon profitieren (Tabelle 5).

3.2.3 Die relative Bedeutung der Familienleistungen auf Haushaltsebene

In diesem Abschnitt steht die Frage im Zentrum, welche ökonomische Bedeutung den familienpolitischen Leistungen in den einzelnen Haushalten mit Kindern zukommt oder, anders formuliert, welchen Anteil die familienbezogenen Leistungen am verfügbaren Haushaltseinkommen haben.[5] Von einer progressiven Verteilungswirkung wird gesprochen, wenn der Leistungsanteil mit steigendem Einkommen abnimmt (einkommensunabhängige Fixbeträ-

---

[5] Die Bedeutung der familienpolitischen Leistungen im staatlichen Umverteilungsprozess insgesamt – also bezogen auf alle Haushalte mit und ohne Kinder - bleibt hier außer Acht, sie stand in Festl et al. (2009) im Vordergrund.

ge, z. B. Kinderabsetzbetrag) und von einer regressiven, wenn der Leistungsanteil zunimmt (Steuerfreibeträge). Eine proportionale Verteilung liegt dann vor, wenn die empfangene Leistung proportional – also im gleichen Ausmaß – mit dem Einkommen wächst (einkommensabhängige Leistungen, z. B. Wochengeld). Höchstbeträge und Sockelbeträge sind weitere Ausgestaltungselemente, mit denen der Progressionsgrad einer Maßnahme beeinflusst werden kann.

Die Ausgestaltung staatlicher Transferleistungen hat zum einen Einfluss auf die finanziellen Ressourcen, die zwischen Haushalten verteilt werden, und zum anderen wird dadurch aber auch die Entscheidungsstruktur der Haushalte beeinflusst. Diesem Effekt kommt dann besonders starke Bedeutung zu, wenn strukturelle Ungleichheiten der Einkommensverteilung zwischen den Geschlechtern vorliegen. Entscheidungen bezüglich Fragestellungen wie: Welcher der beiden PartnerInnen bleibt bei den Kindern und für wie lange? Lohnt es sich eine Erwerbstätigkeit aufzunehmen oder werden u. a. durch das familienpolitische Leistungsangebot und deren Umfang entscheidend beeinflusst. Insofern beschränkt sich die Verteilungswirkung staatlicher Ausgaben nicht nur auf monetäre Verteilungseffekte, sondern beeinflusst auch die Verteilung von bezahlter und unbezahlter Arbeit sowie von Freizeit – zwischen den Geschlechtern und zwischen Einkommensschichten. Die Gesamtbewertung, ob Verteilungseffekte als erwünscht oder nicht erwünscht eingestuft werden, hängt – wie auch in anderen Politikbereichen – von der politischen bzw. familien- und emanzipationspolitischen Einstellung ab, greift aber auf jeden Fall zu kurz, wenn nur die monetären Wirkungen berücksichtigt werden. Aus diesem Gesichtspunkt kann die hier vorliegende Analyse der monetären Verteilungseffekte nur ein, wenn auch ein wichtiger, Bestandteil für die Gesamtbeurteilung familienpolitischer Maßnahmen sein.

Die familienpolitischen Leistungen insgesamt weisen eine deutliche Progressionswirkung auf. Die durchschnittlichen monatlichen Leistungen je Kind schwanken zwischen 290 und 350 Euro und sind damit in allen Einkommensstufen in etwa gleich hoch. Die relative ökonomische Bedeutung, die diesen Leistungen je Haushalt zukommt, unterscheidet sich aber sehr stark und ist von der Einkommensposition des jeweiligen Haushaltes abhängig. Im 1. Dezil beträgt das gewichtete Pro-Kopfeinkommen (Äquivalenzeinkommen) durchschnittlich 716 Euro pro Monat. Die familienpolitischen Leistungen belaufen sich hier auf rund 40% des verfügbaren Einkommens, im 10. Dezil – mit einem durchschnittlichen Einkommen von 3.237 Euro monatlich – hingegen nur auf 6% (Tabelle 6). Nach Einkommensvierteln zusammengefasst, zeigt sich folgende Verteilung: Im 1. Quartil tragen die Familienleistungen mit knapp einem Drittel zum verfügbaren (äquivalenten) Haushaltseinkommen bei. In den folgenden Quartilen sinkt ihr Anteil auf über 22%, auf 15% und auf 8% im 4. Quartil. Im unteren Einkommensbereich stellen die familienpolitischen Leistungen somit einen relevanten und zur finanziellen Absicherung der Haushalte notwendigen Einkommensbestandteil dar, mit steigendem Einkommen der Haushalte reduziert sich hingegen die relative Bedeutung. Insgesamt beläuft sich der Anteil der familienpolitischen Leistungen auf 16% der verfügbaren Haushaltseinkommen. Im 1. Quartil ist der Anteil mit 32% fast doppelt so groß und im 4. Quartil mit 8% in etwa halb so hoch wie im Durchschnitt aller Haushalte mit Kindern.

Tabelle 6: Progressionswirkung der familienpolitischen Leistungen für die Nicht-
Selbständigenhaushalte mit Kindern, 2005

Verfügbares Äquivalenz-einkommen	Haushalte mit Kindern	Verfügbares Äquivalenz-einkommen pro Monat		Familienleistungen insgesamt	
	Anzahl	Grenze in €	Durchschnitt in €	Anteile am verfügbaren Äquivalenzeinkommen in %	In € pro Monat und Kind*)
1. Dezil	92.253	916	716	40,2	309
2. Dezil	92.340	1.076	999	28,6	337
3. Dezil	92.825	1.217	1.148	26,2	348
4. Dezil	92.145	1.336	1.277	22,2	339
5. Dezil	91.519	1.464	1.396	19,3	336
6. Dezil	93.112	1.584	1.522	16,6	314
7. Dezil	92.469	1.761	1.666	15,1	334
8. Dezil	92.486	1.972	1.858	11,5	304
9. Dezil	92.763	2.379	2.150	10,0	302
10. Dezil	92.083	>2.379	3.237	6,2	286
1. Quartil	230.937	1.148	909	31,9	327
2. Quartil	230.146	1.464	1.306	21,5	340
3. Quartil	231.575	1.847	1.636	15,3	323
4. Quartil	231.338	>1.847	2.535	8,0	293
Insgesamt	923.996		1.597	16,0	322

Quelle: Agwi et al. 2010a: 377; EU-SILC 2006, eigene Berechnungen.

*) Die ausgewiesenen Werte stellen die Gesamtleistung je Kind dar, die in den Haushalt fließen, und sind nicht wie im Fall der Einkommen unter Berücksichtigung der Haushaltsgröße und -zusammensetzung gewichtet.

In welchem Ausmaß die einzelnen familienpolitischen Leistungen insgesamt in einem durchschnittlichen Haushalt zum verfügbaren Äquivalenzeinkommen der Familien beitragen, ist im Wesentlichen vom Gesamtvolumen der Leistungen abhängig. Die Familienbeihilfe weist mit 2,4 Mrd. Euro das höchste Leistungsvolumen[6] auf. Der hohe Leistungsumfang der Familienbeihilfe spiegelt sich auch in der Bedeutung für die Haushalte wider (6% des verfügbaren Äquivalenzeinkommens). Der Unterhaltsabsetzbetrag weist das niedrigste Leistungsvolumen (15,8 Mio. Euro) und zugleich auch die geringste Relation zu den Haushaltseinkommen auf (0,05%). Die Einkommensanteile der übrigen familienpolitischen Leistungen reihen sich entsprechend ihres Leistungsumfanges zwischen Familienbeihilfe und Mehrkindzuschlag wie folgt: Kindergärten, Kinderabsetzbetrag, Kinderbetreuungsgeld, Freifahrt, AlleinverdienerInnenabsetzbetrag, Wochengeld, Schulbücher, AlleinerzieherInnenabsetzbetrag und Mutter-Kind-Pass (Tabelle 7 und Tabelle 8).

---

[6] Im Unterschied zu den in Tabelle 1 für 2006 ausgewiesenen Gesamtsummen der einzelnen familienpolitischen Leistungen für alle Haushalte mit Kindern, beziehen sich die in diesem Abschnitt ausgewiesenen Summen nur auf die im Jahre 2005 an die Nicht-Selbständigenhaushalte – nur diese wurden in der vertikalen Verteilungsanalyse berücksichtigt – geflossenen Mittel.

Tabelle 7: Progressionswirkung familienpolitischer Geldleistungen nach Einkommensschichten für die Nicht-Selbständigenhaushalte mit Kindern, 2005 (alle Anteile in %)

Verfügbares Äquivalenz-einkommen	Familien-beihilfe	Kinder-absetzbetrag	Kinder-betreuungsgeld	Wochen-geld	Mehrkind-zuschlag
1. Quartil	12,44	4,94	4,23	0,22	0,27
2. Quartil	7,95	3,18	3,12	0,71	0,12
3. Quartil	5,82	2,36	2,04	0,65	0,06
4. Quartil	3,52	1,37	0,70	0,39	0,02
Insgesamt	6,28	2,50	2,04	0,49	0,08

Quelle: Agwi et al. 2010a: 378; EU-SILC 2006, eigene Berechnungen.

Tabelle 8: Progressionswirkung familienpolitischer Absetzbeträge und Sachleistungen nach Einkommensschichten für die Nicht-Selbständigenhaushalte mit Kindern, 2005 (alle Anteile in %)

Verfügbares Äquivalenz-einkommen	Alleiner-zieherab-setzbetrag	Alleinver-dienerab-setzbetrag	Unterhalts-absetz-betrag	Kinder-garten	Schul-bücher	Freifahrt	Mutter-Kind-Pass und Bonus
1. Quartil	0,90	1,46	0,06	5,44	0,39	1,39	0,17
2. Quartil	0,34	0,87	0,04	3,83	0,25	0,90	0,12
3. Quartil	0,15	0,41	0,06	2,63	0,17	0,65	0,08
4. Quartil	0,07	0,16	0,04	1,20	0,12	0,37	0,03
Insgesamt	0,27	0,55	0,05	2,71	0,20	0,69	0,08

Quelle: Agwi et al. 2010a: 379; EU-SILC 2006, eigene Berechnungen.

4 Armutsgefährdung von Haushalten mit Kindern

Armutsvermeidung gehört zu den wichtigsten Aufgaben der Sozialpolitik. Die Vermeidung bzw. Verringerung von Kinder- und Familienarmut bildet auch ein zentrales Ziel der Familienpolitik, ihr Erfolg ist daher unter anderem an ihrem Beitrag zur Bekämpfung der Familienarmut zu beurteilen.

Die Armutsgefährdungsquote lag nach den Ergebnissen von EU-SILC 2008 in Österreich im Jahr 2007 im Durchschnitt bei 12,4%. Mehr-Kind- und Ein-Eltern-Familien sind überdurchschnittlich von Armut betroffen. In Ein-Eltern-Haushalten lag das Armutsrisiko bei 29% und in Familien mit drei und mehr Kindern bei 20%; wenn beide Eltern erwerbstätig waren bei 14%, wenn die Frau keinem Erwerb nachging bei 28% (BMASK 2009: 49-132). Die Erhöhung der Erwerbschancen beider Elternteile bildet eines der wichtigsten Instrumente zur Verbesserung der ökonomischen Lage von Familien und zur Verhinderung von Familien- und Kinderarmut.

In diesem Abschnitt wird der Beitrag der monetären familienpolitischen Leistungen zur Verminderung der Kinderarmut auf der Grundlage des Datenmaterials aus EU-SILC 2006 – anhand der in der obigen Verteilungsanalyse verwendeten Daten für das Jahr 2005 – abgeschätzt (Agwi et al. 2010b: 408f.)

Zur Berechnung der armutsgefährdeten Familien wurden ausschließlich Haushalte mit nichtselbständigen Personen herangezogen. Wird die Armutsschwelle mit 60% des Medians des verfügbaren Äquivalenzeinkommens eines Haushaltes definiert, so lag die Armutsschwelle 2005 bei 924 Euro. Damit waren gut 400.000 Haushalte, schwach ein Viertel davon Familien mit Kindern, von Armut betroffen. Insgesamt lebten 2005 183.400 oder 12% aller Kinder unter der Armutsschwelle. Das äquivalente monatliche Medianeinkommen eines armutsgefährdeten Haushaltes belief sich auf 770 Euro und lag damit fast 17% unter der Armutsschwelle.

Eine Vergleichsrechnung ohne die monetären familienpolitischen Leistungen zeigt deren große Bedeutung für die Vermeidung von Familien- und Kinderarmut auf. Bleiben diese im Einkommen enthaltenen Familienleistungen unberücksichtigt wären über 400.000 Kinder, also mehr als doppelt so viele armutsgefährdet und der Anteil der Familien mit unterhaltspflichtigen Kindern unter allen armutsgefährdeten Haushalten stiege auf 41,2% (Tabelle 9).

Neben den hier berücksichtigten monetären Transfers kommt aus ökonomischer Perspektive auch den realen familienpolitischen Leistungen – Kinderbetreuungseinrichtungen, SchülerInnen- und Lehrlingsfreifahrt und Schulbüchern – in der Verringerung des Armutsrisikos für Familien große Bedeutung zu: einerseits durch eine Senkung der direkten Kinderkosten (Freifahrt, Schulbücher) und andererseits werden über die Betreuungseinrichtungen die Erwerbschancen der Eltern verbessert.

Tabelle 9: Armutsgefährdete Kinder

		Verfügbare Äquivalenzeinkommen	
		unter Berücksichtigung von monetären Familienleistungen	ohne Berücksichtigung von monetären Familienleistungen
Armutsschwelle als 60% des Medians des verfügbaren Äquivalenzeinkommens	in €	924	892
Medianeinkommen armer Haushalte	in €	770	736
Haushalte unter der Armutsschwelle	Anzahl	411.127	486.164
Anteil an allen Haushalten	*in %*	*12,9*	*15,3*
Familienhaushalte unter der Armutsschwelle	Anzahl	95.256	200.346
Anteil an allen Familienhaushalten	*in %*	*10,3*	*21,7*
Anteil an allen armen Haushalten	*in %*	*23,2*	*41,2*
Arme Kinder	Anzahl	183.409	409.222
Anteil an allen Kindern	*in %*	*11,9*	*26,5*

Quelle: Agwi et al. 2010b: 409; EU-SILC 2006, eigene Berechnungen.

Die Förderung der Erwerbschancen hat nicht nur unmittelbar positive Auswirkungen auf das Armutsrisiko und die wirtschaftliche Lage der Familien, sondern senkt langfristig auch die indirekten Kinderkosten und die geschlechtsspezifischen Einkommensunterschiede (Lutz 2003). Außerdem kommt aus kinder- und familienpolitischer Sicht ökonomisch leistbaren und qualitativ hochwertigen Betreuungseinrichtungen durch ihre Rolle in der frühkindlichen Bildungsförderung gesellschaftspolitische Bedeutung in der Verringerung der sozialen Vererbung zu.

5 Die Rolle der Familienpolitik in einer neuen Sozialstaatsarchitektur

5.1 Österreichs Familienpolitik basiert auf dem traditionellen Familienmodell der Industriegesellschaft

Die Konzeption der österreichischen Familienpolitik ist – wie auch jene der übrigen sozialstaatlichen Institutionen – funktional auf die Arbeits- und Lebensverhältnisse der klassischen Industriegesellschaft abgestimmt. Sie basiert auf dem traditionellen Familienbild einer lebenslangen Beziehung zwischen einem vollzeiterwerbstätigen Mann und einer Frau, die sich im Wesentlichen auf ihre Rollen als Hausfrau und Mutter konzentriert (*male-bread-winner model*).

Dieses traditionelle Familienmodell ist in einem raschen Niedergang begriffen;[7] die veränderte Rolle der Frau bildet heute einen der revolutionärsten gesellschaftlichen Impulse (Esping-Andersen 2002: 19ff.) und erfordert auch eine Neupositionierung der Rolle des Mannes. Frauen haben in den Ausbildungsinstitutionen quantitativ und qualitativ die Führung übernommen und streben eigenständige Erwerbskarrieren an. Angesichts der demographischen Perspektiven alternder Gesellschaften, die durch Zuwanderung im kommenden Jahrzehnt kaum sozial verträglich auszugleichen sein wird, werden sie auf dem Arbeitsmarkt in zunehmendem Maße auch gebraucht. Parallel dazu sind die Partnerbeziehungen flexibler und instabiler geworden, AlleinerzieherInnen- und Patch-Work-Familien nehmen zu und die Geburtenraten haben einen Tiefpunkt erreicht, da sich immer weniger Paare in der Lage sehen, ihre Kinderwünsche zu realisieren. Unsere Familienpolitik und sozialen Sicherungssysteme entsprechen nicht den Anforderungen der neuen Arbeits- und Lebenswelt, sondern spiegeln noch immer die Erwerbs- und Familienstrukturen unserer Elterngeneration wider.

Aus dieser Dysfunktionalität der sozialstaatlichen Institutionen resultieren gesellschaftliche Ungleichgewichte, die sich demographisch in niedrigen Geburtenraten und am Arbeitsmarkt in einer zunehmenden Polarisierung der Erwerbsbeteiligung und der Einkommensverteilung manifestieren. So weisen vollzeitbeschäftigte Männer im Haupterwerbsalter in Österreich die längsten Wochenarbeitszeiten in der EU aus, während Frauen mit sehr hohen und rasch steigenden Teilzeitbeschäftigungsquoten bei sehr niedriger durchschnittlicher Arbeitszeit konfrontiert sind. Die Folge sind hohe geschlechtsspezifische Einkommensdifferentiale, die durch die Dominanz der monetären Transfers in der österreichischen Familienpolitik – langer Karenz- bzw. Kinderbetreuungsgeldbezug – und dem Mangel an Kinderbetreuungseinrichtungen noch verstärkt werden. Diese Entwicklung schlägt auch auf die Verteilung der Haushaltseinkommen durch: An einem Ende wächst die Zahl erwerbs- und einkommensschwacher, von Armut bedrohter, AlleinerzieherInnenhaushalte und am anderen die Zahl erwerbs- und einkommensstarker Doppelverdienerhaushalte – ein zunehmender Teil davon ohne Kinder.

---

[7] Eine Entwicklung, die sich in den parteipolitischen Positionen allerdings erst in Ansätzen abzeichnet (siehe dazu den Beitrag von Dujmovits in diesem Band).

5.2 „Gender-equality" als Grundlage eines neuen familienpolitischen Paradigmas

Die globale, wissensbasierte Dienstleistungsgesellschaft erfordert eine neue Sozialstaatsarchitektur, die sich auf ‚gender equality' gründet und beiden Geschlechtern ein ausgewogenes Verhältnis zwischen Arbeits- und Familienleben eröffnet (Esping-Andersen 2009). Für die mitteleuropäischen Wohlfahrtsstaaten Bismarck'scher Prägung, zu denen Österreich zählt, ergibt sich daraus auch familienpolitisch in mehrfacher Hinsicht Reformbedarf:

- *Neue Gewichtung der Förderstruktur:* weg von der Dominanz monetärer Transfers hin zu mehr sozialen Dienstleistungen. In der österreichischen Familienpolitik dominieren monetäre Transfers, die insbesondere im Zusammenhang mit der Möglichkeit des langen Bezugs von Kinderbetreuungsgeld durch einen Elternteil längerfristig zur Falle werden. Zum einen für Frauen, deren Wiedereintritt in den Arbeitsmarkt mit der Dauer der Erwerbsunterbrechung immer schwieriger wird, und zum anderen auch für Kinder aus armen und bildungsfernen Familien, deren frühkindliche Entwicklung vielfach zu wenig gefördert wird. Dadurch wird soziale Vererbung begünstigt und die soziale Mobilität verringert.

- Sowohl die Qualifikationsanforderungen der globalen Wissensgesellschaft als auch die demographischen Perspektiven einer alternden Bevölkerung erfordern massive *Investitionen* sowohl in die *Betreuung und Ausbildung* der (zahlenmäßig immer weniger) *Kinder* als auch in die *Pflegeinfrastruktur für Behinderte* und alte Menschen. Dabei geht es einerseits kurz- und mittelfristig um die Bereitstellung ausreichender und qualitativ hochwertiger Infrastruktur, um den Eltern die Vereinbarkeit von Beruf und Familie (Verpflichtungen gegenüber Kindern und pflegebedürftigen Eltern) zu erleichtern und anderseits langfristig um die rechtzeitige Förderung der produktiven Talente aus allen Gesellschaftsschichten. Denn: Junge Menschen, die heute im Ausbildungsprozess zurückbleiben, werden zum Arbeitslosenproblem von morgen.

- Die *Einbindung der Betriebe* in die familienpolitische Verantwortung der Gesellschaft: sowohl durch eine Verringerung und Flexibilisierung der täglichen bzw. wöchentlichen Arbeitszeiten als auch durch die Bereitstellung von betrieblicher Betreuungsinfrastruktur für Kinder. Ein neues gesellschaftliches Gleichgewicht erfordert eine neue Balance zwischen Arbeit und Familie für beide Geschlechter. Sie kann sich nicht auf eine stärkere Integration der Frauen in das Erwerbsleben beschränken, sondern erfordert die Integration der Männer bzw. der Väter in die Erziehungs- und Familienarbeit. Dies kann nur durch eine Verringerung und eine an die Bedürfnisse der Eltern angepasste Flexibilisierung der täglichen Erwerbsarbeitszeit erzielt werden.

6   Schlussfolgerungen und Ausblick

Die familienpolitischen Leistungen wirken in Österreich progressiv auf die Einkommensverteilung. Berücksichtigt man die Größe und Zusammensetzung der Haushalte in Form der Äquivalenzeinkommen, so fließt ein überproportionaler Teil an Leistungen in die Haushalte mit niedrigem Einkommen; für diese kommt den familienpolitischen Leistungen auch viel größere Bedeutung zu als für hohe Einkommen: Im 1. Dezil – also für die 10% der Haushalte mit den niedrigsten Einkommen – bilden die familienpolitischen Leistungen gut 40%

ihres verfügbaren Einkommens, für die obersten 10% nur gut 6%. Im Durchschnitt liegt ihr Anteil bei 16%.

Obwohl in der österreichischen Familienpolitik das Prinzip der horizontalen Umverteilung zwischen Kinderlosen und Familien mit Kindern dominiert, ergeben sich damit deutliche vertikale Umverteilungswirkungen. Am stärksten umverteilend wirken der Mehrkindzuschlag und das Kinderbetreuungsgeld. Auch der Mutter-Kind-Pass, der AlleinverdienerInnenabsetzbetrag und der AlleinerzieherInnenabsetzbetrag sind Leistungen mit einer stärkeren Umverteilungswirkung als die Gesamtheit der Leistungen. Die Umverteilungswirkung der öffentlichen Ausgaben für Kindergärten, der Familienbeihilfe, des Kinderabsetzbetrags, der öffentlichen Ausgaben für SchülerInnen- und Lehrlingsfreifahrt sowie für Schulbücher verläuft leicht unterdurchschnittlich und das Wochengeld und der Unterhaltsabsetzbetrag weisen eine Verteilungswirkung zugunsten der oberen Einkommenshälfte auf.

Die Leistungen der Familienpolitik sind in Österreich im internationalen Vergleich relativ großzügig und gewährleisten durch das große Gewicht monetärer Transfers ein hohes Maß an Wahlfreiheit. Defizite ergeben sich in der Vereinbarkeit von Familie und Beruf und zu einem erheblichen Teil damit zusammenhängend in der Vermeidung von Kinderarmut. Das unzureichende Angebot an Kinderbetreuung und ungenügend flexible Erwerbsmöglichkeiten stellen Eltern mit Betreuungspflichten vor Probleme, die Frauen häufig in eine Doppelbelastung durch Familie und Beruf zwingen und sich in diskontinuierlichen Erwerbskarrieren und hohen Lebenseinkommensverlusten niederschlagen.

Wie internationale, vor allem skandinavische, Beispiele zeigen, könnte ein Paradigmenwechsel in der Familienpolitik, der stärker auf den Ausbau eines qualitativ hochwertigen Betreuungs- und Ausbildungsangebots setzt, eine neue Balance zwischen Erwerbsarbeit und Familie einleiten, die erstens dem neuen Frauenbild entspricht, zweitens die Durchsetzung der Kinderwünsche junger Familien und die stärkere Integration von Frauen in den Erwerbsprozess erleichtert und drittens der bildungspolitischen Herausforderung einer stärkeren Förderung der frühkindlichen Entwicklung und Verringerung von sozialer Vererbung entgegenkommt.

Aus der Verteilungs- und Genderperspektive fällt die Bewertung des am 01.01.2009 in Kraft getretenen Familienpakets ambivalent aus: Die erstmals geschaffene Möglichkeit der steuerlichen Berücksichtigung von Kinderbetreuungskosten fördert zwar die Frauenerwerbstätigkeit und damit möglicherweise auch die Arbeitsteilung zwischen den Geschlechtern, ohne entsprechende quantitative und qualitative Ausweitung der Kinderbetreuungsinfrastruktur werden aber der Freibetrag und der ArbeitgeberInnenzuschuss zur Kinderbetreuung nur in beschränktem Ausmaß greifen.

Angesichts der Dominanz monetärer Förderungen setzt der Bund mit jährlichen Mehrausgaben für steuerliche Familienleistungen in Höhe von 510 Mio. Euro gegenüber 110 Mio. Euro für Realtransfers strukturell falsche Prioritäten. Von Freibeträgen - egal ob zweckgebunden oder ungebunden - gehen außerdem zwangsläufig degressive Verteilungseffekte aus. Arme Haushalte und solche, deren Einkommen so gering ist, dass keine Steuerschuld entsteht, können von Freibeträgen nicht profitieren. Daher wäre eine Reintegration des Kinderfreibetrags in den Kinderabsetzbetrag sowohl aus verteilungspolitischen als auch administrativen Gründen zweckmäßiger.

Grundsätzlich wäre auch eine Harmonisierung der Familienpolitik anzustreben, die Inkonsistenzen zwischen dem dominanten horizontalen Umverteilungsprinzip auf Bundesebene und den historisch gewachsenen, bedarfsgeprüften, föderalen Förderstrukturen mit

einer Vielzahl unterschiedlicher Bemessungsgrundlagen verringert und Schwellenphänomene und Armutsfallen vermeidet, ohne das sozialpolitische Ziel der Armutsvermeidung
außer Acht zu lassen. Ein Ansatz in diese Richtung bestünde in der Verringerung bedarfsgeprüfter Leistungen zugunsten universeller Transfers, die allerdings der Einkommensbesteuerung unterzogen würden. Durch die Progression des Steuertarifs würden Transfers in
unteren Einkommensschichten, wo keine Steuer anfällt, in voller Höhe ankommen und mit
zunehmendem Einkommen langsam abnehmen.

Literatur

Agwi, Martina/Festl, Eva/Guger, Alois/Knittler, Käthe (2010a): Familienpolitische Leistungen und
    ihre ökonomische Bedeutung. In: BMWFJ (2010): 349-388.
Agwi, Martina/Festl, Eva/Guger, Alois/Knittler, Käthe (2010b): Die Familie als Steuerzahlerin. In:
    BMWFJ (2010): 395-433.
BMASK - Bundesministerium für Arbeit, Soziales und Konsumentenschutz (Hrsg.) (2009): *Armuts-
    gefährdung in Österreich.* EU-SILC 2008. Eingliederungsindikatoren. Studie der Statistik
    Austria im Auftrag des BMASK. Wien.
BMWFJ - Bundesministerium für Wirtschaft, Familie und Jugend (Hrsg.) (2010): *5. Familienbericht
    1999-2009.* Die Familie an der Wende zum 21. Jahrhundert. Bd. II, Wien.
Esping-Andersen, Gøsta/Gallie, Duncan/Hemerijck, Anton/Myles, John (2002): *Why We Need a New
    Welfare State.* Oxford/New York: Oxford University Press.
Esping-Andersen, Gøsta (2009): *The Incomplete Revolution. Adapting to Women's New Roles.* Cam-
    bridge/Malden: Polity Press.
Festl, Eva/Guger, Alois/Knittler, Käthe (2009): Umverteilungswirkung der Familienförderung in
    Österreich. In: Guger et al. (2009): 175-220.
Festl, Eva/Lutz, Hedwig/Schratzenstaller, Margit (2010): *Mögliche Ansätze zur Unterstützung von
    Familien.* Studie des WIFO im Auftrag der Kammer für Arbeiter und Angestellte für Wien,
    Wien.
Guger, Alois/Mum, David (1999): *Die Verteilungswirkungen des Familienpakets.* WIFO. Wien.
Guger, Alois/Agwi, Martina/Buxbaum, Adolf/Festl, Eva/Knittler, Käthe/Halsmayr, Verena/Pitlik,
    Hans/Sturn, Simon/Wüger, Michael (2009): *Umverteilung durch den Staat in Österreich.* Studie
    des WIFO im Auftrag der OeNB, des Bundeskanzleramts und des Bundesministeriums für Ar-
    beit, Soziales und Konsumentenschutz. Wien.
Guger, Alois/Marterbauer, Markus (2009): Umverteilung durch den Staat. *WIFO-Monatsberichte* 82
    (11): 859-877.
Knittler, Käthe (2009a): Umverteilungswirkung der Sozialhilfe. In: Guger et al. (2009): 157-174.
Knittler, Käthe (2009b): Wohnbauförderung. In: Guger et al. (2009): 278-306.
Lutz, Hedwig (2003): Verdienstentgang von Frauen mit Kindern. *WIFO-Monatsberichte* 76 (10):
    769-780.
OECD (2005): *Taxing Working Families. A Distributional Analysis.* Paris.
Nowotny, Ewald/Zagler, Martin (2009): *Der öffentliche Sektor. Einführung in die Finanzwissen-
    schaft.* 5. Auflage. Berlin/Heidelberg: Springer-Verlag.
Prettenthaler, Franz/Sterner, Corina (2008): Eine Steuerreform, die nicht das gesamtstaatliche Steuer-
    und Transfersystem Österreichs harmonisiert, verdient diesen Namen nicht. *Gesellschaft und
    Politik: Zeitschrift für soziales und wirtschaftliches Engagement* 44 (3): 15-24.
Statistik Austria (2007): *Kindertagesheimstatistik.* Wien.
Statistik Austria (2008): *Einkommen, Armut und Lebensbedingungen 2006.* Ergebnisse aus EU-SILC
    2006. Wien.

Gibt es ein „good practice"-Modell der Familienpolitik im Lichte der komparativen Wohlfahrtsstaatenforschung?

Sigrid Leitner

1 Was heißt „good practice" in der Familienpolitik?

Auf der Suche nach guten Beispielen aus der familienpolitischen Praxis stellt sich zunächst die grundsätzliche Frage, welche Kriterien anzuwenden wären, um die Vorbildhaftigkeit bzw. die Defizite eines Politikmodells festzustellen. Was eine „gute" – vielleicht sogar „die beste" – Familienpolitik ausmacht, hängt von der normativen Zielsetzung des Bewertungs-maßstabs ab; zumindest wenn es – wie in diesem Beitrag – um eine Bewertung der Output-Dimension geht. Gerade in der familienpolitischen Diskussion befinden sich sehr unter-schiedliche normative Zielvorstellungen im Wettstreit: Den einen geht es um die Steige-rung der Geburtenrate, den anderen um die bessere Vereinbarkeit von Familie und Beruf; die Ermöglichung von partnerschaftlichen Erziehungsarrangements steht dem Erhalt der traditionellen Ernährerfamilie gegenüber; die einen sehen das Kindeswohl durch Fremdbe-treuung gefährdet, den anderen gehen die frühkindlichen Bildungsanstrengungen noch lange nicht weit genug.

Um gute Beispiele in der Familienpolitik identifizieren zu können, muss also die eige-ne normative Ausgangsposition geklärt werden. Ich werde in diesem Sinne im folgenden Kapitel normative Zielkonflikte der Familienpolitik diskutieren und beziehe mich dabei auf Maßnahmen zur Vereinbarkeit von Kinderbetreuung und Erwerbstätigkeit in einem weiten Sinn. Die Zielkonflikte kreisen um die Themen (1) Anerkennung von Erziehungsarbeit, (2) Wahlfreiheit der Eltern sowie (3) Wohlergehen des Kindes und spiegeln auf weiten Stre-cken die feministische Auseinandersetzung mit dem Thema Erziehungsarbeit. Als Ergebnis werden zentrale Elemente einer guten Familienpolitik herausgestellt. In Kapitel 3 wird schließlich nach empirischen Länderbeispielen Ausschau gehalten, die derartige „Baustei-ne" in ihren Vereinbarkeitspolitiken bereits umsetzen. Der exemplarische Blick schweift dabei über Deutschland, Island, Österreich, Finnland und Frankreich. Es zeigt sich, dass die theoretischen Anforderungen an eine gute Familienpolitik in der Praxis bislang nur in An-sätzen realisiert werden.

2 Normative Zielkonflikte und gemeinsame Nenner

Maßnahmen zur Vereinbarkeit von Kinderbetreuung und Erwerbstätigkeit stellen ein relativ junges Handlungsfeld der Familienpolitik dar, wenn es um das mittlerweile beinahe als klassisch empfundene Instrument des zeitlich befristeten *bezahlten* Ausstiegs von Eltern kleiner Kinder aus dem Erwerbsleben geht. Die meisten europäischen Länder haben derar-tige Programme erst Ende der 1970er/Anfang der 1980er Jahre eingeführt. Über eine weit-aus längere Tradition verfügt hingegen der Bereich der institutionellen Kinderbetreuung, wenngleich hier in Bezug auf den Ausbaugrad und die Erfassung von Kindern unter drei Jahren durchaus eine in den letzten zwei Jahrzehnten stark beschleunigte Entwicklung konstatiert werden kann. Die Vereinbarkeitspolitik folgt dabei in den einzelnen Ländern unterschiedlichen normativen Zielsetzungen, die im Folgenden theoretisch-analytisch systematisiert werden.

2.1 Die gesellschaftliche Anerkennung von Erziehungsarbeit

Elterliche Betreuungs- und Erziehungsarbeit kann durch unterschiedliche Geldleistungen unterstützt werden. Ungerson (1997) unterscheidet fünf Arten der „payments for care", von denen die folgenden für die Thematik der Anerkennung von Erziehungsarbeit von Bedeutung sind.

- „Carer allowances" haben oftmals den Charakter von Kompensationszahlungen für entgangene Erwerbschancen von Eltern und werden entweder durch Sozialversicherungsbeiträge oder Steuern finanziert. Die in vielen Ländern gewährten unterschiedlichen Formen von Elterngeld, die Anerkennung von Betreuungs- und Erziehungsarbeit in der Sozialversicherung oder auch deren steuerliche Begünstigung wären beispielsweise hier einzuordnen.
- „Symbolic payments" weisen vor allem einen sehr geringen Leistungsumfang auf. Sie sind als „Geschenke" an diejenigen gedacht, die Erziehungs- und Betreuungsarbeit leisten.

Sowohl „carer allowances" als auch „symbolic payments" erhöhen das Einkommen der Familie und bieten somit eine finanzielle Anerkennung von Erziehungsarbeit. Damit erfüllen sie die „alte" feministische Forderung nach der Aufwertung von Familienarbeit im Vergleich zur Erwerbsarbeit. Je höher die Leistungen, desto umfassender ermöglichen sie das Recht auf „time to care" (Knijn/Kremer 1997) und desto nachhaltiger stärken sie den gesellschaftlichen Stellenwert von Erziehungsarbeit.

Anders formuliert bieten „Payments for care" sogar einen gewissen Anreiz für die Übernahme von Betreuungs- und Erziehungsarbeit durch die Familie. Damit bekräftigen sie jedoch gleichzeitig die traditionelle geschlechtsspezifische Arbeitsteilung: Da Erziehungsarbeit in den meisten Fällen von Frauen erbracht wird, unterstützen „payments for care" nicht nur die Familie als solche, sondern auch die damit verbundene Festlegung von Frauen auf die Erziehungsarbeit (Jenson/Jacobzone 2000). Ungerson gibt zu bedenken, dass bereits kleine, symbolische Leistungen Frauen unter Druck setzen, aus der Erwerbsarbeit auszusteigen, um Familienarbeit zu leisten:

> „Thus there is a powerful argument that such payments are entrapping rather than liberating." (Ungerson 1995: 48)

Aus einer gleichheitstheoretischen feministischen Perspektive ist diese Festschreibung von Geschlechterrollen nicht wünschenswert. Andererseits handelt es sich bei dem eben skizzierten Zusammenhang nicht um einen Automatismus, sondern eher um eine Dilemma-Situation, aus der es auch Auswege geben kann: „Payments for care" können der Verfestigung der geschlechtsspezifischen Arbeitsteilung entgegenwirken, wenn sie Anreize für eine geschlechtergerechte Aufteilung von Erziehungsarbeit enthalten. Immer dann, wenn

„payments for care" als individualisierte Rechtsansprüche konzipiert sind, zielen sie aktiv auf die Erziehungsarbeit von Müttern *und* Vätern. Beispiele dafür sind der Vaterschaftsurlaub – eine bezahlte Freistellung für Väter als Pendant zum Mutterschaftsurlaub – und die so genannten „Papamonate", die die Dauer der Gewährleistung von Transfers für Erziehungsarbeit an die Beteiligung *beider* Eltern an der Erziehungsarbeit knüpfen. Aber auch die Höhe der Leistung beeinflusst die geschlechtsspezifische Inanspruchnahme: Hohe Lohnersatzraten begünstigen im Allgemeinen die Väterbeteiligung an der Erziehungsarbeit (Bruning/Platenga 1999: 205f). Ein geringes Leistungsniveau führt hingegen aufgrund der geschlechtsspezifischen Arbeitsmarktsegregation zu einer Verstärkung der geschlechtsspezifischen Zuschreibung von Erziehungsarbeit.

2.2 Die Wahlfreiheit der Eltern zwischen Kinderbetreuung und Erwerbsarbeit

Zeitrechte wie z. B. Elternzeit sind darauf ausgerichtet, erwerbstätigen Personen arbeitsrechtlich abgesicherte Auszeiten zu gewähren, in denen sie familialen Betreuungsverpflichtungen nachkommen können. Sie stärken – genauso wie die „payments for care" – das Recht der Eltern auf Erziehungsarbeit („the right to care"). Dies umso mehr, je länger die Zeiträume des Ausstiegs aus der Erwerbsarbeit angesetzt sind. Allerdings ist für die Qualität dieses Rechts auf Erziehungsarbeit entscheidend, inwiefern die Auszeiten mit kompensatorischen Transferleistungen (also „carer allowances") verknüpft sind. Aus einer feministischen Perspektive ist die finanzielle Unabhängigkeit von Erziehenden zentral. Nur dann, wenn Zeitrechte die Möglichkeit zu einer eigenständigen Existenzsicherung bieten, wenn sie also – in den Worten von Ann Orloff (1993: 319) – die Möglichkeit bieten, „to form and maintain an autonomous household", ist die finanzielle Unabhängigkeit von Erziehenden gewährleistet. Dies stellt eine Voraussetzung für echte Wahlfreiheit dar: Nicht existenzsichernde Transferleistungen schränken die Wahlfreiheit in zweifacher Weise ein. Zum einen reproduzieren sie das männliche Ernährermodell und die darin angelegten geschlechtsspezifischen Abhängigkeitsstrukturen. Zum anderen besteht beim Fehlen oder Versagen des männlichen Ernährers noch weniger Wahl: Alleinerziehende oder sozial schwache Familien sind auf die Arbeitsmarktpartizipation der Erziehenden angewiesen, wollen sie nicht zum „Sozialfall" werden, d.h. in das stigmatisierende Grundsicherungssystem staatlicher Sozialpolitik geraten.

Eine weitere Voraussetzung für echte Wahlfreiheit stellt die Versorgung mit Kinderbetreuungseinrichtungen dar. Dadurch werden die Erziehungs- und Betreuungsaufgaben entweder sozialisiert, wenn es sich um staatlich subventionierte Einrichtungen handelt, oder vermarktlicht, wenn es sich um private Anbieter handelt. Jedenfalls aber kommt es zu einer Entlastung der Eltern und einer Stärkung ihres „right not to care" (Lewis 1997). Die Qualität dieses Rechts auf Entlastung von der Erziehungsarbeit hängt davon ab, um welche Art der Betreuungsangebote es sich handelt und in welchem Umfang diese zum Einsatz kommen. In der Kinderbetreuung bilden Krippen, Kindergärten, Horte und die Tagespflege den Kern der in Frage kommenden (semi-)professionellen Angebote. Neben der Bildung und Erziehung der Kinder haben sie auch die Ermöglichung der Vereinbarkeit von Familie und Beruf zum Ziel. Lange und flexible Öffnungszeiten sowie der offene Zugang zu den unterschiedlichen Betreuungsangeboten (hoher Versorgungsgrad und bezahlbare Kosten) und eine hohe Betreuungsqualität[1] wären Indikatoren für ein starkes „right not to care". Problematisch für die Gewährleistung echter Wahlfreiheit erscheinen hingegen nicht-professionelle Betreuungsarrangements, die durch Verwandte und Bekannte meist auf einer „good will"-Basis ausgeführt werden. Eltern sind hierbei auf das dauerhafte und verlässliche Funktionieren privater Beziehungsnetzwerke angewiesen und müssen die pädagogische Eignung der Betreuungspersonen nach eigenem Gutdünken beurteilen.

Schließlich erfordert echte Wahlfreiheit nicht nur gut abgesicherte Auszeiten, z. B. in Form einer existenzsichernden Sockelung der Transferleistung, und eine quantitativ wie qualitativ umfassende Kinderbetreuungsinfrastruktur mit sozial gestaffelter Kostenbeteiligung der Eltern. Es muss auch der Wechsel bzw. Übergang zwischen Erziehungs- und Erwerbsarbeit nahtlos möglich sein, so dass einmal getroffene Entscheidungen nicht zwangsläufig zu langfristigen oder gar lebenslangen Festschreibungen werden. Derartige fließende Aus- und Einstiege können beispielsweise durch Teilzeitarbeit ermöglicht werden. Sie bietet zum einen eine Alternative zur vollzeitigen Erwerbstätigkeit. In diesem Fall kann die Reduzierung der Arbeitszeit dazu genutzt werden, Erziehungsarbeit zu übernehmen. Zum anderen kann Teilzeitarbeit aber auch eine Alternative zur Nicht-Erwerbstätigkeit von Familienarbeitenden darstellen: Wenn der zeitliche Umfang der familialen Betreuungsverpflichtungen Teilzeitarbeit erlaubt – z. B. durch eine partnerschaftliche Aufteilung von Erziehungsarbeit oder durch die Nutzung von Kinderbetreuungseinrichtungen –, dann wirkt Teilzeitarbeit re-integrierend in Bezug auf die Arbeitsmarktpartizipation von Erziehenden.

Umstritten ist in diesem Zusammenhang die – im Sinne eines gelingenden Wiedereinstiegs – ideale Dauer eines vollen Ausstiegs aus der Erwerbsarbeit. Während ein langer, gut abgesicherter Ausstieg das „right to care" stärkt, kann er gleichzeitig das „right not to care" beschneiden, denn lange Ausstiege erschweren in der Regel den Wechsel von der Erziehungs- zur Erwerbsarbeit. Für diejenigen, die nur kurze Zeit Erziehungsarbeit leisten, scheint der Wiedereinstieg in den Arbeitsmarkt kein großes Problem darzustellen, insbesondere wenn ein entsprechender Kündigungsschutz und Wiedereinstellungsgarantien vorhanden sind (Thenner 2000: 103). Rønsen (1999) hingegen argumentiert, dass sehr kurze Erziehungszeiten ebenso kontraproduktiv für das Rückkehrverhalten von Müttern sein können wie Maßnahmen, die lange Erwerbsunterbrechungen ermöglichen: Wenn die Ausstiegsdauer aufgrund kultureller Normen oder unzureichender Betreuungsstrukturen für unter Dreijährige zu kurz angesetzt ist, Mütter also nicht so rasch in den Arbeitsmarkt zurückkehren wollen oder können wie von der Regelung vorgesehen, verlieren sie bei Überschreiten der Erziehungszeit meist auch die damit verbundenen Wiedereinstellungsgarantien. Ihr Wiedereinstieg wird dadurch erschwert. Zum anderen beschneiden zu lange Ausstiege zukünftige Karriereoptionen. Auch die OECD sieht lange Erwerbsausstiege kritisch:

> „However, long leave periods may create difficulties in returning to the job if there have been significant changes in the technological and organisational context of the firm in the meantime." (OECD 1995: 188)

Bruning und Plantenga (1999: 207) empfehlen aus der Perspektive der Geschlechtergleichheit auf dem Arbeitsmarkt eine Dauer von einem Jahr. Allerdings scheint die Chance auf einen guten Wiedereinstieg nicht nur von der Dauer des Ausstiegs, sondern auch von der

---

[1] Die Entscheidung für eine außerhäusliche Betreuung hängt stark von der Qualität des Betreuungsangebots ab (Büchel/Spieß 2002): Eltern wollen ihre Kinder gut versorgt wissen, wenn sie sie nicht selbst betreuen.

allgemeinen Arbeitsmarktlage abhängig zu sein (Bothfeld 2005: 277). Die Möglichkeit von Teilzeit-Beurlaubungen wirkt in diesem Sinne präventiv und ist vor allem auch hinsichtlich der Väterbeteiligung (vgl. Abschnitt 2.1.) ein begünstigender Faktor (OECD 1995: 187; European Commission 2004)[2].

2.3 Das Wohlergehen des Kindes

Während die Zielsetzung der Ermöglichung von Wahlfreiheit für die Eltern vor allem die flexible und garantierte Verfügbarkeit von Kinderbetreuungseinrichtungen in den Blick nimmt, stellt sich aus der Perspektive des Kindeswohls zentral die Frage nach der Qualität der zur Verfügung stehenden Betreuung. Die elterliche Betreuung wird dabei oftmals quasi als „naturgegeben" und damit automatisch als „gut und richtig" empfunden. Seltener, allerdings aufgrund des öffentlichen Diskurses in den letzten Jahren zunehmend häufiger, wird die Erziehungskompetenz von Eltern kritisch beurteilt (Ostner 2002). Ist Erziehung Privatsache, wie es z. B. der Artikel 6 des Grundgesetzes der Bundesrepublik Deutschland[3] garantiert, oder besteht tatsächlich ein sozialpolitischer, auf dem Schutz des Kindeswohls gründender Auftrag zur Sicherstellung der elterlichen Erziehungskompetenz? Die flächendeckende Einführung von Familienzentren, wie sie z. B. in Nordrhein-Westfalen betrieben wird, weist in diese Richtung: Der niedrigschwellige Zugang von Eltern zu unterstützenden Angeboten und Diensten soll zum Wohl des Kindes gefördert werden (Jüttner 2010). Und wie steht es mit der Bildungskompetenz der Eltern? Die Forderung nach frühkindlicher Förderung schafft hier die Basis für die Legitimation von außerfamilialer Betreuung bereits bei den Unter-Dreijährigen. Sie steht damit in Konkurrenz zu der zumindest in konservativen Wohlfahrtsstaaten traditionell favorisierten elterlichen (sprich: mütterlichen) Betreuung und Erziehung von Kindern im Vorschulalter.

Es scheint jedoch, dass sich die gesellschaftlich kulturelle Akzeptanz der nichtelterlichen Betreuung von Kindern erhöht hat. Insbesondere bei den Drei- bis Sechsjährigen gilt heutzutage eher der Nicht-Besuch des Kindergartens als Manko. Betreuungsquoten von 90% und mehr in elf europäischen Ländern (EU Kommission 2008) zeigen, dass gerade der Kindergarten eine hoch akzeptierte Institution der frühkindlichen Sozialisation und Bildung darstellt – je älter das Kind, umso mehr. Generell kann von einem positiven Effekt des Kindergartenbesuchs auf die kognitiv-leistungsbezogene Entwicklung von Kindern ausgegangen werden (Roßbach et al. 2009). Strittig ist in diesem Fall allenfalls die ideale Dauer der täglichen Betreuungszeit: ganztags, dreivierteltags oder besser doch halbtags?

Bei den Unter-Dreijährigen stellt sich das Bild hingegen komplexer dar. Wieder gilt die Regel: Je älter das Kind, desto eher ist die nicht-elterliche Betreuung gesellschaftlich akzeptiert. Oft wird jedoch der Betreuung durch Tagesmütter oder Kinderfrauen der Vorzug gegeben, da diese als „familiennäher" und damit als geeigneter für Kleinkinder empfunden werden. Bei der Unterbringung in Krippen spielt vor allem die Qualität der Betreuung eine große Rolle: Das pädagogische Konzept der Einrichtung, die Räumlichkeiten

---

[2] Der Sonder-Eurobarometer zeigt deutlich, dass Männer ihre Inanspruchnahme von Erziehungsauszeiten vor allem von zwei Faktoren abhängig machen: einer hohen Transferleistung und der Absicherung ihrer Karriereperspektiven.

[3] In Absatz 2 Artikel 6 GG heißt es: „Pflege und Erziehung der Kinder sind das natürliche Recht der Eltern und die zuvörderst ihnen obliegende Pflicht. Über ihre Betätigung wacht die staatliche Gemeinschaft."

sowie die zur Verfügung stehenden Materialien, die Gruppengröße, der Betreuungsschlüssel, die Kontinuität der Betreuungsbeziehung und nicht zuletzt die Qualifikation des pädagogischen Personals sind hier entscheidende Kriterien. Aber auch der Charakter und die Persönlichkeit des Kindes sowie die Eltern-Kind-Beziehung werden als intervenierende Faktoren für ein gelingendes Betreuungssetting genannt (Buchebner-Ferstl et al. 2009).

Die bislang größte Längsschnittstudie zur Auswirkung von außerfamilialer Betreuung von Kleinkindern auf deren spätere Entwicklung wird seit 1991 in den USA durchgeführt. Die NICHD (2011) Study of Early Child Care and Youth Development begleitet eine Stichprobe von 1.364 Kindern und ihre Familien von Geburt an. Das zentrale Ergebnis aus wiederholten Befragungen und Testungen lautet: Die kindliche Entwicklung wird in erster Linie durch das Elternhaus geprägt, nicht durch die institutionelle Betreuung der Kinder. Das familiäre Umfeld, das Familieneinkommen sowie die Sensibilität im Umgang innerhalb der Familie üben den größten Einfluss aus (Müller-Lissner 2007). Insgesamt betrachtet scheint gerade die *Kombination* aus einer Förderung der elterlichen Erziehungskompetenz, der Verbesserung der familiären Einkommenssituation und einer qualitativ hochstehenden Kinderbetreuung der Schlüssel zur Wahrung des Kindeswohls zu sein.

2.4   Zentrale Bausteine eines „good practice"-Modells

Zusammenfassend kann festgehalten werden, dass ein aus gleichheitstheoretischer feministischer Perspektive optimales Vereinbarkeitsmodell, welches die genannten Zielkonflikte lösen kann, auf einer Reihe von unterschiedlichen Maßnahmenpaketen beruht (Tabelle 1).

Ein Vaterschaftsurlaub sowie die Einführung von „Papamonaten" unterstützen die partnerschaftliche Aufteilung von Erziehungsarbeit. Eine mindestens existenzsichernde Transferleistung, besser noch: eine Lohnersatzrate für Kinderbetreuung, sowie die Möglichkeit der Teilzeit-Beurlaubung dienen zwei Zielen gleichzeitig: der partnerschaftlichen Aufteilung von Erziehungsarbeit und der Gewährleistung von Wahlfreiheit. Letztere wird zudem von der Möglichkeit der Teilzeitarbeit und kurzen Betreuungsausstiegen gefördert. Eine quantitativ umfassende und flexible sowie qualitativ hochstehende Kinderbetreuung wiederum liegt sowohl im Interesse der Wahlfreiheit als auch des Kindeswohls. Während in Bezug auf die Wahlfreiheit außerdem die soziale Staffelung der Betreuungskosten von Bedeutung ist, erfordert die Wahrung des Kindeswohls zusätzlich die Förderung der elterlichen Erziehungskompetenz.

Tabelle 1: Zentrale Bausteine eines „good practice"-Modells der Familienpolitik

Partnerschaftliche Aufteilung von Erziehungsarbeit	*Gewährleistung von Wahlfreiheit*	*Wahrung des Kindeswohls*
▪ Vaterschaftsurlaub ▪ „Papamonate" ▪ Lohnersatzrate ▪ Teilzeit-Beurlaubung	▪ existenzsichernde Transferleistung ▪ Teilzeit-Beurlaubung	
	▪ Teilzeitarbeit ▪ eher kürzere Ausstiege (ein Jahr)	
	▪ quantitativ umfassende und flexible Kinderbetreuung	▪ qualitativ hochstehende Kinderbetreuung
	▪ soziale Staffelung der Betreuungskosten für die Eltern	▪ Förderung der elterlichen Erziehungskompetenz

Quelle: Eigene Darstellung.

Wie eingangs bereits erwähnt, gibt es derzeit kein Land, das die genannten Bausteine in Gänze umsetzt. Wohl aber existieren Beispiele guter Praxis in Teilbereichen. Im Folgenden werden fünf nationale Vereinbarkeitspolitiken exemplarisch dargestellt.

3   Länderbeispiele der guten Praxis

Die Auswahl der Länderbeispiele orientiert sich an der – zugegebenermaßen durch die Autorin subjektiv gefärbten – fachöffentlichen Wahrnehmung von vergleichsweise hervorragenden Politikelementen, die als modellhaft für eine gute Praxis der Vereinbarkeitspolitik gelten können. Dies trifft auf das deutsche Elterngeld zu, welches 2007 nach schwedischem Vorbild eingeführt wurde und mit der Tradition des konservativen Wohlfahrtsregimes bricht: Eine kurze gut bezahlte Auszeit mit einem Anreiz zur partnerschaftlichen Aufteilung von Erziehungsarbeit zielt auf den frühen Wiedereinstieg von Müttern in den Arbeitsmarkt. Bemerkenswert sind auch die zwischen 2001 und 2003 eingeführte isländische Elternzeitregelung, die zur höchsten Väterbeteiligung weltweit führte, sowie die seit 2008 bzw. 2010 geltende Flexibilisierung der österreichischen Kinderbetreuungsgeldregelung, die eine außergewöhnlich großzügige Transferleistung ermöglicht. Neben diesen noch recht jungen progressiven Reformen wird mit Finnland ein bereits seit längerem installiertes Vereinbarkeitsmodell, welches vor allem unter dem Diktum der Wahlfreiheit interessant ist, vorgestellt und entlang der benannten Bausteine für ein Modell guter Praxis analysiert. Und schließlich soll das französische Kinderbetreuungssystem, das – ähnlich wie das belgische – neben den skandinavischen Systemen ebenfalls als vorbildlich gilt, näher beleuchtet werden.

3.1 Das deutsche Elterngeld

2007 wurde in Deutschland das Elterngeld eingeführt, welches allen Eltern unabhängig von vorangegangener Erwerbstätigkeit zusteht. Es handelt sich dabei um eine Lohnersatzleistung in Höhe von 67% des vorangegangenen Einkommens (mindestens 300 Euro, maximal 1.800 Euro pro Monat), welches bei einer Nichterwerbstätigkeit aufgrund von Kinderbetreuung für längstens 14 Monate gewährt wird. Zwei dieser 14 Monate sind jedoch an die Bedingung gebunden, dass die Eltern sich in der Betreuung des Kindes abwechseln. Die beiden „Partnermonate" verfallen also, wenn nur ein Elternteil Elterngeld in Anspruch nimmt. Zudem ist in Deutschland auch eine Teilzeit-Beurlaubung in Form einer Arbeitszeitreduktion möglich, wenn die wöchentliche Arbeitszeit während der Teilzeit-Beurlaubung 30 Stunden nicht übersteigt. Somit sind drei von vier Bausteinen für eine geschlechtergerechte Aufteilung von Erziehungsarbeit gegeben, was sich durchaus in der Zunahme des Anteils der Väter im Elterngeldbezug spiegelt: Während vor der Reform die Erziehungsverantwortung nur von 5% der Väter wahrgenommen wurde, liegt der Väteranteil an den Elterngeldbeziehenden mittlerweile bei 17 %, wobei zwei Drittel dieser Väter maximal zwei Monate lang Elterngeld beziehen, während 90% der Mütter zwischen zehn und zwölf Monate lang Elterngeld beziehen (BMFSFJ 2010).

Allerdings erhalten trotz der Orientierung der Leistung am vorangegangenen Einkommen ein Drittel der Mütter und 20% der Väter nur den Mindestbetrag von 300 Euro, bei 18% der Elterngeldbeziehenden wird die finanzielle Gesamtsituation als schlecht oder sehr schlecht eingeschätzt (BMFSFJ 2010). Und obwohl es in Deutschland einen Rechtsanspruch auf Teilzeit-Beschäftigung[4] gibt, kommt es nicht zu einer Gewährleistung von Wahlfreiheit: Zum einen besteht neben dem relativ kurzen Elterngeldbezug die Möglichkeit der arbeitsrechtlichen Beurlaubung wegen Kindererziehung bis zum dritten Lebensjahr des Kindes, was lange Ausstiege mit den entsprechenden Wiedereinstiegsproblemen fördert. Zum anderen fehlen in Westdeutschland vor allem in Bereich der Unter-Dreijährigen Betreuungsplätze und im Kindergartenbereich Ganztagsplätze. Zwar besteht seit 1996 ein Rechtsanspruch auf einen Kindergartenplatz, dieser bezieht sich jedoch lediglich auf Halbtagsplätze. Ab 2013 soll ein Rechtsanspruch auf einen Betreuungsplatz ab dem ersten Lebensjahr in Kraft treten. Ob dieser tatsächlich eingelöst werden kann, steht in vielen Kommunen aufgrund der hohen Verschuldung der öffentlichen Hand jedoch in Frage (Leitner 2011).

3.2 Das isländische Elterngeld

In Island haben seit 2003 sowohl Väter als auch Mütter einen je individuellen Anspruch auf eine dreimonatige Elternzeit.[5] Hinzu kommen drei weitere Monate Elternzeit, die zwischen den Eltern nach Belieben aufgeteilt werden können. Insgesamt beläuft sich die Elternzeit damit auf neun Monate (drei für den Vater, drei für die Mutter und drei zur freien Verfügung). Väter und Mütter können ihre Elternzeit entweder gleichzeitig oder hintereinander in Anspruch nehmen. Voraussetzung für den Anspruch auf Elternzeit ist eine mindestens

---

[4] Mit dem Teilzeit- und Befristungsgesetz besteht seit 2001 in Betrieben mit mindestens 15 Beschäftigten das Recht auf Arbeitszeitreduzierung, sofern nicht betriebliche Gründe dagegen stehen.
[5] Der Anspruch der Väter wurde sukzessive erhöht (2001: 1 Monat, 2002: 2 Monate, 2003: 3 Monate).

sechsmonatige Erwerbstätigkeit vor der Geburt. Die Höhe der Geldleistung beträgt 80% des vorangegangenen Einkommens. Diese Anreize für eine partnerschaftliche Aufteilung von Erziehungsarbeit zeigen offensichtlich Wirkung: Ein Drittel der Beurlaubungszeit wird von Vätern in Anspruch genommen (Gíslason 2007, Haataja 2009).

Damit bietet der isländische Wohlfahrtsstaat Eltern nur einen kurzen, allerdings gut bezahlten Ausstieg aus der Erwerbstätigkeit zugunsten von Kinderbetreuungsarbeit. Eltern, die vor der Geburt nicht erwerbstätig waren, haben keinen Anspruch auf Elternzeit. Somit wird ein klarer Fokus auf die Erwerbstätigkeit aller erwerbsfähigen Erwachsenen gesetzt, der in der vergleichenden Wohlfahrtsstaatsforschung als „adult worker model" (Lewis 2001) bezeichnet wurde. Tatsächlich weist Island die höchste Frauenerwerbsquote unter den OECD-Ländern auf: Von den Frauen im Alter zwischen 25 und 54 Jahren waren im Zeitraum von 2000 bis 2005 85,7% erwerbstätig (Datta Gupta et al. 2006). Ermöglicht wird dies durch eine sehr hohe Betreuungsquote: Im Jahr 2002 waren 72% der Ein- bis Zweijährigen und 93% der Drei- bis Fünfjährigen in einer Betreuungseinrichtung oder bei einer Tagesmutter untergebracht (ebd.). Die Wahlfreiheit der Eltern zwischen Kinderbetreuung und Erwerbsarbeit erfährt hier in gewissem Sinne eine Umkehrung: Aus der Entscheidung für die Erwerbsarbeit wird fast schon die Verpflichtung von Eltern zur Erwerbsarbeit.

3.3 Das österreichische Kinderbetreuungsgeld[6]

2002 wurde in Österreich das Kinderbetreuungsgeld (KBG) eingeführt. Anspruch auf KBG haben alle Eltern unabhängig von vorangegangener Erwerbsarbeit. Die Höhe des KBG beträgt pauschal 436 Euro pro Monat.[7] Die KBG-Bezugsdauer erstreckt sich maximal auf drei Jahre, wobei mindestens sechs Monate durch den jeweils anderen Elternteil in Anspruch genommen werden müssen. Wird das KBG nur von einem Elternteil in Anspruch genommen, endet die Bezugsdauer nach zweieinhalb Jahren. Ein zweimaliger Wechsel zwischen den Eltern ist möglich, allerdings können nicht beide Eltern gleichzeitig KBG beziehen.

Aufgrund der geringen Höhe der Transferleistung überwiegt der Anreiz zur traditionellen Rollenteilung zwischen den Eltern (Riesenfelder et al. 2007): Im Jahr 2004 lag der Anteil der Väter an allen KBG-BezieherInnen bei nur 3%. Insgesamt beziehen Väter kürzer KBG als Mütter und steigen dabei seltener ganz aus dem Erwerb aus (ÖIF 2005). Der Anreiz zur Väterbeteiligung durch die Verknüpfung der vollen Leistungsgewährung mit dem wechselnden KBG-Bezug der Eltern läuft somit ins Leere.

Seit 2008 kann das KBG in drei unterschiedlichen Varianten bezogen werden: Alternativ zur bisherigen Regelung kann eine verkürzte Bezugszeit mit einem höheren monatlichen Pauschalsatz gewählt werden. Eltern haben die Möglichkeit, maximal 20 Monate (24 bei Partnerbeteiligung) lang 624 Euro oder maximal 15 Monate (18 bei Partnerbeteiligung) lang 800 Euro zu beziehen. Seit 2010 kann für einen Bezugszeitraum von maximal zwölf Monaten (14 bei Partnerbeteiligung) eine Pauschale von 1.000 Euro monatlich oder eine Lohnersatzleistung von 80% (maximal 2.000 Euro pro Monat) bezogen werden. Ob das

---

[6] Vgl. dazu auch den Beitrag von Kreimer in diesem Band.
[7] Für gering verdienende Eltern gibt es einen Zuschuss zum KBG von 181,68 Euro pro Monat. Der Zuschuss muss inklusive eines Zuschlags von 15% zurückgezahlt werden, sobald wieder ein gewisses Einkommen erzielt wird. Nach 15 Jahren erlischt die Rückzahlungspflicht.

höhere Leistungsniveau die Väterbeteiligung signifikant anwachsen lässt, bleibt noch ab-zuwarten.[8] Jedenfalls aber wird nunmehr auch die Möglichkeit einer existenzsichernden Transferleistung für Erziehende angeboten, was einen zentralen Baustein für die Gewähr-leistung von Wahlfreiheit darstellt.

Der KBG beziehende Elternteil darf zudem bei Wahl einer Pauschalvariante des KBG jährlich bis zu 60% des Vorjahreseinkommens hinzuverdienen, ohne dass es zu einer Leis-tungskürzung kommt; wobei arbeitsrechtliche Bestimmungen zu beachten sind. Bei Wahl der Lohnersatzleistung liegt die Zuverdienstgrenze bei 5.800 Euro pro Jahr. Dies fördert ganz klar die kontinuierliche Beschäftigungsintegration von Eltern, während hingegen die relativ langen Ausstiegsmöglichkeiten (bis zu maximal zweieinhalb Jahre für ein Elternteil) genau in die Gegenrichtung wirken. Das KBG verstärkt gewissermaßen die jeweilige Grundorientierung der Eltern hinsichtlich ihrer Präferenzen für Erwerbs- oder Familienar-beit. Tendenziell fördert es die Familienorientierung stärker (Rille-Pfeiffer et al. 2007), nicht zuletzt weil das unzureichende Angebot der außerfamiliären Kinderbetreuung die Wahlfreiheit begrenzt: Bei den Unter-Dreijährigen lag die Betreuungsquote 2009 bei 15,8% (Statistik Austria 2011).

3.4 Die finnische Politik der Wahlfreiheit

In Finnland haben Väter zunächst Anspruch auf einen Vaterschaftsurlaub von maximal drei Wochen. Daneben besteht ein Anspruch des Elternpaares auf sechs Monate Elternzeit. Die Elternzeit kann allerdings erst nach Ablauf des Mutterschaftsurlaubs, in der Regel drei Monate nach der Geburt, beginnen. Die Elternzeit kann zwischen den Eltern aufgeteilt werden, allerdings können Mütter und Väter nicht gleichzeitig Elternzeit nehmen; es sei denn, dass beide ihre Arbeitszeit auf 40-60% der Normalarbeitszeit reduzieren und Teilzeit-Elternzeit beanspruchen. Väter können zusätzlich zwei Wochen Elternzeit bekommen, wenn sie mindestens die letzten beiden Wochen der regulären Elternzeit in Anspruch ge-nommen haben. Die Transferleistung von Vaterschaftsurlaub und Elternzeit orientiert sich am vorangegangenen Einkommen und beträgt 60 bis 70% desselben.[9] Es gibt jedoch einen Mindestbetrag von 530 Euro pro Monat. Damit erfüllt die finnische Regelung alle Kriterien für eine partnerschaftliche Aufteilung der Erziehungsarbeit – allerdings mehr schlecht als recht: Die zwei zusätzlichen „Papawochen" sind zu kurz, die Transferleistung ist ver-gleichsweise gering, und die Teilzeit-Beurlaubung ist restriktiv gefasst. Somit nehmen zwar 80% der Väter den Vaterschaftsurlaub für durchschnittlich zweieinhalb Wochen in An-spruch, bei der Elternzeit werden allerdings nur knapp 2% der Gesamtzeit von Vätern bean-sprucht (vgl. Haataja 2009).

In punkto Wahlfreiheit stellt sich das finnische Modell der Vereinbarkeitspolitik ähn-lich ambivalent dar. Zum einen kann im Anschluss an die Elternzeit eine bezahlte Beurlau-bung bis zum dritten Lebensjahr des Kindes in Anspruch genommen werden, wenn das Kind zu Hause betreut wird. Die Transferleistung liegt aktuell bei 314 Euro pro Monat. Dieser Betrag erhöht sich um 94 Euro pro Geschwisterkind unter drei Jahre, um 60 Euro pro Geschwisterkind unter sechs Jahre (wenn diese ebenfalls zu Hause betreut werden)

---

[8] Im Dezember 2010 lag der Väteranteil bei 4,5% (BMWFJ 2011).
[9] Die Berechnung des genauen Prozentsatzes ist kompliziert und hängt von Einkommensschwankungen und dem Status auf dem Arbeitsmarkt ab (KELA 2010).

sowie um eine einkommensabhängige Zulage von 168 Euro. Diese Verlängerung der bezahlten Auszeit (vor allem für Mütter) kann zu Schwierigkeiten beim beruflichen Wiedereinstieg führen.

Gleichzeitig bietet Finnland ein qualitativ hochstehendes Kinderbetreuungssystem. Jedes Kind hat das Recht auf einen Betreuungsplatz zwischen dem Ende der Elternzeit und
dem Schuleintritt. Die Kindertagesstätten sind 10 bis 12 Stunden pro Tag geöffnet und
staatlich subventioniert, so dass die Eltern nur 15% der Kosten tragen, die wiederum sozial
gestaffelt eingehoben werden. Die Erziehungsfachkräfte müssen ein dreijähriges Universi-
tätsstudium vorweisen, die Ergänzungskräfte haben eine höhere Bildung sowie eine Fach-
ausbildung abgeschlossen. Das Betreuungsverhältnis ist bei den Unter-Dreijährigen mit 1:4
und bei den Kindergartenkindern mit 1:7 festgelegt. In der Tagespflege beträgt die Anzahl
der betreuten Kinder vier bis fünf, und die Tageseltern müssen eine Grundausbildung ab-
solvieren (vgl. OECD 2001). Die Betreuungsquoten sind jedoch – zumal im skandinavischen Vergleich – vergleichsweise gering: Bei den Ein- bis Zweijährigen waren im Jahr
2002 36%, bei den Drei- bis Sechsjährigen 67,5% in außerhäuslicher Betreuung (vgl. Datta
Gupta 2006). Dies hängt natürlich mit der Möglichkeit der finanziell unterstützten langen
Auszeit zum Zwecke der häuslichen Kinderbetreuung zusammen. Hier kann zum einen die
Einlösung der Gewährleistung von Wahlfreiheit für die Eltern (Selbstbetreuung vs. Fremdbetreuung) festgestellt werden. Zum anderen muss kritisch angemerkt werden, dass durch
die Wahl der langen Erziehungsauszeit in vielen Fällen gerade diejenigen Kinder, die aus
sozial schwachen Verhältnissen kommen, zu Hause betreut werden und die Arbeitsmarkt-
position ihrer Mütter nachhaltig geschwächt wird (OECD 2001). Dieser schichtspezifische
Negativeffekt von Wahlfreiheit ist nicht zuletzt aus sozialpolitischer Perspektive fragwürdig. Aber auch aus der Geschlechterperspektive ist eine Verstärkung traditioneller Ge-
schlechterstereotype in sozial benachteiligten Familien zu befürchten.

3.5 Die französische Politik der Wahlfreiheit

Das französische Erziehungsgeld („complément de libre choix d'activité") bietet eine Leistung für alle Eltern, die während der ersten drei Lebensjahre ihres zweiten (dritten, vierten
usw.) Kindes ihre Erwerbstätigkeit ganz oder teilweise unterbrechen. Die Höhe der Leistung beträgt 552 Euro monatlich (bzw. 420 Euro bei einer Teilzeit-Erwerbstätigkeit von
höchstens 50% der regulären Arbeitszeit und 318 Euro bei einer Teilzeit-Erwerbstätigkeit
zwischen 50 und 80% der regulären Arbeitszeit) und kann seit 2004 auch für erstgeborene
Kinder beansprucht werden, allerdings für längstens sechs Monate. Voraussetzung ist eine
Erwerbstätigkeit von zwei Jahren vor der Geburt. Beim zweiten Kind sind zwei Jahre Erwerbstätigkeit innerhalb der letzten vier Jahre und beim dritten Kind innerhalb der letzten
fünf Jahre vor der Geburt erforderlich (MSA 2010a).

Die geringe Höhe der Leistung führt auch in Frankreich in Kombination mit den geschlechtsspezifischen Einkommensungleichheiten zu einer geschlechtsspezifischen Inanspruchnahme von Erziehungsgeld: Der Väteranteil beträgt gerade einmal 1% (vgl.
Rüling/Kassner 2007). Allerdings wurde zum 1.7.2006 die Möglichkeit geschaffen, ab dem
dritten Kind ein höheres Erziehungsgeld von 790 Euro monatlich für einen verkürzten Zeitraum von maximal 12 Monaten in Anspruch zu nehmen („complément optionnel de libre
choix d'activité"). In diesem Fall ist keine Teilzeit-Variante möglich. Dieses erhöhte Erzie-

hungsgeld kommt einer existenzsichernden Transferleistung nahe und zielt auf eine rasche Wiederaufnahme der Erwerbstätigkeit von Müttern mit drei (und mehr) Kindern, da sich gezeigt hat, dass die Müttererwerbsquote ab dem dritten Kind erheblich zurückgeht. Wie die Mütter diese neuen Optionen annehmen werden, bleibt abzuwarten. Eine erhöhte Väterbeteiligung ist jedoch kaum zu erwarten.

Seit 2002 können Väter einen Vaterschaftsurlaub im Umfang von elf Kalendertagen innerhalb der ersten 4 Monate nach der Geburt des Kindes in Anspruch nehmen. Sie bekommen in dieser Zeit ihr Nettogehalt weitergezahlt. Zusätzlich können Väter drei Tage Freistellung von der Arbeit wegen der Geburt eines Kindes in Anspruch nehmen. Etwa 65% der Väter nehmen den Vaterschaftsurlaub in Anspruch (vgl. Rüling/Kassner 2007).

Bemerkenswert an der französischen Vereinbarkeitspolitik ist vor allem das gut ausgebaute Kinderbetreuungssystem. Für die Kindergartenkinder besteht ein Rechtsanspruch auf einen Platz in der „école maternelle". Diese ist kostenfrei und zielt auf die Herstellung von Chancengleichheit. Die ErzieherInnen sind ausgebildete GrundschullehrerInnen. Die Betreuungsquote liegt bei 100%. Im Bereich der Unter-Dreijährigen beträgt die Betreuungsquote etwa 40%, wobei ein Viertel in Krippen betreut wird, zwei Viertel von Tagesmüttern oder Kinderfrauen und ein Viertel bereits die „école maternelle"[10] besucht (vgl. OECD 2004).

Gemeinsam mit der Reform des Erziehungsgelds wurde auch die Förderung der Betreuung durch Tagesmütter und Kinderfrauen 2004 neu geregelt. Eltern können sich nun entweder für das Erziehungsgeld oder für das „complément de libre choix du mode de garde" entscheiden. Letzteres unterstützt die Fremdbetreuung von Kindern unter sechs Jahren durch eine Tagesmutter oder eine Kinderfrau. Den Eltern werden – als Arbeitgeber – im Fall der Tagesmutter die gesamten, im Fall der Kinderfrau die Hälfte der Sozialabgaben erlassen. Zusätzlich wird ein Teil der Lohnkosten für die Tagesmutter oder die Kinderfrau erstattet. Die Höhe der Erstattung variiert nach dem Haushaltseinkommen, der Zahl der Kinder und dem Alter der Kinder. Für Unter-Dreijährige liegt sie aktuell zwischen 167 Euro und 442 Euro, für Drei- bis Sechsjährige zwischen 84 Euro und 221 Euro pro Monat (MSA 2010b). Diese Politik der „Diversifizierung der Betreuungsformen", die unter dem Diktum der Wahlfreiheit steht und in ähnlicher Form bereits seit Mitte der 1980er Jahre besteht, hat dazu geführt, dass sich in den Krippen zunehmend weniger Kinder der Mittel- und Oberschicht befinden und es zu einer sozialen Segregation des Betreuungssystems gekommen ist. Die Neuregelung der unterstützten Fremdbetreuung wird diese Segregationstendenzen fortführen (vgl. Leitner 2009).

---

[10] Die „école maternelle" nimmt Kinder ab zweieinhalb Jahren auf.

4   Fazit

Die Analyse der fünf Länderbeispiele zeigt, dass in keinem Land alle Bausteine für ein „good practice"-Modell der Vereinbarkeitspolitik vorfindbar sind, wohl aber in jedem Land eine Auswahl davon. Entscheidend ist dabei jeweils die Einbettung derartiger „good practice"-Bausteine in den Gesamtzusammenhang der Vereinbarkeitspolitik. So wird z. B. das Ziel der partnerschaftlichen Aufteilung von Erziehungsarbeit in allen betrachteten Ländern auf die eine oder andere Weise verfolgt (Tabelle 2). Es scheint jedoch, dass vor allem die Kombination aus mehreren „Papamonaten" und einer hohen Lohnersatzrate zu einer höheren Väterbeteiligung führt: Island ist hier Spitzenreiter, aber auch Deutschland konnte damit Teilerfolge erzielen. In Österreich fehlt hingegen der Anreiz der Lohnersatzquote, während in Finnland die für Väter reservierte Zeit zu kurz ist und kaum ins Gewicht fällt.

Tabelle 2:   Partnerschaftliche Aufteilung von Erziehungsarbeit im Vergleich

	D	IS	A	FN	F
Vaterschaftsur-laub	nicht vorhanden	nicht vorhanden	nicht vorhanden	3 Wochen	2 Wochen
„Papamonate"	2 Monate	3 Monate	2-6 Monate	2 Wochen	nicht vorhanden
Lohnersatzrate	67%	80%	80% nur bei Kurzvariante	60-70%	nicht vorhanden
Teilzeit-Beurlaubung	möglich	möglich	möglich	möglich	möglich

Quelle: Eigene Darstellung.

Das Ziel der Gewährleistung von Wahlfreiheit wird streng genommen in keinem der fünf untersuchten Länder erreicht (Tabelle 3). In Island kann man sich auf der Basis einer 80% Lohnersatzrate zwischen Selbst- und Fremdbetreuung relativ frei entscheiden, allerdings nur für einen extrem kurzen Zeitraum von 9 Monaten. In Finnland und in Frankreich wird die Wahlfreiheit durch das Kinderbetreuungssystem garantiert, nicht aber durch die Transferleistung, die mit 60-70% Lohnersatz nur für einen Teil der finnischen Eltern existenzsichernd ist und bei langen Ausstiegen ohnehin – wie in Frankreich von Beginn an – zu einer niedrigen Pauschale mutiert. In Deutschland wie in Österreich hingegen ist die Kinderbetreuungssituation vor allem im Bereich der Unter-Dreijährigen defizitär, und die Transferleistung sichert jeweils nur für einen Teil der Eltern – in Deutschland für die Gutverdienenden, in Österreich für die KurzausteigerInnen – die Existenz. Bis auf Island weisen alle Länder lange Ausstiegsmöglichkeiten bis zum dritten Lebensjahr des Kindes auf und enthalten damit die Gefahr des erschwerten Wiedereinstiegs in den Arbeitsmarkt. Die Möglichkeit der Teilzeit-Beurlaubung bzw. der Teilzeitarbeit kann hier jedoch gleichzeitig zur Brechung dieser Folgeeffekte langer Ausstiege beitragen. Resümierend könnte angesichts der Länderbeispiele eine Erweiterung der isländischen Regelung erfolgversprechend sein: Eine etwas längere gut bezahlte Teilzeit-Beurlaubung für beide Eltern.

Tabelle 3:   Gewährleistung von Wahlfreiheit im Vergleich

	D	IS	A	FN	F
Existenzsichernde Transferleistung	teilweise	ja	teilweise	teilweise	nein
Teilzeit-Beurlaubung/ Teilzeitarbeit	möglich	möglich	möglich	möglich	möglich
Kurze Ausstiege	nein	ja	nein	nein	nein
Umfassende Kinderbetreuung	teilweise	ja	teilweise	ja	ja

Quelle: Eigene Darstellung.

Hinsichtlich des Ziels der Wahrung des Kindeswohls fällt eine fachkompetente Einschätzung der fünf Länderbeispiele schwer – zumal die pädagogischen Vorkenntnisse der Autorin begrenzt sind. Unstrittig scheinen die Bildungserfolge des finnischen Modells (Stichwort: PISA). Inwiefern die Betreuung durch Tagesmütter und Kinderfrauen Einfluss auf das Kindeswohl nimmt oder auch die durch zunehmende Väterbeteiligung veränderte elterliche Betreuung, bleibt eine offene Forschungsfrage.

Literatur

BMFSFJ – Bundesministerium für Familie, Senioren, Frauen und Jugend (2010): Evaluationsbericht Bundeselterngeld- und Elternzeitgesetz 2009. www.bmfsfj.de/BMFSFJ/Service/Publikationen/publikationsliste.html (28.01.2011).

BMWFJ – Bundesministerium für Wirtschaft, Familie und Jugend (2011): Kinderbetreuungsgeld-Statistik. Dezember 2010. www.bmwfj.gv.at/Familie/FinanzielleUnterstuetzungen/Kinderbetreuungsgeld/Documents/KBG-Statistik%20Dezember%202010.pdf (28.01.2011).

Bothfeld, Silke (2005): *Vom Erziehungsurlaub zur Elternzeit. Politisches Lernen im Reformprozess.* Frankfurt/New York: Campus.

Bruning, Gwennaële/Plantenga, Janneke (1999): Parental Leave and Equal Opportunities: Experiences in Eight European Countries. *Journal of European Social Policy* 9 (3): 195-209.

Buchebner-Ferstl, Sabine/Dörfler, Sonja/Kinn, Michael (2009): *Kindgerechte außerfamiliale Kinderbetreuung für unter 3-Jährige.* Eine interdisziplinäre Literaturrecherche. Österreichisches Institut für Familienforschung. Working Paper 72/2009. Wien.

Büchel, Felix/Spieß, Katharina (2002): *Form der Kinderbetreuung und Arbeitsmarktverhalten von Müttern in West- und Ostdeutschland.* Stuttgart: Kohlhammer.

Datta Gupta, Nabanita/Smith, Nina/Verner, Mette (2006): *Child Care and Parental Leave in the Nordic Countries: A Model to Aspire to?* IZA Discussion Paper No. 2014. Bonn: Forschungsinstitut zur Zukunft der Arbeit.

Europäische Kommission (2008): Umsetzung der Barcelona-Ziele auf dem Gebiet der Betreuungseinrichtungen für Kinder im Vorschulalter. Bericht KOM (2008) 638 vom 03.10.2008.

European Commission (2004): Europeans' attitudes to parental leave. Special Eurobarometer 189, wave 59.1, May 2004.

Gíslason, Ingólfur (2007): Parental Leave in Iceland. Bringing the Fathers in. Developments in the Wake of New Legislation in 2000. www.jafnretti.is/D10/_Files/parentalleave.pdf (28.01.2008).

Haataja, Anita (2009): Father's use of paternity and parental leave in the Nordic countries. Online working papers 2/2009. The Social Insurance Institution of Finland (Kela), Research Department. www.kela.fi/in/internet/english.nsf/NET/270503160833PB?OpenDocument (28.01.2011).

Jenson, Jane/Jacobzone, Stéphane (2000): *Care Allowances for the Frail Elderly and Their Impact on Women Care-Givers.* OECD Labour Market and Social Policy – Occasional Papers No. 41. Paris.

Jüttner, Ann-Kathrin (2010): Investitionen in Kinder: Familienzentren und Children's Centres im Vergleich. *Sozialer Fortschritt* 59 (4): 103-107.

Knijn, Trudie/Kremer, Monique (1997): Gender and the Caring Dimension of Welfare States: Toward Inclusive Citizenship. *Social Politics* 4 (3): 328-361.

KELA – The Social Insurance Institution of Finland (2010): Families. Updated 16.07.2010. www.kela.fi/in/internet/english.nsf/NET/081101123937EH?OpenDocument (28.01.2011).

Leitner, Sigrid (2009): Von den Nachbarn lernen? Care-Regime in Deutschland, Österreich und Frankreich. *WSI-Mitteilungen* 62 (7): 376-382.

Leitner, Sigrid (2011): *Varianten von Familialismus.* Wiesbaden: VS Verlag, im Erscheinen.

Lewis, Jane (1997): Gender and Welfare Regimes: Further Thoughts. *Social Politics* 4 (2): 160-177.

Lewis, Jane (2001): The Decline of the Male Breadwinner Model: Implications for Work and Care. *Social Politics* 8 (2): 152-169.

MSA – Santé, famille, retraite, services (2010a): Le complément de libre choix d'activité. www.msa.fr/front?id=msafr\S1096461900197\S1096559562898\S1121793225264\publi_compl ement-libre-choix-d--39-activite--Paje-.html&DossierPubliMere=msafr\S1096461900197\S109 6559562898\S1121793225264\publi_Paje---mode-d--39-emploi.html (28.01.2011).

MSA – Santé, famille, retraite, services (2010b): Le complément de libre choix du mode de garde. www.msa.fr/front?id=msafr\S1096461900197\S1096559562898\S1121793225264\publi_compl ement-libre-choix-mode-garde--Paje-.html&DossierPubliMere=msafr\S1096461900197\S1096 559562898\S1121793225264\publi_Paje---mode-d--39-emploi.html (28.01.2011).

Müller-Lissner, Adelheid (2007): *Unter drei schon aus dem Haus? Eine Entscheidungshilfe für junge Eltern.* Berlin: Christoph Links Verlag.

NICHD – Eunice Kennedy Shriver National Institute of Child Health and Human Development (2011): Study Overview. www.nichd.nih.gov/research/supported/seccyd/overview.cfm (28.01.2011).

OECD (1995): Employment Outlook. July 1995. Paris.

OECD (2001): An Overview of ECEC Systems in the Participating Countries: Finland. www.oecd.org/dataoecd/43/36/1942312.pdf (18.11.2010).

OECD (2004): OECD Country Note. Early Childhood Education and Care Policy in France. www.oecd.org/dataoecd/60/36/34400146.pdf (18.11.2010).

ÖIF – Österreichisches Institut für Familienforschung (2005): Evaluation Kinderbetreuungsgeld. Materialien zur Pressekonferenz am 30.5.2005. Wien.

Orloff, Ann Shola (1993): Gender and the Social Rights of Citizenship: the Comparative Analysis of Gender Relations and Welfare States. *American Sociological Review* 58: 303-328.

Ostner, Ilona (2002): Am Kind vorbei – Ideen und Interessen in der jüngeren Familienpolitik. *Zeitschrift für Soziologie der Erziehung und Sozialisation* 22 (3): 249-266.

Riesenfelder, Andreas/Sorger, Claudia/Wetzel, Petra/Willsberger, Barbara (2007): *Das Kinderbetreuungsgeld in Österreich. Auswirkungen auf das Erwerbsverhalten und die Beschäftigungsfähigkeit.* Wien: LIT-Verlag.

Rille-Pfeiffer, Christiane/Kapella, Olaf/Tazi-Preve, Irene M. (2007): Evaluationsbericht zum Kinderbetreuungsgeld (2001-2006). In: Rille-Pfeiffer, Christiane/Kapella, Olaf (Hrsg.): *Kinderbetreuungsgeld. Evaluierung einer familienpolitischen Maßnahme.* Innsbruck: Studienverlag: 13-102.

Rønsen, Marit (1999): Assessing the impact of parental leave: effects on fertility and female employment. In: Moss, Peter/Deven, Fred (eds.): *Parental Leave: Progress or Pitfall?* The Hague/Brüssel: NIDI/CBGS Publications: 193-225.

Roßbach, Hans-Günther/Kluczniok, Katharina/Kuger, Susanne (2009): Auswirkungen eines Kinder-gartenbesuchs auf den kognitiv-leistungsbezogenen Entwicklungsstand von Kindern. In: Roß-bach, Hans-Günther/Blossfeld, Hans-Peter (Hrsg.): Frühpädagogische Förderung in Institutio-nen. *Zeitschrift für Erziehungswissenschaft*. Sonderheft 11/2008: 139-158.

Rüling, Anneli/Kassner, Karsten (2007): *Familienpolitik aus der Gleichstellungsperspektive. Ein europäischer Vergleich*. Berlin: Friedrich Ebert Stiftung.

Statistik Austria (2011): Kindertagesheime. www.statistik.at/web_de/statistiken/bildung_und_kultur/ formales_bildungswesen/kindertagesheime_kinderbetreuung/index.html (28.01.2011)

Thenner, Monika (2000): Familienpolitik als Politik zur Vereinbarkeit von Familie und Beruf – Geldwerte Leistungen, zeitwerte Anrechte, familienunterstützende Infrastruktur und ihre Aus-wirkungen auf das Familienverhalten. In: Dingeldey, Irene (Hrsg.): *Erwerbstätigkeit und Fami-lie in Steuer- und Sozialversicherungssystemen. Begünstigungen und Belastungen verschiedener familialer Erwerbsmuster im Ländervergleich*. Opladen: Leske+Budrich: 95-129.

Ungerson, Clare (1995): Gender, Cash and Informal Care: European Perspectives and Dilemmas. *Journal of Social Policy* 24 (1): 31-52.

Ungerson, Clare (1997): Social Politics and the Commodification of Care. *Social Politics* 4 (3): 362-381.

AutorInnen

Martina Agwi
Wissenschaftliche Assistentin am WIFO, Wien. *Arbeitsschwerpunkte:* Statistische Analysen in den Bereichen Konsum und Handel, Sozialpolitik und Einkommensverteilung.
E-Mail: martina.agwi@wifo.ac.at

Rudolf Dujmovits
Assistenzprofessor am Institut für Finanzwissenschaft und Öffentliche Wirtschaft an der Universität Graz. *Arbeitsschwerpunkte:* Familienökonomik, Steuern und Transfers insbes. Familienbesteuerung, Grundeinkommen, Umwelt- und Ressourcenökonomik, Technischer Fortschritt, Regionalökonomie.
E-Mail: rudolf.dujmovits@uni-graz.at.

Eva Festl
Studentin der Internationalen Beziehungen an der Johns Hopkins Universität (SAIS) in Washington DC. *Arbeitsschwerpunkte:* European Studies und International Economics.
E-Mail: efestl1@jhu.edu

Alois Guger
Pensionist, bis September 2009 Wissenschaftlicher Referent am WIFO, Wien. *Arbeitsschwerpunkte:* Lohn- und Einkommenspolitik, Einkommensverteilung und Sozialpolitik.
E-Mail: alois.guger@wifo.ac.at

Käthe Knittler
Ökonomin in der Direktion Bevölkerung der Statistik Austria und Lehrbeauftragte an der Universität Wien. *Arbeitsschwerpunkte:* Arbeitsmarktanalysen, Einkommensverteilung, Sozialpolitik und feministische Ökonomie.
E-Mail: kaethe.knittler@univie.ac.at

Margareta Kreimer
Universitätsdozentin am Institut für Volkswirtschaftslehre an der Universität Graz. *Arbeitsschwerpunkte:* Arbeitsmarktökonomik, Diskriminierung und Geschlechterdifferenzen am Arbeitsmarkt, Economics of Care, Wirtschafts- und sozialpolitische Fragestellungen.
E-Mail: margareta.kreimer@uni-graz.at

Sigrid Leitner
Professorin für Sozialpolitik an der Fachhochschule Köln. *Arbeitsschwerpunkte:* international vergleichende Sozialpolitik, Sozialpolitik und Geschlecht, Familienpolitik, Rentenpolitik, kommunale Sozialpolitik.
E-Mail: sigrid.leitner@fh-koeln.de

Franz Prettenthaler
Leiter der Forschungsgruppe Regionalpolitik, Risiko- und Ressourcenökonomie am Zentrum für Wirtschafts- und Innovationsforschung (POLICIES) der JOANNEUM RESEARCH Forschungsgesellschaft, Graz. *Arbeitsschwerpunkte:* Empirische Wirtschaftsforschung, Mechanism Design von Risiko- und Sozialtransfers, Versicherungsökonomik und Quantifizierung von Risiken.
E-Mail: franz.prettenthaler@joanneum.at

Margit Schratzenstaller
Referentin für Öffentliche Finanzen am Österreichischen Institut für Wirtschaftsforschung, *Arbeitschwerpunkte:* (Europäische) Budget- und Steuerpolitik, Steuerwettbewerb und -harmonisierung, Fiskalischer Föderalismus, Gender Budgeting.
E-Mail: margit.schratzenstaller@wifo.ac.at

Cornelia Sterner
Wissenschaftliche Mitarbeiterin am Zentrum für Wirtschafts- und Innovationsforschung der JOANNEUM RESEARCH Forschungsgesellschaft Graz. *Arbeitsschwerpunkte*: sektorale und urbane Innovationssysteme, Steuer- und Transfersystem.
E-Mail: cornelia.sterner@joanneum.at

Richard Sturn
Professor und Institutsleiter am Institut für Finanzwissenschaft und Öffentliche Wirtschaft sowie Schumpeter Centre an der Universität Graz. *Arbeitsschwerpunkte:* Öffentliche Güter und Institutionen, Steuer- und Transfersysteme, ökonomische Gerechtigkeit und Sozialpolitik, ideengeschichtliche und philosophische Grundlagen der Ökonomik.
E-Mail: richard.sturn@uni-graz.at

Gerhard Wohlfahrt
Assistenzprofessor am Institut für Volkswirtschaftslehre an der Universität Graz. *Arbeitsschwerpunkte:* Verteilungspolitik, Steuern und Transfers, Hochschulfinanzierung.
E-Mail: gerhard.wohlfahrt@uni-graz.at

Neu im Programm
Politikwissenschaft

Christine Bauhardt / Gülay Çaglar (Hrsg.)

Gender and Economics

Feministische Kritik der politischen
Ökonomie

2010. 308 S. (Gender und Globalisierung)
Br. EUR 34,95
ISBN 978-3-531-16485-4

Arthur Benz / Nicolai Dose (Hrsg.)

**Governance – Regieren in
komplexen Regelsystemen**

Eine Einführung

2., akt. u. veränd. Aufl. 2010. 277 S.
(Governance) Br. EUR 26,95
ISBN 978-3-531-17332-0

Sebastian Bukow /
Wenke Seemann (Hrsg.)

Die Große Koalition

Regierung - Politik - Parteien 2005-2009
2010. 391 S. Br. EUR 34,95
ISBN 978-3-531-16199-0

Jürgen Dittberner

Die FDP

Geschichte, Personen, Organisation,
Perspektiven. Eine Einführung

2., überarb. u. akt. Aufl. 2010. 343 S. Br.
EUR 39,95
ISBN 978-3-531-17494-5

Thorsten Faas / Kai Arzheimer /
Sigrid Roßteutscher (Hrsg.)

**Information – Wahrnehmung –
Emotion**

Politische Psychologie in der Wahl-
und Einstellungsforschung

2010. 377 S. (Veröffentlichung des Arbeits-
kreises „Wahlen und politische Einstellungen" der DVPW) Br. EUR 49,95
ISBN 978-3-531-17384-9

Florian Kühn

**Sicherheit und Entwicklung
in der Weltgesellschaft**

Liberales Paradigma und Statebuilding
in Afghanistan

2010. 385 S. (Politik und Gesellschaft
des Nahen Ostens) Br. EUR 39,95
ISBN 978-3-531-17254-5

Markus M. Müller / Roland Sturm

Wirtschaftspolitik kompakt

2010. 259 S. Br. EUR 24,95
ISBN 978-3-531-14497-9

Franz Walter

Vom Milieu zum Parteienstaat

Lebenswelten, Leitfiguren und Politik
im historischen Wandel

2010. 254 S. Br. EUR 24,95
ISBN 978-3-531-17280-4

Erhältlich im Buchhandel oder beim Verlag.
Änderungen vorbehalten. Stand: Juli 2010.

www.vs-verlag.de

VS VERLAG

Abraham-Lincoln-Straße 46
65189 Wiesbaden
Tel. 0611.7878 - 722
Fax 0611.7878 - 400

Neu im Programm
Politikwissenschaft

Ulrich von Alemann / Anne Gödde /
Hartwig Hummel / Claudia Münch (Hrsg.)
**Handbuch Europa
in Nordrhein-Westfalen**
Wer macht was in Nordrhein-Westfalen
für Europa?
3. Aufl. 2010. 678 S. Br. EUR 69,95
ISBN 978-3-531-16740-4

Sigrid Baringhorst / Veronika Kneip /
Annegret März / Johanna Niesyto
**Unternehmenskritische
Kampagnen**
Politischer Protest im Zeichen
digitaler Kommunikation
2010. 441 S. (Bürgergesellschaft
und Demokratie 34) Br. EUR 39,95
ISBN 978-3-531-17451-8

Klaus von Beyme
**Vergleichende
Politikwissenschaft**
2010. 338 S. Geb. EUR 49,95
ISBN 978-3-531-16807-4

Christoph Egle / Reimut Zohlnhöfer (Hrsg.)
Die zweite Große Koalition
Eine Bilanz der Regierung Merkel
2005 - 2009
2010. 602 S. Br. EUR 39,95
ISBN 978-3-531-16796-1

Sebastian Braun (Hrsg.)
**Gesellschaftliches
Engagement von Unternehmen**
Der deutsche Weg im internationalen
Kontext
2010. 309 S. Br. EUR 39,95
ISBN 978-3-531-17680-2

Sebastian Braun / Holger Backhaus-Maul
**Gesellschaftliches
Engagement von Unternehmen
in Deutschland**
Eine sozialwissenschaftliche
Sekundäranalyse
2010. 180 S. Br. EUR 29,95
ISBN 978-3-531-17496-9

Karl-Rudolf Korte (Hrsg.)
Die Bundestagswahl 2009
Analysen der Wahl-, Parteien-, Kommu-
nikations- und Regierungsforschung
2010. 407 S. Br. EUR 34,95
ISBN 978-3-531-17476-1

Olaf Leiße (Hrsg.)
**Die Europäische Union nach
dem Vertrag von Lissabon**
2010. 397 S. Br. EUR 39,95
ISBN 978-3-531-16072-6

Erhältlich im Buchhandel oder beim Verlag.
Änderungen vorbehalten. Stand: Juli 2010.

www.vs-verlag.de

VS VERLAG

Abraham-Lincoln-Straße 46
65189 Wiesbaden
Tel. 0611.7878 - 722
Fax 0611.7878 - 400

MIX
Papier aus verantwortungsvollen Quellen
Paper from responsible sources
FSC® C105338

If you have any concerns about our products,
you can contact us on
ProductSafety@springernature.com

In case Publisher is established outside the EU,
the EU authorized representative is:
Springer Nature Customer Service Center GmbH
Europaplatz 3, 69115 Heidelberg, Germany

Printed by Libri Plureos GmbH
in Hamburg, Germany